Der Urlaubsanspruch als synallagmatischer Einheitsanspruch

Schriften zum Recht der Arbeit

Herausgegeben von Olaf Deinert und Rüdiger Krause

Band 13

PL ACADEMIC RESEARCH

Natascha Ziemek

Der Urlaubsanspruch als synallagmatischer Einheitsanspruch

Die Einordnung des Urlaubs- und Urlaubsabgeltungsanspruchs in das arbeitsvertragliche Synallagma unter Berücksichtigung des unionsrechtlichen Urlaubsbegriffs nach der Rechtsprechung des EuGH

PL ACADEMIC RESEARCH

Bibliografische Information der Deutschen Nationalbibliothek
Die Deutsche Nationalbibliothek verzeichnet diese Publikation in der Deutschen Nationalbibliografie; detaillierte bibliografische Daten sind im Internet über http://dnb.d-nb.de abrufbar.

Zugl.: Hannover, Univ., Diss., 2015

D 89
ISSN 2191-4079
ISBN 978-3-631-66881-8 (Print)
E-ISBN 978-3-653-06253-3 (E-Book)
DOI 10.3726/978-3-653-06253-3

PL Academic Research ist ein Imprint der Peter Lang GmbH.

Peter Lang – Frankfurt am Main · Bern · Bruxelles · New York · Oxford · Warszawa · Wien

Diese Publikation wurde begutachtet.

www.peterlang.com

Inhaltsverzeichnis

Abkürzungsverzeichnis

a.A.	anderer Ansicht
ABlEU	Amtsblatt der Europäischen Union
abl.	ablehnend
ABl.	Amtsblatt
Abs.	Absatz
AEUV	Vertrag über die Arbeitsweise der Europäischen Union
a.F.	alte Fassung
AGB	Allgemeine Geschäftsbedingungen
AGG	Allgemeines Gleichbehandlungsgesetz
AiB	Arbeitsrecht im Betrieb (Zeitschrift)
AltTZG	Altersteilzeitgesetz
Alt.	Alternative
Anh.	Anhang
Anl.	Anlage
Anm.	Anmerkung
AnwBl	Anwaltsblatt (Zeitschrift)
AnwK	Hümmerich/Boecken/Düwell – Anwaltskommentar
AP	Arbeitsrechtliche Praxis (Entscheidungssammlung)
Arbeitszeitrichtlinie	Richtlinie 2003/88/EG des Europäischen Parlaments u. des Rates vom 04.11.2003 über bestimmte Aspekte der Arbeitszeitgestaltung
ArbG	Arbeitsgericht
ArbPlSchG	Arbeitsplatzschutzgesetz
ArbR	Arbeitsrecht Aktuell (Zeitschrift)
ArbRB	Arbeitsrechts-Berater (Zeitschrift)
ArbZG	Arbeitszeitgesetz
ArbuR, AuR	Arbeit und Recht (Zeitschrift)
ARS	Arbeitsrechtssammlung mit Entscheidungen des Reichsarbeitsgerichts, der Landesarbeitsgerichte und Arbeitsgerichte
Art.	Artikel
AuA	Arbeit und Arbeitsrecht (Zeitschrift)
Aufl.	Auflage
AuR, ArbuR	Arbeit und Recht (Zeitschrift)
ArbZG, AZG	Arbeitszeitgesetz
AWbG NW	Arbeitnehmerweiterbildungsgesetz Nordrhein-Westfalen
BAG	Bundesarbeitsgericht
BAGE	Amtliche Sammlung der Entscheidungen des Bundesarbeitsgerichts
BAT	Bundes-Angestelltentarifvertrag

BB	Der Betriebsberater (Zeitschrift)
BBG	Bundesbeamtengesetz
BBiG	Berufsbildungsgesetz
Bd.	Band
BEEG	Bundeselterngeld- und Elternzeitgesetz
Beil.	Beilage
BErzGG	Bundeserziehungsgeldgesetz
Beschl.	Beschluss
BetrVG	Betriebsverfassungsgesetz
BGB	Bürgerliches Gesetzbuch
BGBl.	Bundesgesetzblatt
BGH	Bundesgerichtshof
BildungsurlaubsG NRW	Bildungsurlaubsgesetz Nordrhein-Westfalen
Bl.	Blatt
BMI	Bundesminister(ium) des Innern
BRat	Bundesrat
BR-Prot.	Bundesratsprotokolle
BRTV-Bau	Bundesrahmentarifvertrag Bau
BT	Bundestag
BT-Drucks.	Drucksache des Deutschen Bundestages
BT-Prot.	Bundestagsprotokolle
BUrlG	Bundesurlaubsgesetz
BVerfG	Bundesverfassungsgericht
BVerwG	Bundesverwaltungsgericht
bzgl.	bezüglich
bzw.	beziehungsweise
Charta	Charta der Grundrechte der Europäischen Union v. 01.12.2009
DB	Der Betrieb (Zeitschrift)
ders.	derselbe
d.h.	das heißt
dies.	dieselbe, dieselben
Diss.	Dissertation
DÖD	Der öffentliche Dienst (Zeitschrift)
Drucks.	Drucksache
DStR	Deutsches Steuerrecht (Zeitschrift)
EFZG	Entgeltfortzahlungsgesetz
EG	Europäische Gemeinschaft
EGBGB	Einführungsgesetz zum Bürgerlichen Gesetzbuch
EGV	Vertrag zur Gründung der Europäischen Gemeinschaft
Einf.	Einführung
ErfK/*Bearbeiter*	Erfurter Kommentar zum Arbeitsrecht
EU	Europäische Union
EuGH	Europäischer Gerichtshof

EUrlV	Erholungsurlaubsverordnung
EUV	Vertrag über die Europäische Union
EuZA	Europäische Zeitschrift für Arbeitsrecht
EuZW	Europäische Zeitschrift für Wirtschaftsrecht
EWG	Europäische Wirtschaftsgemeinschaft
EWiR	Entscheidungen zum Wirtschaftsrecht (Zeitschrift)
f.	folgende
FA	Fachanwalt Arbeitsrecht (Zeitschrift)
ff.	fortfolgende
Fn.	Fußnote
FS	Festschrift
GA	Generalanwalt/Generalanwältin
gem.	gemäß
GG	Grundgesetz
grds.	grundsätzlich
Hess. LAG	Hessisches Landesarbeitsgericht
h.M.	herrschende Meinung
Hrsg.	Herausgeber
Hs.	Halbsatz
HWK/*Bearbeiter*	Henssler/Willemsen/Kalb, Arbeitsrechtskommentar
IAO	Internationale Arbeitsorganisation
InsO	Insolvenzordnung
i.S.v.	im Sinne von
i.V.m.	in Verbindung mit
JA	Juristische Arbeitsblätter
juris	Juristisches Informationssystem
jurisPR-ArbR	jurisPraxisReport Arbeitsrecht
KO	Konkursordnung
krit.	kritisch
KSchG	Kündigungsschutzgesetz
LAG	Landesarbeitsgericht
LAGE	Entscheidungssammlung (Landesarbeitsgerichte)
LKRZ	Zeitschrift für Landes- und Kommunalrecht (Zeitschrift)
LS	Leitsatz
m.	mit
m.E.	meines Erachtens
MuSchG	Mutterschutzgesetz
m.w.N.	mit weiteren Nachweisen
NachwG	Nachweisgesetz
Neubearb.	Neubearbeitung
n.F.	neue Fassung
NJW	Neue Juristische Wochenschrift (Zeitschrift)
NordÖR	Zeitschrift für öffentliches Recht in Norddeutschland (Zeitschrift)

Nr.	Nummer
NRW	Nordrhein-Westfalen
n.v.	nicht veröffentlicht
NZA	Neue Zeitschrift für Arbeits- und Sozialrecht (Zeitschrift)
NZA-RR	Neue Zeitschrift für Arbeitsrecht Rechtsprechungsreport (Zeitschrift)
o.	oder
öAT	Zeitschrift für das öffentliche Arbeits- und Tarifrecht (Zeitschrift)
OVG	Oberverwaltungsgericht
PersonalR	Der Personalrat (Zeitschrift)
PflegeZG	Pflegezeitgesetz
RAG	Reichsarbeitsgericht
RAGE	Amtliche Sammlung der Entscheidungen des Reichsarbeitsgerichts
RdA	Recht der Arbeit (Zeitschrift)
RGBl.	Reichsgesetzblatt
RhPf	Rheinland-Pfalz
RL	Richtlinie
Rn.	Randnummer
RVO	Reichsversicherungsordnung
s.	siehe
S.	Seite/Satz
s.a.	siehe auch
SAE	Sammlung arbeitsrechtlicher Entscheidungen (Zeitschrift)
SchwBG	Schwerbehindertengesetz
SGB VI	Sozialgesetzbuch, VI. Buch: Gesetzliche Rentenversicherung
SGB IX	Sozialgesetzbuch, IX. Buch: Rehabilitation und Teilhabe behinderter Menschen
Slg.	Sammlung der Rechtsprechung des Gerichtshofes der Europäischen Gemeinschaft
s.o.	siehe oben
str.	streitig
st.Rspr.	ständige Rechtsprechung
StudZR	Studentische Zeitschrift für Rechtswissenschaft (Zeitschrift)
THW	Technisches Hilfswerk
TV	Tarifvertrag
TVG	Tarifvertragsgesetz
TV-L	Tarifvertrag der Länder
TVöD	Tarifvertrag für den öffentlichen Dienst
u.	und
u. a.	und andere, unter anderem

Urt.	Urteil
UrlaubsG	Urlaubsgesetz
UrlG Hbg	Urlaubsgesetz Hamburg
usw.	und so weiter
v.	von, vom
vgl.	vergleiche
Vorb., Vorbem.	Vorbemerkung
ZAP	Zeitschrift für die Anwaltspraxis
z.B.	zum Beispiel
ZBR	Zeitschrift für Beamtenrecht
ZESAR	Zeitschrift für europäisches Sozial- und Arbeitsrecht
ZfA	Zeitschrift für Arbeitsrecht
ZIP	Zeitschrift für Wirtschaftsrecht und Insolvenzpraxis
z.T.	zum Teil
ZTR	Zeitschrift für Tarifrecht
zust.	zustimmend

Einleitung: Die Definition von Urlaub im Arbeitsrecht

Die Einordnung des Urlaubsanspruchs in das arbeitsvertragliche System ist, seitdem es Urlaubsansprüche gibt, ein rechtlich umstrittenes Problem.[1]

„Den Urlaub habe ich mir verdient" ist eine übliche laienhafte Aussage, basierend auf der Annahme des Arbeitnehmers, seinen Urlaub mit der Arbeit als „Gegenleistung" erdient zu haben.

Zu Zeiten des Reichsarbeitsgerichts wäre diese Aussage auch rechtlich richtig gewesen. Das Reichsarbeitsgericht und Teile der damaligen Literatur sahen den Urlaub als Teil des Entgelts, der eine Doppelnatur, bestehend aus Freistellung und Zahlung des Urlaubsentgelts, hatte.[2] Auch nach dem Ausscheiden aus dem Arbeitsverhältnis konnte der „verdiente" Urlaub daher nicht verweigert werden.[3] Diese Auffassung gehörte zu den sogenannten Entgelttheorien.[4] Zeitlich etwas später entwickelte sich im Dritten Reich die durch die Fürsorgepflicht des Arbeitgebers geprägte Einheitstheorie, wonach wegen des im Vordergrund stehenden Erholungszwecks des Urlaubsanspruchs, die Elemente der Urlaubsvergütung und der Freistellung untrennbar miteinander verbunden waren.[5] Dem lag der Gedanke zugrunde, dass man sich nur dann erholen kann, wenn man keine finanziellen Sorgen hat. Das Arbeitsverhältnis sei kein Austauschverhältnis, sondern ein personenrechtliches Gemeinschaftsverhältnis, so dass der Urlaubsanspruch aus der Fürsorgepflicht des Arbeitgebers erwachse, jedoch nicht im Gegenseitigkeitsverhältnis zu der erbrachten Arbeit stehe.[6]

Das BAG vertrat nach dem zweiten Weltkrieg bis 1982 zum einen eine Form der Einheitstheorie, ohne sich jedoch ausdrücklich auf diese als Begründung für den Urlaubsanspruch zu beziehen.[7] Zum anderen vertrat das BAG vor 1982 jedoch auch die Auffassung, dass man bei einem Missverhältnis zwischen Arbeitsleistung und

---

1 Siehe hierzu ausführlich: Leinemann/Linck, Urlaubsrecht, 2. Aufl. 2001, Einleitung, Rn. 1 ff.; Leege, Das Verhältnis von Urlaubs- und Urlaubsabgeltungsanspruch, 1996, S. 5 ff. m.w.N.

2 Ausführlich zu den Entgelttheorien: Leege, Das Verhältnis von Urlaubs-und Urlaubsabgeltungsanspruch, 1996, S. 10 ff.; RAG ARS 1, 42; 5, 43 und 5, 382.

3 RAG ARS 5, 338 und 26, 321.

4 Leege, Das Verhältnis von Urlaubs- und Urlaubsabgeltungsanspruch, 1996, S. 6 ff.

5 Leege, Das Verhältnis von Urlaubs- und Urlaubsabgeltungsanspruch, 1996, S. 17 ff.

6 Leege, Das Verhältnis von Urlaubs- und Urlaubsabgeltungsanspruch, 1996, 16 ff.; Leinemann/Linck, Urlaubsrecht, 2. Aufl. 2001, Einl. Rn. 16.

7 BAG Urt. v. 20.04.1956 -1 AZR 476/54-, AP Nr. 9 zu § 611 BGB Urlaubsrecht; BAG Urt. v. 22.06.1956 -1 AZR 296/54-, AP Nr. 9 zu § 611 BGB Urlaubsrecht; BAG Urt. v. 03.06.1960 -1 AZR 251/59-, AP Nr. 73 zu § 611 BGB Urlaubsrecht; Schaub/*Linck*, Arbeitsrechts-Handbuch, 16. Aufl. 2015, § 104 Rn. 2.

Urlaub wegen Rechtsmissbräuchlichkeit den Urlaub kürzen müsse.[8] Hierbei standen die Fälle der dauerhaften Erkrankung des Arbeitnehmers wegen der dadurch fehlenden Arbeitsleistung im Vordergrund. Hinzu kam die Auffassung des BAG, dass die gesetzliche Befristung der Urlaubsnahme aus § 7 Abs. 3 BUrlG nicht in Krankheitsfällen gelten solle. Der bis 1982 zuständige Fünfte Senat hatte bis dahin entschieden, dass Urlaub bei Krankheit unabhängig davon, ob verschuldet oder nicht, nicht verfalle.[9] Dennoch wurde bei langer Arbeitsunfähigkeit wiederum problematisiert, dass nach einer längeren Karenzzeit als der von drei Monaten die Urlaubsnahme rechtsmissbräuchlich sein könne.[10]

Darin sahen die Gegner dieser Rechtsprechung einen Widerspruch, da man nicht einen Anspruch aufgrund von Fürsorgepflichten unter gleichzeitiger Ablehnung eines Austauschcharakters begründen könne, der dann nach seinem Entstehen aufgrund fehlender Arbeitsleistung wegen Rechtsmissbrauchs wieder entfallen sollte.[11] Letztere Auffassung ist entgeltorientiert, weil ein Zusammenhang zwischen der Arbeitsleistung und dem Anspruch auf Urlaub angenommen wird.[12] Damit bestand ein Widerspruch zu der Annahme, der Urlaubsanspruch erwachse aus der Fürsorgepflicht des Arbeitgebers.

Der Sechste Senat des BAG hat daher mit seiner Rechtsprechungsänderung seit 1982 den Versuch unternommen, eine schuldrechtliche Einordnung des Urlaubsanspruchs unter Ablehnung der Einheitstheorie und der Entgelttheorie vorzunehmen, insbesondere mit dem Ziel, Rechtsklarheit zu schaffen.[13] Damit vertrat das BAG unter Ablehnung eines Erholungszwecks die Auffassung, dass die Urlaubsgewährungspflicht unabhängig von der Arbeitsleistung als nichtsynallagmatische Nebenpflicht entstehe und nicht auf Fürsorgepflichten des Arbeitgebers beruhe.[14]

Das Hauptbestreben der Rechtsprechung des BAG seit 1982 ist es, negative Folgen von Arbeitsunfähigkeitszeiten im Urlaubsrecht zu verhindern. Arbeitsunfähigkeitszeiten sollen den Urlaubsanspruch nicht vermindern. Sie sollen keinen negativen Einfluss auf die Entstehung und den Fortbestand des Anspruchs haben. Arbeitsunfähigkeitszeiten führen im arbeitsvertraglichen Synallagma jedoch grundsätzlich zu einem nachträglichen Teilunvermögen des Arbeitnehmers bezüglich seiner Arbeitsleistungspflicht und infolgedessen auch zum Untergang der Vergütungspflicht des Arbeitgebers als Gegenleistung. Um diese Rechtsfolgen für die

8 BAG Urt. v. 22.06.1956 -1 AZR 296/54-, AP Nr. 9 zu § 611 BGB Urlaubsrecht; BAG Urt. v. 02.05.1961 -5 AZR 478/60-, AP Nr. 82 zu § 611 BGB Urlaubsrecht; BAG Urt. v. 27.09.1962 -5 AZR 561/61-, AP Nr. 87 zu § 611 BGB Urlaubsrecht.

9 BAG Urt. v. 13.11.1969 -5 AZR 82/69-, AP Nr. 2 zu § 7 BUrlG Übertragung.

10 BAG Urt. v. 18.02.1963 -5 AZR 357/62-, AP Nr. 88 zu § 611 BGB Urlaubsrecht; BAG Urt. v. 23.06.1966 -5 AZR 541/65-, AP Nr. 2 zu § 3 BUrlG Rechtsmißbrauch.

11 Leinemann/Linck, Urlaubsrecht, 2. Aufl. 2001, Einl. Rn. 53; BAG Urt. v. 08.03.1984 -6 AZR 442/83- AP Nr. 15 zu § 13 BUrlG.

12 Leinemann/Linck, Urlaubsrecht, 2. Aufl. 2001, Einl. Rn 85, 86.

13 Leinemann/Linck, Urlaubsrecht, 2. Aufl. 2001, Einl. Rn. 93 ff.

14 BAG Urt. v. 08.03.1984 -6 AZR 442/83- AP Nr. 15 zu § 13 BUrlG.

Urlaubsgewährungspflicht zu vermeiden, hat das BAG für das Urlaubsrecht den Grundsatz aufgestellt, dass der Urlaubsanspruch nicht in Abhängigkeit von der Arbeitsleistungspflicht des Arbeitnehmers entsteht. Seine Erfüllung ist nur eine nichtsynallagmatische Nebenpflicht und besteht aus einer reinen Freistellungspflicht, die keinen Vermögens(-gegen-)wert hat. Die seit 1982 überwiegend vertretene Auffassung ist die Theorie vom Freistellungsanspruch, wonach Urlaub nur zu dem Anspruch des Arbeitnehmers führt, von der Arbeit freigestellt zu werden, ohne dass seine Arbeitsvergütung entfällt. Die Vergütung wird weiter gezahlt, obwohl nicht gearbeitet wird. Da die Urlaubsgewährungspflicht des Arbeitgebers nur eine Nebenpflicht ist, gilt für die Zeit der Freistellung der Grundsatz „ohne Arbeit kein Geld" nicht. Urlaubsentgelt ist danach nur eine andere Bezeichnung für das Arbeitsentgelt, das in der Urlaubszeit gezahlt wird und keinen Ersatz desselben darstellt. Wegen dieser Grundannahmen entsteht der Urlaubsanspruch in jedem Fall der Nichterbringung der Arbeitsleistung, selbst wenn das Arbeitsverhältnis ruht. Dem jährlichen Anwachsen von Urlaubsansprüchen bei langen Ruhenszeiten und langen Arbeitsunfähigkeitszeiten wurde und wird mit der angeblichen Befristung des Urlaubsanspruchs begegnet. Seit dem Urteil des Sechsten Senats des BAG vom 13.05.1982[15] wurde durchgehend die Auffassung vertreten, dass die angeblich dem BUrlG immanente Befristung des Urlaubsanspruchs auf das Urlaubsjahr bzw. auf den dreimonatigen Übertragungszeitraum des Folgejahres ohne Ausnahme auch bei Erkrankungen des Arbeitnehmers anzuwenden sei. Der Urlaub sei ein befristeter Anspruch. Um nicht einen beschäftigten Arbeitnehmer, der über den 31.03. hinaus arbeitsunfähig war und daher seinen Urlaub verlor, gegenüber einem bis dahin ausgeschiedenen Arbeitnehmer, der weiterhin krank war, zu benachteiligen, wurde die Surrogatstheorie für den Abgeltungsanspruch entwickelt. Diese Surrogatstheorie besagte, der Urlaubsabgeltungsanspruch sei kein reiner Abfindungsanspruch, sondern ein an die Stelle des Urlaubsanspruchs tretendes Surrogat, welches in seiner Erfüllbarkeit von den gleichen Voraussetzungen abhängig sei wie der zu ersetzende Urlaubsanspruch.[16] Sollte der Arbeitnehmer nach Beendigung des Arbeitsverhältnisses im laufenden Urlaubsjahr oder in dem sich daran anschließenden Übertragungszeitraum genesen, könne er die Abgeltung verlangen.[17] Sei er weiterhin arbeitsunfähig, könne er theoretisch keinen Urlaub nehmen und erhalte deshalb auch keine Abgeltung hierfür.[18] Am 23.06.1983[19] entschied das BAG daher, dass der

15 BAG Urt. v. 13.05.1982 -6 AZR 360/80- AP Nr. 4 zu § 7 BUrlG Übertragung.

16 BAG Urt. v. 30.11.1977 -5 AZR 667/76-, AP Nr. 4 zu § 13 BUrlG Unabdingbarkeit; BAG Urt. v. 18.06.1980 -6 AZR 328/78-, AP Nr. 6 zu § 13 BUrlG Unabdingbarkeit; BAG Urt. v. 23.06.1983 -6 AZR 180/80-, AP Nr. 14 zu § 7 BUrlG Abgeltung; BAG Urt. v. 28.06.1984 -6 AZR 521/81-, AP Nr. 18 zu § 7 BUrlG Abgeltung; BAG Urt. v. 20.04.1989 -9 AZR 621/87-, AP Nr. 48 zu § 7 BUrlG Abgeltung; BAG Urt. v. 17.01.1995 -9 AZR 664/93-, AP Nr. 66 zu § 7 BUrlG Abgeltung; BAG Urt. v. 27.05.2003 -9 AZR 366/02-, n.v. juris.

17 BAG Urt. v. 28.06.1984 -6 AZR 521/81-, AP Nr. 18 zu § 7 BUrlG Abgeltung.

18 BAG Urt. v. 23.06.1983 -6 AZR 180/80-, AP Nr. 14 zu § 7 BUrlG Abgeltung.

19 BAG Urt. v. 23.06.1983 -6 AZR 180/80-, AP Nr. 14 zu § 7 BUrlG Abgeltung.

Abgeltungsanspruch als Surrogat des Urlaubsanspruchs befristet sei und verfalle, wenn der Arbeitgeber bis zum Fristablauf wegen Erkrankung des Arbeitnehmers den Abgeltungsanspruch nicht erfüllen kann.

Diese Rechtsprechung wurde bis in das Jahr 2008 beibehalten.[20] Infolgedessen gelangte das BAG wegen Ablehnung der Einheitstheorie und Herauslösung aus dem Synallagma zu einer komplizierten Einordnung des Urlaubsrechts in das System des Schuldrechts. Spätestens seit der Änderung der Rechtsprechung im Jahr 1982 ist es rechtlich falsch zu behaupten, „man habe sich den Urlaub verdient", denn die Urlaubsgewährung ist nach Auffassung des BAG keine Gegenleistung für erbrachte Arbeit.

Nunmehr eröffnet sich Anfang des Jahres 2009 durch die Rechtsprechung des EuGH die Möglichkeit, den Urlaubsanspruch neu einzuordnen und das Urlaubsrecht dogmatisch anders in das Schuldrecht zu integrieren: Das BAG musste seit dem 24.03.2009 aufgrund der *Schultz-Hoff*-Entscheidung des EuGH[21] seine Rechtsprechung bezüglich des Verfalls des Urlaubsanspruchs und des Urlaubsabgeltungsanspruches bei lang andauernder Krankheit ändern.[22] Bis dahin schien die Auslegung des § 7 Abs. 3 und 4 BUrlG aufgrund der Rechtsprechung des BAG über 25 Jahre hinweg eindeutig und unantastbar zu sein. Der seit 1982 geänderten Rechtsprechung des BAG hatten sich die Gerichte und die Literatur im Wesentlichen angeschlossen.[23] Nur die 12. Kammer des LAG Düsseldorf hat seit 1989 zu der Frage der Gewährung von Urlaub bei lang andauernder Erkrankung eine andere Auffassung vertreten und beharrlich im Sinne der alten Rechtsprechung des BAG vor 1982 entschieden.[24] Die 12. Kammer des LAG Düsseldorf vertritt die Rechtsauffassung, dass der Urlaubsanspruch und damit auch der Urlaubsabgeltungsanspruch weder befristet seien noch verfallen noch deren Erfüllung zum Ende des Jahres oder des Übertragungszeitraumes unmöglich werde, wenn der Arbeitnehmer erkrankt. Nach Auffassung der 12. Kammer des LAG Düsseldorf entstehen Urlaubsabgeltungsansprüche als Wertersatz mit Beendigung des Arbeitsverhältnisses und sind nicht von

---

20 u. a. BAG 10.05.2005 -9 AZR 253/04-, EzA § 7 BUrlG Abgeltung Nr. 13; jedoch BAG 15.04.2008 -9 AZN 1413/07-; juris, 175–176 Nichtzulassungsbeschwerde zugelassen wegen der bereits vorliegenden Schlussanträge der GA *Trstenjak* v. 24.01.2008 wegen der Rechtssache *Schultz-Hoff* C-250/06.

21 EuGH Urt. v. 20.01.2009 -C-350/06 und C-520/06 *Schultz-Hoff*, Slg. 2009, I-179 f.

22 Insbes. BAG Urt. v. 24.03.2009 -9 AZR 983/07-, AP Nr. 39 zu § 7 BUrlG; BAG Urt. v. 22.10.2009 -8 AZR 865/08-, AP Nr. 57 zu § 133 BGB; BAG Urt. v. 17.11.2009 -9 AZR 844/08-, NZA 2010, 1020–1025; BAG Urt. v. 23.03.2010 -9 AZR 128/09-, AP Nr. 3 zu § 125 SGB IX.

23 a.A. jedoch u. a.: Leege, Das Verhältnis von Urlaubs- und Urlaubsabgeltungsanspruch, 1996, 156 ff.; Rummel, NZA 1986, 383 ff.; Schäfer, NZA 1993, 204 ff.; Fenski, DB 2007, 686 ff.; Herlitzius, Der Urlaubsanspruch als schuldrechtlicher Anspruch im Arbeitsverhältnis, 2000, 69 f.

24 Abele, RdA 2009, 312 (313); Bauckhage-Hoffer/Buhr/Roeder, BB 2011, 501 (501); Gallner, FS Etzel, 155 (159).

einem hypothetischen Verlauf nach Beendigung abhängig. Die Surrogatstheorie des BAG wird abgelehnt.[25] Diese Entscheidungen wurden regelmäßig vom Urlaubssenat des BAG mit wiederholter Kritik aufgehoben, wenn es zu einer Revision kam.[26]

Aufgrund dieser langjährigen Meinungsverschiedenheiten[27] legte das LAG Düsseldorf am 21.08.2006 im Rahmen des Arbeitsrechtstreites *Gerhard Schultz-Hoff gegen die Deutsche Rentenversicherung*[28] dem EuGH ein Vorabentscheidungsersuchen vor.[29] Die 12. Kammer des LAG Düsseldorf stellte im Rahmen dieses Rechtsstreits unter Aussetzung des Verfahrens per Beschluss vom 02.08.2006 wegen Zweifeln an der Vereinbarkeit der Rechtsprechung des BAG mit Art. 7 der Richtlinie 2003/88/EG des Europäischen Parlaments und des Rates vom 04.11.2003 über bestimmte Aspekte der Arbeitszeitgestaltung (im Folgenden „Arbeitszeitrichtlinie") folgende Fragen zur Vorabentscheidung an den EuGH:

„1. Ist Art. 7 Abs. 1 der Richtlinie 2003/88 dahin zu verstehen, dass Arbeitnehmer auf jeden Fall einen bezahlten Mindestjahresurlaub von vier Wochen erhalten müssen [und dass] insbesondere vom Arbeitnehmer wegen Krankheit im Urlaubsjahr nicht genommener Urlaub zu einer späteren Zeit zu gewähren ist, oder kann durch einzelstaatliche Rechtsvorschriften und/oder einzelstaatliche Gepflogenheiten vorgesehen werden, dass der Anspruch auf bezahlten Jahresurlaub erlischt, wenn Arbeitnehmer im Urlaubsjahr vor der Urlaubsgewährung arbeitsunfähig erkranken und vor Ablauf des Urlaubsjahrs bzw. des gesetzlich, kollektiv- oder einzelvertraglich festgelegten Übertragungszeitraums ihre Arbeitsfähigkeit nicht wiedererlangen?

---

25 LAG Düsseldorf Urteile v. 25.07.2007 -12 Sa 944/07-, LAGE § 7 BUrlG Abgeltung Nr. 21; 20.02.2002 -12 (8) Sa 56/02-, BB 2002, 1428 (Leitsatz 1); 17.06.1998 -12 Sa 520/98-, LAGE § 7 BUrlG Abgeltung Nr. 10 mit erheblicher Kritik an der Auslegung des BAG: „Die Kammer spricht deutsch. ... Ob der Kläger" nach Entstehung des Abgeltungsanspruches „krank wird, krank bleibt oder tot umfällt, ist unerheblich."; 30.08.1995 -12 Sa 833/95-, ZTR 1996, 29 (Leitsatz 1–2); 16.02.1995 -12(13) Sa 1885/94-, ZTR 1995, 320; 15.09.1994 -12 Sa 1064/94-, ArbuR 1995, 32 (Leitsatz 1); 16.09.1993 -12 Sa 969/93-, LAGE § 7 BUrlG Übertragung Nr. 5; 05.09.1991 -12 Sa 672/91-, LAGE § 7 BUrlG Übertragung Nr. 3; 21.03.1991 -12 (3) Sa 1600/90-, LAGE § 7 AWbG NW Nr. 9; 13.06.1990 -12 Sa 631/90-, ArbuR 1990, 387 (Leitsatz 1–2); 20.09.1989 -12 Sa 945/89-, LAGE § 7 BUrlG Übertragung Nr. 2.

26 BAG Urt. v. 28.11.1990 -8 AZR 570/89-, AP Nr. 18 zu § 7 BUrlG Übertragung; BAG Urt. v. 21.03.1995 -9 AZR 959/93-, n.v. juris, BAG Urt. v. 05.12.1995 -9 AZR 871/94-, AP Nr. 70 zu § 7 BUrlG Abgeltung mit erheblicher Kritik an der aus Sicht des BAG immer wiederholten falschen Rechtsauffassung des LAG Düsseldorf; BAG Urt. v. 27.05.1997 -9 AZR 337/95-, AP Nr. 74 zu § 7 BUrlG Abgeltung; zur Historie des Streits: Abele, RdA 2009, 312 (313); Bauckhage-Hoffer/Buhr/Roeder, BB 2011, 501 (501).

27 Bauckhage-Hoffer/Buhr/Roeder, BB 2011, 501 (501).

28 LAG Düsseldorf Beschl. v. 02.08.2006 -12 Sa 486/06-, LAGE § 7 BUrlG Nr. 43.

29 Vorabentscheidungsersuchen v. 21.08.2006, Rechtssache EuGH C-350/06, in ABlEU C 281/21.

2. Ist Art. 7 Abs. 2 der Richtlinie 2003/88 dahin zu verstehen, dass Arbeitnehmern bei Beendigung des Arbeitsverhältnisses auf jeden Fall ein Anspruch auf finanzielle Vergütung als Ersatz für erworbenen und nicht genommenen Urlaub (Urlaubsabgeltung) zusteht, oder können einzelstaatliche Rechtsvorschriften und/oder einzelstaatliche Gepflogenheiten vorsehen, dass Arbeitnehmern Urlaubsabgeltung nicht zusteht, wenn sie bis zum Ablauf des Urlaubsjahrs bzw. des anschließenden Übertragungszeitraums arbeitsunfähig erkrankt sind und/oder wenn sie nach Beendigung des Arbeitsverhältnisses eine Rente wegen verminderter Erwerbsfähigkeit oder Invalidität beziehen?
3. Für den Fall, dass der Gerichtshof die Fragen zu 1 und 2 bejaht:
Ist Art. 7 der Richtlinie 2003/88 dahin zu verstehen, dass der Anspruch auf Jahresurlaub oder auf finanziellen Ersatz voraussetzt, dass der Arbeitnehmer tatsächlich im Urlaubsjahr gearbeitet hat, oder entsteht der Anspruch auch bei entschuldigtem Fehlen (wegen Krankheit) oder unentschuldigtem Fehlen im gesamten Urlaubsjahr?“[30]

Diese Rechtssache wurde am 20.01.2009 im Rahmen der Zusammenführung anderer Verfahren durch den EuGH entschieden.[31]

In dieser Entscheidung kommt der EuGH durch Auslegung des Art. 7 der Arbeitszeitrichtlinie zusammengefasst zu folgenden Ergebnissen[32]:

1. Urlaub darf nicht mit Ablauf des Bezugszeitraumes oder Übertragungszeitraumes verfallen, wenn der Arbeitnehmer bis dahin arbeitsunfähig erkrankt war.
2. Urlaubsabgeltung ist auch dann zu zahlen, wenn der Arbeitnehmer bis zur Beendigung des Arbeitsverhältnisses wegen Erkrankung seinen Urlaub nicht mehr nehmen kann.
3. Die Höhe der Urlaubsabgeltung ergibt sich aus der regelmäßigen Vergütung des Arbeitnehmers, die er bei Urlaubsgewährung erhielte.

Die 12. Kammer des LAG Düsseldorf hat diese Entscheidung mit Urteil vom 02.02.2009 umgesetzt.[33] Einen Monat später hat das BAG aufgrund der *Schultz-Hoff*-Entscheidung mit seiner Entscheidung vom 24.03.2009 begonnen, seine Urlaubsrechtsprechung zu ändern.[34]

Auch das BAG und die Instanzgerichte setzen seither die Rechtsprechung des EuGH in der Rechtssache *Schultz-Hoff* und deren Folgeentscheidungen um. Dabei ist auffällig, dass die unteren Instanzen der Arbeitsgerichtsbarkeit sowohl die Rechtsprechung des EuGH als auch die des BAG unterschiedlich auslegen und nunmehr

30 Vorabentscheidungsersuchen v. 21.08.2006, Rechtssache EuGH C-350/06, in ABlEU C 281/21.
31 Urteil des EuGH v. 20.01.2009, -C-350/06 u. C-520/06-, Slg. 2009 I ff.
32 EuGH Urt. v. 20.01.2009 -C-350/06 und C-520/06- *Schultz-Hoff*, Slg. 2009, I-179 ff.
33 LAG Düsseldorf Urt. v. 02.02.2009 -12 Sa 486/06-, LAGE § 7 BUrlG Abgeltung Nr. 22.
34 BAG Urt. v. 24.03.2009 -9 AZR 983/07-, AP Nr. 39 zu § 7 BUrlG.

unterschiedliche Positionen im Urlaubsrecht vertreten werden.[35] Das deutsche Urlaubsrecht, welches hauptsächlich auf Richterrecht[36] beruht, und die Auswirkungen der EuGH–Rechtsprechung werden in der Zeitschriftenliteratur[37] und in den

35 z.B. BAG Urt. v. 24.03.2009 -9 AZR 983/07-, AP Nr. 39 zu § 7 BUrlG Rn. 66; BAG Urt. v. 19.05.2009 -9 AZR 477/07-, DB 2009, 2051 ff.; BAG Urt. v. 23.03.2010 -9 AZR 128/09-, AP Nr. 3 zu § 125 SGB IX, Rn. 70; BAG Urt. v. 04.05.2010 -9 AZR 183/09-, AP Nr. 49 zu § 7 BUrlG, Rn. 17; BAG Urt. v. 12.04.2011 -9 AZR 80/10-, AP Nr. 50 zu § 7 BUrlG, Rn. 19; LAG Düsseldorf, Urt. v. 02.02.2009 -12 Sa 486/06-, LAGE § 7 BUrlG Abgeltung Nr. 22; ArbG Berlin Urt. v. 22.04.2009 -56 Ca 21280/08-, NZA-RR 2009, 411 ff.; LAG Baden-Württemberg Urt. v. 29.04.2010 -11 Sa 64/09-, LAGE § 7 BUrlG Abgeltung Nr. 28; LAG Hamm Urt. v. 29.04.2009 -18 Sa 1594/08-, juris; LAG Berlin-Brandenburg Urt. v. 02.10.2009 -6 Sa 1215/09- u. -6 Sa 1536/09-, juris; LAG Köln Beschl. v. 24.06.2010 -5 Ta 188/10-, NZA-RR 2010, 545 ff.; LAG Hamm EuGH-Vorlage v. 15.04.2010 -16 Sa 1176/09-, LAGE § 7 BUrlG Abgeltung Nr. 27; LAG Hamm Urt. v. 22.04.2010 -16 Sa 1502/09-, NZA 2011, 106 ff.; LAG Köln Urt. v. 05.11.2010 -4 Sa 744/10-, juris; LAG München Urt. v. 30.11.2010 -6 Sa 684/10-, juris; Hess. LAG Urt. v. 07.12.2010 -19 Sa 939/10-, NZA-RR 2011, 120 ff.; LAG Niedersachsen Urt. v. 17.12.2010 -16 Sa 297/10-, LAGE § 7 BUrlG Nr. 31; LAG Köln Urt. v. 07.02.2011 -5 Sa 891/10-, juris; LAG Köln Urt. v. 10.03.2011 -3 Sa 1057/10-, ZTR 2011, 689 ff.; LAG Baden-Württemberg Urt. v. 09.06.2011 -6 Sa 109/10-, juris; LAG Köln Urt. v. 19.08.2011 -12 Sa 110/11-, ZTR 2011, 732 ff.; LAG Berlin-Brandenburg Urt. v. 06.12.2011 u. a. -19 Sa 795/11-, juris; LAG Baden-Württemberg Urt. v. 21.12.2011 -10 Sa 19/11-, BB 2010, 1353 ff.; ArbG Bonn Urt. v. 18.02.2012 -5 Ca 2499/11-, juris; LAG Köln Urt. v. 27.01.2012 -4 Sa 1036/11-, juris; Hess. LAG Urt. v. 07.02.2012 -19 Sa 960/11- u. -19 Sa 818/11, juris; LAG Hamm Urt. v. 13.02.2012 -16 Sa 148/11-, NZA-RR 2012, 459 ff. u. -16 Sa 560/10-, juris; LAG Düsseldorf Urt. v. 23.02.2012 -5 Sa 1370/11-, ZTR, 2012, 350 ff.; LAG Rheinland-Pfalz Urt. v. 01.03.2012 -11 Sa 647/11-, juris; LAG Nürnberg Urt. v. 16.03.2012 -8 Sa 303/11-, ZTR 2012, 449 f.; LAG Hamm Urt. v. 22.03.2012 -16 Sa 1176/09-, NZA-RR 2012, 406 ff.; Sächsisches LAG Urt. v. 22.03.2012 -9 Sa 321/11-, juris; LAG Niedersachsen Urt. v. 29.03.2012 -7 Sa 662/11- u. -5 Sa 140/12-, LAGE § 7 BUrlG Abgeltung Nr. 32a; LAG Sachsen-Anhalt Urt. v. 03.04.2012 -6 Sa 441/10-, juris; ArbG Nienburg EuGH-Vorlage v. 15.06.2012 -2 Ca 472/11-, juris; LAG Rheinland-Pfalz Urt. v. 22.06.2012 -9 Sa 52/12-, LAGE § 7 BUrlG Abgeltung Nr. 34; LAG Berlin-Brandenburg Urt. v. 06.07.2012 -10 Sa 368/12-, LAGE § 7 BUrlG Nr. 51.

36 Conze, öAT 2013, 111 (113); Höpfner, RdA 2013, 16 (16).

37 Z.B. Amschler, EuZA 2011, 242 ff.; Bauckhage-Hoffer/Buhr/Roeder, BB 2011, 501 ff.; Bauer/Arnold, NJW 2009, 631 ff; Bauer/v. Medem, NZA 2012, 113 ff.; Besgen, SAE 2010, 201 ff.; Boecken/Jacobsen, ZTR 2011, 267ff.; Bufalica, ArbR 2010, 133 ff.; Dornbusch/Ahner, NZA 2009, 180 f.; Fieberg, NZA 2009, 929 f.; Gaul/Josten/Strauf, BB 2009, 497 ff.; Gaul/ Bonanni/Ludwig, DB 2009, 1013 ff.; Geyer, ZTR 2009, 346 ff.; Grobys, NJW 2009, 2177 ff.; Junghans, AiB 2009, 183 ff.; Kamanabrou, SAE 2009, Urlaubsanspruch 121 ff.; Kamanabrou, SAE 2009, Urlaubsabgeltung 233 ff.; Klimpe-Auerbach, PersonalR, 2009, 180 ff.; Kothe/Beetz, jurPR-ArbR 25/2009 Anm. 1 zu BAG Urt. v. 24.03.2009 -9 AZR 983/07-; Leinemann, DB 2009, I; Liebscher, öAT 2010, 11 ff.; Moderegger, ArbRB 2010, 276 ff.; Picker, ZTR 2009, 230 ff.; Powietzka/Fallenstein, NZA 2010, 673 ff.; Rummel, AuR 2009, 160 ff.; Schiefer/Brasse, DB 2011, 1976 ff.;

Kommentierungen[38] bezüglich der zu erwartenden rechtlichen Konsequenzen kontrovers diskutiert, weil durch die EuGH-Rechtsprechung neue Auslegungsmöglichkeiten für die Regelungen des BUrlG eröffnet werden.

Die besonders streitige Frage, wie lange Urlaubsansprüche bei Erkrankung bestehen bleiben und inwieweit die Mitgliedsstaaten diese begrenzen dürfen, wurde durch den EuGH in dem Vorlageverfahren *KHS/Schulte* vom 22.11.2011 entschieden.[39] Nachdem es zunächst nach der *Schultz-Hoff*-Entscheidung so schien, als sei ein Verfall dieser Ansprüche nicht regelbar, hat der EuGH in dem Vorabentscheidungsverfahren des LAG Hamm vom 15.04.2010[40] seine Rechtsprechung im November 2011 korrigiert. Danach sind Verfallsregelungen im Einzelfall zumindest bei einer Länge von 15 Monaten zulässig und entsprechen auch dem Zweck der Arbeitszeitrichtlinie.[41] Auch diese Entscheidung schafft jedoch keine Rechtsklarheit, weil es hinsichtlich der Länge der Befristungsregelung auf den Einzelfall ankommt. Es bleibt also weiterhin offen, wie „kurz" eine Befristung sein darf. Das BAG hat diese Entscheidung am 07.08.2012 zum Anlass genommen, durch Auslegung des § 7 Abs. 3 BUrlG bei lang andauernder Arbeitsunfähigkeit eine Befristung von 15 Monaten anzunehmen.[42]

Die Rechtsprechung des EuGH zum unionsrechtlichen Urlaubsrecht gibt Anlass zur Überprüfung der Vereinbarkeit des unionsrechtlichen Richterrechts mit dem deutschen Richterrecht, insbesondere hinsichtlich der Einordnung des Urlaubsrechts in das deutsche Schuldrecht. Auch das unionsrechtliche Urlaubsrecht will vermeiden, dass Arbeitsunfähigkeitszeiten den Mindesturlaubsanspruch negativ beeinflussen. Der EuGH sieht in dem Urlaubsanspruch jedoch einen einheitlichen Anspruch, bestehend aus der Freistellung und der Zahlung des Urlaubsentgeltes. Er hat also auch einen Vermögenswert. Wenn er zusätzlich auch davon ausgeht, dass ein Urlaubsanspruch grundsätzlich nur dann und nur in dem Umfang entsteht, wie

---

Sedlmeier, EuZA 2010, 88 ff.; Subatzus, DB 2009, 510 ff.; Wank, FS Reuter, 921 ff.; Düwell, NZA Beil. 3/2011, 133 ff.; Pötters/Stiebert, ZESAR 2012, 23 ff.; Pötters/Stiebert, NJW 2012, 1034 ff.; Schinz, RdA 2012, 181 ff., Wicht, BB 2012, 1349 ff.; Düwell, DB 2012, 1749 ff.; Franzen, EuZA 2012, 295 ff.; Rudkowski, EuZA 2012, 381 ff.

38 ErfK/*Dörner*, 11. Aufl. 2011, § 7 BUrlG, Rn. 39a ff.; HWK/*Schinz*, 6. Aufl. 2014, § 7 BUrlG, Rn. 74a ff.; AnwK/*Düwell*, 2. Aufl. 2010, § 7 BUrlG, Rn. 5 ff.; Neumann/Fenski, BUrlG, 10. Aufl. 2011, § 7 BUrlG Rn. 65 ff.

39 EuGH Urt. v. 22.11.2011 -C-214/10- *KHS/Schulte*, Slg. 2011, I-11757.

40 LAG Hamm Beschl. v. 15.04.2010 -16 Sa 1176/09-, LAGE § 7 BUrlG Abgeltung Nr. 27.

41 EuGH Urt. v. 22.11.2011 -C-214/10- *KHS/Schulte*, Slg. 2011, I-11757, Rn. 33–35.

42 BAG Urt. v. 07.08.2012 -9 AZR 353/10-, AP Nr. 61 zu § 7 BUrlG; einige LAGs hatten bereits zuvor eine Befristung angenommen: LAG Baden-Württemberg Urt. v. 21.12.2011 -10 Sa 19/11-, BB 2012, 1353 f.; LAG Nürnberg Urt. v. 16.03.2012 -8 Sa 303/11-, ZTR 2012, 449 f.; LAG Hamm Urt. v. 22.03.2012 -16 Sa 1176/09-, NZA-RR 2012, 406 ff.; Sächsisches LAG Urt. v. 22.03.2012 -9 Sa 321/11-, juris; LAG Niedersachsen Urt. v. 29.03.2012 -7 Sa 662/11-, LAGE § 7 BUrlG Nr. 32a u. -5 Sa 140/12-, juris; LAG Sachsen-Anhalt Urt. v. 03.04.2012 -6 Sa 441/10-, juris; LAG Berlin-Brandenburg Urt. v. 06.07.2012 -10 Sa 368/12-, LAGE § 7 BUrlG Nr. 51.

die Arbeitsleistung erbracht wird, können Arbeitsunfähigkeitszeiten unionsrechtlich nur eine Ausnahme zu dieser Regel bilden.

Beide Rechte gehen also mit dem gleichen Ziel von unterschiedlichen Grundannahmen aus, die das gegenseitige Verständnis und die Vereinbarkeit erheblich erschweren. Wenn der EuGH den Urlaubsanspruch unionsrechtlich als einen einheitlichen Anspruch, bestehend aus Freistellung und Zahlung auffasst, führt die vom BAG abweichende Einordnung des Urlaubsanspruchs zu rechtssystematisch nicht lösbaren Problemen. Die Annahme des BAG, die Gewährung des Urlaubsanspruchs sei lediglich eine nicht im Gegenseitigkeitsverhältnis zur Arbeitsleistung stehende Nebenpflicht in Form der bloßen Freistellung, hat die Verständlichkeit des Urlaubsrechts und die Vereinbarkeit mit dem Unionsrecht nicht gefördert.

Wenn man aber auch im deutschen Recht den Urlaubsanspruch als einheitlichen Anspruch auf Freistellung und Zahlung des Urlaubsentgelts auffasste, müsste im Ergebnis während der Urlaubsgewährung sowohl die Arbeitspflicht des Arbeitnehmers als auch die Arbeitsentgeltzahlungspflicht des Arbeitgebers entfallen. Wenn man zudem auch im deutschen Urlaubsrecht von dem Grundsatz ausginge, dass die Urlaubsgewährungspflicht in Abhängigkeit zu der Arbeitsleistungspflicht entstehe, könnte man eine bessere Vereinbarkeit mit dem Unionsrecht herstellen.

Hierbei ist zu berücksichtigen, dass der Urlaubsanspruch in der seit dem Inkrafttreten des Vertrags von Lissabon am 01.12.2009 geltenden Charta der Grundrechte der Europäischen Union (im Folgenden „Charta") auch primärrechtlich in Art. 31 Abs. 2 der Charta geregelt wurde. Um das deutsche Urlaubsrecht unionsrechtskonform auszulegen, müsste daher das der Arbeitszeitrichtlinie und der Charta zugrunde liegende Urlaubsverständnis und der von der Arbeitszeitrichtlinie verfolgte Urlaubszweck in das deutsche Urlaubsrecht übernommen werden.

Ginge man davon aus, dass die Erbringung der Arbeitsleistung grundsätzlich Voraussetzung für die Entstehung des Urlaubsanspruchs ist, müsste eine Neueinordnung des Urlaubsanspruchs in das Synallagma des Arbeitsvertragsrechts erfolgen. Durch die Annahme, dass die Urlaubsgewährungspflicht eine Hauptpflicht des Arbeitgebers ist, die im synallagmatischen Verhältnis zu der Arbeitsleistung steht, ließen sich die Fälle der Nichterbringung der Arbeitsleistung, insbesondere der Arbeitsunfähigkeit, unionsrechtskonform lösen. Rechtliche Konstruktionen wie die Surrogatstheorie, der Ersatzurlaubsanspruch und der Ersatzabgeltungsanspruch würden durch diese Annahmen überflüssig.

Um die rechtlichen Auswirkungen der Arbeitsunfähigkeit und anderer Fehlzeiten des Arbeitnehmers im unionsrechtlichen Kontext für das deutsche Recht nachzuvollziehen, müsste davon ausgegangen werden, dass im Rahmen des Mindesturlaubsanspruchs, die aufgrund der Erkrankung tatsächlich nicht erbrachten Arbeitszeiten ausnahmsweise wie eine „ungestörte" Arbeitsleistung behandelt werden, gleichwohl aber für das Entstehen des Urlaubsanspruchs die ungestörte Erbringung der Arbeitsleistung selbstverständlich ist. Andere „Fehlzeiten" wie z.B. Mutterschutzzeiten, Elternzeiten und Erwerbsminderungszeiten müssen ebenfalls neu in das Schuldrecht eingeordnet werden. Es ist zu untersuchen, ob diese Zeiten zu einem Wegfall des Urlaubsanspruchs führen und wie sie sich auf den bereits entstanden Urlaubsanspruch auswirken.

Wenn man nicht mehr auf juristische Ausnahmen zurückgreifen muss, würde das Urlaubsrecht zudem vereinfacht, was wiederum seinen Schutzrechtscharakter fördert. Es ist daher zu untersuchen, ob sich aus der Rechtsprechung des EuGH entnehmen lässt, dass die Entstehung, der Fortbestand und die Durchsetzung des Urlaubsanspruchs von der Arbeitsleistungspflicht des Arbeitnehmers abhängig ist. Käme man zum Ergebnis, dass es einen finalen Zusammenhang zwischen der Arbeitsleistungspflicht und der Urlaubsgewährungspflicht gibt, muss untersucht werden, ob eine solche unionsrechtliche Rechtsauffassung ebenfalls in das deutsche Urlaubsrecht umgesetzt werden kann.

Es ist ebenfalls zu prüfen, ob die Auffassung, § 7 Abs. 3 BUrlG enthielte eine Befristung des Urlaubsanspruchs und des Urlaubsabgeltungsanspruchs, gegen Unionsrecht verstößt. Käme man zu diesem Ergebnis, könnte allenfalls die Verjährungsvorschrift des § 195 BGB die Inanspruchnahme des Urlaubs beschränken. Soweit dann eine kürzere Befristung gelten soll, müsste der Gesetzgeber das Urlaubsrecht unionsrechtskonform ändern. Anderenfalls könnte eine Beschränkung gem. § 13 Abs. 1 BUrlG nur durch kollektive Regelungen erfolgen.

Es wird daher mit der vorliegenden Arbeit untersucht, ob die unionsrechtliche Rechtsprechung zur Arbeitszeitrichtlinie und zur Charta nunmehr Anlass gibt, eine Neueinordnung des Urlaubsanspruchs und damit auch des Urlaubsabgeltungsanspruchs in das deutsche Urlaubsrecht vorzunehmen, die die Vereinbarkeit mit dem Unionsrecht herstellt.

Das deutsche Urlaubsrecht beruht hauptsächlich auf Richterrecht.[43] Da die seit 1982 durch das BAG vorgenommene Einordnung des Urlaubsanspruchs als befristeter Freistellungsanspruch unmittelbare Auswirkungen auf die Entstehung, den Fortbestand und die Durchsetzbarkeit der Mindesturlaubsansprüche und der Mindesturlaubsabgeltungsansprüche hat, erfolgt im 1. Teil der Arbeit die Darstellung dieser sogenannten „neuen" Rechtsprechung des BAG zu diesen Rechtsproblemen. Hier sind insbesondere die Frage der Behandlung der Arbeitsunfähigkeit und anderer Ausfallzeiten im Zusammenhang mit dem Urlaubsrecht sowie die rechtliche Handhabung von Ruhenstatbeständen zu untersuchen. Dabei ist auch zu untersuchen, welche rechtlichen Grenzen das BAG bei der zeitlichen Geltendmachung sieht bzw. sah.

Auch das Urlaubsrecht der Europäischen Union ist stark durch das Richterrecht des EuGH geprägt.[44] Insoweit muss an den 1. Teil anschließend im 2. Teil untersucht werden, ob der EuGH zwingend einen Einheitsanspruch annimmt, und ob er die Voraussetzung aufstellt, dass Urlaubsansprüche in Abhängigkeit von der Arbeitsleistung des Arbeitnehmers entstehen. Zudem ist zu prüfen, welche Grenzen der EuGH den Mitgliedsstaaten durch Auslegung der Arbeitszeitrichtlinie in der

43 Conze, öAT 2013, 111 (113).
44 Conze, öAT 2013, 111 (113).

Umsetzung derselben setzt. Hier erfolgt unter Berücksichtigung der Rechtsquellen, insbesondere des Art. 31 Abs. 2 der Charta und des Art. 7 der Arbeitszeitrichtlinie, die Analyse der Rechtsprechung des EuGH zum Urlaubsrecht, um herauszuarbeiten, welchen Urlaubsbegriff der EuGH zugrunde legt. Gleichzeitig ist darzulegen, welche Möglichkeiten den Mitgliedsstaaten und damit sowohl dem Gesetzgeber bei der Regelung als auch dem BAG bei der Auslegung des deutschen Urlaubsrechts im Bereich der Entstehung, dem Fortbestand und der Durchsetzbarkeit sowie bei einer möglichen Befristung bleiben.

Im 3. Teil erfolgt die kritische eigene Auseinandersetzung mit der bisherigen Einordnung der Mindesturlaubs- und Mindesturlaubsabgeltungsansprüche durch das BAG und eine Neueinordnung des Urlaubsanspruchs als schuldrechtlicher Einheitsanspruch in das Synallagma des Arbeitsvertrages. Hierbei sind zunächst die bisherigen Änderungen der Rechtsprechung des BAG durch den unionsrechtlichen Einfluss und insbesondere durch die *Schultz-Hoff*-Entscheidung des EuGH zu untersuchen. Sodann wird dargelegt, dass es zweckmäßig wäre, wenn man auch im deutschen Urlaubsrecht von dem „Urlaubs"-Verständnis des Unionsrecht ausginge, um eine bessere Vereinbarkeit beider Rechte herzustellen. Das BAG sollte daher von dem gleichen Verständnis ausgehen, damit die Fälle der Nichterbringung der Arbeitsleistung aufgrund von Fehlzeiten und Ruhenszeiten sowie auch die Befristung des Urlaubsanspruchs im besseren Einklang mit dem Unionsrecht gelöst werden können, da das Unionsrecht mit seinem „Urlaubs"-Verständnis zu rechtlich anderen Ergebnissen bei den Fragen der Entstehung, des Fortbestands, der Durchsetzbarkeit und Befristung führt.

Wegen der Vielfalt der tarifvertraglichen Regelungen im Urlaubsrecht werden einzelne tarifliche Ansprüche und Regelungen nicht gesondert untersucht. Ebenfalls wird auf die Rechtsprechung des BAG zum Vertrauensschutz im Zusammenhang mit seiner langjährigen nunmehr nicht mehr vertretenen Rechtsauffassung nicht gesondert eingegangen, da dies ebenfalls nicht Gegenstand der Untersuchung ist.

Der 4. Teil fasst die Ergebnisse der vorliegenden Arbeit zusammen und gibt einen Ausblick auf die praktischen Maßnahmen, die zur Umsetzung des Unionsrechts im deutschen Urlaubsrecht nach den Ergebnissen dieser Untersuchung erforderlich sind.

1. Teil: Der Urlaubs- und Urlaubsabgeltungsanspruch im deutschen Recht vor der *Schultz-Hoff*-Entscheidung des EuGH

A. Die rechtliche Einordnung des Urlaubs- und Urlaubsabgeltungsanspruchs nach der „neuen“ Rechtsprechung des BAG seit 1982

Um die einzelnen Voraussetzungen für die Entstehung, den Fortbestand und die Durchsetzbarkeit des Urlaubs- und des Urlaubsabgeltungsanspruchs nachvollziehen zu können, ist es zunächst erforderlich, die Einordnung dieser Ansprüche durch das BAG in das deutsche Schuldrecht nachzuvollziehen. Dabei ist das Verständnis des BAG von den Grundbegriffen des Urlaubsrechts für die Nachvollziehbarkeit der Einordnung des Urlaubsrechts in das Arbeitsvertragsrecht entscheidend. Das Urlaubsrecht ist in Deutschland noch nicht lange kodifiziert. Erst Anfang 1963 wurden die bis dahin bestehenden tariflichen und landesrechtlichen Regelungen im Bundesurlaubsgesetz vom 08.01.1963 zusammengefasst. Vor Inkrafttreten des Bundesurlaubsgesetzes und auch danach waren die rechtliche Einordnung und insbesondere die Frage der Rechtsgrundlage für den Urlaub und seine Abgeltung nicht geklärt.

I. Urlaubsrecht als Teil des Privatrechts

Während im Jugendschutzgesetz von 1938 vor 1945 erstmalig ein gesetzlicher Anspruch auf Erholungsurlaub für jugendliche Arbeitnehmer geregelt wurde[45], konnten sich die meisten anderen Arbeitnehmer nur auf Tarifordnungen berufen.[46] In der Praxis hatte jedoch fast jeder Arbeitnehmer einen Anspruch auf Urlaub.[47] Obwohl in den Instanzgerichten und in der Literatur überwiegend die Auffassung vertreten wurde, dass Urlaub ein gewohnheitsrechtlicher Anspruch sei, hat das Reichsarbeitsgericht bis zu seiner Auflösung unter Ablehnung eines Gewohnheitsrechts daran festgehalten, dass ein Urlaubsanspruch nur dann bestehe, wenn dieser in einer Tarifordnung oder vertraglich geregelt worden sei.[48] Im Gegensatz dazu

---

45 RGBl. I, S. 437.

46 Boldt/Röhsler, Mindesturlaubsgesetz, 2. Aufl., Köln 1968, Einf. S. 11; Heilmann, Urlaubsrecht, 4. Aufl. 2014, Einf. Rn. 5 ff.

47 Boldt/Röhsler, Mindesturlaubsgesetz, 2. Aufl., Köln 1968, Einf. S. 11.

48 RAGE 23, 170; 32, 152 und 45,108; Heilmann, Urlaubsrecht, 4. Aufl. 2014, Einf. Rn. 5.

vertrat das BAG seit seiner Gründung im Mai 1954 die Auffassung, dass sich der Urlaubsanspruch bei fehlenden vertraglichen oder gesetzlichen Vorschriften aus §§ 618, 242 BGB ergäbe und dessen Höhe gem. §§ 612, 315 BGB zu ermitteln sei.[49] Das BAG leitete den Anspruch aus der arbeitgeberseitigen Fürsorgepflicht und den Prinzipien des sozialen Rechtsstaates her.[50] Mit Urlaub schütze der Arbeitgeber den Arbeitnehmer vor Gefahren für Leben und Gesundheit.[51]

Aufgrund dieser Regelungslücke im Urlaubsrecht entstanden nach 1945 unterschiedlichste Landesgesetze, die Urlaubsansprüche konkreter regelten.[52] Wegen dieser verschiedenen landesrechtlichen Regelungen kam es in der Praxis vor, dass Arbeitnehmer im selben Unternehmen unter verschiedene Urlaubsgesetze fielen, wenn das Unternehmen Betriebe oder Betriebsteile in unterschiedlichen Bundesländern unterhielt.[53]

Das BAG sah in den Landesurlaubsgesetzen einen Verstoß gegen das Grundgesetz, weil den Ländern für die landesgesetzlichen Regelungen zum Urlaub die Gesetzgebungskompetenz gefehlt habe. Urlaubsrecht sei als Teil des Arbeitsvertragsrechts dem Zivilrecht zuzuordnen und bereits im BGB geregelt. Aufgrund des gem. Art. 3 und 55 EGBGB geregelten Kodifikationsprinzips sei dieser Bereich der Landesgesetzgebung entzogen.[54] Aus diesem Grund legte das BAG gegen unterschiedliche landesgesetzliche Vorschriften 1955 und 1956 Vorlagebeschlüsse dem BVerfG zur Entscheidung vor.[55] Es ordnete in diesen Vorlagebeschlüssen das Urlaubsrecht in das Privatrecht ein. Hoheitliche Eingriffsrechte in Form von z.B. Sanktionen bei Nichtgewährung gegenüber dem Arbeitgeber bestünden nicht.[56] Das Urlaubsrecht sei kein eigenes Rechtsgebiet, sondern Teil des Arbeitsvertragsrechts, welches in den Vorschriften zum Dienstvertrag im BGB geregelt sei.[57] Das

---

49 BAG Urt. v. 20.04.1956 -1 AZR 476/54-, AP Nr. 6 zu § 611 BGB Urlaubsrecht, Rn. 5; Düwell, NZA Beil. 3/2011, 133 (133).

50 BAG Urt. v. 20.04.1956 -1 AZR 476/54-, AP Nr. 6 zu § 611 BGB Urlaubsrecht, Rn. 5.

51 BAG Urt. v. 20.04.1956 -1 AZR 476/54-, AP Nr. 6 zu § 611 BGB Urlaubsrecht, Rn. 5.

52 Boldt/Röhsler, Mindesturlaubsgesetz, 2. Aufl. 1968, Einf. S. 11 f.; zur historischen Entwicklung de BUrlG s.a. Düwell, NZA Beil. 3/2011, 133 (133); Boldt, ZfA 1971, 1 ff.; Heilmann, Urlaubsrecht, 4. Aufl. 2014, Einf. Rn. 5 ff.; Neumann/Fenski, 9. Aufl. 2003, BUrlG, Einl. Rn. 13; Polzer, Die Befristung des Urlaubsanspruchs auf das Kalenderjahr, 2011, 35 f.

53 Boldt/Röhsler, Mindesturlaubsgesetz, 2. Aufl., Köln 1968, Einf. S. 14.

54 BAG Beschl. v. 26.10.1955 -1 AZR 23/53-, BAGE 2, 342; 02.05.1956 -1 AZR 88/55-, AP Nr. 1 zu § 1 UrlaubsG Württemberg-Baden und 06.07.1956 -1 AZR 276/54-, AP Nr. 1 zu § 1 UrlaubsG Schleswig-Holstein; Düwell, NZA Beil. 3/2011, 133 (133).

55 BAG Beschl. v. 26.10.1955 -1 AZR 23/53-, -1 AZR 295/55- und -1 AZR 376/55-, BAGE 2, 342; BAG Beschl. v. 02.05.1956 -1 AZR 88/55-, AP Nr. 1 zu § 1 UrlaubsG Württemberg-Baden; BAG Beschl. v. 06.07.1956 -1 AZR 276/54-, AP Nr. 1 zu § 1 UrlaubsG Schleswig-Holstein; Düwell, NZA Beil. 3/2011, 133 (133); Polzer, Die Befristung des Urlaubsanspruchs auf das Kalenderjahr, 2011, 38 f.

56 BAG Beschl. v. 26.10.1955 -1 AZR 23/53-, AP Nr. 1 zu § 1 UrlaubsG Hbg.

57 BAG Beschl. v. 26.10.1955 -1 AZR 23/53-, AP Nr. 1 zu § 1 UrlaubsG Hbg, Rn. 23.

Arbeitsrecht, bestehend aus öffentlichem und privatem Arbeitsrecht, sei zwar ein eigenes Rechtgebiet, jedoch stelle das Arbeitsvertragsrecht, zu dem das Urlaubsrecht gehöre, einen „geschlossenen Block“ des Arbeitsrechts dar, der bereits im BGB geregelt sei, so dass die Länder keine eigenen Gesetze erlassen dürften.[58]

Das BVerfG hat die Auffassung des BAG zu den Landesurlaubsgesetzen abgelehnt.[59] Das Arbeitsrecht sei ein selbständiges und eigenständiges Rechtsgebiet neben dem bürgerlichen Recht und werde vom Kodifikationsprinzip nicht erfasst.[60] Es handele sich um einen Fall der konkurrierenden Gesetzgebung. Da das Urlaubsrecht bundesrechtlich nicht erschöpfend geregelt sei, verstießen die Landesurlaubsgesetze nicht gegen das Grundgesetz.[61] Erst nach Erlass des BGB hätte sich das moderne Arbeitsrecht, bestehend aus privatrechtlichen und öffentlich-rechtlichen Teilen, entwickelt.[62] Die Landesurlaubsgesetze gehörten aber eindeutig nicht zum öffentlichen Recht, da staatliche Sanktionen oder Eingriffe bei Nichtbeachtung nicht vorgesehen seien.[63] Urlaub war also nach Auffassung des BVerfG nicht abschließend im BGB geregelt. Im Ergebnis ordneten aber sowohl das BAG als auch das BVerfG das Urlaubsrecht dem privatrechtlichen Teil des Arbeitsrechts zu. Dieser Auffassung, dass Urlaubsrecht Privatrecht und nicht öffentliches Recht ist, hat sich die h.M. angeschlossen.[64]

Nachdem durch die Entscheidung des BVerfG feststand, dass es sich bei Urlaubsrecht zwar um Privatrecht handelt, die Länder jedoch im Wege der konkurrierenden Gesetzgebung in Ermangelung eines einheitlichen Urlaubsgesetzes befugt waren, eigene Landesurlaubsgesetze zu erlassen, war der Bundesgesetzgeber aufgerufen, ein einheitliches Urlaubsrecht zu schaffen, um diesen Zustand zu beseitigen. Wegen der inhaltlich stark voneinander abweichenden Ländergesetze war die Rechtsvereinheitlichung ein Hauptanliegen des Gesetzgebers bei Schaffung des BUrlG.[65] Es trat zum 01.01.1963 in Kraft.[66] Bis heute wurde das Bundesurlaubsgesetz inhaltlich nicht maßgeblich abgeändert. Die für die vorliegende Untersuchung entscheidenden Abänderungen sind zum einen durch das Heimarbeiteränderungsgesetz vom

58 BAG Beschl. v. 26.10.1955 -1 AZR 23/53-, AP Nr. 1 zu § 1 UrlaubsG Hbg, Rn. 25.

59 BVerfG Urt. v. 22.04.1958 -2 BvL 32/56-, AP Nr. 2 zu § 1 UrlaubsG Hbg.

60 siehe vorhergehende Fn.

61 siehe vorhergehende Fn.

62 siehe vorhergehende Fn.

63 siehe vorhergehende Fn.

64 Leinemann/Linck, Urlaubsrecht, 2. Aufl. 2001, § 1 BUrlG Rn. 34; ErfK/*Dörner*, 10. Aufl. 2010, § 1 BUrlG, Rn. 12; Friese, Urlaubsrecht, Rn. 11; Neumann/Fenski, BUrlG, 10. Aufl., 2011, § 1 BUrlG Rn. 56; Boldt/Röhsler, Mindesturlaubsgesetz, 2. Aufl. 1968, § 1 Rn. 4.

65 Begründung zum Antrag der Fraktion der CDU/CSU, BT-Drucks. IV/207 v. 20.02.1962; Schriftlicher Bericht des Ausschusses für Arbeit, BT-Drucks. IV/785 v. 30.11.1962.

66 BGBl. I, S. 2 v. 12.01.1963.

29.10.1974[67] sowie durch das Arbeitszeitrechtsgesetz vom 06.06.1994[68] erfolgt. Mit dem Heimarbeiteränderungsgesetz wurden die Voraussetzungen geschaffen, um das Übereinkommen Nr. 132 der IAO vom 24.07.1970 über den bezahlten Jahresurlaub ratifizieren zu können.[69] In das BUrlG wurden nur wenige Änderungen aufgenommen, um die Ratifizierung zu ermöglichen. Im Übrigen entspricht laut Bericht und Antrag des 11. Ausschusses für Arbeit und Sozialordnung das deutsche Urlaubsrecht weitgehend dem Übereinkommen Nr. 132 der IAO und stehe diesem nicht entgegen.[70] Laut Bericht des Abgeordneten Bredl hat der Ausschuss sogar „mit Befriedigung" feststellen können, dass der Inhalt des Übereinkommens in seinen wesentlichen Bestandteilen dem gesetzlichen Urlaubsrecht in der Bundesrepublik Deutschland entspricht.[71] Am 30.04.1975 hat der Bundestag daraufhin das Ratifizierungsgesetz zu dem Übereinkommen Nr. 132 IAO beschlossen.[72]

Bei der Umsetzung der Richtlinie 93/104/EG vom 23.11.1993 über bestimmte Aspekte der Arbeitszeitgestaltung, die hinsichtlich der Urlaubsvorschriften der heutigen Arbeitszeitrichtlinie entsprach, sah der Gesetzgeber hinsichtlich des Bundesurlaubsgesetzes nur die Anpassung der Mindestjahresurlaubstage auf 24 Tage bei einer 6-Tage-Woche vor. Im Übrigen wurden keine weiteren Änderungen aufgenommen, woraus zu schließen ist, dass der Gesetzgeber davon ausging, dass Art. 7 der Richtlinie 93/104/EG, der dem heutigen Art. 7 der Arbeitszeitrichtlinie entsprach, dem BUrlG nicht entgegensteht. Obwohl das ArbZG, welches ebenfalls aufgrund der Richtlinie 93/104/EG erlassen wurde, öffentlich-rechtliche Sanktionen bei Nichteinhaltung des Gesetzes durch die Arbeitgeber vorsieht, um den Schutz der Gesundheit der Arbeitnehmer zu sichern, wurde das nach unionsrechtlichem Verständnis in das Arbeitszeitrecht einzuordnende Urlaubsrecht weiterhin vom Gesetzgeber als rein privates Gesetz belassen. Eine Änderung in ein Gesetz mit öffentlich-rechtlichem Schutzcharakter wurde trotz der Parallelität zum ArbZG nicht vorgenommen. Der Urlaubsanspruch ist nicht Teil des öffentlich-rechtlichen Arbeitsschutzrechts. Es gibt keinerlei staatliche Sanktionen, und er wird auch nicht durch eine öffentliche Behörde überwacht.[73] Urlaubsrecht ist also weiterhin „nur" ein Teil des privaten Arbeitsrechts.

---

67 BGBl. 1974 I, S. 2879.

68 BGBl. 1994 I, S. 1170.

69 Leinemann/Linck, Urlaubsrecht, 2. Aufl. 2001, Einl. Rn. 33; BT-Drucks. 7/975 v. 03.09.1973.

70 BT-Drucks. 7/2394 v. 16.04.1974 und 7/3174 v. 28.01.1975.

71 BT-Drucks. 7/3147 Bericht des Abgeordneten Bredl v. 22.01.1975.

72 BGBl. 1975 II, S. 745.

73 Leinemann/Linck, Urlaubsrecht, 2. Aufl. 2001, § 1 BUrlG Rn. 34; ErfK/*Dörner*, 10. Aufl. 2010, § 1 BUrlG, Rn. 12; Friese, Urlaubsrecht, Rn. 11.

II. Rechtliche Grundsätze der „neuen“ Rechtsprechung

Die „neue“ Rechtsprechung des BAG zum Urlaubsrecht wurde durch den zunächst seit 1978 zuständigen Sechsten Senat entwickelt.[74] Mitbegründer dieser Rechtsprechung war Leinemann, der von 1986 bis 2001 Vorsitzender der Urlaubssenate beim BAG war.[75]

Die „neue“ Rechtsprechung ab 1982 warf der alten Rechtsprechung des BAG Unklarheiten und widersprüchliche Ergebnisse vor.[76] Sie sei reich an „Begriffsvertauschungen und Paradoxien“.[77] Die Ursache hierfür liege in der Anwendung von Grundsätzen, die seit Schaffung des BUrlG keine Geltung mehr hätten.[78] Rechtliche Zusammenhänge würden dabei verkannt.[79] In Bezug auf die Frage der rechtsmissbräuchlichen Ausübung des Rechts auf Urlaub sei diese im Falle der alten Rechtsprechung „vielmehr von dem Wunsch beherrscht, dem Richter ein beliebig einsetzbares Instrument zur Belohnung anständiger oder zur Disziplinierung anderer Arbeitnehmer zu geben: Was rechtsmißbräuchlich war, bestimmte jeweils das Gericht.“[80] Da die Instanzgerichte wussten, dass die Überprüfung des Vorliegens einer „rechtsmissbräuchlichen Geltendmachung“ in der Revision kaum erfolgen konnte, hätten sie nach Belieben entscheiden können.[81]

Das Bestreben der „neuen“ Rechtsprechung des BAG lag also darin, Rechtssicherheit und Rechtsklarheit sowie Begriffsklarheit zu schaffen. Dabei sollte offensichtlich auch den Instanzgerichten „von oben“ Disziplin verordnet werden. Die „neue“ Rechtsprechung sah ihre Aufgabe darin, ihre Entscheidungen „kompromißlos und konsequent“ an die Merkmale des BUrlG zu knüpfen.[82] Aus diesem Grund

74 Pressemitteilung des BAG Nr. 56 v. 31.08.2001; Leinemann/Linck, Urlaubsrecht, 2. Aufl. 2001, Einl. Rn. 93.

75 Pressemitteilung des BAG Nr. 56 v. 31.08.2001; Leinemann/Linck, Urlaubsrecht, 2. Aufl. 2001, Einl. Rn. 97; Herlitzius, Der Urlaubsanspruch als schuldrechtlicher Anspruch im Arbeitsverhältnis, 2000, S. 47; das LAG Köln Urt. v. 21.02.1985 -10 Sa 960/84-, LAGE § 3 BUrlG Nr. 1, meinte sogar, dass die Änderung der Rechtsprechung nur auf Leinemann zurückzuführen war: „Nachdem die Argumentation des Sechsten Senats bisher in allen Punkten völlig umstritten ist, würde nicht nur eine Änderung der Geschäftsverteilung des BAG, sondern nach Kenntnis des Gerichts schon eine einzige personelle Veränderung in der Besetzung des Sechsten Senats erneut eine Kehrtwende der Rechtsprechung wahrscheinlich machen.“.

76 Leinemann/Linck, Urlaubsrecht, 2. Aufl. 2001, Einl. Rn. 47–92; BAG 28.01.1982 -6 AZR 571/79-, AP Nr. 11 zu § 3 BUrlG Rechtsmißbrauch; BAG Urt. v. 08.03.1984 -6 AZR 442/83-, AP Nr. 15 zu § 13 BUrlG; zur Historie der Rechtsprechung: Rummel, AuR 2009, 160 (160 f); Düwell, NZA Beil. 3/2011, 133 (134).

77 Leinemann/Linck, Urlaubsrecht, 2. Aufl. 2001, Einl. Rn. 83.

78 Leinemann/Linck, Urlaubsrecht, 2. Aufl. 2001, Einl. Rn. 84.

79 Leinemann/Linck, Urlaubsrecht, 2. Aufl. 2001, Einl. Rn. 83.

80 Leinemann/Linck, Urlaubsrecht, 2. Aufl. 2001, Einl. Rn. 59.

81 Leinemann/Linck, Urlaubsrecht, 2. Aufl. 2001, Einl. Rn. 58.

82 Leinemann/Linck, Urlaubsrecht, 2. Aufl. 2001, Einl. Rn. 96.

versuchte diese, das Urlaubsrecht unter der Ablehnung gewohnheitsrechtlicher Herleitungen in das System des Arbeitsvertragsrechts des BGB zu integrieren. Damit konnten auch die allgemeinen schuldrechtlichen Regeln des BGB auf das Urlaubsrecht Anwendung finden.[83] Trotz massiver Kritik, insbesondere durch die Landesarbeitsgerichte und die Literatur[84], hat das BAG den neuen Weg fortgeführt. Im Folgenden werden daher die Grundbegriffe der „neuen“ Rechtsprechung erläutert, die für das Verständnis der Anwendung des Schuldrechts durch das BAG auf das Urlaubsrecht maßgeblich sind.

1. Die Urlaubsgewährungspflicht als nichtsynallagmatische Freistellungspflicht

Ab 1982 wurde auch im Urlaubsrecht konsequent das Arbeitsverhältnis durch den Sechsten Senat des BAG als zivilrechtliches Dauerschuldverhältnis eingeordnet, in dem es für beide Seiten Haupt- und Nebenpflichten gibt.[85] Auch für das Urlaubsrecht galt seitdem: Die Hauptpflichten im Arbeitsverhältnis bestehen in der Arbeitsleistung und in der Arbeitsentgeltzahlung.[86] Auf den Urlaubsanspruch fanden seitdem die Vorschriften des bürgerlichen Rechts über Schuldverhältnisse Anwendung.[87]

Nach der „neuen“ Rechtsprechung ist der Urlaubsanspruch ein reiner Freistellungsanspruch des Arbeitnehmers gegen den Arbeitgeber, der lediglich die Hauptpflicht des Arbeitnehmers, die Arbeitsleistung zu erbringen, entfallen lässt.[88] Für den Arbeitgeber sei die Freistellung eine Nebenpflicht aus dem zivilrechtlichen Dauerschuldverhältnis, die er aus § 1 BUrlG zu erfüllen habe.[89]

Im Gegensatz zu der zuvor vom BAG vertretenen Einheitstheorie, wonach der Anspruch auf Freistellung und auf die Zahlung von Urlaubsentgelt untrennbar miteinander als ein Anspruch verbunden waren[90], hat nach der „neuen“ Rechtsprechung des BAG die Erfüllung des Urlaubsanspruchs auf die Lohnzahlungspflicht, also die vertragliche Hauptleistungspflicht des Arbeitgebers, keinen Einfluss, steht

83 Herlitzius, Der Urlaubsanspruch als schuldrechtlicher Anspruch im Arbeitsverhältnis, 2000, S. 55; Leinemann/Linck, Urlaubsrecht, 2. Aufl. 2001, Einl. Rn. 92.
84 Leinemann/Linck, Urlaubsrecht, 2. Aufl. 2001, Einl. Rn. 95.
85 Leinemann/Linck, Urlaubsrecht, 2. Aufl. 2001, Einl. Rn. 96.
86 ErfK/*Preis*, 10. Aufl. 2010, § 611 BGB, Rn. 389 ff und 639 ff.
87 ErfK/*Dörner*, 10. Aufl. 2010, § 1 BUrlG, Rn. 3.
88 BAG Urt. v. 13.5.1982 -6 AZR 360/80-, AP Nr. 4 zu § 7 BUrlG Übertragung; BAG Urt. v. 01.12.1983 -6 AZR 299/80-, AP Nr. 15 zu § 7 BUrlG Abgeltung; ausführlich BAG Urt. v. 08.03.1984 -6 AZR 600/82-; AP Nr. 14 zu § 3 BUrlG Rechtsmißbrauch; Friese, Urlaubsrecht, Rn. 33; Rummel, AuR 2009 (160 (161); Düwell, NZA Beil. 3/2011, 133 (134).
89 BAG Urt. v. 08.03.1984 -6 AZR 600/82-, AP Nr. 14 zu § 3 BUrlG Rechtsmißbrauch.
90 BAG Urt. v. 22.6.1956 -1 AZR 296/54-, AP Nr. 9 zu § 611 BGB Urlaubsrecht; BAG Urt. v. 03.06.1960 -1 AZR 251/59-, AP Nr. 73 zu § 611 BGB Urlaubsrecht; BAG Urt. v. 28.11.1968 -5 AZR 133/68-, AP Nr. 6 zu § 5 BUrlG.

also nicht im synallagmatischen Verhältnis hierzu.[91] Das BAG meint, dass die Gewährung von Urlaub in Form der Freistellung lediglich die Arbeitspflicht entfallen lasse. Da Urlaubsgewährung nur eine Nebenpflicht außerhalb des Synallagmas sei, müsse auch die Auffassung abgelehnt werden, Urlaub werde mit der Arbeitsleistung „verdient".[92] Es bestehe kein Verhältnis zwischen geleisteter Arbeit und Urlaub, sondern allenfalls zwischen zu leistender Arbeit und dem Urlaubsanspruch.[93] Diese Theorie vom Freistellungsanspruch ist aus den Fällen entwickelt worden, in denen es um die Inanspruchnahme von Urlaub oder dessen Abgeltung nach dauerhafter Arbeitsunfähigkeit ging. Sie wurde seitens des BAG vor allem deshalb entwickelt, um der bisher praktizierten Rechtsprechung zur Frage eines rechtsmissbräuchlich geltend gemachten Urlaubs bei nur geringer Arbeitsleistung im Urlaubsjahr entgegen zu treten.[94] Gleichzeitig konnte das BAG dadurch vermeiden, dass Arbeitsunfähigkeitszeiten den Urlaubsanspruch negativ beeinflussen. Geringe Arbeitsleistung kann nach der Auffassung des BAG daher nicht zur Rechtsmissbräuchlichkeit der Geltendmachung des Urlaubsanspruchs führen. Dennoch geht auch die „neue" Rechtsprechung grundsätzlich davon aus, dass Urlaub im Falle eines Rechtsmissbrauches gekürzt werden kann, wobei Beispiele hierzu nicht genannt werden, und auch keine Entscheidungen des BAG hierzu ergangen sind.[95] Wegen der Annahme, dass die Erbringung der Arbeitsleistung grundsätzlich nicht Voraussetzung für das Entstehen des Urlaubsanspruchs ist, hindert die Arbeitsunfähigkeit aus Sicht des BAG ebenfalls nicht die Entstehung des Urlaubsanspruchs und kann auch nicht Grund für dessen Kürzung sein.

2. *Urlaubsentgelt als fortzuzahlendes Arbeitsentgelt*

Da sich nach Auffassung des BAG der Anspruch des Arbeitnehmers nur auf die Freistellung und damit nur auf Arbeitsbefreiung richtet, enthält er keinen Anspruch auf Zahlung von Urlaubsentgelt.[96] Das BAG meint, dass während der Dauer des Urlaubs der Hauptanspruch des Arbeitnehmers aus dem Arbeitsverhältnis als

91 Ausführlich BAG Urt. v. 08.03.1984 -6 AZR 600/82-, AP Nr. 14 zu § 3 BUrlG Rechtsmißbrauch; Düwell, NZA Beil. 3/2011, 133 (134).

92 BAG Urt. v. 28.1.1982 -6 AZR 571/79-, AP Nr. 11 zu § 3 BUrlG Rechtsmißbrauch; BAG Urt. v. 08.03.1984 -6 AZR 600/82-, AP Nr. 14 zu § 3 BUrlG Rechtsmißbrauch.

93 BAG Urt. v. 08.03.1984 -6 AZR 600/82-, AP Nr. 14 zu § 3 BUrlG Rechtsmißbrauch.

94 BAG Urt. v. 28.1.1982 -6 AZR 571/79-, AP Nr. 11 zu § 3 BUrlG Rechtsmißbrauch; BAG Urt. v. 08.03.1984 -6 AZR 600/82-, AP Nr. 14 zu § 3 BUrlG Rechtsmißbrauch.

95 BAG Urt. v. 28.01.1982 -6 AZR 571/79-, AP Nr. 11 zu § 3 BUrlG Rechtsmißbrauch; BAG Urt. v. 08.03.1984 -6 AZR 560/83-, AP Nr. 16 zu § 7 BUrlG Abgeltung; BAG Urt. v. 08.03.1984 -6 AZR 600/82-, AP Nr. 14 zu § 3 BUrlG Rechtsmißbrauch; BAG Urt. v. 18.03.2003 -9 AZR 190/02-, AP Nr. 17 zu § 3 BUrlG Rechtsmißbrauch; Leinemann/Linck, Urlaubsrecht, 2. Aufl. 2001, § 1 BUrlG Rn. 109.

96 Leinemann/Linck, Urlaubsrecht, 2. Aufl. 2001, § 1 BUrlG Rn. 25/26.

Dauerschuldverhältnis auf Zahlung der Vergütung bestehen bleibe.[97] Die Zahlungen des Arbeitgebers während der Urlaubsdauer seien daher keine gesonderten Urlaubsentgeltansprüche, sondern die weiterlaufende Vergütung aus dem Hauptanspruch auf Zahlung von Arbeitsentgelt. Weder § 1 noch § 11 BUrlG enthielten daher Anspruchsgrundlagen für ein Urlaubsentgelt.[98] Es handele sich bei § 11 BUrlG lediglich um eine Fälligkeitsänderung zu § 614 BGB bezüglich der Zahlung des Arbeitsentgeltes.[99] Nach der „neuen" Rechtsprechung beinhaltet das Bundesurlaubsgesetz also keine Anspruchsgrundlage bezüglich des Urlaubsentgeltes, da das Urlaubsentgelt reines Arbeitsentgelt ist, was während der Freistellung fortzuzahlen ist.[100]

3. *Befristeter Anspruch*

Nach der „neuen" Rechtsprechung soll es sich bei dem Urlaubsanspruch aus dem BUrlG um einen in allen Fällen auf das Urlaubsjahr bzw. den gesetzlichen Übertragungszeitraum zeitlich befristeten Anspruch handeln.[101] Dies ergebe sich zum einen aus § 7 Abs. 3 BUrlG, wonach Urlaub im laufenden Kalenderjahr gewährt und genommen werden muss und eine Übertragung nur in gesetzlich bestimmten Fällen auf die nächsten drei Monate des Folgejahres möglich sei.[102] Zum anderen sei dies bereits dem Wortlaut des § 1 BUrlG zu entnehmen, wonach ein Arbeitnehmer nicht „für" das Urlaubsjahr Urlaub erwirbt, sondern „in" dem Urlaubsjahr.[103] Dabei

---

97 Leinemann/Linck, Urlaubsrecht, 2. Aufl. 2001, § 1 BUrlG Rn. 28.

98 Ständige Rechtsprechung: BAG Urt. v. 01.12.1983 -6 AZR 299/80-, AP Nr. 15 zu § 7 BUrlG Abgeltung; BAG Urt. v. 08.03.1984 -6 AZR 600/82-, AP Nr. 14 zu § 3 BUrlG Rechtsmißbrauch; BAG Urt. v. 07.07.1988 -8 AZR 472/86-, AP Nr. 22 zu § 11 BUrlG; BAG Urt. v. 24.10.1989 -9 AZR 43/97-, AP Nr. 23 zu § 7 BUrlG; a.A. Friese, Urlaubsrecht, 2003, Rn. 32; Herlitzius, Der Urlaubsanspruch als schuldrechtlicher Anspruch im Arbeitsverhältnis, 2000, S. 217 f.

99 BAG Urt. v. 01.12.1983 -6 AZR 299/80-, AP Nr. 15 zu § 7 BUrlG Abgeltung.

100 Leinemann/Linck, Urlaubsrecht, 2. Aufl. 2001, § 1 BUrlG Rn. 25–27; BAG Urt. v. 22.01.2002 -9 AZR 601/00-, AP Nr. 55 zu § 11 BUrlG; Düwell, NZA Beil. 3/2011, 133 (134).

101 BAG Urt. v. 13.5.1982 -6 AZR 360/80-, AP Nr. 4 zu § 7 BUrlG Übertragung; BAG Urt. v. 01.12.1983 -6 AZR 299/80-, AP Nr. 15 zu § 7 BUrlG Abgeltung; BAG Urt. v. 24.11.1987 -8 AZR 140/87-, AP Nr. 41 zu § 7 BUrlG Abgeltung; BAG Urt. v. 28.11.1990 -8 AZR, 570/89-, AP Nr. 18 zu § 7 BUrlG Übertragung; BAG Urt. v. 23.06.1992 -9 AZR 57/91-, AP Nr. 22 zu § 1 BUrlG; BAG Urt. v. 11.07.2006 -9 AZR 535/05-, juris.

102 BAG Urt. v. 13.5.1982 -6 AZR 360/80-, AP Nr. 4 zu § 7 BUrlG Übertragung; BAG Urt. v. 24.11.1987 -8 AZR 140/87-, AP Nr. 41 zu § 7 BUrlG Abgeltung; BAG Urt. v. 28.11.1990 -8 AZR, 570/89-, AP Nr. 18 zu § 7 BUrlG Übertragung; BAG Urt. v. 23.06.1992 -9 AZR 57/91-, AP Nr. 22 zu § 1 BUrlG; BAG Urt. v. 11.07.2006 -9 AZR 535/05-, juris; Düwell, NZA Beil. 3/2011, 133 (133).

103 BAG Urt. v. 13.5.1982 -6 AZR 360/80-, AP Nr. 4 zu § 7 BUrlG Übertragung; BAG Urt. v. 28.11.1990 -8 AZR 570/89-, AP Nr. 18 zu § 7 BUrlG Übertragung.

sei zwischen einem befristeten Anspruch und der befristeten Geltendmachung des Anspruches zu unterscheiden.[104] Während im ersten Fall nach Zeitablauf rechtliche Unmöglichkeit eintrete, sei im zweiten Fall aufgrund einer Verfallfrist die Geltendmachung ausgeschlossen.[105] Da es sich beim Urlaubsanspruch um einen befristeten Anspruch handele, trete Unmöglichkeit bei Zeitablauf ein, so dass es für die Möglichkeit einer Geltendmachung eines Ersatzanspruches auf die Frage des Vertretenmüssens des Versäumnisses ankomme.[106] Es handele sich aber nicht um eine gesetzliche Ausschlussfrist oder Verfallfrist.[107] Auch sei der Urlaubsanspruch keine Fixschuld, da Fixschulden nur Hauptpflichten seien, die Gewährung des Urlaubs nach der „neuen" Rechtsprechung jedoch eine Nebenpflicht sei.[108]

Auf die Kritik aus der Instanzrechtsprechung[109], dass Art. 9 des Übereinkommen Nr. 132 der IAO eine 18-Monatsfrist vorsieht und in der deutschen Fassung Urlaub nach dem Wortlaut „für" das Jahr erworben werde und deshalb das Bundesurlaubsgesetz entsprechend ausgelegt werden müsse, reagierte das BAG mit zwei Argumenten. Zum einen sei in Art. 9 Abs. 1 des Übereinkommens Nr. 132 der IAO keine Mindestfrist zur Gewährung von Urlaub vorgesehen, sondern eine Höchstfrist.[110] Insoweit widerspreche § 7 Abs. 3 BUrlG nicht dieser Vorschrift.[111] Zum anderen sei aus der Verwendung des Wortes „für" („für das der Urlaub erworben wird") keine rechtliche Folge abzuleiten, da sowohl die englische als auch die französische Übersetzung von Art. 9 Abs. 1 des Übereinkommens Nr. 132 der IAO nicht die Worte „pour" und „for" verwendeten.[112]

Beide Argumente sind nicht überzeugend.[113] Das internationale Übereinkommen will Mindeststandards regeln. Ratifizierende Staaten wie Deutschland haben sich dazu verpflichtet, dafür zu sorgen, dass Arbeitgeber diese einhalten. Das Wort „spätestens" in Art. 9 Abs. 1 des Übereinkommen Nr. 132 der IAO kann daher nur so verstanden werden, dass der Arbeitgeber spätestens innerhalb von 18 Monaten

104 BAG Urt. v. 01.12.1983 -6 AZR 299/80-, AP Nr. 15 zu § 7 BUrlG Abgeltung.

105 BAG Urt. v. 01.12.1983 -6 AZR 299/80-, AP Nr. 15 zu § 7 BUrlG Abgeltung.

106 BAG Urt. v. 23.06.1992 -9 AZR 57/91-, AP Nr. 22 zu § 1 BUrlG.

107 BAG Urt. v. 01.12.1983 -6 AZR 299/80-, AP Nr. 15 zu § 7 BUrlG Abgeltung; a.A. Friese, Urlaubsrecht, Rn. 142, die den Urlaubsanspruch als absolute Fixschuld auffasst.

108 BAG Urt. v. 28.11.1990 -8 AZR 570/89-, AP Nr. 18 zu § 7 BUrlG Übertragung.

109 u. a. LAG Düsseldorf Urt. v. 29.09.1992 -6(12) Sa 811/92-, LAGE § 7 BUrlG Abgeltung Nr. 2; LAG Düsseldorf Urt. v. 20.09.1989 -12 Sa 945/89, LAGE § 7 BUrlG Übertragung Nr. 2.

110 BAG Urt. v. 28.11.1990 -8 AZR 570/89-, AP Nr. 18 zu § 7 BUrlG Übertragung; BAG Urt. v. 07.12.1993 -9 AZR 683/92, AP Nr. 15 zu § 7 BUrlG.

111 BAG Urt. v. 28.11.1990 -8 AZR, 570/89, AP Nr. 18 zu § 7 BUrlG Übertragung; BAG Urt. v. 07.12.1993 -9 AZR 683/92, AP Nr. 15 zu § 7 BUrlG.

112 BAG Urt. v. 07.12.1993 -9 AZR 683/92, AP Nr. 15 zu § 7 BUrlG.

113 so auch LAG Düsseldorf Urt. v. 17.06.1998 -12 Sa 520/98-, LAGE § 7 BUrlG Abgeltung Nr. 10.

Urlaub gewähren muss und nicht länger damit warten darf, um zu gewährleisten, dass der Arbeitnehmer sich in regelmäßigen nicht zu weit auseinander liegenden Abständen erholen kann. Gleichzeitig kommt damit zum Ausdruck, dass das Übereinkommen Nr. 132 der IAO die Erholung zumindest bis 18 Monate nach dem Urlaubsjahr immer noch für möglich hält[114], so dass bis dahin auch Urlaub gewährt werden muss und kann. Es ist daher nicht mit dem Zweck von Mindestbedingungen vereinbar, wenn diese dazu führen, dass sie durch eine angeblich mögliche Befristung eines Anspruches zu dessen Nichterfüllbarkeit führen. Das Argument, die englische und die französische Übersetzung enthielten nicht die genaue Übersetzung des Wortes „für", überzeugt ebenfalls nicht, da andere Sprachen für bestimmte Begriffe und Redewendungen nicht immer die gleiche Übersetzung verwenden. Die englische Version „from the year in respect of which the holiday entitlement has arise" könnte wie folgt übersetzt werden: „vom Ende des Jahres an, für welches der Urlaubsanspruch entstanden ist". Daraus ist jedoch nicht zu entnehmen, dass hiermit gemeint ist, der Urlaubsanspruch entstehe nur in dem Jahr und sei auf das Jahr befristet. Hier geht es allein um die Frage, wann der Anspruch entsteht, um einen Bezug für die 18 Monate herzustellen.[115] Das gleiche gilt für die französische Version, die ebenfalls nur einen Bezug zu dem Jahr herstellt, welches das „Recht auf Urlaub einräumt" („ouvrant droit au congé").[116]

Dass das internationale Übereinkommen davon ausgeht, dass Urlaub „für" und damit nicht zeitlich befristet „in" dem Urlaubsjahr entsteht, ist auch Art. 4 Abs. 1 und Art. 9 Abs. 2 des Übereinkommens Nr. 132 der IAO zu entnehmen. In Art. 4 Abs. 1 des Übereinkommens Nr. 132 der IAO heißt es zu der Frage von Teilurlaub in der deutschen Fassung: „Eine Person, deren Dienstzeit während eines bestimmten Jahres kürzer war als die im vorangehenden Artikel für den vollen Anspruch vorgeschriebene Dienstzeit, hat für das Jahr Anspruch auf bezahlten Urlaub im Verhältnis zur Dauer ihrer Dienstzeit während diese Jahres." Hieraus ist deutlich zu entnehmen, dass auch ein Teilurlaubsanspruch „für" das Jahr entsteht. In Art. 9 Abs. 2 des Übereinkommens Nr. 132 der IAO ist zudem geregelt, dass der über einen zusammenhängenden zweiwöchigen Teilurlaub hinausgehende Urlaub nur mit Zustimmung des Arbeitnehmers nach den in Art. 9 Abs. 1 des Übereinkommens Nr. 132 der IAO genannten 18 Monaten gewährt werden kann.[117] Dies unterstützt die oben genannte These, dass Adressat der Mindestvorschriften und des Wortes „spätestens" nur der Arbeitgeber ist. Er darf nicht länger Urlaub verweigern, es sei denn der Arbeitnehmer stimmt zu. Im Übrigen muss der Arbeitgeber jedoch innerhalb der 18 Monate den für das jeweilige Jahr erworbenen Urlaub gewähren. Das

---

114 LAG Düsseldorf Urt. v. 04.05.2011 -12 Sa 1832/10-, LAGE § 7 BUrlG Nr. 49; Kloppenburg, jurisPR-ArbR 18/2012 Anm. 5.

115 LAG Düsseldorf Urt. v. 04.05.2011 -12 Sa 1832/10-, LAGE § 7 BUrlG Nr. 49; Kloppenburg, jurisPR-ArbR 18/2012 Anm. 5.

116 wie vorhergehende Fn.

117 Roetteken, jurisPR-ArbR 22/2013 Anm. 4 C.

Übereinkommen Nr. 132 der IAO enthält also keine Höchstfrist für den Arbeitnehmer, sondern nur für den Arbeitgeber.[118] Nach 18 Monaten darf der Arbeitgeber die Urlaubsgewährung nicht mehr verweigern. Dem BAG ist daher nicht zuzustimmen. Die vom BAG bis zu der Entscheidung *Schultz-Hoff* angenommene Befristung des Urlaubsanspruchs ist mit dem Übereinkommen Nr. 132 der IAO nicht vereinbar.

Die rechtlichen Konsequenzen der Befristung des Urlaubsanspruchs durch die „neue" Rechtsprechung des BAG sind:

- Tarifliche Ausschlussfristen finden auf Urlaubsansprüche keine Anwendung, da zum Inhalt des Urlaubsanspruchs auch dessen Dauer gehört und Ausschlussfristen insoweit dem Abänderungsverbot aus § 13 BUrlG unterliegen.[119]
- Urlaub kann weder rückwirkend, noch kann er im Voraus für das nächste Jahr gewährt werden, wenn er noch nicht entstanden ist.[120]
- Wird Urlaub nicht innerhalb des Urlaubsjahres genommen, tritt mit dem 1. Januar des Folgejahres rechtliche Unmöglichkeit ein, bei der es für die Frage, ob ein Ersatzurlaubsanspruch entsteht, darauf ankommt, wer diese zu vertreten hat. Dabei ist § 7 Abs. 3 S. 2 BUrlG eine Ausnahme zum Grundsatz aus § 275 BGB.[121]
- Vorausgesetzt der Arbeitnehmer hat den Arbeitgeber rechtzeitig gemahnt, hat der Arbeitnehmer ab dem 1. Januar des Folgejahres oder bei Vorliegen der Gründe des Übertragungszeitraumes ab dem 1. April des Folgejahres einen Schadensersatzanspruch gerichtet auf Naturalrestitution in Form einer Freistellung gem. „§§ 275 Abs. 1 und Abs. 4, 280 Abs. 1, 283 S. 1, 286 Abs. 1 S. 1, 249 BGB"[122].
- Wenn der Arbeitgeber berechtigt betriebliche Gründe gem. § 7 Abs. 1 BUrlG bei Nichtgewährung des Urlaubs anführt, kann er durch das Urlaubsverlangen des Arbeitnehmers nicht in Verzug gesetzt werden, so dass kein Schadensersatzanspruch entsteht.[123]
- § 7 Abs. 3 S. 2 BUrlG ist auch eine Regelung zur Unmöglichkeit wegen Krankheit als gesetzliche Ausnahme zu § 275 BGB.[124] Die Wirkung der zeitweisen Unmöglichkeit wegen Krankheit wird durch § 9 BUrlG aufgehoben. [125]

---

118 LAG Düsseldorf Urt. v. 04.05.2011 -12 Sa 1832/10-, LAGE § 7 BUrlG Nr. 49, Rn. 26.

119 BAG Urt. v. 05.04.1984 -6 AZR 443/81-, AP Nr. 16 zu § 13 BUrlG; BAG Urt. v. 24.11.1992 -9 AZR 549/91-, AP Nr. 23 zu § 1 BUrlG.

120 BAG Urt. v. 11.07.2006 -9 AZR 535/05-, n.v. juris.

121 BAG Urt. v. 24.11.1987 -8 AZR 140/87-, AP Nr. 41 zu § 7 BUrlG Abgeltung; BAG Urt. v. 23.06.1992 -9 AZR 57/91-, AP Nr. 22 zu § 1 BUrlG.

122 BAG Urt. v. 11.07.2006 -9 AZR 535/05-, juris Rn. 17, wobei die angeführte §§-Kette des BAG nicht erläutert wird und auch von Urteil zu Urteil variiert.

123 BAG Urt. v. 27.05.2003 -9 AZR 366/02-, n.v. juris.

124 BAG Urt. v. 24.11.1987 -8 AZR 140/87-, AP Nr. 41 zu § 7 BUrlG Abgeltung.

125 BAG Urt. v. 13.05.1982 -6 AZR 360/80-, AP Nr. 4 zu § 7 BUrlG Übertragung.

4. Der Urlaubsabgeltungsanspruch als Erfüllungssurrogat des Urlaubsanspruchs

Die „neue" Rechtsprechung hatte hinsichtlich des rechtlichen Verhältnisses zwischen dem Urlaubsanspruch und dem Urlaubsabgeltungsanspruch die Surrogatstheorie entwickelt.[126] Das BAG vertrat die Auffassung, der Urlaubsabgeltungsanspruch sei lediglich ein Erfüllungssurrogat des Urlaubsanspruchs, welches hinsichtlich seiner Erfüllung an die gleichen Voraussetzungen wie der Urlaubsanspruch gebunden und mit ihm wesensgleich sei.[127] Er diene ebenfalls der Freizeit und Erholung des Arbeitnehmers.[128] Der Abgeltungsanspruch entstehe als eine in § 7 Abs. 4 BUrlG gesetzlich geregelte Leistungsstörung, weil bei Beendigung des Arbeitsverhältnisses der Arbeitgeber nicht mehr freistellen könne und eine Vergütungspflicht auch nicht mehr bestehe.[129] In diesem Fall der mangelnden Erfüllbarkeit, gebe es Geldersatz in Form der Urlaubsabgeltung. Das BAG meinte, dass dieser Ersatzanspruch auf keinen Fall ein bloßer Geldanspruch oder Abfindungsanspruch sei.[130] Der Begriff „Surrogat" bedeute, dass der Abgeltungsanspruch in seiner Erfüllbarkeit von den gleichen Voraussetzungen wie der Urlaubsanspruch abhängig und damit nicht als bloßer Geldanspruch jederzeit erfüllbar sei.[131]

Die Verwendung des rechtlich bereits definierten Begriffs des Surrogats nach § 285 BGB n.F. (§ 281 BGB a.F.) hat zu erheblicher Kritik geführt, weil dies zur Verwechslung mit dem Surrogatsbegriff des BGB führte.[132] Das BAG stellte jedoch

---

126 BAG Urt. v. 30.11.1977 -5 AZR 667/76-, AP Nr. 4 zu § 13 BUrlG Unabdingbarkeit; BAG Urt. v. 18.06.1980 -6 AZR 328/78-, AP Nr. 6 zu § 13 BUrlG Unabdingbarkeit; BAG Urt. v. 23.06.1983 -6 AZR 180/80-, AP Nr. 14 zu § 7 BUrlG Abgeltung; BAG Urt. v. 28.06.1984 -6 AZR 521/81-, AP Nr. 18 zu § 7 BUrlG Abgeltung; BAG Urt. v. 20.04.1989 -9 AZR 621/87-, AP Nr. 48 zu § 7 BUrlG Abgeltung; BAG Urt. v. 17.01.1995 -9 AZR 664/93-, AP Nr. 66 zu § 7 BUrlG Abgeltung; BAG Urt. v. 27.05.2003 -9 AZR 366/02-, n.v. juris.

127 BAG Urt. v. 30.11.1977 -5 AZR 667/76-, AP Nr. 4 zu § 13 BUrlG Unabdingbarkeit; BAG Urt. v. 18.06.1980 -6 AZR 328/78-, AP Nr. 6 zu § 13 BUrlG Unabdingbarkeit; BAG Urt. v. 23.06.1983 -6 AZR 180/80-, AP Nr. 14 zu § 7 BUrlG Abgeltung; BAG Urt. v. 20.04.1989 -9 AZR 621/87-, AP Nr. 48 zu § 7 BUrlG Abgeltung; BAG Urt. v. 17.01.1995 -9 AZR 664/93-, AP Nr. 66 zu § 7 BUrlG Abgeltung; BAG Urt. v. 27.05.2003 -9 AZR 366/02-, n.v. juris; Rummel, AuR 2009, 160 (161).

128 BAG Urt. v. 23.06.1983 -6 AZR 180/80-, AP Nr. 14 zu § 7 BUrlG Abgeltung.

129 Leinemann/Linck, Urlaubsrecht, 2. Aufl. 2001, § 7 BUrlG Rn. 207.

130 BAG Urt. v. 20.04.1989 -9 AZR 621/87-, AP Nr. 48 zu § 7 BUrlG Abgeltung m.w.N.; BAG Urt. v. 17.01.1995 -9 AZR 664/93-, AP Nr. 66 zu § 7 BUrlG Abgeltung; BAG Urt. v. 27.05.2003 -9 AZR 366/02-, n.v. juris.

131 BAG Urt. v. 20.04.1989 -9 AZR 621/87, AP Nr. 48 zu § 7 BUrlG Abgeltung m.w.N.; BAG Urt. v. 17.01.1995 -9 AZR 664/93-, AP Nr. 66 zu § 7 BUrlG Abgeltung; BAG Urt. v. 27.05.2003 -9 AZR 366/02-, n.v. juris.

132 ErfK/*Dörner*, 10. Aufl. 2010, § 7 BUrlG, Rn. 49; Herlitzius, Der Urlaubsanspruch als schuldrechtlicher Anspruch im Arbeitsverhältnis, 2000, S. 190 f.

entgegen seinem Bestreben, das Urlaubsrecht konsequent in das Schuldrecht einzuordnen, klar, dass der Abgeltungsanspruch als Surrogat nichts mit dem dinglichen oder schuldrechtlichen Surrogat zu tun habe.[133] Der Begriff „Surrogat" werde nur als Synonym für „Ersatz" verwendet, wobei mit ihm deutlich gemacht werden solle, dass es sich nicht um einen reinen Geldanspruch handele.[134]

Das BAG wollte durch die Surrogatstheorie vermeiden, dass der ausscheidende Arbeitnehmer, der weiterhin krank ist, eine Abgeltung erhielt, während bei einem im Arbeitsverhältnis verbleibenden Arbeitnehmer der Urlaubsanspruch spätestens am 31.03. des Folgejahrs bei fortbestehender Erkrankung aufgrund der Befristung des Urlaubsanspruchs verfiel. Es sah hierin eine Ungleichbehandlung.[135]

Die wichtigsten Konsequenzen dieser rechtlichen Einordnung des Abgeltungsanspruches als Surrogat waren:

- der Abgeltungsanspruch setzte die hypothetische Erfüllbarkeit des Urlaubsanspruchs voraus[136];
- der Fälligkeitszeitpunkt des Abgeltungsanspruches wurde durch Krankheit bis zur Genesung hinausgeschoben[137];
- auch der Abgeltungsanspruch war befristet und musste innerhalb der Fristen des § 7 Abs. 3 BUrlG geltend gemacht werden[138].

5. *Die Übertragbarkeit des Urlaubs- und Urlaubsabgeltungsanspruchs*

Nach der „neuen" Rechtsprechung muss bezüglich der Vererbbarkeit, Pfändbarkeit und Abtretbarkeit zwischen dem Urlaubsanspruch, dem Urlaubsentgeltanspruch und dem Urlaubsabgeltungsanspruch unterschieden werden.[139]

a) Urlaubsanspruch

Hinsichtlich des reinen Freistellungsanspruchs meint das BAG zur Übertragbarkeit folgendes:

- Aus dem Inhalt des Urlaubsanspruchs ergebe sich, dass dieser als Freistellungsanspruch nicht mehr bei Eintritt des Todes erfüllt werden könne, und daher unvererblich sei.[140]

---

133 BAG Urt. v. 20.04.1989 -9 AZR 621/87-, AP Nr. 48 zu § 7 BUrlG Abgeltung.
134 BAG Urt. v. 20.04.1989 -9 AZR 621/87-, AP Nr. 48 zu § 7 BUrlG Abgeltung.
135 BAG Urt. v. 07.03.1985 -6 AZR 334/82-, AP Nr. 21 zu § 7 BUrlG Abgeltung.
136 BAG Urt. v. 28.06.1984 -6 AZR 521/81-, AP Nr. 18 zu § 7 BUrlG Abgeltung; Leinemann/Linck, Urlaubsrecht, 2. Aufl. 2001, § 7 BUrlG Rn. 204; BAG Urt. v. 27.05.1997 -9 AZR 337/95-, AP Nr. 74 zu § 7 BUrlG Abgeltung m.w.N.
137 BAG Urt. v. 09.08.2011 -9 AZR 352/10-, juris Rn. 18.
138 BAG Urt. v. 17.01.1995 -9 AZR 664/93-, AP Nr. 66 zu § 7 BUrlG Abgeltung.
139 Leinemann/Linck, Urlaubsrecht, 2. Aufl. 2001, § 1 BUrlG Rn. 119, § 7 BUrlG Rn. 217.
140 BAG Urt. v. 18.07.1989 -8 AZR 44/88-, AP Nr. 49 zu § 7 BUrlG Abgeltung, BAG Urt. v. 26.04.1990 -8 AZR 517/89-, AP Nr. 53 zu § 7 BUrlG Abgeltung; BAG Urt.

- Der Urlaubsanspruch sei zwar nicht höchstpersönlicher Natur[141], sondern nur die Arbeitspflicht[142], eine Abtretung dieses Freistellungsanspruches würde jedoch zu der in der Praxis kaum vorkommenden Konstellation führen, dass der Zessionar vom Arbeitgeber verlangen könnte, den abtretenden Arbeitnehmer freizustellen.[143] Grundsätzlich sei aber die Abtretung möglich.[144]
- Gleiches gelte für die Pfändbarkeit des Freistellungsanspruchs, an der aus denselben Gründen kein praxisrelevantes Interesse bestünde.[145]

Der Urlaubsanspruch galt also als unvererblich, aber im Übrigen grundsätzlich als übertragbar.

b) Urlaubsentgelt

Urlaubsentgeltansprüche sind nach der „neuen“ Rechtsprechung übertragbar, da es sich hierbei um einen reinen Arbeitsentgeltanspruch handelt, der damit denselben Regeln wie Arbeitsentgelt unterliegt.[146]

- Soweit der Anspruch auf Urlaubsentgelt zum Zeitpunkt des Todes bereits entstanden ist, ist er also vererbbar.[147]
- Da es sich beim Urlaubsentgeltanspruch um den reinen Vergütungsanspruch des Arbeitnehmers während der Freistellung und damit um fortgezahltes Arbeitsentgelt handelt, ist die Pfändung in den Grenzen der Pfändbarkeit des Arbeitsentgeltes möglich.[148]
- Der Entgeltanspruch ist nach der herrschenden Auffassung auch abtretbar.[149]

---

v. 23.06.1992 -9 AZR 111/91-, AP Nr. 59 zu § 7 BUrlG; ErfK/*Dörner*, 10. Aufl. 2010, § 1 BUrlG, Rn. 23.

141 a.A. Boldt, ZfA 1971, 1 (15); Heilmann, Urlaubsrecht, 4. Aufl. 2014, § 1 BUrlG Rn. 5.

142 Leinemann/Linck, Urlaubsrecht, 2. Aufl. 2001, § 1 BUrlG Rn. 124.

143 Leinemann/Linck, Urlaubsrecht, 2. Aufl. 2001, § 1 BUrlG Rn. 123, 124.

144 ErfK/*Dörner*, 10. Aufl. 2010, § 1 BUrlG, Rn. 24; a.A. Neumann/Fenski, 2. Aufl. 2003, BUrlG, § 1 BUrlG Rn. 72; Friese, Urlaubsrecht, Rn. 316 ff.; Heilmann, Urlaubsrecht, 4. Aufl. 2014, § 1 BUrlG Rn. 7.

145 Leinemann/Linck, Urlaubsrecht, 2. Aufl. 2001, § 1 BUrlG Rn. 126; ErfK/*Dörner*, 10. Aufl. 2010, § 1 BUrlG, Rn. 24; a.A. Friese, Urlaubsrecht, Rn. 318; Neumann/Fenski, 9. Aufl. 2003, BUrlG, § 1 BUrlG Rn. 76; a.A. Heilmann, Urlaubsrecht, 4. Aufl. 2014, § 1 BUrlG Rn. 8.

146 Boldt, ZfA 1971, 1 (16).

147 Leinemann/Linck, Urlaubsrecht, 2. Aufl. 2001, § 11 BUrlG Rn. 95; ErfK/*Dörner*, 10. Aufl. 2010, § 11 BUrlG, Rn. 31; Friese, Urlaubsrecht, Rn. 427.

148 BAG Urt. v. 11.01.1990 -8 AZR 440/88-, AP Nr. 11 zu § 4 TVG Gemeinsame Einrichtungen; BAG Urt. v. 20.06.2000 -9 AZR 405/99-, AP Nr. 28 zu § 7 BUrlG; BAG Urt. v. 28.08.2001 -9 AZR 611/ 99-, AP Nr. 80 zu § 7 BUrlG Abgeltung.

149 Leinemann/Linck, Urlaubsrecht, 2. Aufl. 2001, § 11 BUrlG Rn. 98; ErfK/*Dörner*, 10. Aufl. 2010, § 11 BUrlG, Rn. 32; Friese, Urlaubsrecht, Rn. 426.

c) Urlaubsabgeltungsanspruch

Die Rechtsauffassung des BAG zur Vererbbarkeit des Abgeltungsanspruchs und dessen Übertragung im Übrigen war ebenfalls durch die Surrogatstheorie geprägt.

Der Abgeltungsanspruch entsteht nach der Auffassung der „neuen" Rechtsprechung des BAG nicht durch den Tod des Arbeitnehmers, da § 7 Abs. 4 BUrlG voraussetzt, dass der Arbeitnehmer bei Beendigung des Arbeitsverhältnisses noch lebt.[150] Der gesetzliche Abgeltungsanspruch ist daher grundsätzlich wie der Urlaubsanspruch als dessen Surrogat nicht vererblich.[151]

Wenn der Arbeitnehmer jedoch nach Beendigung seines Arbeitsverhältnisses und vor seinem Tod den Abgeltungsanspruch geltend gemacht hat und der Arbeitgeber sich daher in Verzug befindet, soll der Anspruch als Schadensersatzanspruch aus Verzug auf die Erben gem. § 1922 Abs. 1 BGB übergehen.[152]

Eine Abtretung ist wegen des Surrogatscharakters nur möglich, wenn auch der Urlaubsanspruch hypothetisch noch erfüllbar ist.[153] Der Abgeltungsanspruch konnte also nur abgetreten werden, wenn der ausgeschiedene Arbeitnehmer gesund war und der Abgeltungsanspruch damit fällig war.

B. Der Regelungsinhalt des Bundesurlaubsgesetzes und seine Einordnung in das Schuldrecht

Zum Regelungsinhalt des BUrlG gehören insbesondere der persönliche Geltungsbereich und die Regelungen über die Voraussetzungen der Gewährung von Urlaubs- und Urlaubsabgeltungsansprüchen im Arbeitsverhältnis. Das BAG hat mit seiner „neuen" Rechtsprechung versucht, auf Basis der zuvor beschriebenen Begrifflichkeiten die Regelungen in das Schuldrecht zu integrieren.

I. Persönlicher Geltungsbereich

Nach § 1 BUrlG hat jeder „Arbeitnehmer" Anspruch auf gesetzlichen Urlaub. § 2 BUrlG regelt, wer „Arbeitnehmer" im Sinne des BUrlG ist und damit sämtliche Ansprüche aus dem BUrlG für sich geltend machen kann. Danach sind

---

150 BAG Urt. v. 18.07.1989 -8 AZR 44/88-, AP Nr. 49 zu § 7 BUrlG Abgeltung; BAG Urt. v. 26.04.1990 -8 AZR 517/89-, AP Nr. 53 zu § 7 BUrlG Abgeltung; BAG Urt. v. 23.06.1992 -9 AZR 111/91-, AP Nr. 59 zu § 7 BUrlG; ausführlich zu der bisherigen Rechtslage: Schipper/Polzer, NZA 2011, 80–83.

151 BAG Urt. v. 18.07.1989 -8 AZR 44/88-, AP Nr. 49 zu § 7 BUrlG Abgeltung; BAG Urt. v. 26.04.1990 -8 AZR 517/89-, AP Nr. 53 zu § 7 BUrlG Abgeltung; BAG Urt. v. 23.06.1992 -9 AZR 111/91-, AP Nr. 59 zu § 7 BUrlG.

152 BAG Urt. v. 31.10.1986 -8 AZR 188/86-, n.v. juris; BAG Urt. v. 22.10.1991 -9 AZR 433/90-, AP Nr. 57 zu § 7 BUrlG Abgeltung; BAG Urt. v. 19.11.1996 -9 AZR 376/95-, AP Nr. 71 zu § 7 BUrlG Abgeltung; BAG Urt. v. 20.01.1998 -9 AZR 601/96-, n.v. juris.

153 BAG Urt. v. 28.08.2001 -9 AZR 611/ 99, AP Nr. 80 zu § 7 BUrlG Abgeltung.

„Arbeitnehmer“ Arbeiter und Angestellte sowie zur Berufsausbildung Beschäftigte. Das BUrlG verwendet den arbeitsrechtlichen Arbeitnehmerbegriff.[154] Arbeitnehmer ist daher, wer persönlich abhängig und weisungsgebunden in einem privatrechtlichen Schuldverhältnis der anderen Vertragspartei Arbeitsleistungen erbringt.[155] Aufgrund eines fehlenden Ausschlusses wie in § 14 KSchG oder § 5 BetrVG gelten auch leitende Angestellte als urlaubsberechtigte Arbeitnehmer im Sinne des BUrlG.[156] Da auch Angestellte des öffentlichen Dienstes in einem privatrechtlichen Arbeitsverhältnis stehen, sind diese ebenfalls anspruchsberechtigt.[157] Dagegen können Beamte, Richter und Soldaten keine Ansprüche aus dem BUrlG erwerben, da sie in einem öffentlich-rechtlichen Dienstverhältnis stehen und damit nicht in den Anwendungsbereich des BUrlG fallen.[158] Dienstordnungsangestellte stehen nach ständiger Rechtsprechung des BAG ebenfalls in einem privatrechtlichen Anstellungsverhältnis und sind Arbeitnehmer.[159] Dennoch sollen sie nach der bisherigen herrschenden Auffassung keine Ansprüche aus dem Bundesurlaubsgesetz erwerben, da das Dienstordnungsrecht das Bundesrecht verdrängt.[160] Arbeitnehmer im Sinne des BUrlG sind auch Auszubildende sowie die zur Berufsausbildung Beschäftigten, soweit sie nicht nur in der Berufsschule oder Schulpraktikanten sind, sondern in einem Betrieb eingesetzt werden.[161]

Arbeitnehmerähnliche Personen werden gem. § 2 S. 2 BUrlG ebenfalls Arbeitnehmern gleichgestellt. Der Schutzbedarf gegenüber Selbständigen begründet sich

---

154 BAG Urt. v. 21.10.1965 -5 AZR 146/65-, AP Nr. 1 zu § 1 BUrlG; BAG Urt. v. 20.10.1966 -5 AZR 28/66-, AP Nr. 1 zu § 2 BUrlG; ErfK/*Dörner*, 10. Aufl. 2010, § 2 BUrlG Rn. 1; Neumann/Fenski, 9. Aufl. 2003, BUrlG, § 2 BUrlG Rn. 11.

155 BAG Urt. v. 13.11.1991 -7 AZR 31/91-, AP Nr. 60 zu § 611 BGB Abhängigkeit; ErfK/*Preis*, 15. Aufl. 2015, § 611 BGB Rn. 34 ff.; Heilmann, Urlaubsrecht, 4. Aufl. 2014, § 2 BUrlG Rn. 4.

156 ErfK/*Gallner*, 15. Aufl. 2015, § 2 BUrlG Rn. 1; Friese, Urlaubsrecht, Rn. 22; Neumann/Fenski, 9. Aufl. 2003, BUrlG, § 2 BUrlG Rn. 36.

157 Friese, Urlaubsrecht, Rn. 20; Neumann/Fenski, 9. Aufl. 2003, BUrlG, § 2 BUrlG Rn. 25.

158 Friese, Urlaubsrecht, Rn. 20; Leinemann/Linck, Urlaubsrecht, 2. Aufl. 2001, § 2 BUrlG Rn. 34; Neumann/Fenski, 9. Aufl. 2003, BUrlG, § 2 BUrlG Rn. 23, 24, 28.

159 BAG Urt. v. 25.04.1979 -4 AZR 791/77-, AP Nr. 49 zu § 611 Dienstordnungsangestellte; BAG Urt. v. 20.02.2008 -10 AZR 440/07-, ZTR 2008, 323 f.

160 Friese, Urlaubsrecht, Rn. 20; Neumann/Fenski, 9. Aufl. 2003, BUrlG, § 2 BUrlG Rn. 24; Leinemann/Linck, Urlaubsrecht, 2. Aufl. 2001, § 2 BUrlG Rn. 35; HWK/*Schinz*, 6. Aufl. 2014, § 2 BUrlG Rn. 7; s.a. ArbG Wuppertal Vorlagebeschluss v. 19.11.2009 -7 Ca 2453/09-, juris, entschieden durch EuGH Beschl. v. 07.04.2011 -C-519/09- *May/AOK*, Slg. 2011, I-2761 ff., wonach zumindest die Arbeitszeitrichtlinie Anwendung findet.

161 Leinemann/Linck, Urlaubsrecht, 2. Aufl. 2001, § 2 BUrlG Rn. 17; Friese, Urlaubsrecht, Rn. 25, Neumann/Fenski, 9. Aufl. 2003, BUrlG, § 2 BUrlG Rn. 57; HWK/*Schinz*, 6. Aufl. 2014, § 2 BUrlG Rn. 4 u. 5; ausführlich hierzu: AnwK/*Düwell*, 2. Aufl. 2010, § 2 BUrlG Rn. 2.

aus der wirtschaftlichen Abhängigkeit, während eine persönliche Abhängigkeit bei arbeitnehmerähnlichen Personen nicht besteht.[162] Abweichungen gibt es nur für Heimarbeiter, die in § 12 BUrlG besonders berücksichtigt wurden.

II. Sachliche Voraussetzungen für das Entstehen des Urlaubs- und Urlaubsabgeltungsanspruchs

Die „neue" Rechtsprechung des BAG bezieht sich in der Entscheidungsfindung auf den dem BUrlG zugrunde liegenden Urlaubszweck. Der Urlaubsanspruch bezweckt gem. § 1 BUrlG die Erholung des Arbeitnehmers. Nach der „neuen" Rechtsprechung soll ein Arbeitnehmer durch den bezahlten Urlaub in die Lage versetzt werden, Freizeit selbstbestimmt für die Erholung zu nutzen.[163] Das BAG meint, dass die Gewährung von Urlaub eine gesetzlich bedingte soziale Mindestleistung des Arbeitgebers zur Erhaltung und Wiederauffrischung der Arbeitskraft des Arbeitnehmers sei.[164] Der Anspruch auf Urlaub diene jedoch nicht als Erholung von bereits geleisteter Arbeit, sondern sei gerade nicht an die Voraussetzung einer Arbeitsleistung geknüpft.[165] Ein konkretes Erholungsbedürfnis sei daher auch nicht Voraussetzung des Urlaubsanspruchs, da der Erholungszweck nur ein Motiv sei.[166] Dem Arbeitnehmer sei überlassen, wie er die Freizeit nutze, ein Erholungserfolg müsse nicht eintreten, das Gesetz setze jedoch einen Erholungsbedarf bei jedem Arbeitnehmer unwiderlegbar vermutet voraus.[167] Zudem geht das BAG davon aus, dass der Mindesturlaubsanspruch dem Gesundheitsschutz und damit auch dem Schutz des Grundrechts auf körperliche Unversehrtheit gem. Art. 2 Abs. 2 S. 1 GG diene.[168] Da der Mindesturlaubsanspruch auch Einkommen von Arbeitnehmern sichere, diene er auch dem Sozialstaatsprinzip aus Art. 20 Abs. 1, Art. 28 S. 1 GG.[169]

Im Wesentlichen soll also der Urlaubsanspruch nach dem BUrlG nach der „neuen" Rechtsprechung des BAG drei Motiven unterliegen:

---

162 HWK/*Schinz*, 6. Aufl. 2014, § 2 BUrlG Rn. 6; Neumann/Fenski, 9. Aufl. 2003, BUrlG, § 2 BUrlG Rn. 70; Leinemann/Linck, Urlaubsrecht, 2. Aufl. 2001, § 2 BUrlG Rn. 43; Friese, Urlaubsrecht, Rn. 26; AnwK/*Düwell*, 2. Aufl. 2010, § 2 BUrlG Rn. 8.

163 BAG Urt. v. 08.03.1984 -6 AZR 442/83-, AP Nr. 15 zu § 13 BUrlG; BAG Urt. v. 20.06.2000 -9 AZR 405/99-, AP Nr. 28 zu § 7 BUrlG.

164 BAG Urt. v. 08.03.1984 -6 AZR 442/83-, AP Nr. 15 zu § 13 BUrlG.

165 BAG Urt. v. 08.03.1984 -6 AZR 442/83-, AP Nr. 15 zu § 13 BUrlG.

166 BAG Urt. v. 28.01.1982 -6 AZR 571/79-, AP Nr. 11 zu § 3 BUrlG Rechtsmißbrauch; Leinemann/Linck, Urlaubsrecht, 2. Aufl. 2001, § 1 BUrlG Rn. 55; Neumann/Fenski, 9. Aufl. 2003, BUrlG, § 1 BUrlG Rn. 65; Friese, Urlaubsrecht, Rn. 34; AnwK/*Düwell*, 2. Aufl. 2010, § 1 BUrlG Rn. 27.

167 Leinemann/Linck, Urlaubsrecht, 2. Aufl. 2001, § 1 BUrlG Rn. 5; AnwK/*Düwell*, 2. Aufl. 2010, § 1 BUrlG Rn. 27; HWK/*Schinz*, 6. Aufl. 2014, § 1 BUrlG Rn. 4; ErfK/*Dörner*, 10. Aufl. 2010, § 1 BUrlG Rn. 5.

168 BAG Urt. v. 22.01.2002 -9 AZR 601/00-, AP Nr. 55 zu § 11 BUrlG.

169 BAG Urt. v. 22.01.2002 -9 AZR 601/00-, AP Nr. 55 zu § 11 BUrlG.

- selbstbestimmte Freizeitgestaltung zur Wiederauffrischung und Erhaltung der Arbeitskraft
- Gesundheitsschutz
- Einkommenssicherung.

Diese Motive sind die Basis für die Entscheidungsfindung des BAG für die rechtlichen Fragen des Entstehens, des Fortbestandes und der Durchsetzbarkeit der Urlaubs- und Urlaubsabgeltungsansprüche.

1. Entstehen des Urlaubsanspruchs

Voraussetzung für das Entstehen von Urlaubsansprüchen ist zunächst, dass ein Arbeitsverhältnis oder arbeitnehmerähnliches Verhältnis besteht.[170] Nach der „neuen" Rechtsprechung ist für das Entstehen des Urlaubsanspruchs unerheblich, ob Arbeit tatsächlich erbracht wird.[171] Daher hindern aus Sicht des BAG Arbeitsausfallzeiten wegen Arbeitsunfähigkeit nicht das Entstehen des Urlaubsanspruchs.[172] Gleiches gilt für Zeiten der Erwerbsminderung. Das BAG vertritt wie im Fall der Arbeitsunfähigkeit die Auffassung, dass während dieser Zeiten, Urlaubsansprüche dennoch erworben werden, da es nicht auf die Erbringung der Arbeitsleistung ankomme.[173] Soweit die Erwerbsminderung auf Zeit bestehe, könne also für diese Zeiten Urlaub erworben werden. Gem. § 17 S.1 MuSchG gelten die Zeiten des Beschäftigungsverbots als Beschäftigungszeiten, so dass Urlaub auch für diesen Zeitraum entsteht. Nach der „neuen" Rechtsprechung des BAG entsteht der arbeitsleistungsunabhängige Urlaubsanspruch auch während der Elternzeiten, weil das Arbeitsverhältnis nur ruht aber fortbesteht. § 17 Abs. 1 BEEG sieht aber für diese in der Elternzeit erworbenen Ansprüche ein für die jeweiligen Zeiten anteiliges Kürzungsrecht vor.[174] Diese Kürzung erfolgt nicht kraft Gesetzes, sondern durch Abgabe einer empfangsbedürftigen Kürzungserklärung des Arbeitgebers, die auch konkludent erfolgen kann.[175]

---

170 ErfK/*Dörner*, 10. Aufl. 2010, § 1 BUrlG Rn. 15; Leinemann/Linck, Urlaubsrecht, 2. Aufl. 2001, § 1 BUrlG Rn. 62; Friese, Urlaubsrecht, Rn. 38; HWK/*Schinz*, 6. Aufl. 2014, § 1 BUrlG Rn. 13; AnwK/*Düwell*, 2. Aufl. 2010, § 1 BUrlG Rn. 30.

171 BAG Urt. v. 28.01.1982 -6 AZR 571/79, AP Nr. 11 zu § 3 BUrlG Rechtsmißbrauch.

172 st.Rspr.: BAG Urt. v. 28.01.1982 -6 AZR 571/79-, AP Nr. 11 zu § 3 BUrlG Rechtsmißbrauch; BAG Urt. v. 13.05.1982 -6 AZR 360/80-, AP Nr. 4 zu § 7 BUrlG Übertragung; BAG Urt. v. 23.06.1983 -6 AZR 180/80-, AP Nr. 14 zu § 7 BUrlG Abgeltung.

173 für den Fall der zeitweisen Erwerbsunfähigkeit: BAG Urt. v. 26.05.1988 -8 AZR 774/85, AP Nr. 19 zu § 1 BUrlG; Leinemann/Linck, Urlaubsrecht, 2. Aufl. 2001, § 1 Rn. 113 ff.

174 BAG Urt. v. 24.10. 1989–8 AZR 253/88-, AP Nr. 52 zu § 7 BUrlG Abgeltung.

175 BAG Urt. v. 28.07.1992 -9 AZR 340/91-, AP Nr. 3 zu § 17 BErzGG.

Unerheblich ist danach auch, ob es sich um ein befristetes oder unbefristetes, Teilzeit- oder Vollzeitarbeitsverhältnis[176], auflösend bedingtes oder geringfügiges Arbeitsverhältnis[177] handelt.[178]

Weitere Voraussetzung für das Entstehen des Vollurlaubsanspruchs ist gem. § 4 BUrlG die Erfüllung der Wartezeit von sechs Monaten.[179] Das Arbeitsverhältnis muss also sechs Monate bestanden haben. Am Tag danach kann der Arbeitnehmer den vollen Urlaubsanspruch geltend machen, auch wenn innerhalb dieses Jahres das Arbeitsverhältnis weniger als 12 Monate besteht.[180] Ist die Wartezeit einmal erfüllt, entsteht immer am 1.1. des Jahres der volle Urlaubsanspruch für das laufende Jahr.[181]

Nach Auffassung des BAG entstehen während der Wartezeit nach § 4 BUrlG auch keine Anwartschaften auf Teilurlaub.[182] Anspruchsgrundlagen für Teilurlaub vor Ablauf der Wartezeit sind allein § 5 Abs. 1 a und b BUrlG.[183] Während § 5 Abs. 1 a BUrlG den Fall des Beginns des Arbeitsverhältnisses nach dem 30.06. eines Jahres regelt, gilt § 5 Abs. 1 b BUrlG für die Fälle, in denen die Beschäftigungsdauer vor Ablauf der Wartezeit endet.[184] Dabei soll der Anspruch auf Teilurlaub gem. § 5 Abs. 1 a BUrlG bei einem Arbeitsverhältnis, welches nach dem 30.06. beginnt, bereits bei Beginn des Arbeitsverhältnisses entstehen und fällig werden, weil man zu diesem Zeitpunkt sicher weiß, dass der Anspruch nur noch x/12 des verbleibenden Jahres betragen kann und Voraussetzung nach dieser Vorschrift ist, dass das

---

176 BAG Urt. v. 14.02.1991 -8 AZR 97/90-, AP Nr. 1 zu § 3 BUrlG Teilzeit; BAG Urt. v. 19.01.1993 -9 AZR 53/92-, AP Nr. 20 zu § 1 BUrlG.

177 BAG Urt. v. 23.06.1992 -9 AZR 57/91-, AP Nr. 22 zu § 1 BUrlG.

178 Leinemann/Linck, Urlaubsrecht, 2. Aufl. 2001, § 1 BUrlG Rn. 62/63; ErfK/*Dörner*, 10. Aufl. 2010, § 1 BUrlG Rn. 15 ff.; HWK/*Schinz*, 6. Aufl. 2014, § 1 BUrlG Rn. 16;.

179 HWK/*Schinz*, 6. Aufl. 2014, § 4 BUrlG Rn. 2; ErfK/*Dörner*, 10. Aufl. 2010, § 4 BUrlG Rn. 1; BAG Urt. v. 14.05.1986 -8 AZR 604/84-, AP Nr. 26 zu § 7 BUrlG Abgeltung; BAG Urt. v. 18.03.2003 -9 AZR 190/02-, AP Nr. 17 zu § 3 BUrlG Rechtsmißbrauch.

180 Leinemann/Linck, Urlaubsrecht, 2. Aufl. 2001, § 4 BUrlG Rn. 20; HWK/*Schinz*, 6. Aufl. 2014, § 4 BUrlG Rn. 13;.

181 BAG Urt. v. 14.05.1986 -8 AZR 604/84-, AP Nr. 26 zu § 7 BUrlG Abgeltung; BAG Urt. v. 18.03.2003 -9 AZR 190/02-, AP Nr. 17 zu § 3 BUrlG Rechtsmißbrauch; ErfK/*Dörner*, 10. Aufl. 2010, § 4 BUrlG Rn. 1; Leinemann/Linck, Urlaubsrecht, 2. Aufl. 2001, § 4 BUrlG Rn. 2; HWK/*Schinz*, 6. Aufl. 2014, § 4 BUrlG Rn. 14; Friese, Urlaubsrecht, Rn. 48.

182 BAG Urt. v. 05.05.1992 -9 AZR 328/91-, n.v. juris; a.A. Heilmann, Urlaubsrecht, 4. Aufl. 2014, § 4 BUrlG Rn. 2; Neumann/Fenski, BUrlG, 10. Aufl. 2011, § 4 BUrlG Rn. 7.

183 BAG Urt. v. 18.06.1980 -6 AZR 328/78-, AP Nr. 6 zu § 13 BUrlG Unabdingbarkeit; BAG Urt. v. 05.05.1992 -9 AZR 328/91-, n.v. juris; ErfK/*Dörner*, 10. Aufl. 2010, § 5 BUrlG Rn. 5; HWK/*Schinz*, 6. Aufl. 2014, § 5 BUrlG Rn. 1; Leinemann/Linck, Urlaubsrecht, 2. Aufl. 2001, § 5 BUrlG Rn. 1; Friese, Urlaubsrecht, Rn. 68; Neumann/Fenski, 9. Aufl. 2003, BUrlG, § 5 BUrlG Rn. 10.

184 Leinemann/Linck, Urlaubsrecht, 2. Aufl. 2001, § 5 BUrlG Rn. 1; Friese, Urlaubsrecht, Rn. 68.

Arbeitsverhältnis über eine Wartezeit und damit über das Jahresende hinaus bestehen wird.[185] § 5 Abs. 1 b BUrlG hingegen setzt nach Auffassung des BAG voraus, dass das Arbeitsverhältnis von vornherein nicht länger als sechs Monate besteht.[186] Wenn man dies, wie bei einem befristeten Arbeitsverhältnis, weiß, entsteht der Anspruch ebenfalls bei Beginn des Arbeitsverhältnisses. Er entsteht laut BAG aber bei unbefristeten Arbeitsverhältnissen erst dann, wenn feststeht, dass das Arbeitsverhältnis vor Erfüllung der Wartezeit enden wird, also z.B. im Falle einer Kündigung.[187] Beide Anspruchsgrundlagen schließen sich danach also gegenseitig aus.[188]

Obwohl in § 5 Abs. 1 c BUrlG eine weitere mögliche Anspruchsgrundlage für den Erwerb von Teilurlaub gesehen werden könnte, sieht die „neue" Rechtsprechung des BAG wie bereits zuvor das BAG und ihr folgend auch die h.M. in der Literatur in dieser Vorschrift keine Anspruchsgrundlage, sondern eine auflösende Bedingung für den zu Beginn eines Jahres entstandenen Vollurlaubsanspruch aus §§ 1, 3 BUrlG.[189] Danach handelt es sich um einen nachträglich gekürzten Vollurlaub, der zu Beginn des Jahres nach Ablauf der Wartezeit in voller Höhe entsteht und bei Ausscheiden in der ersten Jahreshälfte nachträglich ipso iure, also ohne, dass der Arbeitgeber eine Kürzungserklärung abgeben müsste, durch den Eintritt der auflösenden Bedingung gekürzt wird.[190] Mit Eintritt der Bedingung wird der Vollurlaubsanspruch auf den der Beschäftigungsdauer entsprechenden Teilurlaubsanspruch gekürzt.

2. Entstehen des Urlaubsabgeltungsanspruchs

Gem. § 7 Abs. 4 BUrlG entsteht der Anspruch auf Urlaubsabgeltung nach der „neuen" Rechtsprechung des BAG bei Beendigung des Arbeitsverhältnisses durch Umwandlung von noch offenen Urlaubsansprüchen in den Abgeltungsanspruch, ohne dass eine Arbeitsvertragspartei eine weitere Handlung vornehmen muss.[191]

---

185 ErfK/*Dörner*, 10. Aufl. 2010, § 5 BUrlG Rn. 7, Leinemann/Linck, Urlaubsrecht, 2. Aufl. 2001, § 5 BUrlG Rn. 6; HWK/*Schinz*, 6. Aufl. 2014, § 5 BUrlG Rn. 5 f.; Friese, Urlaubsrecht, Rn. 75.

186 BAG Urt. v. 26.01.1989 -8 AZR 730/87-, AP Nr. 13 zu § 5 BUrlG.

187 BAG Urt. v. 10.03.1966 -5 AZR 498/65-, AP Nr. 2 zu § 59 KO; Leinemann/Linck, Urlaubsrecht, 2. Aufl. 2001, § 5 BUrlG Rn. 9; HWK/*Schinz*, 6. Aufl. 2014, § 5 BUrlG Rn. 17; ErfK/*Dörner*, 10. Aufl. 2010, § 5 BUrlG Rn. 5.

188 Friese, Urlaubsrecht, Rn. 75, Leinemann/Linck, Urlaubsrecht, 2. Aufl. 2001, § 5 BUrlG Rn. 20.

189 BAG Urt. v. 18.06.1980 -6 AZR 328/78-, AP Nr. 6 zu § 13 BUrlG Unabdingbarkeit; BAG Urt. v. 23.04.1996 -9 AZR 317/95-, AP Nr. 140 zu § 1 TVG Tarifverträge Metallindustrie; Leinemann/Linck, Urlaubsrecht, 2. Aufl. 2001, § 5 BUrlG Rn. 35; Neumann/Fenski, 9. Aufl. 2003, BUrlG, § 5 BUrlG Rn. 25; Friese, Urlaubsrecht, Rn. 135.

190 wie vorhergehende Fn.

191 BAG Urt. v. 07.03.1985 -6 AZR 334/82-, AP Nr. 21 zu § 7 BUrlG Abgeltung; BAG Urt. v. 19.01.1993 -9 AZR 8/92-, AP Nr. 63 zu § 7 BUrlG Abgeltung; BAG

Der Urlaubsabgeltungsanspruch entsteht nach Auffassung des BAG bei Beendigung des Arbeitsverhältnisses unabhängig davon, ob der Arbeitnehmer krank ist oder nicht.[192] Voraussetzung für die Entstehung ist nach der „neuen" Rechtsprechung also zunächst die Beendigung des Arbeitsverhältnisses.

Weitere Voraussetzung ist, dass bei Beendigung ein Anspruch auf Urlaub besteht. Ein solcher Anspruch darf daher nicht wegen Fristablaufs oder aus anderen Gründen untergegangen sein.[193] Aus diesem Grund ist laut BAG der Tod kein Beendigungstatbestand, weil der Abgeltungsanspruch einen vorhandenen Urlaubsanspruch voraussetzt und dieser bereits mit dem Tod des Arbeitnehmers mangels Erfüllbarkeit untergeht.[194] Es kann dann wegen des fehlenden Urlaubsanspruchs auch kein Abgeltungsanspruch mehr entstehen. Das BAG meint, dass § 7 Abs. 4 BUrlG die Voraussetzungen für das Entstehen des Abgeltungsanspruches abschließend regele, und dieser insbesondere keine Regelung über Leistungsstörungen bezüglich des Abgeltungsanspruchs beinhalte.[195] Gleiches gelte auch für Art. 11 des Übereinkommens Nr. 132 der IAO, der daher nicht im Widerspruch zu der „neuen" Rechtsprechung des BAG stehe, nach der die Erfüllbarkeit des Abgeltungsanspruchs von den gleichen Voraussetzungen abhängig gemacht wird wie die des Urlaubsanspruchs.[196] Der Urlaubsabgeltungsanspruch entsteht daher durch eine in § 7 Abs. 4 BUrlG gesetzlich geregelte Unmöglichkeit. Es liegt hier eine Ausnahme zu § 275 Abs. 1 BGB vor, welcher bei Beendigung des Arbeitsverhältnisses wegen der Unmöglichkeit einer Freistellung zum Untergang des Urlaubsanspruchs wegen rechtlicher Unmöglichkeit führt. Der Abgeltungsanspruch ist danach also ein gesetzlich geregelter Sekundäranspruch.

Für den Fall, dass während einer Elternzeit das Arbeitsverhältnis endet, ist § 17 Abs. 3 BEEG lex specialis zu § 7 Abs. 4 BUrlG.

III. Erlöschen des Urlaubs- und Urlaubsabgeltungsanspruchs

Das BAG wendet auch hinsichtlich der Voraussetzungen für das Erlöschen die allgemeinen Vorschriften des BGB und damit das Leistungsstörungsrechts auf das Urlaubsrecht an. Die Rechtsprechung des BAG zu Leistungsstörungen im Urlaubsrecht wurde im Wesentlichen an den Fällen entwickelt, in denen eine Arbeitsunfähigkeit

---

Urt. v. 17.01.1995 -9 AZR 664/93-, AP Nr. 66 zu § 7 BUrlG Abgeltung; BAG Urt. v. 21.09.1999 -9 AZR 705/98-, AP NR. 77 zu § 7 BUrlG Abgeltung.

192 BAG Urt. v. 28.06.1984 -6 AZR 521/81-, AP Nr. 18 zu § 7 BUrlG Abgeltung; Rummel, AuR 2009, 160 (161).

193 Rummel, AuR 2009, 160 (161).

194 BAG Urt. v. 23.06.1992 -9 AZR 111/91-, AP Nr. 59 zu § 7 BUrlG.

195 BAG Urt. v. 07.03.1985 -6 AZR 334/82-, AP Nr. 21 zu § 7 BUrlG Abgeltung.

196 BAG Urt. v. 07.03.1985 -6 AZR 334/82-, AP Nr. 21 zu § 7 BUrlG Abgeltung.

des Arbeitnehmers zu einer Nichterbringung der Arbeitsleistung führte und die Frage aufwarf, inwieweit diese „Fehlzeiten" „urlaubsschädlich" sein könnten.[197]

Wie auch andere zivilrechtliche Ansprüche erlöschen der Urlaubs- und der Urlaubsabgeltungsanspruch unter anderem durch Erfüllung gem. § 362 Abs. 1 BGB.

Die „neue" Rechtsprechung des BAG sah bei Vorliegen einer Krankheit sowohl für den Urlaubsanspruch als auch für den Abgeltungsanspruch kein Entstehungshindernis.[198] Nach dem Richterrecht schließt im deutschen Urlaubsrecht jedoch das Vorliegen einer Arbeitsunfähigkeit die Urlaubsgewährung aus, weil der einmal wegen Arbeitsunfähigkeit von der Arbeitspflicht befreite Arbeitnehmer nicht ein zweites Mal von der Arbeitspflicht befreit werden kann.[199]

Insoweit ist zu erörtern, wann der Urlaubsanspruch und der Abgeltungsanspruch dennoch außer durch Erfüllung erlöschen und inwieweit Leistungsstörungen hierauf Einfluss haben. Das BAG trennt konsequent die Frage des Entstehens des Urlaubs- und Urlaubsabgeltungsanspruchs von der Frage der Erfüllung und der Erfüllbarkeit bzw. den Erfüllungshindernissen.[200] Voraussetzung für die Erfüllung beider Ansprüche sei jedoch die Erfüllbarkeit bzw. das Nichtvorliegen von Erfüllungshindernissen.[201]

Im Rahmen der Prüfung, in welchen Fällen die Ansprüche erlöschen, ist zunächst zu erörtern, welche Voraussetzung für die Erfüllung der Ansprüche vorliegen müssen. Daran anschließend wird geprüft, in welchen Fällen, die Ansprüche erlöschen oder in ihrer Erfüllbarkeit eingeschränkt sind, also nach Auffassung des BAG „Erfüllungshindernisse" vorliegen.

197 u. a. BAG Urt. v. 28.01.1982 -6 AZR 571/79-, AP Nr. 11 zu § 3 BUrlG Rechtsmißbrauch; BAG Urt. v. 13.05.1982 -6 AZR 360/80-, AP Nr. 4 zu § 7 BUrlG Übertragung; BAG Urt. v. 23.06.1983 -6 AZR 180/80-, AP Nr. 14 zu § 7 BUrlG Abgeltung; BAG Urt. v. 08.03.1984 -6 AZR 600/82-, AP Nr. 14 zu § 3 BUrlG Rechtsmißbrauch; BAG Urt. v. 20.04.1989 -8 AZR 621/87-, AP Nr. 48 zu § 7 BUrlG Abgeltung; BAG Urt. v. 19.01.1993 -9 AZR 8/92-, AP Nr. 63 zu § 1 BUrlG Abgeltung; BAG Urt. v. 20.01.1998 -9 AZR 812/96, AP Nr. 45 zu § 13 BUrlG.

198 siehe hierzu unter 1. Teil B. II 1. und 2.

199 BAG Urt. v. 08.04.1994 -9 AZR 332/92-, AP Nr. 17 zu § 47 BAT; BAG Urt. v. 05.09.1995 -9 AZR 455/94-, ZTR 1996, 28 f.; a.A. LAG Köln, Urt. v. 07.02.2011 -5 Sa 891/10-, juris Rn. 122/128.

200 BAG Urt. v. 07.03.1985 -6 AZR 334/82-, AP Nr. 21 zu § 7 BUrlG Abgeltung.

201 BAG Urt. v. 20.04.1989 -8 AZR 621/87-, AP Nr. 48 zu § 7 BUrlG Abgeltung; BAG Urt. v. 19.01.1993 -9 AZR 8/92-, AP Nr. 63 zu § 1 BUrlG Abgeltung; BAG Urt. v. 20.01.1998 -9 AZR 812/96-, AP Nr. 45 zu § 13 BUrlG; Düwell, NZA Beil. 3/2011, 133 (134).

1. *Erlöschen des Urlaubsanspruchs*

a) Erfüllung gem. § 362 Abs. 1 BGB

Ein zivilrechtlicher Anspruch erlischt gem. § 362 Abs. 1 BGB durch Erfüllung. Nach Auffassung des BAG regeln und konkretisieren § 7 Abs. 1 u. 2 BUrlG die Erfüllung des Urlaubsanspruchs, wobei Voraussetzung für die Erfüllung eines entstandenen Anspruchs dessen Fälligkeit ist.

Der Urlaubsanspruch entsteht nach Erfüllung der Wartezeit in voller Höhe mit Beginn des Jahres.[202] Da das BUrlG laut BAG keine Regelung zur Fälligkeit enthält, muss die allgemeine Vorschrift des § 271 Abs. 1 BGB Anwendung finden, wonach der Anspruch sofort fällig ist.[203] Nach der „neuen“ Rechtsprechung des BAG ist er nach Ende der Wartezeit bzw. zu Beginn des Jahres in voller Höhe fällig, so dass ab diesem Zeitpunkt der Arbeitgeber als Schuldner des Freistellungsanspruches zur Abgabe der Freistellungserklärung verpflichtet ist.[204]

Nach der „neuen“ Rechtsprechung des BAG setzt das Erlöschen des Urlaubsanspruchs durch Erfüllung gem. § 362 Abs. 1 BGB eine Leistungshandlung und einen Leistungserfolg voraus.[205] Die Freistellungserklärung des Arbeitgebers ist die Leistungshandlung und erst die Urlaubsnahme des Arbeitnehmers bewirkt den Leistungserfolg, der den Anspruch zum Erlöschen bringt.[206]

aa) Leistungshandlung

Die Freistellungserklärung als Leistungshandlung ist eine einseitige empfangsbedürftige Willenserklärung, die der Arbeitgeber als Schuldner des Urlaubsanspruchs gegenüber dem Arbeitnehmer abgeben muss und die dem Arbeitnehmer zugehen muss.[207] Dabei sieht das BAG in dem zu Beginn des Jahres entstehenden Vollurlaubsanspruch einen allgemeinen noch nicht konkretisierten Anspruch auf Freistellung in dem Urlaubsjahr. Die Konkretisierung durch die zeitliche Festlegung des Urlaubs bei der Freistellungserklärung richtet sich nach § 7 Abs. 1 und 2 BUrlG.[208] Dabei handelt es sich laut BAG nicht um eine Festlegung nach billigem Ermessen gem. § 315 BGB im Rahmen des Direktionsrechtes des Arbeitgebers.[209] Der Arbeitgeber kann den Urlaub als Schuldner nicht frei festlegen. Er muss sich an die Vorgaben des Gesetzes gem. § 7 Abs. 1 und 2 BUrlG halten und kann nur auf diese Weise die

202 siehe hierzu unter 1. Teil B. II 1.
203 BAG Urt. v. 28.11.1990 -8 AZR 570/89-, AP Nr. 18 zu § 7 BUrlG Übertragung.
204 BAG Urt. v. 18.12.1986 -8 AZR 502/84-, AP Nr. 10 zu § 7 BUrlG.
205 BAG Urt. v. 09.08.1994 -9 AZR 384/92-, AP Nr. 19 zu § 7 BUrlG.
206 BAG Urt. v. 09.08.1994 -9 AZR 384/92-, AP Nr. 19 zu § 7 BUrlG.
207 BAG Urt. v. 23.01.1996 -9 AZR 554/93-, AP Nr. 10 zu § 5 BUrlG.
208 BAG Urt. v. 09.06.1998 -9 AZR 43/97-, AP Nr. 23 zu § 7 BUrlG.
209 BAG Urt. v. 18.12.1986 -8 AZR 502/84-, AP Nr. 10 zu § 7 BUrlG; BAG Urt. v. 31.01.1996 -2 AZR 282/95-, juris.

Leistungshandlung rechtswirksam vornehmen.[210] Hat der Arbeitgeber die Vorschriften bei der Freistellungserklärung befolgt, hat er nach Auffassung des BAG gem. § 243 Abs. 2 BGB das zu seiner Leistungshandlung Erforderliche getan.[211] Die „neue" Rechtsprechung zieht bei der Konkretisierung des Urlaubsanspruchs die Vorschrift des § 243 Abs. 2 BGB über die Gattungsschuld heran, ohne jedoch den Urlaubsanspruch jemals als Gattungsschuld zu bezeichnen oder die Vorschrift ausdrücklich oder analog anzuwenden.[212] Der Urlaubsanspruch wird von zwei Kommentatoren, die im Urlaubssenat mitwirkten, explizit nicht als Gattungsschuld bezeichnet[213], so dass man davon ausgehen muss, dass es sich nach der Rechtsprechung des BAG auch nicht um eine solche handeln soll. Dennoch wird auf § 243 Abs. 2 BGB Bezug genommen.

Im Rahmen der dem Arbeitgeber obliegenden Leistungshandlung hat die „neue" Rechtsprechung des BAG den § 7 BUrlG rechtlich „seziert", indem sie diese Vorschrift in Arbeitgeberpflichten, Leistungsverweigerungsrechte des Arbeitgebers, Annahmeverweigerungsrechte des Arbeitnehmers und Unmöglichkeitstatbestände aufgliedert. Danach obliegt es zunächst dem Arbeitgeber, den Urlaub unter Berücksichtigung der Wünsche des Arbeitnehmers (§ 7 Abs. 1 S. 1 1. Hs. BUrlG) zeitlich zusammenhängend (§ 7 Abs. 2 S. 1 1. Hs. BUrlG) zu gewähren. Wegen der zeitlichen Befristung des Urlaubsanspruchs auf das jeweilige Urlaubsjahr muss der Urlaub nach § 7 Abs. 3 S. 1 BUrlG im Urlaubsjahr gewährt und genommen werden, wobei dies keine Voraussetzung für die Erfüllung sein soll, sondern eine Frage der rechtlichen Unmöglichkeit und des Leistungsstörungsrechts.[214] Die in § 7 Abs. 1 S. 1 2. Hs. BUrlG geregelten Tatbestände beinhalten ein Leistungsverweigerungsrecht des

---

210 BAG Urt. v. 18.12.1986 -8 AZR 502/84-, AP Nr. 10 zu § 7 BUrlG; BAG Urt. v. 31.01.1996 -2 AZR 282/95-, juris.

211 BAG Urt. v. 15.06.1993 -9 AZR 65/90-, AP Nr. 3 zu § 1 BildungsurlaubsG NRW; BAG Urt. v. 09.08.1994 -9 AZR 384/92-, AP Nr. 19 zu § 7 BUrlG; BAG Urt. v. 21.01.1997 -9 AZR 791/95-, AP Nr. 15 zu § 9 BUrlG.

212 BAG Urt. v. 15.06.1993 -9 AZR 65/90-, AP Nr. 3 zu § 1 BildungsurlaubsG NRW; BAG Urt. v. 09.08.1994 -9 AZR 384/92-, AP Nr. 19 zu § 7 BUrlG; BAG Urt. v. 21.01.1997 -9 AZR 791/95-, AP Nr. 15 zu § 9 BUrlG; für eine analoge Anwendung: Herlitzius, Der Urlaubsanspruch als schuldrechtlicher Anspruch im Arbeitsverhältnis, 2000, S. 165 f.; Friese, Urlaubsrecht, Rn. 103.

213 Leinemann/Linck, Urlaubsrecht, 2. Aufl. 2001, § 7 BUrlG Rn. 28–31; ErfK/*Dörner*, 10. Aufl. 2010, § 7 BUrlG Rn. 10; für eine analoge Anwendung: Friese, Urlaubsrecht, Rn. 103, Herlitzius, Der Urlaubsanspruch als schuldrechtlicher Anspruch im Arbeitsverhältnis, 2000, S. 165 f.

214 BAG Urt. v. 13.5.1982 -6 AZR 360/80-, AP Nr. 4 zu § 7 BUrlG Übertragung; BAG Urt. v. 1.12.1983 -6 AZR 299/80-, AP Nr. 15 zu § 7 BUrlG Abgeltung; BAG Urt. v. 24.11.1987 -8 AZR 140/87-, AP Nr. 41 zu § 7 BUrlG Abgeltung; BAG Urt. v. 28.11.1990 -8 AZR, 570/89-, AP Nr. 18 zu § 7 BUrlG Übertragung; BAG Urt. v. 23.06.1992 -9 AZR 57/91-, AP Nr. 22 zu § 1 BUrlG; BAG Urt. v. 11.07.2006 -9 AZR 535/05-, juris.

Arbeitgebers.[215] Es soll sich hierbei nach Auffassung des BAG um eine Einrede des Arbeitgebers handeln.[216] Dieses Leistungsverweigerungsrecht soll ihm im Übertragungszeitraum wegen der ausnahmslosen Regelung des § 7 Abs. 3 S. 3 BUrlG nicht mehr zustehen.[217] Das Nichteinhalten dieser Urlaubsgewährungsmodalitäten aus § 7 Abs. 1 und 2 BUrlG hat zur Folge, dass mangels ordnungsgemäßer Leistungshandlung des Arbeitgebers keine wirksame Erfüllung eintreten kann.[218]

Unter der Annahme eines reinen, von der Lohnzahlungspflicht unabhängigen Freistellungsanspruchs, ist es für die Erfüllung nicht erforderlich, dass während der Urlaubsgewährung Arbeitsentgelt gezahlt wird.[219] Die Freistellung des Arbeitnehmers von der Arbeit zum Urlaubszeitpunkt reicht also zur Erfüllung aus.

bb) Leistungserfolg

Weitere Voraussetzung für das Erlöschen des Anspruchs wegen Erfüllung ist gem. § 362 Abs. 1 BGB der Eintritt des Leistungserfolgs, der erst durch die tatsächliche Urlaubsnahme durch den Arbeitnehmer herbeigeführt wird.[220] Erst wenn der Arbeitnehmer den vom Arbeitgeber gewährten Urlaub genommen hat, gilt die Leistung „Urlaub“ als bewirkt. Erst dann tritt die Erfüllung ein, so dass der Urlaubsanspruch in gewährter Höhe gem. § 362 Abs. 1 BGB erlischt.

b) Leistungsstörungen

Wie oben beschrieben, wollte die „neuen“ Rechtsprechung den Urlaubs- und den Urlaubsabgeltungsanspruch aus dem Gewohnheitsrecht in das BGB und das dortige Leistungsstörungsrecht integrieren, wobei die grundlegenden Entscheidungen während der Geltung des alten Schuldrechts also vor 2002 erfolgten. Aus Sicht des BAG gibt es weder in den internationalen Vorschriften noch im BUrlG selbst Regelungen zu Leistungsstörungen, so dass Leistungsstörungen im Urlaubsrecht nach den allgemeinen zivilrechtlichen Vorschriften zu bewerten sind.[221] Da das Entstehen und die Erfüllung des Urlaubsanspruchs aus Sicht des BAG nicht im synallagmatischen Verhältnis zur Arbeitsleistung stehen, sondern die Gewährung des Urlaubs nur eine arbeitsleistungsunabhängige Nebenpflicht des Arbeitgebers

---

215 BAG Urt. v. 18.12.1986 -8 AZR 502/84-, AP Nr. 10 zu § 7 BUrlG.

216 BAG Urt. v. 18.12.1986 -8 AZR 502/84-, AP Nr. 10 zu § 7 BUrlG.

217 BAG Urt. v. 10.03.1987 -8 AZR 610/84-, AP Nr. 34 zu § 7 BUrlG Abgeltung.

218 So wohl BAG Urt. v. 06.09.2006 -5 AZR 703/05-, AP Nr. 118 zu § 615 BGB mit Hinweis auf ErfK/*Dörner*, 6. Aufl. 2006, § 7 BUrlG Rn. 20.

219 BAG Urt. v. 18.12.1986 -8 AZR 481/84-, AP Nr. 19 zu § 11 BUrlG; BAG Urt. v. 25.01.1994 -9 AZR 312/92-, AP Nr. 16 zu § 7 BUrlG; BAG Urt. v. 09.06.1998 -9 AZR 43/97-, AP Nr. 23 zu § 7 BUrlG; BAG Urt. v. 14.03.2006 -9 AZR 11/05-, AP Nr. 32 zu § 7 BUrlG.

220 BAG Urt. v. 09.08.1994 -9 AZR 384/92-, AP Nr. 19 zu § 7 BUrlG.

221 BAG Urt. v. 10.02.1987 -8 AZR 529/84-, AP Nr. 12. zu § 13 BUrlG.

ist, sind Leistungsstörungen nach den Regeln des einseitig verpflichtenden Schuldverhältnisses zu bewerten.[222]

Das alte Schuldrecht unterschied im Rahmen der Leistungsstörungen neben der Mängelgewährleistung zwischen Unmöglichkeit und Verzug, die sich gegenseitig ausschlossen.[223] Die zeitweise oder vorübergehende Unmöglichkeit, die gesetzlich nicht geregelt war, wurde nach der h.M. entweder mit Verzug oder Unmöglichkeit gleichgesetzt.[224] Es kam darauf an, ob das Abwarten dem Gläubiger noch zumutbar war oder der Vertragszweck noch erfüllt werden konnte. War dies nicht der Fall, lag letztlich eine Unmöglichkeit vor. Die Primärleistungspflicht ging unter[225] und an ihre Stelle trat im Falle des Vertretenmüssens ein Schadensersatzanspruch als Sekundäranspruch.[226] Bei Verzug dagegen blieb die Primärleistungspflicht bestehen und daneben war ein Sekundäranspruch möglich.[227]

Im neuen Schuldrecht wird ebenfalls neben der Mängelgewährleistung zwischen Unmöglichkeit und Verzug unterschieden, wobei gesetzlich immer auf die „Pflichtverletzung" als zentralen gesetzlichen Begriff für alle Fälle der nicht ordnungsgemäßen Erfüllung abgestellt wird.[228] Durch das neue Schuldrecht ergaben sich für das BAG keine wesentlichen Änderungen für das Urlaubsrecht, lediglich die herangezogenen Vorschriften änderten sich.[229]

Anhand der Fälle der Arbeitsunfähigkeit stellte das BAG im Rahmen seiner „neuen" Rechtsprechung den Grundsatz auf, dass der Arbeitnehmer bei Abgabe der Freistellungserklärung des Arbeitgebers und zum Zeitpunkt der Urlaubsnahme auch tatsächlich von der Arbeitspflicht befreit werden können muss, damit Erfüllung eintreten kann.[230] Anderenfalls ist jeweils zu entscheiden, ob der Freistellungsanspruch ohne Erfüllung als Primäranspruch ersatzlos untergeht, weiter bestehen bleibt oder durch Sekundäransprüche in Form von Abgeltungsansprüchen oder Schadensersatzansprüchen ersetzt wird.

---

222 BAG Urt. v. 08.03.1984 -6 AZR 600/82-, AP Nr. 14 zu § 3 BUrlG Rechtsmißbrauch.

223 Emmerich, Das Recht der Leistungsstörungen, 3. Aufl. 1991, § 16 I.

224 Emmerich, Das Recht der Leistungsstörungen, 3. Aufl. 1991, § 3 III 2 d).

225 Palandt/*Heinrichs*, 60. Aufl. 2001, § 275 BGB Rn. 24.

226 Emmerich, Das Recht der Leistungsstörungen, 3. Aufl. 1991, § 6 II Nr. 3 b), Palandt/*Heinrichs*, 60. Aufl. 2001, § 280 BGB Rn. 1.

227 Emmerich, Das Recht der Leistungsstörungen, 3. Aufl. 1991, § 17 I.

228 Emmerich, Das Recht der Leistungsstörungen, 6. Aufl. 2005, § 2 Rn. 1; Schwarze, Das Recht der Leistungsstörungen, 2008, § 1 Rn. 4.

229 vgl. BAG Urt. v. 27.05.2003 -9 AZR 366/02-, juris; BAG Urt. v. 11.04.2006 -9 AZR 523/05-, AP Nr. 28 zu § 7 BUrlG Übertragung; ErfK/*Dörner*, 10. Aufl. 2010, § 7 BUrlG, Rn. 23.

230 BAG Urt. v. 13.05.1982 -6 AZR 360/80-, AP Nr. 4 zu § 7 BUrlG Übertragung; BAG Urt. v. 10.02.1987 -8 AZR 529/84-, AP Nr. 12 zu § 13 BUrlG; BAG Urt. v. 09.08.1994 -9 AZR 384/92-, AP Nr. 19 zu § 7 BUrlG; Friese, Urlaubsrecht, Rn. 100; Leinemann/Linck, Urlaubsrecht, 2. Aufl. 2001, § 1 BUrlG Rn. 88.

Dabei meint das BAG, dass grundsätzlich alle urlaubsstörenden Ereignisse als Teil des persönlichen Lebensschicksals in den Risikobereich des einzelnen Arbeitnehmers fallen.[231] Nur wenn z.B. der Gesetzgeber wie in § 9 BUrlG Ausnahmen geregelt hat, kommt § 275 BGB als allgemeine Gefahrentragungsvorschrift nicht zur Anwendung.[232]

Nachfolgende Leistungsstörungen sind denkbar, wobei das BAG die Situation vor und nach Abgabe der Freistellungserklärung unterscheidet:

Situation 1: vor Abgabe der Freistellungserklärung

a. Eintritt eines dauerhaften Leistungshindernisses
(Unmöglichkeit)

b. Eintritt eines vorübergehenden Leistungshindernisses
(zeitweise oder vorübergehende Unmöglichkeit)

c. Eintritt eines dauerhaften Leistungshindernisses bei
Verzug des Arbeitgebers
(Unmöglichkeit während Verzug)

Situation 2: nach Abgabe der Freistellungserklärung

a. Eintritt eines dauerhaften Leistungshindernisses
(Unmöglichkeit)

b. Eintritt eines vorübergehenden Leistungshindernisses
(zeitweise oder vorübergehende Unmöglichkeit ?)

Die Situationen 1 a und 2 a, also das Vorliegen eines dauerhaften Leistungshindernisses, führen zur Unmöglichkeit der Leistung und werden nachfolgend unter aa) behandelt. Bei Vorliegen vorübergehender Leistungshindernisse, also den Situationen 1 b und 2 b ist wegen fehlender gesetzlicher Regelung zu prüfen, ob es sich um einen Fall der Unmöglichkeit oder des Verzugs handelt. Die Erkrankung des Arbeitnehmers ist hierbei der wesentliche Problemfall der vorübergehenden Leistungshindernisse, die nachstehend unter bb) untersucht werden. In der Situation 1 c liegt ein dauerhaftes Leistungshindernis bei Arbeitgeberverzug vor, dessen rechtliche Einordnung und Konsequenzen unter cc) dargestellt werden.

aa) Dauerhafte Leistungshindernisse

Vor oder nach Abgabe der Freistellungserklärung des Arbeitgebers, also der Konkretisierung des Urlaubsanspruchs, kann Unmöglichkeit eintreten. Für die Erfüllbarkeit

231 BAG Urt. v. 09.08.1994 -9 AZR 384/92-, AP Nr. 19 zu § 7 BUrlG; BAG Urt. v. 10.05.2005 -9 AZR 251/04-, AP Nr. 4 zu § 8 BUrlG.

232 BAG Urt. v. 09.08.1994 -9 AZR 384/92-, AP Nr. 19 zu § 7 BUrlG; BAG Urt. v. 10.05.2005 -9 AZR 251/04-, AP Nr. 4 zu § 8 BUrlG.

des Urlaubsanspruchs muss nach der „neuen“ Rechtsprechung des BAG die Freistellung zur Urlaubsnahme und damit die Entbindung von der Arbeitspflicht zum festgesetzten Zeitpunkt auch möglich sein.[233] Wenn also die Arbeitspflicht bereits aus anderen Gründen entfällt, kann kein Urlaubsanspruch erfüllt werden.[234] Mögliche Fälle der dauerhaften Unmöglichkeit, die sowohl vor als auch nach Abgabe der Freistellungserklärung zum Verlust des Urlaubsanspruchs führen, sind die Beendigung des Arbeitsverhältnisses, der Tod des Arbeitnehmers und die Befristung der Erfüllbarkeit des Urlaubsanspruchs.

(1) Beendigung des Arbeitsverhältnisses

Nach Beendigung des Arbeitsverhältnisses besteht keine Arbeitspflicht mehr, so dass auch kein Urlaub mehr gewährt werden kann. Eine Freistellung ist dann nicht mehr möglich, so dass der Urlaubsanspruch als Primäranspruch wegen Unmöglichkeit gem. § 275 Abs. 1 Alt. 2 BGB untergeht.[235] Die rechtliche Art der Beendigung ist dabei unerheblich; es kommen sowohl die Kündigung als auch die Beendigung durch Vereinbarung oder Ablauf der Befristung in Betracht.[236] Das BAG meint, die Beendigung führe wegen der Nichterfüllbarkeit des Urlaubs gem. § 275 Abs. 1 Alt. 2 BGB zum Untergang des Freistellungsanspruches, gleichzeitig entstehe jedoch unter den Voraussetzungen des § 7 Abs. 4 BUrlG ein Anspruch auf Abgeltung. Insoweit kann diese Regelung mit *Leinemann/Linck* als gesetzlich geregelter Fall der Leistungsstörung gesehen werden.[237] Der Gesetzgeber hat mit § 7 Abs. 4 BUrlG eine Regelung für einen Sekundäranspruch in Form der Urlaubsabgeltung geschaffen. Der Urlaubsabgeltungsanspruch ersetzt den zum Zeitpunkt der Beendigung noch offenen Urlaubsanspruch, der mit der Beendigung nicht mehr erfüllt werden kann.

---

233 BAG Urt. v. 13.05.1982 -6 AZR 360/80-, AP Nr. 4 zu § 7 BUrlG Übertragung; BAG Urt. v. 10.02.1987 -8 AZR 529/84-, AP Nr. 12 zu § 13 BUrlG; BAG Urt. v. 09.08.1994 -9 AZR 384/92-, AP Nr. 19 zu § 7 BUrlG; Friese, Urlaubsrecht, Rn. 100; Leinemann/Linck, Urlaubsrecht, 2. Aufl. 2001, § 1 BUrlG Rn. 88; HWK/*Schinz*, 6. Aufl. 2014, § 7 BUrlG Rn. 15.

234 wie vorhergehende Fn.

235 ErfK/*Dörner*, 10. Aufl. 2010, § 7 BUrlG Rn. 51, Friese, Urlaubsrecht, Rn. 130; Leinemann/Linck, Urlaubsrecht, 2. Aufl. 2001, § 7 BUrlG Rn. 195/196; BAG Urt. v. 17.01.1995 -9 AZR 664/93-, AP Nr. 66 zu § 7 BUrlG Abgeltung; BAG Urt. v. 05.12.1995 -9 AZR 871/94-, AP Nr. 70 zu § 7 BUrlG Abgeltung; BAG Urt. v. 25.06.1996 -9 AZR 182/95-, AP Nr. 11 zu § 43 SchwBG 1986.

236 BAG Urt. v. 18.06.1980 -6 AZR 328/78-, AP Nr. 6 zu § 13 BUrlG Unabdingbarkeit; BAG Urt. v. 18.10.1990 -8 AZR 490/89-, AP Nr. 56 zu § 7 BUrlG Abgeltung; Neumann/Fenski, BUrlG, 9. Aufl. 2003, § 7 BUrlG Rn. 106 ff; Leinemann/Linck, Urlaubsrecht, 2. Aufl. 2001, § 7 BUrlG Rn. 217 ff.; Friese, Urlaubsrecht, Rn. 456; ErfK/*Dörner*, 10. Aufl. 2010, § 7 BUrlG Rn. 52.

237 Leinemann/Linck, Urlaubsrecht, 2. Aufl. 2001, § 7 BUrlG Rn. 207.

(2) Tod des Arbeitnehmers

Auch der Tod des Arbeitnehmers führt als mittelbare Rechtsfolge aus § 613 BGB zur Beendigung des Arbeitsverhältnisses. Wegen des Todes tritt also Unmöglichkeit bezüglich der Freistellung des Arbeitnehmers ein, so dass auch in diesem Fall der Urlaubsanspruch gem. § 275 Abs. 1 Alt. 2 BGB untergeht.[238] Mit dem Tod entsteht aufgrund dieser Art der Beendigung kein Abgeltungsanspruch gem. § 7 Abs. 4 BUrlG, weil der Abgeltungsanspruch voraussetzt, dass der Arbeitnehmer zum Zeitpunkt der Beendigung noch lebt.[239] Durch den Tod geht auch nach der „neuen" Rechtsprechung der Primäranspruch auf Freistellung unter, so dass an dessen Stelle kein sekundärer Ersatzanspruch für die Erben entstehen kann. Der Freistellungsanspruch erlischt daher vor Entstehung des Abgeltungsanspruchs, so dass es für Letzteren an der Voraussetzung der noch bestehenden Urlaubsansprüche fehlt.

(3) Befristung des Urlaubsanspruchs

Die Befristung der Erfüllbarkeit des Urlaubsanspruchs auf das Urlaubsjahr und den Übertragungszeitraum, deren Ablauf zum Untergang des Anspruchs führt, ist durch die „neue" Rechtsprechung des BAG als weiterer Fall der rechtlichen Unmöglichkeit entwickelt worden. Zwar vertrat das BAG bereits vor 1982 die Auffassung, dass der Mindesturlaubsanspruch auf das Urlaubsjahr befristet ist, jedoch wurden Ausnahmen bei tatsächlicher Unmöglichkeit der Urlaubsnahme zugelassen, die den Eindruck erweckten, der Anspruch sei nicht grundsätzlich befristet.[240]

Erst mit seiner Entscheidung vom 13.05.1982 wurde vom BAG konsequent ohne Ausnahmen die Auffassung vertreten, die Erfüllbarkeit des Urlaubsanspruchs sei auf das Urlaubsjahr bzw. in den gesetzlich geregelten Ausnahmefällen auf den Übertragungszeitraum bis zum 31.03. befristet.[241] Auch im Falle einer Krankheit, die die Urlaubsnahme hindere, verfalle danach der Urlaub spätestens am 31.03. des Folgejahres.[242] Es handele sich daher um eine Leistungsstörung in Form der rechtlichen Unmöglichkeit.[243] Der Urlaubsanspruch gehe mit dem Zeitablauf gem. § 275 Abs. 1 Alt. 2 BGB als anspruchsvernichtende Norm unter. Dieser nach Auffassung des BAG

---

238 BAG Urt. v. 26.04.1990 -8 AZR 517/89-, AP Nr. 53 zu § 7 BUrlG Abgeltung; BAG Urt. v. 23.06.1992 -9 AZR 111/91-, AP Nr. 59 zu § 7 BUrlG; BAG Urt. v. 19.11.1996 -9 AZR 376/95-, AP Nr. 71 zu § 7 BUrlG Abgeltung.

239 BAG Urt. v. 18.07.1989 -8 AZR 44/88-, AP Nr. 49 zu § 7 BUrlG Abgeltung, BAG Urt. v. 26.04.1990 -8 AZR 517/89-, AP Nr. 53 zu § 7 BUrlG Abgeltung; BAG Urt. v. 23.06.1992 -9 AZR 111/91-, AP Nr. 59 zu § 7 BUrlG.

240 BAG Urt. v. 26.06.1969 -5 AZR 393/68-, AP Nr. 1 zu § 7 BUrlG Urlaubsjahr; BAG Urt. v. 13.11.1969 -5 AZR 82/69-, AP Nr. 2 zu § 7 BUrlG Übertragung; BAG Urt. v. 21.07.1973 -5 AZR 105/73-, AP Nr. 3 zu § 7 BUrlG Übertragung.

241 BAG Urt. v. 13.05.1982 -6 AZR 360/80-, AP Nr. 4 zu § 7 BUrlG Übertragung.

242 BAG Urt. v. 13.05.1982 -6 AZR 360/80-, AP Nr. 4 zu § 7 BUrlG Übertragung.

243 BAG Urt. v. 13.11.1986 -8 AZR 212/84-, AP Nr. 26 zu § 13 BUrlG; BAG Urt. v. 23.06.1992 -9 AZR 57/91-, AP Nr. 22 zu § 1 BUrlG.

gesetzlich in § 1 und § 7 Abs. 3 S. 1 BUrlG geregelte Grundsatz der Befristung des Anspruchs auf das Urlaubsjahr könne nur in gesetzlich geregelten Ausnahmefällen durchbrochen werden. Gem. § 7 Abs. 3 S. 2 BUrlG sei der Urlaub dann aus dem laufenden Kalenderjahr auf das Folgejahr bis zum 31.03. zu übertragen, wenn dringende betriebliche Gründe oder in der Person des Arbeitnehmers liegende Gründe dies rechtfertigen. Das BAG meint, dass in diesen Ausnahmefällen die Befristung und damit der Erfüllungszeitraum auf den 31.03. lediglich verlängert werde.[244] § 7 Abs. 3 S. 2 BUrlG sei daher eine anspruchserhaltende Norm als Ausnahme zu § 275 Abs. 1 Alt. 2 BGB.[245] Der Übertragungsvorgang vollziehe sich kraft Gesetzes. Handlungen seitens einer der Parteien seien nicht erforderlich.[246] Der Ablauf der Befristung am 31.03. stelle jedoch grundsätzlich einen Fall der rechtlichen Unmöglichkeit dar, so dass der primäre Freistellungsanspruch gem. § 275 Abs. 1 BGB spätestens dann ersatzlos untergehe und kein Sekundäranspruch entstehe.

Zusammenfassend ist daher festzustellen, dass der Eintritt eines dauerhaften Leistungshindernisses vor oder nach der Konkretisierung des Urlaubsanspruchs wegen Unmöglichkeit zum Untergang des Urlaubsanspruchs führt, weil eine Freistellung nicht mehr möglich ist. Der Arbeitgeber wird von seiner Leistungspflicht, den Urlaub zu gewähren, gem. § 275 Abs. 1 Alt. 2 BGB befreit. Grundsätzlich geht der Urlaubsanspruch als primärer Freistellungsanspruch ersatzlos unter. Nur in Fällen der rechtlichen Beendigung des Arbeitsverhältnisses entsteht unter den Voraussetzungen des § 7 Abs. 4 BUrlG ein Abgeltungsanspruch als gesetzlich geregelter Sekundäranspruch.

bb) Vorübergehende Leistungshindernisse

In den Situationen 1 b und 2 b liegen vorübergehende Leistungshindernisse vor, so dass die Urlaubsgewährung zeitweise nicht, jedoch später noch möglich sein könnte. Bei den Fällen der temporären Nichterfüllbarkeit handelt es sich in der Regel um Arbeitsbefreiungen aus anderen Gründen, die gesetzlich geregelt wurden. Hierzu gehören u. a. die Arbeitsunfähigkeit, Mutterschutzzeiten, Elternzeiten und Zeiten der Erwerbsminderung. In diesen Fällen ist der Arbeitnehmer bereits aus anderen Gründen nicht zur Erbringung seiner Arbeitsleistung verpflichtet. Während der bereits bestehenden Arbeitsbefreiung kann Urlaub nicht gewährt werden, weil eine doppelte Freistellung nicht möglich ist.[247] Diese „zeitweise Unmöglichkeit" der Erfüllung ist jedoch nur vorübergehender Natur. Das BAG bezeichnet die Fälle der Leistungshindernisse der anderweitigen Freistellung des Arbeitnehmers als

244 BAG Urt. v. 10.02.2004 -9 AZR 116/03-, AP Nr. 27 zu § 7 BUrlG Übertragung.

245 BAG Urt. v. 24.11.1987 -8 AZR 140/87-, AP Nr. 41 zu § 7 BUrlG Abgeltung.

246 BAG Urt. v. 24.11.1987 -8 AZR 140/87-, AP Nr. 41 zu § 7 BUrlG Abgeltung; BAG Urt. v. BAG 25.08.1987 -8 AZR 118/86-, AP Nr. 15 zu § 7 BUrlG Übertragung; BAG Urt. v. 23.06.1992 -9 AZR 57/91-, AP Nr. 22 zu § 1 BUrlG; BAG Urt. v. 09.08.1994 -9 AZR 384/92-, AP Nr. 19 zu § 7 BUrlG.

247 ErfK/*Dörner*, 10. Aufl. 2010, § 7 BUrlG Rn. 22.

„Erfüllungshindernisse".[248] Im Gegensatz zur dauerhaften Unmöglichkeit führen diese Ereignisse nicht zum Erlöschen des Urlaubsanspruchs. Die dauerhafte Unmöglichkeit dagegen ist ein unbehebbares Leistungshindernis, das zum Erlöschen des Primäranspruchs auf Freistellung führt.[249] Es handelt sich auch nicht um einen Fall des Verzugs, denn dieser setzt voraus, dass die Leistung möglich ist.[250]

Das BAG führt zu § 9 BUrlG im Falle der Erkrankung während des Urlaubs aus, dass während einer Arbeitsunfähigkeit die „Wirkung der zeitweisen Unmöglichkeit"[251] ausgeschlossen ist. Was die „Wirkung der zeitweisen Unmöglichkeit" sein soll, lässt das BAG offen. Eine klare Einordnung als vorübergehendes Leistungshindernis erfolgt nicht. Mit „Wirkung" dürfte das BAG die Rechtsfolge der Unmöglichkeit meinen, nämlich den Untergang des Urlaubsanspruchs. Es meint also, dass bei Vorliegen von zeitweisen „Erfüllungshindernissen" der Anspruch nicht fortfällt, sondern nur seine Erfüllbarkeit vorübergehend ausgeschlossen ist. Da laut der Rechtsprechung des BAG grundsätzlich bei persönlichen Leistungshindernissen das Risiko des Untergangs des Anspruches beim Arbeitnehmer liegt, führt ein „Erfüllungshindernis" in Form einer anderweitigen Freistellung grundsätzlich wohl zu einer vorübergehenden Unmöglichkeit. Die Durchsetzung des Anspruchs ist also in dieser Zeit blockiert.[252] Die „neue" Rechtsprechung des BAG differenziert jedoch bei Vorliegen eines „Erfüllungshindernisses" zwischen dem Zeitpunkt vor und nach der Konkretisierung. Es zieht hierfür die Regelungen über die Gattungsschuld heran.[253] Das bedeutet für den Urlaubsanspruch folgendes: Am Anfang des Jahres ist der gesamte Anspruch auf Freistellung bereits entstanden. Da aber noch nicht feststeht, wann Urlaub gewährt und genommen wird, also noch keine Konkretisierung eingetreten ist, liegt die Leistungsgefahr wie bei einer Gattungsschuld beim Arbeitgeber als Beschaffungsschuldner des Anspruchs.[254] Auftretende „Erfüllungshindernisse" führen nicht zum Entfallen des Urlaubsanspruches. Vor Konkretisierung

---

248 BAG Urt. v. 20.04.1989 -8 AZR 621/87-, AP Nr. 48 zu § 7 BUrlG Abgeltung; BAG Urt. v. 19.01.1993 -9 AZR 8/92-, AP Nr. 63 zu § 1 BUrlG Abgeltung; Düwell, NZA Beil. 3/2011, 133 (134).

249 Schwarze, Das Recht der Leistungsstörungen, 2008, § 4 Rn. 1, 21.

250 Schwarze, Das Recht der Leistungsstörungen, 2008, § 28 Rn. 4.

251 BAG Urt. v. 13.05.1982 -6 AZR 360/80-, AP Nr. 4 zu § 7 BUrlG Übertragung; BAG Urt. v. 13.05.1982 -6 AZR 584/80-, juris Rn. 15; BAG Urt. v. 13.05.1982 -6 AZR 12/80-, juris Rn. 25.

252 Staudinger/Löwisch/Caspers, BGB, Neubearb. 2009, § 275 BGB Rn. 77.

253 BAG Urt. v. 15.06.1993 -9 AZR 65/90-, AP Nr. 3 zu § 1 BildungsurlaubsG NRW; BAG Urt. v. 09.08.1994 -9 AZR 384/92-, AP Nr. 19 zu § 7 BUrlG; BAG Urt. v. 21.01.1997 -9 AZR 791/95-, AP Nr. 15 zu § 9 BUrlG; BAG Urt. v. 10.05.2005 -9 AZR 251/04-, AP Nr. 4 zu § 8 BUrlG; BAG Urt. v. 16.12.2008 -9 AZR 164/08-, AP Nr. 40 zu § 7 BUrlG; Friese, Urlaubsrecht, Rn. 103; Herlitzius, Der Urlaubsanspruch als schuldrechtlicher Anspruch im Arbeitsverhältnis, 2000, S. S. 165 f.; a.A. ErfK/*Dörner*, 11. Aufl. 2011, § 7 BUrlG Rn. 10.

254 Friese, Urlaubsrecht, Rn. 103; Herlitzius, Der Urlaubsanspruch als schuldrechtlicher Anspruch im Arbeitsverhältnis, 2000, S. 165 f.

des Urlaubsanspruchs sind die vom BAG als „Erfüllungshindernisse“ bezeichneten anderweitigen Freistellungen vorübergehende Leistungshindernisse, die lediglich vorübergehend die Gewährung des Urlaubs unmöglich werden lassen. Hier käme eine analoge Anwendung des § 275 Abs. 1 Alt. 2 BGB in Betracht, was das BAG jedoch nicht in Erwägung zieht. Durch Konkretisierung wird der festgelegte Urlaub zu einer Art Stückschuld. Treten dann vorübergehende Leistungshindernisse auf, wird der Arbeitgeber nach der BAG-Rechtsprechung von seiner Urlaubsgewährungspflicht im Umfang der festgelegten Urlaubstage gem. §§ 275 Abs. 1 Alt. 2, 243 Abs. 2 BGB befreit. In diesem Fall soll z.B. eine anderweitige Freistellung ein dauerhaftes Leistungshindernis sein, es sei denn, es liegt eine anspruchserhaltende Norm wie z.B. § 9 BUrlG vor.

Die Erfüllung des noch nicht konkretisierten Urlaubsanspruchs ist, obwohl dieser wegen der anderweitigen Freistellung erhalten bleibt, ebenfalls gem. § 7 Abs. 3 BUrlG befristet. Mit Ablauf der Fristen tritt nach der „neuen“ Rechtsprechung des BAG rechtliche dauerhafte Unmöglichkeit ein.[255] Diese führt als überholendes Ereignis wiederum gem. § 275 Abs. 1 Alt. 2 BGB zur Befreiung des Arbeitgebers von seiner Urlaubsgewährungspflicht.

In einigen Fällen der anderweitigen Freistellung, wie z.B. bei Mutterschutzzeiten oder Elternzeiten, ist die Befristung der Erfüllung des Urlaubsanspruchs jedoch zu kurz. Das BAG meint, dass der Gesetzgeber aus diesem Grund zur Vermeidung von Ungleichbehandlungen gesetzliche Ausnahmen geschaffen habe, die den Untergang des noch nicht konkretisierten Urlaubsanspruchs verhinderten.[256] Unter anderem handelt es sich bei § 17 Abs. 2 MuSchG und § 17 Abs. 2 BErzGG um solche Ausnahmevorschriften.[257] Das BAG vertritt die Auffassung, dass auch § 7 Abs. 3 S. 2 BUrlG als Ausnahmevorschrift den Untergang der noch nicht konkretisierten Urlaubsansprüche am Ende des Jahres verhindere, weil die Frist bei persönlichen Hinderungsgründen und damit der Erfüllungszeitraum auf den 31.03. des Folgejahres verlängert werde.[258] Unter diese Vorschrift fielen auch eine Krankheit und andere gesetzlich nicht konkret geregelte Ereignisse, die unter die „persönlichen Gründe“ subsumiert werden könnten. Soweit noch weitere gesetzlich geregelte Übertragungen vorgesehen seien, könne noch nicht konkretisierter Urlaub auch über den 31.03. hinaus gewährt werden und ginge nicht wegen rechtlicher Unmöglichkeit gem. § 275 Abs. 1 Alt. 2 BGB mit Ablauf des 31. März unter.

Diese Leistungshindernisse in Form von anderweitigen Freistellungen sind also vor Konkretisierung vorübergehende Leistungshindernisse, die nur zu einer vorübergehenden Unmöglichkeit gem. § 275 Abs. 1 Alt. 2 BGB analog führen. Nach

---

255 BAG Urt. v. 01.12.1983 -6 AZR 299/80-, AP Nr. 15 zu § 7 BUrlG Abgeltung; Friese, Urlaubsrecht, Rn. 141.

256 BAG Urt. v. 23.04.1996 -9 AZR 165/95-, AP Nr. 6 zu § 17 BErzGG; BAG Urt. v. 15.03.2005 -9 AZR 143/04-, AP Nr. 31 zu § 7 BUrlG.

257 wie vorhergehende Fn.

258 BAG Urt. v. 10.02.2004 -9 AZR 116/03-, AP Nr. 27 zu § 7 BUrlG Übertragung; BAG Urt. v. 25.08.1987 -8 AZR 118/86-, AP Nr. 15 zu § 7 BUrlG Übertragung.

Konkretisierung sind diese dauerhafte Leistungshindernisse, die gem. § 275 Abs. 1 Alt. 2 BGB zum Untergang des konkretisierten Urlaubsanspruchs führen, wenn nicht eine anspruchserhaltende Norm vorliegt.

Die in der Rechtsprechung des BAG am häufigsten diskutierten Leistungshindernisse sind die Arbeitsunfähigkeit des Arbeitnehmers, Mutterschutzzeiten, Elternzeiten und Zeiten der vorübergehenden Erwerbsunfähigkeit bzw. Erwerbsminderung, deren rechtliche Einordnung durch die „neue" Rechtsprechung im Folgenden dargestellt werden.

(1) Die Arbeitsunfähigkeit des Arbeitnehmers

Auch bei Vorliegen einer Arbeitsunfähigkeit ist also zwischen der Zeit vor und nach Konkretisierung des Urlaubs zu unterscheiden.

Ist der Urlaub bereits festgelegt und erkrankt der Arbeitnehmer in diesem Zeitraum, führt dies in der Konsequenz wegen Unmöglichkeit zum Untergang des konkretisierten Anspruchs gem. § 275 Abs. 1 Alt. 2 BGB. § 9 BUrlG sieht jedoch vor, dass bei Erkrankung während des Urlaubs die durch ärztliches Zeugnis nachgewiesenen Tage nicht auf den Jahresurlaub angerechnet werden. Die „neue" Rechtsprechung des BAG vertritt daher die Auffassung, dass § 9 BUrlG eine Ausnahmeregelung zu § 275 BGB darstelle.[259] Der Urlaubsanspruch geht wegen dieser Ausnahmeregelung nicht unter.[260] Das BAG meint, dass Hintergrund der Vorschrift sei, dass bei Arbeitsunfähigkeit der Urlaubszweck nicht erreicht werde.[261] Der Arbeitgeber müsse den Urlaub erneut erteilen.[262]

Soweit der Urlaubsanspruch nicht konkretisiert ist, gelten Arbeitsunfähigkeitszeiten wegen anderweitiger Freistellung laut BAG als vorübergehende „Erfüllungshindernisse" und sind damit als ein vorübergehendes Leistungshindernis einzuordnen, welches den Anspruch nicht endgültig untergehen lässt.[263] Die Arbeitsunfähigkeit des Arbeitnehmers ist daher nach Auffassung des BAG eine zeitweise nicht vom Arbeitgeber zu vertretende Unmöglichkeit für seine Urlaubsgewährungspflicht.[264] Hierbei handelt es sich um ein vorübergehendes Leistungshindernis, was den Anspruch auf Freistellung gem. § 275 Abs. 1 Alt. 2 BGB analog zeitweise entfallen lässt.

Die Befristung der Erfüllbarkeit des Urlaubsanspruchs führt jedoch auch bei einer vorliegenden Erkrankung nach der „neuen" Rechtsprechung des BAG wegen Fristablaufs als „überholendes Ereignis" zu dem Ergebnis, dass der Anspruch auf

259 BAG Urt. v. 09.06.1988 -8 AZR 755/85-, AP Nr. 10 zu § 9 BUrlG; BAG Urt. v. 22.06.1988 -5 AZR 526/87-, AP Nr. 1 zu § 15 BErzGG.
260 BAG Urt. v. 09.06.1988 -8 AZR 755/85-, AP Nr. 10 zu § 9 BUrlG.
261 BAG Urt. v. 22.06.1988 -5 AZR 526/87-, AP Nr. 1 zu § 15 BErzGG.
262 BAG Urt. v. 09.06.1988 -8 AZR 755/85-, AP Nr. 10 zu § 9 BUrlG.
263 so auch: Boecken/Jacobsen, ZTR 2011, 267 (273).
264 BAG 13.05.1982 -6 AZR 360/80-, AP Nr. 4 zu § 7 BUrlG Übertragung; BAG 13.05.1982 -6 AZR 12/80, juris; BAG Urt. v. 13.05.1982 -6 AZR 360/80-, AP Nr. 4 zu § 7 BUrlG Übertragung; Boecken/Jacobsen, ZTR 2011, 267 (273).

Urlaub am Ende des Jahres gem. § 275 Abs. 1 Alt. 2 BGB untergehen müsste. Wie oben bereits dargelegt, wird dies aber laut BAG durch die anspruchserhaltende Norm des § 7 Abs. 3 S. 2 BUrlG wegen Vorliegens persönlicher Gründe, nämlich der Erkrankung, verhindert.[265]

Da § 9 BUrlG und § 7 Abs. 3 S. 2 BUrlG nach dieser Rechtsprechung für Arbeitsunfähigkeitszeiten Ausnahmevorschriften sind und in allen anderen Fällen die Rechtsfolgen des § 275 Abs. 1 Alt. 2 BGB bei Unmöglichkeit eintreten, führt der Fristablauf am 31.03. des Folgejahres nach der „neuen" Rechtsprechung des BAG auch bei bestehender Krankheit zum Untergang des Urlaubsanspruchs gem. § 275 Abs. 1 Alt. 2 BGB oder im Falle der bereits erfolgten Konkretisierung gem. §§ 243 Abs. 2, 275 Abs. 1 Alt. 2, 300 Abs. 2 BGB.[266] Der Übertragungszeitraum wird danach durch die Krankheit nicht verlängert, da das Gesetz hier keine Ausnahmeregelung getroffen hat.[267]

Insbesondere diese Rechtsprechung des BAG wurde stark kritisiert. Hauptkritikpunkte der Instanzgerichte und der Literatur waren:

- Der Gesetzgeber habe bei der Übertragungsregelung des § 7 Abs. 3 S. 2 BUrlG nicht den Fall der Arbeitsunfähigkeit bedacht, so dass bei der von keiner Seite zu vertretenden Unmöglichkeit der Urlaub in diesen Fällen auf das gesamte folgende Kalenderjahr übergehen müsse. Es liege also eine Regelungslücke vor.[268] § 7 Abs. 3 BUrlG enthalte weder eine Rechtsfolge des Verfalls noch eine Befristungsregelung. Man müsse daher diesen vom BUrlG ungeregelten Fall nach allgemeinen Grundsätzen lösen.[269] Dabei sei insbesondere der Gedanke aus § 9 BUrlG zu berücksichtigen, wonach Krankheit Urlaub nicht beeinträchtigen soll. Insoweit könne auch eine gesetzlich nicht ausdrücklich geregelte Befristung im Zusammenhang mit der Krankheit nicht zum Verlust des Urlaubsanspruchs führen.[270]

---

265 BAG 13.05.1982 -6 AZR 360/80-, AP Nr. 4 zu § 7 BUrlG Übertragung; BAG 13.05.1982 -6 AZR 12/80-, juris; BAG Urt. v. 13.05.1982 -6 AZR 360/80-, AP Nr. 4 zu § 7 BUrlG Übertragung.

266 BAG Urt. v. 09.06.1988 -8 AZR 755/85-, AP Nr. 10 zu § 9 BUrlG; BAG Urt. v. 31.03.1990 -8 AZR 184/89-, AP Nr. 12 zu § 9 BUrlG; BAG Urt. v. 19.03.1996 -9 AZR 67/95-, AP Nr. 13 zu § 9 BUrlG; BAG Urt. v. 21.01.1997 -9 AZR 791/95-, AP Nr. 15 zu § 9 BUrlG.

267 BAG Urt. v. 21.01.1997 -9 AZR 791/95-, AP Nr. 15 zu § 9 BUrlG.

268 LAG Köln, Urt. v. 21.02.1985 -10 Sa 960/84-, LAGE Nr. 1 zu § 3 BUrlG Rechtsmißbrauch m. Anm. v. Boldt, LAG Düsseldorf u. a. Urt. v. 17.06.1998 -12 Sa 520/98-, LAGE Nr. 10 zu § 7 BUrlG; Urt. v. 30.08.1995 -12 Sa 833/95-, ZTR 1996, 29; Urt. v. 16.02.1995, -12(13) Sa 1885/94-, ZTR 1995, 320; Urt. v. 16.09.1993 -12 Sa 969/93-, LAGE Nr. 5 zu § 7 BUrlG Übertragung; Urt. v. 05.09.1991 -12 Sa 672/91-, LAGE Nr. 3 zu § 7 BUrlG Übertragung; Urt. v. 20.09.1989 -12 Sa 945/89-, LAGE Nr. 2 zu § 7 BUrlG Übertragung.

269 wie vorhergehende Fn.

270 wie vorhergehende Fn.

- Die Auffassung der „neuen“ Rechtsprechung des BAG sei nicht mit Art. 9 Abs. 1 des Übereinkommens Nr. 132 der IAO vom 24.06.1970 vereinbar.[271] Aus dieser Vorschrift ginge hervor, dass eine Befristung der Erfüllbarkeit des Urlaubsanspruchs grundsätzlich nicht möglich sei, so dass die Annahme der Befristung auch im Krankheitsfall nicht schlüssig sei und nicht den Vorgaben des internationalen Arbeitsrechts genüge.[272]
- Die Auffassung des BAG führe aus sozialpolitischen Erwägungen zu „unangemessenen“ Ergebnissen. Insbesondere führe der Verfall des Anspruchs bei Krankheit zu dem unbilligen Ergebnis, dass ein vom Anfang bis zum Ende des Urlaubsjahres kranker Arbeitnehmer, der rechtzeitig gesundet noch bis zum 31.03. des Folgejahres seinen vollen Urlaubsanspruch nehmen könne, andererseits jedoch ein Arbeitnehmer, der das gesamte Urlaubsjahr gearbeitet habe und im Übertragungszeitraum seinen Urlaub wegen Erkrankung nicht mehr nehmen könne, seinen Urlaub nicht erhalte, weil dieser verfiele.[273] Dies führe zur Ungleichbehandlung und verstoße gegen Art. 3 Abs. 1 GG.[274] Des Weiteren liege eine mittelbare Diskriminierung Kranker vor, weil diese nicht das Privileg der Nichtanrechnung aus § 9 BUrlG erhielten, wenn der Urlaub am Ende des Übertragungszeitraumes verfiele.[275] Die alte Rechtsprechung vor 1982 und die kritische LAG-Rechtsprechung nach 1982 begegnete diesem „unbilligen“ Ergebnis mit dem Einwand des Rechtsmissbrauchs.[276] Der Urlaubszweck „Erholung von geleisteter Arbeit und Kräftigung für neue Arbeit“ führt danach zu dem Ergebnis, dass im Einzelfall bei grobem Missverhältnis von Arbeitsleistung und

---

271 LAG Düsseldorf u. a. Urt. v. 17.06.1998 -12 Sa 520/98-, LAGE Nr. 10 zu § 7 BUrlG; Urt. v. 16.09.1993 -12 Sa 969/93-, LAGE Nr. 5 zu § 7 BUrlG Übertragung; Urt. v. 05.09.1991 -12 Sa 672/91-, LAGE Nr. 3 zu § 7 BUrlG Übertragung; Urt. v. 21.03.1991 -12 (3) Sa 1600/90-, LAGE Nr. 9 zu § 7 AWbG NW; Urt. v. 13.06.1990 -12 Sa 631/90-, ArbuR 1990, 387 (LS).

272 wie vorhergehende Fn.

273 Herlitzius, Der Urlaubsanspruch als schuldrechtlicher Anspruch im Arbeitsverhältnis, 2000, S. 158 f.; Neumann/Fenski, BUrlG, 9. Aufl. 2003, § 9 BUrlG Rn. 21; Boldt, Anm. z. BAG Urt. v. 28.01.1982 -6 AZR 571/79-, AP Nr. 11 zu § 3 BUrlG Rechtsmißbrauch; LAG Düsseldorf, Urt. v. 24.06.1983 -9 Sa 741/83-, DB 1984, 251.

274 Herlitzius, Der Urlaubsanspruch als schuldrechtlicher Anspruch im Arbeitsverhältnis, 2000, S. 158 f.

275 Herlitzius, Der Urlaubsanspruch als schuldrechtlicher Anspruch im Arbeitsverhältnis, 2000, S. 157 f.

276 BAG Urt. v. 22.06.1956 -1 AZR 296/54-, AP Nr. 9 zu § 611 BGB Urlaubsrecht; BAG Urt. v. 02.05.1961 -5 AZR 478/60-, AP Nr. 82 zu § 611 BGB Urlaubsrecht; BAG Urt. v. 27.09.1962 -5 AZR 561/61-, AP Nr. 87 zu § 611 Urlaubsrecht; BAG Urt. v. 23.06.1966 -5 AZR 541/65-, AP Nr. 2 zu § 3 BUrlG Rechtsmißbrauch; BAG Urt. v. 16.08.1977 -5 AZR 273/75-, AP Nr. 9 zu § 3 BUrlG Rechtsmißbrauch; u. a. LAG Düsseldorf, Urt. v. 24.06.1983 -9 Sa 741/83-, DB 1984, 251; LAG Frankfurt Urt. v. 23.08.1982 -11 Sa 162/82-, n.v.; LAG Schleswig-Holstein Urt. v. 22.09.1983 -2 Sa 259/83-, juris; LAG Köln Urt. v. 21.02.1985 -10 Sa 960/84-, LAGE Nr. 1 zu § 3 BUrlG.

Urlaub der Urlaub wegen des Einwands des Rechtsmissbrauches gekürzt werden kann. Der Zweck „Erholung von der Arbeit und Kräftigung für neue Arbeit" kann bei Nichtleistung nicht realisiert werden bzw. eine Urlaubsgewährung läuft diesem Zweck zuwider.[277] Nach dieser Auffassung kommt es im Einzelfall auf das jeweilige Erholungsbedürfnis des Arbeitnehmers an.[278]

Das BAG hat seine Auffassung unter Ablehnung der Theorie vom Einheitsanspruch, sowie dem Hinweis auf das fehlende synallagmatische Verhältnis und der fehlenden Entgelteigenschaft des Urlaubsanspruchs verteidigt und beibehalten.[279]

(2) Mutterschutzzeiten

Grundsätzlich sollen Schwangere durch die Schwangerschaft im Arbeitsverhältnis nicht benachteiligt werden, weswegen es auch für deren Urlaubsansprüche gesetzlich geregelte Ausnahmen gibt.

Die aufgrund des Mutterschutzgesetzes eintretenden Beschäftigungsverbote führen, wenn der Urlaub bereits vorher zeitlich festgelegt und damit konkretisiert wurde und diese Zeiten dann in die Zeiten der Beschäftigungsverbote fallen, nach der Rechtsprechung des BAG zum ersatzlosen Untergang des Anspruchs gem. § 243 Abs. 2, § 275 Abs. 1 und § 300 Abs. 2 BGB.[280] Auch § 9 BUrlG ist nach Auffassung des BAG auf einen solchen Fall nicht anwendbar, weil ein Beschäftigungsverbot keine Krankheit ist und § 9 BUrlG eine Ausnahmeregelung darstellt, die nicht analog auf andere Fälle angewendet werden kann.[281] In diesem Fall sind die Beschäftigungsverbote also dauerhafte Leistungshindernisse.

Besteht aber bereits das mutterschutzrechtliche Beschäftigungsverbot und ist bisher kein Urlaubszeitraum im Urlaubsjahr festgelegt worden, liegt bereits eine Arbeitsbefreiung vor, die es dem Arbeitgeber vorübergehend unmöglich macht, Urlaub zeitlich festzulegen und zu konkretisieren. Es liegt ein vorübergehendes Leistungshindernis für die Urlaubsgewährungspflicht des Arbeitgebers vor. Die

---

277 BAG Urt. v. 22.06.1956 -1 AZR 296/54-, AP Nr. 9 zu § 611 BGB Urlaubsrecht; BAG Urt. v. 02.05.1961 -5 AZR 478/60-, AP Nr. 82 zu § 611 BGB Urlaubsrecht; BAG Urt. v. 27.09.1962 -5 AZR 561/61-, AP Nr. 87 zu § 611 Urlaubsrecht; BAG Urt. v. 23.06.1966 -5 AZR 541/65-, AP Nr. 2 zu § 3 BUrlG Rechtsmißbrauch; BAG Urt. v. 16.08.1977 -5 AZR 273/75-, AP Nr. 9 zu § 3 BUrlG Rechtsmißbrauch.

278 BAG Urt. v. 27.09.1962 -5 AZR 561/61-, AP Nr. 87 zu § 611 Urlaubsrecht; BAG Urt. v. 18.02.1963 -5 AZR 357/62-, AP Nr. 88 zu § 242 BGB Unzulässige Rechtsausübung; BAG Urt. v. 23.06.1966 -5 AZR 541/65-, AP Nr. 2 zu § 3 BUrlG Rechtsmißbrauch.

279 u. a. BAG Urt. v. 01.12.1983 -6 AZR 299/80-, AP Nr. 15 zu § 7 BUrlG Abgeltung, BAG 08.03.1984 -6 AZR 442/83-, AP Nr. 15 zu § 13 BUrlG; BAG Urt. v. 08.03.1984 -6 AZR 600/82-, AP Nr. 14 zu § 3 BUrlG Rechtsmißbrauch; BAG Urt. v. 18.03.2003 -9 AZR 190/02-, AP Nr. 17 zu § 3 BUrlG Rechtsmißbrauch.

280 BAG Urt. v. 09.08.1994 -9 AZR 384/92-, AP Nr. 19 zu § 7 BUrlG.

281 BAG Urt. v. 09.08.1994 -9 AZR 384/92-, AP Nr. 19 zu § 7 BUrlG.

Urlaubsgewährungspflicht des Arbeitgebers kann vorübergehend gem. § 275 Abs. 1 Alt. 2 BGB analog nicht erfüllt werden.

Der vorher noch nicht konkretisierte aber bereits entstandene Urlaubsanspruch würde jedoch durch die zeitliche Befristung spätestens am 31.03. des Folgejahres untergehen.[282] Der seit dem 20.06.2002 geltende § 17 S. 2 MuSchG[283] führt als Ausnahmevorschrift dazu, dass der noch nicht genommene Urlaub auf das nächste Urlaubsjahr nach Wegfall des Beschäftigungsverbots übertragen, also die Frist um ein Jahr verlängert wird.[284]

(3) Elternzeiten

Für Urlaubsansprüche im Zusammenhang mit Elternzeit galt § 17 BErzGG, der nunmehr inhaltlich identisch mit dem § 17 BEEG ist, so dass die Rechtsprechung zu § 17 BErzGG auch auf § 17 BEEG übertragbar ist. In der Elternzeit ruht das Arbeitsverhältnis kraft Gesetzes, so dass Urlaub nicht gewährt werden kann, weil bereits eine Arbeitsbefreiung vorliegt und damit eine vorübergehende Unmöglichkeit der Urlaubsgewährung gegeben ist. Gem. § 17 Abs. 2 BEEG wird der vor der Elternzeit noch nicht genommene Urlaub, der wegen der Elternzeit nicht genommen werden konnte, auf das laufende und nächste Urlaubsjahr nach der Elternzeit übertragen. Diese Regelung beinhaltet nach Auffassung des BAG ebenfalls eine anspruchserhaltende Sonderregelung zu § 7 Abs. 3 S. 1 u. 3 BUrlG, so dass die Ansprüche nicht wegen der befristeten Erfüllbarkeit spätestens am 31.03. des Folgejahres entfallen.[285] Durch § 17 Abs. 2 BEEG wird der dreimonatige Übertragungszeitraum des § 7 Abs. 3 BUrlG bis zum Ablauf des nächsten auf Beendigung des Erziehungsurlaubs folgenden Jahres ausgedehnt.[286] § 17 Abs. 2 BEEG stellt danach sicher, dass die Inanspruchnahme der Elternzeit zu keinen urlaubsrechtlichen Nachteilen führt.[287] Weitere Elternzeiten verlängern ebenfalls die Frist zur Inanspruchnahme des Urlaubs,

---

282 So auch noch vor Geltung des § 17 S. 2 MuSchG: BAG Urt. v. 01.10.1991 -9 AZR 365/90-, AP Nr. 2 zu § 17 BErzGG; BAG Urt. v. 23.04.1996 -9 AZR 165/95-, AP Nr. 6 zu § 17 BErzGG; BAG Urt. v. 21.10.1997 -9 AZR 267/96-, AP Nr. 75 zu § 7 BUrlG Abgeltung.

283 2. Gesetz zur Änderung des Mutterschutzrechts v. 16.06.2002, BGBl I 2002, S. 1812.

284 ErfK/*Schlachter*, 15. Aufl. 2015, § 17 MuSchG Rn. 1.

285 BAG Urt. v. 24.10. 1989–8 AZR 253/88-, AP Nr. 52 zu § 7 BUrlG Abgeltung; BAG Urt. v. 28.07.1992 -9 AZR 340/91-, AP Nr. 3 zu § 17 BErzGG; BAG Urt. v. 23.04.1996 -9 AZR 165/95-, AP Nr. 6 zu § 17 BErzGG.

286 BAG Urt. v. 21.10.1997 -9 AZR 267/96-, AP Nr. 75 zu § 7 BUrlG Abgeltung.

287 BAG Urt. v. 24.10. 1989–8 AZR 253/88-, AP Nr. 52 zu § 7 BUrlG Abgeltung; BAG Urt. v. 28.07.1992 -9 AZR 340/91-, AP Nr. 3 zu § 17 BErzGG; BAG Urt. v. 23.04.1996 -9 AZR 165/95-, AP Nr. 6 zu § 17 BErzGG; BAG Urt. v. 21.10.1997 -9 AZR 267/96-, AP Nr. 75 zu § 7 BUrlG Abgeltung; BAG Urt. v. 20.05.2008 -9 AZR 219/07-, AP Nr. 12 zu § 17 BErzGG.

der vor der ersten Elternzeit nicht genommen werden konnte.[288] Das BAG hat in seiner Rechtsprechung zu § 17 Abs. 2 BEEG nicht zwischen konkretisierten und noch nicht konkretisierten Ansprüchen differenziert, so dass davon auszugehen ist, das § 17 Abs. 2 BEEG in beiden Fällen als Ausnahmevorschrift zu sehen ist.

Das vorübergehende Leistungshindernis „Elternzeit" führt also nicht zum endgültigen Untergang des Urlaubsanspruchs aus Zeiten vor der Elternzeit. Die Gewährung des Urlaubs ist nur gem. § 275 Abs. 1 Alt. 2 BGB analog vorübergehend unmöglich. Nach Wegfall des Leistungshindernisses kann der Anspruch nachträglich innerhalb der weitergehenden gem. § 17 Abs. 2 BEEG eingeräumten Frist gewährt werden.

(4) Erwerbsunfähigkeits/ -minderungszeiten

Während der Zeiten vorübergehender Erwerbsminderung sollen nach Auffassung des BAG die gegenseitigen arbeitsvertraglichen Pflichten weder kraft Gesetzes noch automatisch ruhen, da das Ruhen nur durch eine ausdrückliche oder konkludente Vereinbarung durch die Parteien herbeigeführt werden kann.[289] Liegt eine Vereinbarung nicht vor, hat der Arbeitnehmer nicht gearbeitet und damit gem. § 326 Abs. 1 BGB auch keinen Lohnanspruch. Alle anderen Ansprüche, die unabhängig von der Arbeitsleistung wie auch der Urlaubsanspruch entstehen, können weiterhin ungehindert entstehen. Laut BAG schließt die Erwerbsminderung die Arbeitsfähigkeit nicht immer aus, so dass der Urlaubsanspruch trotz einer Erwerbsminderung erfüllbar sein kann.[290] Das BAG meint, dass, soweit der Erwerbsgeminderte arbeitsfähig in Bezug auf andere Arbeiten sei, diesem sogar während dieser Zeit Urlaub erteilt werden könne.[291] Ist Arbeitsfähigkeit in Bezug auf andere Arbeiten gegeben, liegt während des Ruhens wegen Erwerbminderungszeiten kein vorübergehendes Leistungshindernis für die Urlaubsgewährung vor.

Dauert die vorübergehende Erwerbsminderung über das Ende des Jahres hinaus an, muss, soweit dem Arbeitnehmer noch andere Arbeiten zumutbar gewesen wären, der Urlaubsanspruch wegen der Befristung seiner Erfüllbarkeit am 31.12. gem. § 275 Abs. 1 Alt. 2 BGB untergehen. Wäre der Arbeitnehmer gleichzeitig arbeitsunfähig, muss die Befristung gem. § 7 Abs. 3 S. 2 BUrlG bis zum 31.03. des Folgejahres verlängert werden. Spätestens mit Ende des Übertragungszeitraums entfällt der Urlaub dann jedoch gem. § 275 Abs. 1 Alt. 2 BGB wegen des Fristablaufs.

---

288 BAG Urt. v. 20.05.2008 -9 AZR 219/07-, AP Nr. 12 zu § 17 BErzGG unter Aufgabe der bisherigen Rechtsprechung, wonach bei jeder weiteren Elternzeit der Anspruch wegen Befristung verfiel: BAG Urt. v. 23.04.1996 -9 AZR 165/95-, AP Nr. 6 zu § 17 BErzGG; BAG Urt. v. 21.10.1997 -9 AZR 267/96-, AP Nr. 75 zu § 7 BUrlG Abgeltung.

289 BAG Urt. v. 07.06.1990 -6 AZR 52/89-, AP Nr. 92 zu § 1 TVG Tarifvertrag Metallindustrie, Rn. 17/18.

290 wie vorhergehende Fn.

291 ErfK/Dörner, 9. Aufl. 2009, § 1 BUrlG Rn. 21a.

Die Erwerbsminderungszeiten können, aber müssen also nicht notwendigerweise ein vorübergehendes Leistungshindernis begründen.

cc) Verzug des Arbeitgebers und Ersatzurlaubsanspruch

Das BAG nimmt für die Fälle des Eintritts eines Leistungshindernisses vor Konkretisierung des Urlaubs bei Verzug des Arbeitgebers mit der Urlaubsgewährung das Entstehen eines Ersatzurlaubsanspruchs an (Situation 1 c). Befindet sich der Arbeitgeber zum Zeitpunkt des Fristablaufs am 31.12. oder 31.3. des Folgejahres mit der Urlaubsgewährung in Verzug, hat er den Untergang des Urlaubsanspruchs wegen Fristablaufs aufgrund des Verzugs zu vertreten.[292] Der Arbeitnehmer erhält in diesem Fall einen Schadensersatzanspruch in Form eines Ersatzurlaubsanspruchs gem. „§§ 284 Abs. 1, 280 Abs. 1, 286 Abs. 1, 287 Satz 2, 249 S. 1 BGB a.F.".[293] Seit der Schuldrechtsreform wird auf einen Anspruch aus „§§ 275 Abs. 1, 280 Abs. 1, 286 Abs. 1 S. 1, 287 Satz 2, § 249 Abs. 1 BGB" verwiesen.[294] Der Primäranspruch auf Urlaubsgewährung geht jedoch wegen des Fristablaufs gem. § 275 Abs. 1 Alt. 2 BGB unter.

Das BAG sieht den Ersatzanspruch als einen Schadensersatzanspruch aus Verzug gem. § 286 Abs. 1 BGB a.F. / § 280 Abs. 2, § 286 Abs. 1 BGB n.F., der wegen des Eintritts einer Unmöglichkeit (Fristablauf) während des Verzuges zu einem Anspruch auf Schadensersatz gem. § 280 Abs. 1 BGB a.F. / § 280 Abs. 3, § 283 BGB n.F. führt.[295] Voraussetzung hierfür ist gem. § 284 Abs. 1 BGB a.F./ § 286 Abs. 1 BGB n.F., dass sich zunächst der Arbeitgeber als Schuldner des Anspruchs wegen einer Mahnung des Arbeitnehmers[296] in Verzug befindet. Weitere Voraussetzung ist, dass ein Verschulden des Arbeitgebers bei Eintritt des Verzuges vorliegt, denn ohne ein Verschulden kommt der Arbeitgeber gem. § 285 BGB a.F./ § 286 Abs. 4 BGB n.F. nicht in Verzug. Insoweit liegt ein Verschulden bei Urlaubsablehnung dann vor, wenn der Arbeitgeber den Urlaubsanspruch zu Unrecht verweigert. Dann haftet

---

292 BAG Urt. v. 05.09.1985 -6 AZR 86/82-, AP Nr. 1 zu § 1 BUrlG; BAG Urt. v. 07.11.1985 -6 AZR 169/84-, AP 16 zu § 3 BUrlG; BAG Urt. v. 28.11.1990 -8 AZR 570/89-, AP Nr. 18 zu § 7 BUrlG; BAG Urt. v. 21.02.1995 -9 AZR 166/94-, AP Nr. 7 zu § 47 SchwBG 1986; BAG Urt. v. 18.02.2003 -9 AZR 563/01-, AP Nr. 2 zu § 1 TVG Tarifverträge: Krankenkassen.

293 BAG Urt. v. 05.09.1985 -6 AZR 86/82-, AP Nr. 1 zu § 1 BUrlG; BAG Urt. v. 07.11.1985 -6 AZR 169/84-, AP 16 zu § 3 BUrlG; BAG Urt. v. 28.11.1990 -8 AZR 570/89-, AP Nr. 18 zu § 7 BUrlG; BAG Urt. v. 21.02.1995 -9 AZR 166/94-, AP Nr. 7 zu § 47 SchwBG 1986; BAG Urt. v. 18.02.2003 -9 AZR 563/01-, AP Nr. 2 zu § 1 TVG Tarifverträge: Krankenkassen.

294 BAG Urt. v. 10.05.2005 -9 AZR 251/04-, AP Nr. 4 zu § 8 BUrlG; BAG Urt. v. 11.04.2006 -9 AZR 523/05-, AP Nr. 28 zu § 7 BUrlG Übertragung.

295 Leinemann/Linck, Urlaubsrecht, 2. Aufl. 2001, § 7 BUrlG Rn. 161.

296 BAG Urt. v. 28.11.1990 -8 AZR 570/89-, AP Nr. 18 zu § 7 BUrlG; a.A. LAG Düsseldorf Urt. v. 20.09.1989 -12 Sa 945/89-, LAGE Nr. 2 zu § 7 BUrlG Übertragung; a. A. Kothe, FS Schwerdtner 2003, S. 99 (114).

der Arbeitgeber als Schuldner gem. § 287 BGB a.F./ § 287 BGB n.F. in einem erweiterten Umfang. Der Arbeitgeber haftet dann auch für jede Fahrlässigkeit nach § 287 S. 1 BGB a.F. / § 287 S. 1 BGB n.F. und sogar, gem. § 287 S. 2. BGB a.F. / § 287 S. 2 BGB n.F. wenn durch Zufall Unmöglichkeit eintritt, für die Unmöglichkeitsfolgen. Dabei soll offensichtlich die durch Ablauf des Befristungszeitraumes eintretende Unmöglichkeit ein Fall des Zufalls gem. § 287 S. 2 BGB a.F und n.F. sein. Aus dem Umkehrschluss aus § 287 S. 2 BGB a.F. und n.F. ergibt sich, dass alle Ereignisse zufällig sind, die nicht durch Verschulden eintreten.[297] Wegen der eingetretenen Unmöglichkeit gelangt der Arbeitnehmer als Gläubiger des Urlaubsanspruchs nach Untergang des primären Freistellungsanspruches gem. § 280 Abs. 1 BGB a.F. / § 280 Abs. 3, § 283 BGB n.F. zu einem Anspruch auf Schadensersatz wegen Nichterfüllung bzw. nach der Schuldrechtsreform zu einem Schadensersatz statt der Leistung. Diesen Schaden, nämlich den Verlust des Freistellungsanspruchs, muss der Arbeitgeber durch Naturalrestitution, also durch eine Ersatzurlaubsgewährung, ausgleichen.[298]

Auch dass das BAG den nicht konkretisierten Urlaubsanspruch im Fall der zeitweisen Unmöglichkeit wie eine Gattungsschuld behandelt, steht nach Auffassung des BAG dieser Herleitung nicht entgegen. Zwar soll auch der vom Arbeitnehmer verlangte und vom Arbeitgeber zu Unrecht verweigerte Urlaubsanspruch ein noch nicht konkretisierter Freistellungsanspruch sein, so dass die Leistungsgefahr beim Arbeitgeber liegt, wenn Unmöglichkeit eintritt. Jedoch soll der Eintritt der rechtlichen Unmöglichkeit durch Ablauf des Befristungszeitraumes unter anderem kein Fall des § 279 BGB a.F. / § 276 Abs. 1 S. 1 BGB n.F. sein. Es handelt sich also nach Auffassung des BAG nicht um ein Unvermögen des Arbeitgebers, sondern um eine objektive Unmöglichkeit. Diese führt nur dann zu einem Schadensersatzanspruch, wenn Ursache der Unmöglichkeit ein Verhalten des Arbeitgebers ist, der zuvor jedoch in Verzug gesetzt werden muss. Das ist bei vorheriger Verweigerung der Urlaubsgewährung nicht der Fall, weil der Ablauf des Befristungszeitraumes unabhängig von dem Verhalten des Arbeitgebers immer eintritt. Das Verhalten des Arbeitgebers ist daher wohl nach der „neuen“ Rechtsprechung des BAG nicht als adäquat kausal für den Eintritt des Befristungsablaufes zu sehen, denn nur in diesen Fällen ist § 287 S. 2 BGB a.F. / § 287 S. 2 BGB n.F anwendbar.[299]

Ohne Verzug des Arbeitgebers geht der Anspruch auf Freistellung trotz mangelnder Konkretisierung wegen von keiner der Parteien zu vertretenden rechtlichen Unmöglichkeit „zufällig“ ersatzlos unter. Es besteht also keine Pflicht seitens des Arbeitgebers, Urlaub vor Fristablauf eigenständig zu gewähren. Der Arbeitnehmer muss den Arbeitgeber daher zusätzlich mit einer Mahnung in Verzug setzen.

---

297 Staudinger/Löwisch/Feldmann, BGB, Neubearb. 2009, § 287 BGB Rn. 10.

298 BAG Urt. v. 10.05.2005 -9 AZR 251/04-, AP Nr. 4 zu § 8 BUrlG; BAG Urt. v. 11.04.2006 -9 AZR 532/05-, AP Nr. 28 zu § 7 BUrlG Übertragung; abl.: Kothe, FS Schwerdtner 2003, S. 99 (112 ff.).

299 Staudinger/Löwisch/Feldmann, BGB, Neubearb. 2009, § 287 BGB Rn. 16; Palandt/*Grüneberg*, Bürgerliches Gesetzbuch, 74. Aufl. 2015, § 287 BGB Rn. 3; Palandt/*Heinrichs*, Bürgerliches Gesetzbuch, 60. Aufl. 2001, § 287 BGB Rn. 2;.

Insoweit ist es nach der vom BAG in der „neuen" Rechtsprechung vertretenen Befristungstheorie konsequent, einen Ersatzanspruch nur bei Verzug des Arbeitgebers und damit nach vorheriger Mahnung des Arbeitnehmers zuzubilligen.

Letztlich wird damit jedoch die Leistungsgefahr von Anfang an auf den Arbeitnehmer übertragen, da er selbst aktiv durch eine Mahnung dafür sorgen muss, dass er seinen Urlaub zeitnah nimmt. Dies steht im Widerspruch zu der Auffassung des BAG, bei nicht erfolgter Konkretisierung liege die Gefahr des Untergangs grundsätzlich bei dem Arbeitgeber. Bei Untergang wegen der Befristung des Urlaubsanspruchs gilt dieser Grundsatz nicht.

c) *Ausschlussfristen*

Ausschlussfristen sind nach der „neuen" Rechtsprechung des BAG im Urlaubsrecht nicht ohne weiteres anwendbar. Da laut BAG zum Inhalt eines Anspruchs auch die Dauer der Erfüllbarkeit gehört, kann einzelvertraglich eine Ausschlussfrist für Urlaubsansprüche nicht vereinbart werden.[300] In den gesetzlichen Mindesturlaubsanspruch darf ebenfalls nicht gem. § 13 Abs. 1 S. 1 BUrlG durch tarifvertragliche Ausschlussfristen eingegriffen werden.[301] Da das BAG meint, dass die gesetzlichen Mindesturlaubsansprüche bereits befristet seien und während dieser Befristungsdauer die Erfüllung stets verlangt werden könne, dürften tarifliche Ausschlussfristen, die an das Entstehen des Anspruches anknüpften, in dieser Zeit den Anspruch nicht hindern.[302] Nach gesetzlichem Fristablauf seien Urlaubsansprüche bereits wegen rechtlicher Unmöglichkeit untergegangen, so dass tarifvertragliche Ausschlussfristen ohnehin nicht mehr zur Anwendung gelangten und den Urlaubsanspruch nicht erlöschen lassen können. Nach der Theorie vom Freistellungsanspruch kann gemäß der „neuen" Rechtsprechung des BAG konsequenterweise der Urlaubsentgeltanspruch, der nur eine andere Bezeichnung des weiterzuzahlenden Arbeitsentgeltes ist, arbeitsvertraglichen Ausschlussfristen unterliegen.[303]

2. *Erlöschen des Urlaubsabgeltungsanspruchs*

Durch die inzwischen nach der *Schultz-Hoff*-Entscheidung des EuGH aufgegebene Surrogatstheorie ergaben sich folgende rechtliche Konsequenzen im Fall des Erlöschens des Urlaubsabgeltungsanspruchs: Im Wesentlichen handelte es sich um die gleichen Konsequenzen wie beim Urlaubsanspruch, da der gesetzlich geregelte Sekundäranspruch, also der Abgeltungsanspruch gem. § 7 Abs. 4 BUrlG, durch die Surrogatstheorie im Falle des Erlöschens genauso behandelt wurde wie der Freistellungsanspruch.

---

300 BAG Urt. v. 05.04.1984 -6 AZR 443/81-, AP Nr. 16 zu § 13 BUrlG; BAG Urt. v. 18.11.2003 -9 AZR 95/03-, AP Nr. 17 zu § 113 InsO.

301 BAG Urt. v. 24.11.1992 -9 AZR 549/91-, AP Nr. 23 zu § 1 BUrlG.

302 BAG Urt. v. 24.11.1992 -9 AZR 549/91-, AP Nr. 23 zu § 1 BUrlG.

303 BAG Urt. v. 22.01.2002 -9 AZR 601/00-, AP Nr. 55 zu § 11 BUrlG.

Das BAG musste nach Beendigung des Arbeitsverhältnisses nicht zwischen bereits konkretisierten und noch nicht konkretisierten Ansprüchen differenzieren, weil es bei Beendigung des Arbeitsverhältnisses nur noch darauf ankam, dass Urlaub nicht realisiert werden konnte. § 7 Abs. 4 BUrlG als speziellere Norm zu § 275 Abs. 1 Alt. 2 BGB verhinderte den Untergang der bereits auf einem Zeitpunkt nach Beendigung konkretisierten Freistellungsansprüche, so dass der bereits festgelegte aber noch nicht genommene Urlaub, der nach der Beendigung ohne deren Kenntnis geplant war, auch abgegolten werden musste, weil der Abgeltungsanspruch verschuldensunabhängig entsteht.

War jedoch zum Zeitpunkt der Beendigung bereits gleichzeitig mit der Beendigung der Urlaubsanspruch durch Fristablauf untergegangen, konnte auch kein Abgeltungsanspruch entstehen. Bei Beendigungen zum 31.12. oder 31.03. musste also immer geprüft werden, ob der Urlaubsanspruch noch bestanden hätte, wenn das Arbeitsverhältnis fortgesetzt worden wäre. War dies nicht der Fall, entstand bereits mangels Urlaubsanspruch kein Abgeltungsanspruch.[304]

a) Erfüllung gem. § 362 Abs. 1 BGB

Auch der Urlaubsabgeltungsanspruch erlischt zunächst gem. § 362 Abs. 1 BGB durch dessen Erfüllung, also durch die Zahlung der Urlaubsabgeltung an den Arbeitnehmer.

b) Leistungsstörungen

Da der Urlaubsabgeltungsanspruch dem Urlaubsanspruch in der „neuen" Rechtsprechung des BAG gleichgestellt wurde, folgte er auch im Leistungsstörungsrecht dem Urlaubsanspruch. Trotz der Tatsache, dass es sich um einen Geldanspruch handelte, sollten die Regeln über die Unmöglichkeit Anwendung finden, obwohl dies nach den allgemeinen zivilrechtlichen Vorschriften bei Geldschulden unüblich war und ist.[305] Im Zivilrecht gilt in der bundesrechtlichen Rechts- und Wirtschaftsordnung der Grundsatz, dass wirtschaftliches Unvermögen den Schuldner nicht befreit, so dass Geldschulden immer zu leisten sind.[306] Hierbei ist jedoch zu berücksichtigen, dass durch die Surrogatstheorie nicht die Leistungsfähigkeit des Arbeitgebers als Schuldner in Frage stand, sondern insbesondere bei den Leistungsstörungen auf die Frage abgestellt wurde, ob der Arbeitnehmer als Gläubiger hypothetisch in der Lage ist, die Leistung zu empfangen, ob also eine Freistellung überhaupt möglich wäre. Aufgrund der Surrogatstheorie ging es hierbei nicht um die Frage, ob der

---

304 ErfK/*Dörner*, 11. Aufl. 2011, § 7 BUrlG Rn. 51; Leinemann/Linck, Urlaubsrecht, 2. Aufl. 2001, § 7 BUrlG Rn. 201; BAG Urt. v. 07.12.1993 -9 AZR 683/92-, AP Nr. 15 zu § 7 BUrlG.

305 Herlitzius, Der Urlaubsanspruch als schuldrechtlicher Anspruch im Arbeitsverhältnis, 2000, S. 197 f.; Palandt/*Grüneberg*, BGB, 74. Aufl. 2015, § 245 BGB Rn. 14.

306 Schwarze, Das Recht der Leistungsstörungen, 2008, § 34 Rn.39; Palandt/*Grüneberg*, BGB, 74. Aufl. 2015, § 245 BGB Rn. 14.

ausgeschiedene Arbeitnehmer die Abgeltung erhalten kann. Insoweit kam es auf den Grundsatz, dass der Schuldner für Geldschulden immer einzustehen hat, infolge der Surrogatstheorie nicht an.

Das BAG hat also in seiner „neuen" Rechtsprechung innerhalb der Surrogatstheorie das Leistungsstörungsrecht auf den Urlaubsabgeltungsanspruch angewendet.[307] Zu den rechtlichen Konsequenzen, die sich unter Anwendung der Surrogatsheorie bei dauerhaften und vorübergehenden Leistungsstörungen ergaben, führte das BAG aus, dass der Abgeltungsanspruch wie der Urlaubsanspruch voraussetze, dass *„der Urlaubsanspruch noch erfüllt werden könnte, wenn das Arbeitsverhältnis weiter bestünde."*[308] War dies der Fall, war Abgeltung zu leisten, war dies nicht der Fall, war keine Abgeltung zu leisten.[309] Damit sollte der ausgeschiedene kranke Arbeitnehmer nicht besser gestellt werden als der im Arbeitsverhältnis verbleibende kranke Arbeitnehmer.

Das Problem der Ungleichbehandlung arbeitsunfähiger Arbeitnehmer entstand durch die Befristungstheorie des BAG, wonach auch bei Erkrankung der Urlaubsanspruch spätestens am 31.03. im bestehenden Arbeitsverhältnis verfiel, so dass die Surrogatstheorie als rechtliche Konsequenz der Befristungstheorie und der Rechtsprechung zur Arbeitsunfähigkeit im Urlaubsrecht gesehen werden muss.[310] Wäre der Urlaubsanspruch nicht befristet, entstünde das Problem der Ungleichbehandlung nicht, weil auch ein kranker Arbeitnehmer im laufenden Arbeitsverhältnis nach Genesung seinen Urlaubsanspruch verwirklichen könnte.

aa) Dauerhafte Leistungshindernisse

Der Abgeltungsanspruch setzt die Beendigung des Arbeitsverhältnisses voraus, so dass die dauerhafte Unmöglichkeit nur in zwei Fällen diskutiert wurde. Das sind der Tod des Arbeitnehmers nach Beendigung des Arbeitsverhältnisses und die zeitliche Befristung des Urlaubsabgeltungsanspruchs auf das Urlaubsjahr bzw. den Übertragungszeitraum.

(1) Tod des Arbeitnehmers

Tritt der Tod des Arbeitnehmers nach Entstehung des Abgeltungsanspruchs, also nach Beendigung des Arbeitsverhältnisses und Erwerb des Abgeltungsanspruchs, ein, wird wegen des Surrogatscharakters des Abgeltungsanspruchs wie beim Urlaubsanspruch zunächst davon ausgegangen, dass der Abgeltungsanspruch mit dem

---

307 u. a. BAG Urt. v. 10.02.1987 -8 AZR 529/84-, AP Nr. 12 zu § 13 BUrlG Unabdingbarkeit; BAG Urt. v. 22.10.1987 -8 AZR 172/86-, AP Nr. 39 zu § 7 Abgeltung.

308 BAG Urt. v. 05.12.1995 -9 AZR 871/94-, AP Nr. 70 zu § 7 BUrlG Abgeltung.

309 u. a. BAG Urt. v. 20.04.1989 -8 AZR 621/87-, AP Nr. 48 zu § 7 BUrlG Abgeltung; BAG Urt. v. 05.12.1995 -9 AZR 871/94-, AP Nr. 70 zu § 7 BUrlG Abgeltung; BAG Urt. v. 21.09.1999 -9 AZR 705/98-, AP Nr. 77 zu § 7 BUrlG Abgeltung.

310 Herlitzius, Der Urlaubsanspruch als schuldrechtlicher Anspruch im Arbeitsverhältnis, 2000, 195 f.

Tod gem. § 275 Abs. 1 Alt. 2 BGB ersatzlos untergeht, da auch der Urlaubsanspruch ersatzlos weggefallen wäre, wenn nicht besondere Voraussetzungen hinzutreten.[311] Der Eintritt des Todes führt also zu einem dauerhaften Leistungshindernis für die Erfüllung des Abgeltungsanspruchs.

(2) Befristung des Abgeltungsanspruchs

Auch der Urlaubsabgeltungsanspruch unterlag als Erfüllungssurrogat der zeitlichen Befristung des Urlaubsanspruchs, um die Gleichstellung des ausgeschiedenen mit dem noch beschäftigten Arbeitnehmer zu ermöglichen.

Daher ging auch der Urlaubsabgeltungsanspruch mit Ende des Urlaubsjahres, in dem der Urlaubsanspruch entstanden war, am 31.12. bzw. bei Vorliegen besonderer Voraussetzungen spätestens am 31.03. des Folgejahres wegen rechtlicher Unmöglichkeit gem. § 275 Abs. 1 Alt. 2 BGB unter, weil dann auch der Urlaubsanspruch nicht mehr erfüllbar gewesen wäre.[312]

Bei fortdauernder Krankheit des Arbeitnehmers wurde daher nach Beendigung des Arbeitsverhältnisses der Urlaubsabgeltungsanspruch zunächst zwar ebenfalls automatisch gem. § 7 Abs. 3 S. 2 BUrlG auf den Übertragungszeitraum übertragen.[313] Wenn die Erkrankung jedoch über den 31.03. hinaus fortbestand, ging auch der Urlaubsabgeltungsanspruch unter. Er galt also ebenfalls als befristeter Anspruch. Durch den Fristablauf besteht damit ein dauerhaftes Leistungshindernis für den Abgeltungsanspruch.

bb) Vorübergehende Leistungshindernisse

Da der Abgeltungsanspruch nur dann entsteht, wenn das Arbeitsverhältnis beendet ist, reduzierte sich die Frage der vorübergehenden Leistungshindernisse wegen anderweitiger Arbeitsbefreiung nur noch auf die Fälle der Krankheit, des Mutterschutzes und der Erwerbsunfähigkeit/Erwerbsminderung. Da die Inanspruchnahme einer Elternzeit ein Arbeitsverhältnis voraussetzt, können Elternzeit und die Frage der Erfüllbarkeit des Abgeltungsanspruchs nicht zusammenfallen.

---

311 BAG Urt. v. 18.07.1989 -8 AZR 44/88-, AP Nr. 49 zu § 7 BUrlG Abgeltung; BAG Urt. v. 22.10.1991 -9 AZR 433/90-, AP Nr. 57 zu § 7 BUrlG Abgeltung; BAG Urt. v. 19.11.1996 -9 AZR 376/95-, AP Nr. 71 zu § 7 BUrlG Abgeltung.

312 BAG Urt. v. 04.04.1989 -8 AZR 674/87-, juris; BAG Urt. v. 22.10.1987 -8 AZR 172/86-, AP Nr. 39 zu § 7 BUrlG Abgeltung; BAG Urt. v. 19.01.1993 -9 AZR 8 /92-, AP Nr. 63 zu § 1 BUrlG Abgeltung; BAG Urt. v. 05.12.1995 -9 AZR 871/94-, AP Nr. 70 zu § 7 BUrlG Abgeltung; BAG Urt. v. 21.09.1999 -9 AZR 705/98-, AP Nr. 77 zu § 7 BUrlG Abgeltung; BAG Urt. v. 27.05.2003 -9 AZR 366/02-, juris.

313 BAG Urt. v. 19.01.1993 -9 AZR 8/92-, AP Nr. 63 zu § 1 BUrlG Abgeltung.

(1) Die Arbeitsunfähigkeit des Arbeitnehmers

Der ersten Entscheidung, in der seitens des Sechsten Senats erstmals eine Definition des urlaubsrechtlichen Surrogatbegriffs erfolgte, lag ein Fall der Arbeitsunfähigkeit nach Beendigung des Arbeitsverhältnisses zugrunde.[314]

Die Fälle der Arbeitsunfähigkeit wurden wie beim noch nicht konkretisierten Urlaubsanspruch nicht als ein vorübergehendes Leistungshindernis vom BAG bezeichnet, sondern wiederum als „Erfüllungshindernis". Der Anspruch auf Abgeltung war demnach wie bei Vorliegen eines vorübergehenden Leistungshindernisses nicht erfüllbar und ging laut BAG nicht unter. Nur die Fälligkeit des Abgeltungsanspruchs war aufgeschoben.[315] Der Anspruch war also mit Beendigung des Arbeitsverhältnisses zwar entstanden aber noch nicht fällig. Um zu vermeiden, dass ein ausgeschiedener kranker Arbeitnehmer im Gegensatz zu dem im Arbeitsverhältnis verbleibenden kranken Arbeitnehmer „Urlaub" in Form der Abgeltung erhält, wurde die Erfüllbarkeit des Abgeltungsanspruchs der hypothetischen Erfüllbarkeit des Urlaubsanspruchs gleichgestellt.[316] Damit sollte eine Ungleichbehandlung vermieden werden.

Da die Erfüllbarkeit des Abgeltungsanspruchs als Surrogat ebenfalls befristet war, ging dieser zudem mit Ablauf der Befristung gem. § 275 Abs. 1 Alt. 2 BGB wegen rechtlicher Unmöglichkeit unter.[317] Soweit die Arbeitsunfähigkeit über den 31.12. des Beendigungsjahres hinaus fortbestand, wurde die Frist zur Abgeltungsmöglichkeit wie beim Urlaubsanspruch bis zum 31.03. des Folgejahres gem. § 7 Abs. 3 S. 2 BUrlG verlängert. Wurde der Arbeitnehmer auch in dieser Zeit nicht mehr arbeitsfähig, entfiel auch der Abgeltungsanspruch. Er entfiel jedoch nicht wegen der Arbeitsunfähigkeit, sondern wegen des Eintritts eines dauerhaften Leistungshindernisses aufgrund Fristablaufs. Die Arbeitsunfähigkeit selbst war daher auch im Falle der Abgeltung des Urlaubsanspruchs ein vorübergehendes Leistungshindernis, das die Zahlungspflicht des Arbeitgebers gem. § 275 Abs. 1 Alt. 2 BGB analog zeitweise entfallen ließ.

---

314 BAG Urt. v. 30.11.1977 -5 AZR 667/76-, AP Nr. 4 zu § 13 BUrlG Unabdingbarkeit zu der Definition „Surrogat"; BAG Urt. v. 23.06.1983 -6 AZR 180/80-, AP Nr. 14 zu § 7 BUrlG Abgeltung.

315 BAG Urt. v. 09.08.2011 -9 AZR 352/10-, juris Rn. 18.

316 BAG Urt. v. 23.06.1983 -6 AZR 180/80-, AP Nr. 14 zu § 7 BUrlG Abgeltung; BAG Urt. v. 07.03.1985 -6 AZR 334/82-, AP Nr. 21 zu § 7 BUrlG Abgeltung.

317 st. Rspr. BAG u. a.: BAG Urt. v. 07.03.1985 -6 AZR 334/82-, AP Nr. 21 zu § 7 BUrlG Abgeltung; BAG Urt. v. 04.04.1989 -8 AZR 674/87-, juris; BAG Urt. v. 20.04.1989 -8 AZR 621/87-, AP Nr. 48 zu § 7 BUrlG Abgeltung; BAG Urt. v. 19.01.1993 -9 AZR 8/92-, AP Nr. 63 zu § 1 BUrlG Abgeltung; BAG Urt. v. 08.02.1994 -9 AZR 332/92-, AP Nr. 17 zu § 47 BAT; BAG Urt. v. 17.01.1995 -9 AZR 664/93-, AP Nr. 66 zu § 7 BUrlG Abgeltung; BAG Urt. v. 05.12.1995 -9 AZR 871/94-, AP Nr. 70 zu § 7 BUrlG Abgeltung; BAG Urt. v. 20.01.1998 -9 AZR 812/96-, AP Nr. 45 zu § 13 BUrlG; BAG Urt. v. 27.05.2003 -9 AZR 366/02-, juris.

(2) Mutterschutzzeiten

Das MuSchG enthält keine Regelung über die Urlaubsabgeltung für Zeiten, in denen die Schwangere oder die Mutter einem Beschäftigungsverbot unterliegen. § 17 MuSchG regelt nicht die Möglichkeit der Urlaubsnahme.[318] Insoweit konnten sich Zeiten des Beschäftigungsverbotes ebenfalls als Erfüllungshindernisse beim Abgeltungsanspruch auswirken.[319] Es war also zu prüfen, ob nach der Beendigung bei Fortdauer dieser Beschäftigungsverbote ein Abgeltungsanspruch innerhalb der noch bestehenden Beschäftigungsverbote realisierbar war. Das BAG hatte jedoch keine Veranlassung, sich zu einem Fall zu äußern, in dem eine Frau das Arbeitsverhältnis innerhalb der Mutterschutzzeiten beendete und danach trotz des noch bestehenden Beschäftigungsverbots die Abgeltung in dieser Zeit verlangte. Ein solcher Fall ist eher theoretischer Natur, da die Beschäftigungsverbote von so kurzer Dauer sind, dass sie nicht mit der gesetzlichen Befristung des Urlaubsabgeltungsanspruches kollidieren oder Schwangere in der Regel erst dann das Arbeitsverhältnis beenden, wenn die Schutzfristen abgelaufen sind. Dennoch musste nach der Rechtsprechung des BAG davon ausgegangen werden, dass bei einer Geltendmachung von Abgeltungsansprüchen und einem bestehenden Beschäftigungsverbot eine differenzierte Betrachtung zu erfolgen hatte. Wie auch beim Urlaubsanspruch hätte geprüft werden müssen, ob es der Arbeitnehmerin zumutbar gewesen wäre, außerhalb des Beschäftigungsverbotes eine andere Tätigkeit für den Arbeitgeber zu erbringen und sie deshalb Urlaub hätte nehmen können.[320]

Nach der Surrogatstheorie wäre in diesen Fällen auch die Abgeltung noch offener Urlaubsansprüche nicht erfüllbar gewesen. Es ist davon auszugehen, dass aus Sicht des BAG die Fälligkeit des Abgeltungsanspruchs auch in diesem Fall aufgeschoben worden wäre und lediglich ein vorübergehendes „Erfüllungshindernis" vorgelegen hätte. Nach Ende des Beschäftigungsverbotes wäre die Erfüllbarkeit des Abgeltungsanspruchs wieder möglich gewesen.

(3) Erwerbsunfähigkeits-/ minderungszeiten

Lag bei Beendigung des Arbeitsverhältnisses eine Erwerbsunfähigkeit vor, differenzierte das BAG zwischen der Erwerbsunfähigkeit, die einer absoluten Arbeitsunfähigkeit gleichstand und der Erwerbsunfähigkeit, während der dennoch eine andere Arbeitsleistung möglich war. Im ersten Fall war auch die Abgeltung des Urlaubs bei Beendigung des Arbeitsverhältnisses wegen Erwerbsunfähigkeit nicht möglich, weil die dauerhafte Erwerbsunfähigkeit letztlich auch eine Arbeitsunfähigkeit darstellte.[321] Konnte der Arbeitnehmer nachweisen, dass er nach Beendigung des Arbeitsverhältnisses trotz seiner Erwerbsunfähigkeit ihm zumutbare Arbeiten im

---

318 Buchner/Becker, MuSchG u. BEEG, 8. Aufl. 2008, § 17 MuSchG, Rn. 5.

319 Buchner/Becker, MuSchG u. BEEG, 8. Aufl. 2008, § 17 MuSchG, Rn. 5; Meisel/Sowka, Mutterschutz und Erziehungsurlaub, 4. Aufl. 1995, vor § 3 MuSchG Rn. 25a.

320 Buchner/Becker, MuSchG u. BEEG, 8. Aufl. 2008, vor §§ 3–8 MuSchG Rn. 50.

321 BAG Urt. v. 08.02.1994 -9 AZR 332/92-, AP Nr. 17 zu § 47 BAT.

Arbeitsverhältnis hätte ausüben können, hatte er auch trotz Erwerbsunfähigkeit einen Abgeltungsanspruch.[322]

Das BAG stellte in diesem Fall auf den sozialversicherungsrechtlichen Begriff der Erwerbsunfähigkeit aus der ehemals geltenden Vorschrift des § 1247 Abs. 2 RVO ab.[323] Danach war erwerbsunfähig, wer aufgrund Krankheit oder anderer Gebrechen oder aufgrund Schwäche seiner körperlichen oder geistigen Kräfte auf nicht absehbare Zeit eine Erwerbstätigkeit in gewisser Regelmäßigkeit nicht mehr ausüben oder nicht mehr als nur geringfügige Einkünfte durch Erwerbsunfähigkeit erzielen konnte.[324] Konnte der wegen Erwerbsunfähigkeit ausgeschiedene Arbeitnehmer zwar nicht „in gewisser Regelmäßigkeit" arbeiten, jedoch mindestens für die (kurze) Dauer der offenen Urlaubsanspruchszeit die vertraglich geschuldete oder eine andere Tätigkeit im Unternehmen erbringen, war der Urlaub abzugelten.[325]

Mit Einführung des Gesetzes zur Reform der Rente wegen verminderter Erwerbsfähigkeit vom 20.12.2000 wird nunmehr gem. § 43 SGB VI nur noch zwischen teilweiser Erwerbsminderung gem. § 43 Abs. 1 SGB VI und voller Erwerbsminderung gem. § 43 Abs. 2 SGB VI unterschieden. Erwerbsminderung ist nicht immer mit Arbeitsunfähigkeit gleich zu setzen.[326] Die volle Erwerbsminderung setzt voraus, dass weder im ausgeübten Beruf noch auf dem gesamten Arbeitsmarkt eine Tätigkeit von mindestens drei Stunden ausgeübt werden kann.[327] Das BAG meinte jedoch, dass, soweit die Erwerbsminderung keine Arbeitsunfähigkeit zur Folge hatte, für die kurze Dauer des Urlaubs in der Regel eine Arbeitsleistung hypothetisch noch hätte erbracht werden können.[328] Der Abgeltungsanspruch war in diesen Fällen daher nicht ausgeschlossen. Lag nach Beendigung also eine Erwerbsminderung vor, war nach der Surrogatstheorie zu differenzieren, inwieweit der Arbeitnehmer für die Dauer des abzugeltenden Urlaubs hätte arbeiten können. Falls er hätte arbeiten können, erhielt er eine Abgeltung, falls nicht, war der Abgeltungsanspruch mangels Erfüllbarkeit

---

322 BAG Urt. v. 14.05.1986 -8 AZR 604/84-, AP Nr. 26 zu § 7 BUrlG Abgeltung; BAG Urt. v. 08.02.1994 -9 AZR 332/92-, AP Nr. 17 zu § 47 BAT; BAG Urt. v. 27.05.1997 -9 AZR 337/95-, AP Nr. 74 zu § 7 BUrlG;.

323 BAG Urt. v. 08.02.1994 -9 AZR 332/92-, AP Nr. 17 zu § 47 BAT; § 44 Abs. 2 S. 1 SGB VI hat § 1247 RVO zum 01.01.1992 abgelöst.

324 wie vorhergehende Fn.

325 wie vorhergehende Fn.

326 BAG Urt. v. 07.09.2004 -9 AZR 587/03-, ZTR 2005, 195 ff.; BAG Urt. v. 10.05.2005 -9 AZR 253/04-, ZTR 2006, 204 f.; Kreikebohm/*Jörg*, 2. Aufl. München 2003, § 43 Rn. 5.

327 BAG Urt. v. 07.09.2004 -9 AZR 587/03-, ZTR 2005, 195 ff.; BAG Urt. v. 10.05.2005 -9 AZR 253/04-, ZTR 2006, 204 f.

328 BAG Urt. v. 07.09.2004 -9 AZR 587/03-, ZTR 2005, 195 ff.; BAG Urt. v. 10.05.2005 -9 AZR 253/04-, ZTR 2006, 204 f.; a.A. Friese, Urlaubsrecht, Rn. 471, wonach der neue Begriff der Erwerbsminderung automatisch auch zum Erfüllungshindernis für die Abgeltung führt.

nicht fällig. Dauerte die Erwerbsminderung bis zum Ende der Befristung an, entfiel der Anspruch mit Ablauf der Befristung gem. § 275 Abs. 1 Alt. 2 BGB spätestens am 31.03. des Folgejahres, da durch den Fristablauf ein dauerhaftes Leistungshindernis eingetreten war. Die Erwerbsminderung selbst galt nur als vorübergehendes Leistungshindernis für den Abgeltungsanspruch und schob nur dessen Fälligkeit hinaus.

cc) Verzug des Arbeitgebers nach Beendigung des Arbeitsverhältnisses und Ersatzabgeltungsanspruch

Auch der Verzug des Arbeitgebers hatte nach der Surrogatstheorie Auswirkung auf den Abgeltungsanspruch. Hatte der Arbeitnehmer den Arbeitgeber nach Beendigung des Arbeitsverhältnisses hinsichtlich des Abgeltungsanspruchs mit einer Mahnung in Verzug gesetzt, entfiel zwar der Abgeltungsanspruch gem. § 275 Abs. 1 Alt. 2 BGB mit Fristablauf, der Arbeitnehmer konnte gem. §§ 286 Abs. 1, 249 S. 1, 280 Abs. 1 i.V.m. 287 S. 2 BGB a.F. jedoch Schadensersatz vom Arbeitgeber verlangen. In diesem Fall hatte er nämlich „gem. § 287 S. 2 BGB a.F. „[329] bzw. „§§ 275 Abs. 1, Abs. 4, 280 Abs. 1 und 3, 283 S. 1, 286 Abs. 1 S. 1, 249 Abs. 1 BGB n.F."[330] den Untergang wegen Verzugs zu vertreten, ohne dass es auf sein Verschulden ankam. Dieser unbefristete Ersatzanspruch ging im Todesfall auf die Erben über.[331] Auch der Eintritt des Todes war bei bereits bestehendem Verzug daher ein dauerhaftes Leistungshindernis für den Abgeltungsanspruch und ließ in untergehen. Gleichzeitig sollte jedoch wegen des Verzugs des Arbeitgebers ein Ersatzanspruch entstehen, der auf die Erben übergehen konnte.[332]

c) Ausschlussfristen

Bei Anwendbarkeit tariflicher und vertraglicher Ausschlussfristen folgte der Abgeltungsanspruch ebenfalls aufgrund der Surrogatstheorie dem Urlaubsanspruch. Auch hier galt, dass eine nachteilige Veränderung des gesetzlichen Mindesturlaubsanspruchs und damit auch des Abgeltungsanspruchs in Höhe des gesetzlichen

329 BAG Urt. v. 31.10.1986 -8 AZR 188/86-, juris; BAG Urt. v. 22.10.1991 -9 AZR 433/90-; AP Nr. 57 zu § 7 BUrlG Abgeltung; BAG Urt. v. 24.11.1992 -9 AZR 549/91-, AP Nr. 23 zu § 1 BUrlG; BAG Urt. v. 19.11.1996 -9 AZR 376/95-, AP Nr. 71 zu § 7 BUrlG; BAG Urt. v. 21.09.1999 -9 AZR 705/98-, AP Nr. 77 zu § 7 BUrlG Abgeltung, wobei die Paragrafenkette v. BAG bzgl. der a.F. des BGB in unterschiedlichen Kombinationen angeführt wird.

330 BAG Urt. v. 11.04.2006 -9 AZR 523/05-, AP Nr. 28 zu § 7 BUrlG Übertragung.

331 19.11.1996 -9 AZR 376/95-, AP Nr. 71 zu § 7 BUrlG.

332 BAG Urt. v. 31.10.1986 -8 AZR 188/86-, juris; BAG Urt. v. 22.10.1991 -9 AZR 433/90-; AP Nr. 57 zu § 7 BUrlG Abgeltung; BAG Urt. v. 19.11.1996 -9 AZR 376/95-, AP Nr. 71 zu § 7 BUrlG.

Mindesturlaubsanspruchs wegen § 13 Abs. 1 S. 1 BUrlG bezüglich der Dauer der Geltendmachung ausgeschlossen war.[333]

Auf den Abgeltungsanspruch in Höhe des Mindesturlaubsanspruchs fanden Ausschlussfristen daher ebenfalls keine Anwendung.

IV. Durchsetzbarkeit der Urlaubs- und Urlaubsabgeltungsansprüche

Die Frage der Durchsetzbarkeit der Ansprüche betrifft in der Praxis nur die Einrede der Verjährung. Der Einwand des Rechtsmissbrauchs konnte aus Sicht des BAG zwar grundsätzlich gem. § 242 BGB zu einer Kürzung des Urlaubanspruchs führen.[334] Jedoch ist die Geltendmachung des vollen Urlaubsanspruchs bei Nichterbringung der Arbeitsleistung wegen entschuldigter Fehlzeiten nicht rechtsmissbräuchlich, weil die Entstehung des Anspruches nicht von dem Umfang der Arbeitsleistung abhängig ist.[335] Die vor 1982 behandelten Missbrauchsfälle traten also in der Praxis nicht mehr auf.

Da der Urlaubsanspruch und infolge der Surrogatstheorie auch der Urlaubsabgeltungsanspruch nach Auffassung des BAG in ihrer Erfüllbarkeit befristet sind, spielt die Frage der Verjährung nur eine untergeordnete Rolle in der Rechtsprechung.[336] Das BAG schließt für Urlaubsansprüche die Anwendung der Verjährungsvorschriften wegen der kürzeren Befristung aus. [337] Gleiches wird nach der Surrogatstheorie des BAG auch für den Abgeltungsanspruch gegolten haben.[338] Rechtsprechung ist zu dieser Frage daher nicht ergangen.

Das BAG meinte jedoch, dass die Verjährungsvorschriften auf die Ersatzurlaubs- und Ersatzurlaubsabgeltungsansprüche nach Verzug des Arbeitgebers anwendbar

333 BAG Urt. v. 05.04.1984 -6 AZR 443/81-, AP Nr. 16 zu § 13 BUrlG; BAG Urt. v. 23.04.1996 -9 AZR 165/95-, AP Nr. 6 zu § 17 BErzGG; BAG Urt. v. 20.05.2008 -9 AZR 219/07-, AP Nr. 12 zu § 17 BErzGG.

334 BAG Urt. v. 28.01.1982 -6 AZR 571/79-, AP Nr. 11 zu § 3 BUrlG Rechtsmißbrauch; BAG Urt. v. 08.03.1984 -6 AZR 560/83-, AP Nr. 16 zu § 7 BUrlG Abgeltung; BAG Urt. v. 08.03.1984 -6 AZR 600/82-, AP Nr. 14 zu § 3 BUrlG Rechtsmißbrauch; BAG Urt. v. 07.11.1985 -6 AZR 169/84-, AP Nr. 16 zu § 3 BUrlG Rechtsmißbrauch; BAG Urt. v. 18.03.2003 -9 AZR 90/02-, AP Nr. 17 zu § 3 BUrlG Rechtsmißbrauch; Leinemann/Linck, Urlaubsrecht, 2. Aufl. 2001, § 1 BUrlG Rn. 109.

335 BAG Urt. v. 28.1.1982 -6 AZR 571/79-, AP Nr. 11 zu § 3 BUrlG Rechtsmißbrauch; BAG Urt. v. 8.3.1984 -6 AZR 600/82-; AP Nr. 14 zu § 3 BUrlG Rechtsmißbrauch; BAG Urt. v. 18.03.2003 -9 AZR 190/02-, AP Nr. 17 zu § 3 BUrlG Rechtsmißbrauch.

336 so wohl auch Boecken/Jacobsen, ZTR 2011, 267 (272).

337 BAG Urt. v. 05.12.1995 -9 AZR 666/94-, AP Nr. 22 zu § 1 BildungsurlaubsG NRW; Leinemann/Linck, Urlaubsrecht, 2. Aufl. 2001, § 7 BUrlG Rn. 229; Friese, Urlaubsrecht, Rn. 234.

338 a.A. Friese, Urlaubsrecht, Rn. 485; Neumann/Fenski, BUrlG, 10. Aufl. 2010, § 13 BUrlG Rn. 78.

seien, da diese Ersatzansprüche unbefristet seien.[339] Daher soll der Ersatzurlaubsanspruch wegen Nichterfüllung des Urlaubs nach Verzug des Arbeitgebers sowie auch der nach Beendigung aus Verzug resultierende Schadensersatzanspruch in Geld der regelmäßigen 30jährigen Verjährung gem. § 195 BGB a.F., heute damit der 3-jährigen Verjährung gem. § 195 BGB n.F. unterliegen.[340] Gleiches gilt auch für den Ersatzabgeltungsanspruch.

339 BAG Urt. v. 05.12.1995 -9 AZR 666/94-, AP Nr. 22 zu § 1.

340 BAG Urt. v. 05.12.1995 -9 AZR 666/94-, AP Nr. 22 zu § 1; BAG Urt. v. 15.11.2005 -9 AZR 633/04, juris; BAG Urt. v.11.04.2006 -9 AZR 523/05-, AP Nr. 28 zu § 7 BUrlG Übertragung; ErfK/*Gallner*, 15. Aufl. 2015, § 7 BUrlG Rn. 84; für den Urlaubsentgeltanspruch gilt: Da der Urlaubsentgeltanspruch nach der „neuen" Rechtsprechung des BAG lediglich die Fortzahlung des Arbeitsentgeltes ist, finden auf ihn die entsprechenden Verjährungsvorschriften Anwendung, so dass er gem. § 195 BGB n.F. nach drei Jahren verjährt (vor 2002 gem. § 198 Abs. 1 Nr. 8, 9 BGB a.F. nach zwei Jahren). Er ist mit Urlaubsantritt gem. § 11 Abs. 2 BUrlG fällig, so dass zu diesem Zeitpunkt auch die Verjährung zu laufen beginnt. (BAG Urt. v. 26.07.1990 -8 AZR 389/89-, juris).

2. Teil: Der Urlaubs- und Urlaubsabgeltungsanspruch im Recht der Europäischen Union

Auch das unionsrechtliche Urlaubsrecht wird überwiegend durch Richterrecht geprägt. Um überprüfen zu können, ob das deutsche Urlaubsrecht und die dazu ergangene Rechtsprechung des BAG unionsrechtskonform sind, muss untersucht werden, wie der Urlaubsanspruch und der Urlaubsabgeltungsanspruch im Unionsrecht unter Berücksichtigung der Rechtsprechung des EuGH zu der Arbeitszeitrichtlinie rechtlich eingeordnet wird. Hierbei wird parallel zum deutschen Recht geprüft, welche Grundbegriffe des unionsrechtlichen Urlaubsrechts durch den EuGH insbesondere hinsichtlich des Urlaubsbegriffs selbst definiert werden. Danach ist zu untersuchen, was durch die Europäische Union geregelt wird und welche Regelungsbefugnisse die Mitgliedsstaaten hinsichtlich der Frage des Entstehens, des Erfüllens, des Erlöschens und der Durchsetzbarkeit des Urlaubs- und des Urlaubsabgeltungsanspruchs haben. Dabei sind mögliche Auswirkungen der Aufnahme des Urlaubsanspruchs in Art. 31 Abs. 2 der Charta zu berücksichtigen.

A. Die rechtliche Einordnung des Urlaubs- und Urlaubsabgeltungsanspruchs durch die Rechtsprechung des EuGH

Bis zum Inkrafttreten des Vertrags von Lissabon am 01.12.2009 waren der Mindesturlaubsanspruch von vier Wochen und die Möglichkeit der Abgeltung desselben nur in Art. 7 der Arbeitszeitrichtlinie festgeschrieben. Sowohl der Mindestjahresurlaubsanspruch als auch der Abgeltungsanspruch waren daher bis dahin nicht primärrechtlich, sondern als Richtlinie im Sekundärrecht geregelt. Seit dem 01.12.2009 ist gem. Art. 6 des Vertrags von Lissabon die Charta in Kraft getreten. Damit gilt Art. 31 Abs. 2 der Charta als Primärrecht, wonach jeder Arbeitnehmer ein Recht auf bezahlten Jahresurlaub hat. Insoweit ist zumindest das Recht auf bezahlten Jahresurlaub seit Ende 2009 auch primärrechtlich geregelt.[341]

I. Rechtliche Grundlagen des unionsrechtlichen Urlaubsrechts

Um die Rechtsprechung des EuGH zum unionsrechtlichen Urlaubsrecht analysieren zu können, muss zunächst untersucht werden, auf welcher rechtlichen Basis der EuGH seine Entscheidungen trifft. Dabei ist zu berücksichtigen, dass sich

341 Gallner, FS Etzel, 155 (160 f.).

Regelungen zum Urlaubsrecht in der Union sowohl im Primärrecht als auch im Sekundärrecht finden, die sich gegenseitig beeinflussen.

1. Urlaubsrecht als Teil des Sozialrechts der Europäischen Union

Das Urlaubsrecht wird innerhalb der Europäischen Union als Arbeitnehmerschutzrecht dem Sozialrecht und nicht dem Zivilrecht zugeordnet.[342] Der EuGH bezeichnet in seiner Rechtsprechung zum Mindesturlaub den Mindesturlaubsanspruch als soziales Recht[343] bzw. als besonders bedeutsamen Grundsatz des Sozialrechts.[344] Das Unionsrecht versteht unter Sozialrecht im weiteren Sinne die verrechtlichte Sozialpolitik der Union.[345] Eine klare Unterscheidung zwischen Arbeits- und Sozialrecht wie im deutschen Recht gibt es im Unionsrecht nicht. Beide Rechtsgebiete werden unionsrechtlich im Bereich der „Sozialvorschriften" zusammengefasst.[346] Hierzu gehören danach alle Normen, die Ausfluss von Sozialpolitik sind.[347] Aus diesem Grund werden neben den nach deutschem Recht klassischen Sozialrechtsbereichen der sozialen Versorgung auch das Arbeitsrecht und das Arbeitnehmerschutzrecht dem Sozialrecht zugeordnet.

Der engere unionsrechtliche Sozialrechtsbegriff versteht unter Sozialrecht diejenigen Normen, die von der Union als Ausprägung der Freizügigkeit der Arbeitnehmer und Selbständigen oder des Antidiskriminierungsgrundsatzes erlassen worden sind.[348] Unter den engeren Sozialrechtsbegriff fiele daher der Mindesturlaubsanspruch nicht, da er lediglich in das Arbeitsrecht der Europäischen Union einzuordnen wäre.[349]

---

342 EuGH Urt. v. 12.11.1996 - C-84/94 *Vereinigtes Königreich/Rat*, Slg. 1996, I-05755, Rn.12; ErfK/*Dörner*, 10. Aufl. 2010, § 7 BUrlG Rn. 39d.

343 EuGH Urt. v. 26.06.2001 - C-173/99 *BECTU*, Slg. 2001, I-04881, Rn. 47.

344 EuGH Urt. v. 26.06.2001 - C-173/99 *BECTU*, Slg. 2001, I-04881, Rn. 43; EuGH Urt. v. 18.03.2004 - C-342/01 *Merino Gómez*, Slg. 2004, I-02605, Rn. 29; EuGH Urt. v. 16.03.2006 - C-131/04 *Robinson-Steele*, Slg. 2006, I-02531, Rn. 48; EuGH Urt. v. 06.04.2006 - C-124/05 *Federatie Nederlandse Vakbeweging*, Slg. 2006, I-03423, Rn. 28; EuGH Urt. v. 20.01.2009 - C-350/06 und 520/06 *Schultz-Hoff*, Slg. 2009, I-179, Rn. 22; EuGH Urt. v. 10.09.2009 - C-277/08 *Vincente Pereda*, Slg. 2009, I-8405, Rn. 18; EuGH Urt. v. 22.04.2010 - C-486/08 *Zentralbetriebsrat der Landeskrankenhäuser Tirols*, Slg. 2010, I-3527, Rn. 28; EuGH Urt. v. 15.09.2011 - C-155/10 *Williams*, Slg. 2011, I-8409, Rn. 17; EuGH Urt. v. 22.11.2011 - C-214/10 *KHS/Schulte*, Slg. 2011, I-11757, Rn. 37; EuGH Urt. v. 24.01.2012 - C-282/10 *Dominguez*, ECLI:EU:C:2013:33, Rn. 16; EuGH Urt. v. 03.05.2012 - C-337/10 *Neidel*, AP Nr. 8 zu Richtlinie 2003/88/EG, Rn. 40; EuGH Urt. v. 21.06.2012 - C-78/11 *ANGED*, ECLI:EU:C:2012:37, Rn. 17.

345 Fuchs/*Fuchs*, Europäisches Sozialrecht, 6. Aufl. 2013, I Einf., Rn. 1.

346 Hanau/Steinmeyer/Wank/ *Wank-Steinmeyer*, Handbuch des europäischen Arbeits- und Sozialrechts, 2002, § 4 Rn. 1.

347 Fuchs/*Fuchs*, Europäisches Sozialrecht, 6. Aufl. 2013, I Einf. Rn. 1 f.

348 Fuchs/*Fuchs*, Europäisches Sozialrecht, 6. Aufl. 2013, I Einf. Rn. 4.

349 Fuchs/*Fuchs*, Europäisches Sozialrecht, 6. Aufl. 2013, I Einf. Rn. 4.

Der EuGH versteht also das Urlaubsrecht als Ausfluss der Sozialpolitik als Sozialrecht im weiteren Sinne, wenn es den Mindesturlaubsanspruch als einen besonders bedeutsamen Grundsatz des Sozialrechts anerkennt. Die Europäische Union ordnet den Urlaubsanspruch in das Arbeitszeitrecht ein, welches dem Schutz und der Gesundheit der Arbeitnehmer dient.[350] Dieses Arbeitnehmerschutzrecht dient laut EuGH als Garantie der Arbeitnehmer auf Einhaltung eines Mindeststandards.[351]

2. Urlaubsregelungen in der Arbeitszeitrichtlinie

Da Sozialpolitik im Arbeitsrecht wegen der Unterschiede in den einzelnen Mitgliedsstaaten nicht durch die Europäische Union vorgeschrieben werden soll, greift EU-Recht auch im Bereich des Arbeitnehmerschutzrechts in der Regel nur durch nicht unmittelbar geltende Richtlinien mit Mindestbestimmungen ein und nicht durch unmittelbar geltende Verordnungen. Dadurch ist es möglich, langfristig zumindest angeglichene Mindeststandards zu erreichen, ohne höhere Standards einzelner Mitgliedsstaaten herunterzusetzen.[352] Auch das Urlaubsrecht wurde zunächst nicht durch eine unmittelbar geltende EU-Verordnung, sondern nur durch die Arbeitszeitrichtlinie sekundärrechtlich geregelt, um den Mitgliedstaaten die Möglichkeit zu geben, die Richtlinie auf die jeweils eigene Art in das eigene mitgliedsstaatliche Rechtssystem unter Beibehaltung höherer Standards umzusetzen.

Richtlinien der Europäischen Union sind gem. Art. 288 Abs. 3 AEUV aufgrund Primärrecht erlassene rechtlich verbindliche Rechtsakte, die den einzelnen Staaten die Wahl der Form und Mittel der Umsetzung des Richtlinienzieles überlassen.[353] Eine Verdrängung des innerstaatlichen Rechts durch unmittelbare Anwendung der Richtlinie findet also nicht statt.[354] Der einzelne EU-Bürger kann sich jedoch gegenüber dem Mitgliedsstaat und den innerstaatlichen Gerichten auf die Einhaltung der Richtlinie im Rahmen der vertikalen Direktwirkung berufen.[355] Die sich aus Richtlinien ergebenden Verpflichtungen der Mitgliedsstaaten, das Richtlinienziel zu erreichen, und die damit verbundene Pflicht, alle hierzu geeigneten Maßnahmen allgemeiner und besonderer Art zu treffen, obliegt allen Trägern öffentlicher Gewalt der Mitgliedsstaaten

350 Schubert, RdA 2014 9 (10).

351 EuGH Urt. v. 12.11.1996 - C-84/94 *Vereinigtes Königreich/Rat*, Slg. 1996, I-05755, Rn. 42.

352 Hanau/Steinmeyer/Wank/*Steinmeyer*, Handbuch des europäischen Arbeits- und Sozialrechts, 2002, § 12 Rn. 13–17.

353 Fenski, DB 2007, S. 686 (688); Schroeder, Grundkurs Europarecht, 3. Aufl. 2013, § 6 Rn., 42–45; Brinker, AnwBl. 2010, 46 (48).

354 EuGH Urt. v. 21.10.2010 - C-227/09 *Accardo u. a.*, Slg. 2010, I-10273, Rn. 45; Gallner, FS Etzel, 155 (161).

355 Fenski, DB 2007, S. 686 (688); Gallner, FS Etzel, 155 (162); Thüsing, Europäisches Arbeitsrecht, 2. Aufl. 2011, § 1 Rn. 29.

und damit auch den Gerichten.[356] Die deutschen Gerichte müssen aus diesem Grund das deutsche Urlaubsrecht richtlinienkonform auslegen, soweit der Wortlaut, die Systematik und der Zweck der jeweiligen nationalen Vorschrift eine Auslegung zulassen.[357]

Rechtsgrundlage der Arbeitszeitrichtlinie ist zum einen Art. 153 Abs. 2 b AEUV (ex 137 Abs. 2 b EGV; ursprünglich Art. 118 a EGV), wonach der Erlass von Mindestvorschriften durch Richtlinien durch den Europäischen Rat zur Verbesserung insbesondere der Arbeitsumwelt zum Schutz der Gesundheit und der Sicherheit der Arbeitnehmer (Art 153 Abs. 1 a AEUV) ermöglicht wird. Zum anderen füllt die Arbeitszeitrichtlinie die ebenfalls auf dieser Richtlinienkompetenz (ursprünglich noch Art. 118 a EGV) fußende Rahmenrichtlinie 89/391/EWG vom 12. Juni 1989 über die Durchführung von Maßnahmen zur Verbesserung der Sicherheit und des Gesundheitsschutzes der Arbeitnehmer bei der Arbeit aus, die allgemeine Grundsätze in Bezug auf die Sicherheit und die Gesundheit der Arbeitnehmer festlegt.

Hauptziel und -zweck der Arbeitszeitrichtlinie ist neben der unionsweiten Harmonisierung der Arbeitszeitgestaltung vor allem die Verbesserung des Schutzes der Sicherheit und Gesundheit der Arbeitnehmer.[358] Der Urlaubsanspruch gehört also unionsrechtlich als Teil der Arbeitszeitgestaltung zum Arbeitnehmerschutzrecht. Urlaub wird in der Arbeitszeitrichtlinie als Regelung zur Jahresarbeitszeit als Jahres-Ruhezeit wie eine „längere bezahlte Arbeitspause“ behandelt.[359] Die Vorschriften über den Mindesturlaubsanspruch und dessen Abgeltung finden sich in Art. 7 der Arbeitszeitrichtlinie. Nach der Rechtsprechung des EuGH wird der Anspruch auf Mindesturlaub nicht wie in den Schlussanträgen der Generalanwältin Trstenjak als soziales Grundrecht[360], sondern als besonders bedeutsamer Grundsatz des Sozialrechts der Gemeinschaft bezeichnet.[361] Aus der Sicht des EuGH handelt es sich bei

---

356 EuGH Urt. v. 21.10.2010 - C-227/09 *Accardo u.a*, Slg. 2010, I-10273, Rn. 49; EuGH Urt. v. 25.11.2010 - C-429/09 *Fuß*, Slg. 2010, I-12167, Rn. 39 u. 40; Brinker, AnwBl. 2010, 46 (47).

357 Gallner, FS Etzel, 155 (162); Thüsing, Europäisches Arbeitsrecht, 2. Aufl. 2011, § 1 Rn. 41 und 42; Brinker, AnwBl. 2010, 46 (49).

358 EuGH Urt. v. 12.11.1996 - C-84/94 *Vereinigtes Königreich/Rat*, Slg. 1996, I-05755, Rn. 45; EuGH Urt. v. 14.10.2010 - C-428/09 *Union syndicale „Solidaires Isère“*, Slg. 2010, I-9961, Rn. 37; Riesenhuber, Europäisches Arbeitsrecht, 2009, § 14 Rn. 1, Thüsing, Europäisches Arbeitsrecht, 2. Aufl. 2011, § 7 Rn. 3.

359 EuGH Urt. v. 26.06.2001 - C-173/99 *BECTU*, Slg. 2001, I-04881, Rn. 44; Gallner, FS Etzel, 155 (164).

360 GA *Trstenjak*, Schlussanträge v. 24.01.2008 - C-350/06, Slg. 2009, I 179 ff., Rn. 35–39.

361 EuGH Urt. v. 26.06.2001 - C-173/99 *BECTU*, Slg. 2001, I-04881, Rn. 43; EuGH Urt. v. 18.03.2004 - C-342/01 *Merino Gómez*, Slg. 2004, I-02605, Rn. 29; EuGH Urt. v. 16.03.2006 - C-131/04 *Robinson-Steele*, Slg. 2006, I-02531, Rn. 48; EuGH Urt. v. 06.04.2006 - C-124/05 *Federatie Nederlandse Vakbeweging*, Slg. 2006, I-03423, Rn. 28; EuGH Urt. v. 20.01.2009 - C-350/06 und 520/06 *Schultz-Hoff*, Slg. 2009, I-179, Rn. 22; EuGH Urt. v. 10.09.2009 - C-277/08 *Vincente Pereda*, Slg. 2009, I-8405, Rn. 18;

dem vierwöchigen Mindestjahresurlaubsanspruch nach Art. 7 Arbeitszeitrichtlinie um einen durch die Richtlinie allen Arbeitnehmern „unmittelbar eingeräumtes" soziales Recht[362], welches zum Schutz ihrer Sicherheit und Gesundheit erforderlich ist.[363] Auch darf dieser Grundsatz nicht restriktiv ausgelegt werden.[364]

3. *Der Urlaubs-"anspruch" in der Charta der Grundrechte der Europäischen Union*

Art. 31 Abs. 2 der Charta, sieht unter dem IV. Titel „Solidarität" das Recht eines jeden Arbeitnehmers und einer jeden Arbeitnehmerin auf bezahlten Jahresurlaub vor. Der Vertrag von Lissabon ist seit dem 01.12.2009 in Kraft getreten. Gem. Art. 6 des Vertrages von Lissabon ist die Charta den Verträgen rechtlich gleichgestellt.[365] Die Grundrechte aus der Charta sind damit Primärrecht geworden.[366] Zum Zeitpunkt der Mehrzahl der zum Urlaubsrecht ergangenen Entscheidungen des EuGH hatte die Charta keinen normativen Charakter.[367] Es ist daher zu prüfen, ob die Ratifizierung des Vertrages von Lissabon und damit auch der Charta zu neuen Ergebnissen in der Urlaubsrechtsprechung des EuGH führt bzw. geführt hat. Sie erlangen mit dem Inkrafttreten unmittelbare Geltung in den meisten Mitgliedstaaten[368], soweit diese

---

EuGH Urt. v. 22.04.2010 - C-486/08 *Zentralbetriebsrat der Landeskrankenhäuser Tirols*, Slg. 2010, I-3527, Rn. 28; EuGH Urt. v. 15.09.2011 - C-155/10 *Williams*, Slg. 2011, I-8409, Rn. 17; EuGH Urt. v. 22.11.2011 - C-214/10 *KHS/Schulte*, Slg. 2011, I-11757, Rn. 37; EuGH Urt. v. 24.01.2012 - C-282/10 *Dominguez*, ECLI:EU:C:2012:33, Rn. 16; EuGH Urt. v. 03.05.2012 - C-337/10 *Neidel*, AP Nr. 8 zu Richtlinie 2003/88/EG, Rn. 40; EuGH Urt. v. 21.06.2012 - C-78/11 *ANGED*, ECLI:EU:C:2012:37, Rn. 17.

362 EuGH Urt. v. 26.06.2001 - C-173/99 *BECTU*, Slg. 2001, I-04881, Rn. 47; EuGH Urt. v. 22.11.2011 - C-214/10 *KHS/Schulte*, Slg. 2011, I-11757, Rn. 34.

363 EuGH Urt. v. 20.01.2009 - C-350/06 und 520/06 *Schultz-Hoff*, Slg. 2009, I-179, Rn. 45; EuGH Urt. v. 26.06.2001 - C-173/99 *BECTU*, Slg. 2001, I-04881, Rn. 47.

364 EuGH Urt. v. 22.04.2010 - C-486/08 *Zentralbetriebsrat der Landeskrankenhäuser Tirols*, Slg. 2010, I-3527, Rn. 29; EuGH Urt. v. 21.06.2012 - C-78/11 *ANGED*, ECLI:EU:C:2012:37, Rn. 18; EuGH Urt. v. 08.11.2012 - C-229/11 u. C-230/11 *Heimann u. Toltschin*, ECLI:EU:C:2012:69, Rn. 23; EuGH Beschl. v. 13.06.2013 - C-415/12 *Brandes*, ECLI:EU:C:2013:398, Rn. 29.

365 Rudolf, AnwBl 2011, 153 (154).

366 Jarass, Charta der Grundrechte, 2. Aufl. 2013, Einl. Rn. 9; Ritter, NJW 2010, 1110 (1114); BVerfG Urt. v. 30.06.2009 -2 BvE 2/08-, ECLI:DE: BVerfG:2009:es20090630.2bve000208, Rn. 29; Schroeder, Grundkurs Europarecht, 3. Aufl. 2013, § 15 Rn. 5; Rudolf, AnwBl 2011, 153 (155), BAG Vorlagebeschluss v. 27.10.2010 -7 AZR 485/09(A)-, AP Nr. 17 zu § 14 TzBfG Haushalt, Rn. 40; Schlussanträge GA *Trstenjak* v. 16.06.2011 Rechtssache C-155/10 *Williams u. a./British Airways*, Rn. 31 www.curia.eu; Huber, NJW 2011, S. 2385 (2385); Willemsen/Sagan, NZA 2011, 258 (258).

367 Gallner, FS Etzel, 155 (161f.).

368 In Polen u. Großbritannien gilt die Charta aufgrund von opt-out-Klauseln nicht laut Protokoll Nr. 7 des Anhangs zum Vertrag von Lissabon.

Unionsrecht durchführen.[369] Die Europäische Kommission hat in ihrer Mitteilung über die Strategie zur wirksamen Umsetzung der Grundrechte durch die Europäische Union deutlich zum Ausdruck gebracht, dass die Charta für die Mitgliedsstaaten ausschließlich bei der Durchführung des Unionsrecht gilt und nicht angewendet werden kann, wenn kein Unionsrecht betroffen ist.[370] Der Urlaubsanspruch ist seitdem auch primärrechtlich in Art. 31 Abs. 2 der Charta geregelt.

Der Vertrag von Lissabon und auch die Charta sehen keine eigenständigen Rechtsmittel bei Verstößen gegen die unionsrechtlichen Grundrechte vor.[371] Die Grundrechte haben jedoch Verfassungscharakter, so dass bei der Auslegung von Sekundärrechten eine verfassungs- und primärrechtskonforme Auslegung zu erfolgen hat.[372] Also muss auch die Arbeitszeitrichtlinie nunmehr „charta"-konform insbesondere unter Berücksichtigung des Art. 31 Abs. 2 der Charta ausgelegt werden.[373] Art. 31 Abs. 2 der Charta bestimmt, dass jeder Arbeitnehmer ein Recht auf bezahlten Jahresurlaub hat. Über die Dauer und die Abgeltung wird keine Regelung getroffen. In den Erläuterungen zu Art. 31 Abs. 2 der Charta, die laut Art. 6 Abs. 1 Unterabsatz 3 und Art. 52 Abs. 7 der Charta als Anleitung für die Auslegung zu berücksichtigen sind, ist der Hinweis auf die „alte" Arbeitszeitrichtlinie (RL 93/104/EG des Rates v. 23.11.1993 über bestimmte Aspekte der Arbeitszeitgestaltung), die Europäische Sozialcharta und die Gemeinschaftscharta der sozialen Grundrechte der Arbeitnehmer enthalten.[374] Während die Sozialcharta in Art. 2 Nr. 3 hinsichtlich des Mindesturlaubs nur zwei Wochen vorsieht und in Titel I Nr. 8 der Gemeinschaftscharta der sozialen Grundrechte der Arbeitnehmer lediglich von der Angleichung der Mindesturlaubsdauer in den Mitgliedsstaaten die Rede ist, ohne eine Dauer zu benennen, regelt Art. 7 der „alten" Arbeitszeitrichtlinie die Dauer des bezahlten Mindesturlaubsanspruchs von vier Wochen, das Verbot der Abgeltung und die

---

369 Schroeder, Grundkurs Europarecht, 3. Aufl. 2013, § 15 Rn. 12; Schlussanträge GA *Trstenjak* v. 16.06.2011 Rechtssache C-155/10 *Williams u. a./British Airways*, Rn. 31 www.curia.eu; Huber, NJW 2011, S. 2385 (2387); Willemsen, AnwBl. 2010, 610.

370 Mitteilung der Kommission v. 19.10.2010, Strategie zur wirksamen Umsetzung der Charta der Grundrechte durch die Europäische Union, KOM 2010 (573) endg., 1.3.; Bericht der Kommission an das Europäische Parlament, den Rat, den Europäischen Wirtschafts- und Sozialausschuss und den Ausschuss der Regionen v. 30.03.2011, Bericht 2010 über die Anwendung der Charta der Grundrechte der Europäischen Union, KOM 2011 (160) endg.; Hanau, NZA 2010, 1 (2); Willemsen/Sagan, NZA 2011, 258 (259).

371 Jarass, Charta der Grundrechte, 2. Aufl., 2013, Einl. Rn. 62; Vondung, AnwBl 2011, 311 (332); Schroeder, Grundkurs Europarecht, 3. Aufl. 2013, § 15 Rn. 25.

372 Schroeder, Grundkurs Europarecht, 3. Aufl. 2013, § 6 Rn. 7; Schlussanträge GA *Trstenjak* v. 16.06.2011 Rechtssache C-155/10 *Williams u. a./British Airways*, Rn. 31 www.curia.eu; Willemsen, AnwBl. 2010, 610.

373 So wohl auch Hanau, StudZR 2010, 333 (339), der eine besondere Vorlagepflicht durch Inkrafttreten der Charta sieht.; ders. NZA 2010, 1(3).

374 Charta-Erläuterungen, Abl. 2007 C 303/17; EuGH Urt. v. 19.09.2013 - C-579/13 RX-II *Strack*, Rn. 27 www.curia.eu.

Umsetzungsmodalitäten für die Mitgliedsstaaten. Art. 7 der geltenden Arbeitszeitrichtlinie ist inhaltlich mit Art. 7 der „alten“ Arbeitszeitrichtlinie identisch.

Wenn aber letztlich bei der Auslegung des Art. 31. Abs. 2 der Charta die Arbeitszeitrichtlinie heranzuziehen ist[375], dürfte der EuGH, was die Klassifizierung angeht, nicht zu neuen Ergebnissen kommen. Der EuGH hatte es vor Geltung der Charta vermieden, das Recht auf Mindesturlaub als soziales Grundrecht zu klassifizieren.[376] Er hatte das Recht auf Mindesturlaub als einen besonders bedeutsamen Grundsatz des Sozialrechts gesehen.[377] Laut Rechtsprechung des EuGH handelt es sich um einen allen Arbeitnehmern zustehenden Mindestanspruch.[378]

Die Charta enthält sowohl Grundrechte als auch Grundsätze, die als „Grundrechte im weiteren Sinn“ zu bezeichnen sind und nicht unmittelbar einklagbar sind.[379] Die Charta selbst nimmt eine solche Einordnung nicht vor. Es war unmittelbar nach Inkrafttreten umstritten, ob Art. 31 Abs. 2 der Charta einen Anspruch auf Mindesturlaub als Grundsatz oder Grundrecht begründet.[380] Trotz der Auffassung der Generalanwältin *Trstenjak*, dass Art. 31 Abs. 2 der Charta den Mindesturlaubsanspruch zum sozialen Grundrecht erhoben habe[381], meint sie, dass dies nicht dazu

---

375 Rudkowski, EuZA 2012, 381 (386).

376 Maul-Sartori, jurisPR-ArbR 25/2010 Anm. 4 zu BAG Urt. v. 17.11.2009 -9 AZR 844/08-; Kothe, FS Schwerdtner 2003, S. 99 (109).

377 EuGH Urt. v. 26.06.2001 - C-173/99 *BECTU*, Slg. 2001, I-04881, Rn.43; EuGH Urt. v. 18.03.2004 - C-342/01 *Merino Gómez*, Slg. 2004, I-02605, Rn. 29; EuGH Urt. v. 16.03.2006 - C-131/04 *Robinson-Steele*, Slg. 2006, I-02531, Rn. 48; EuGH Urt. v. 06.04.2006 - C-124/05 *Federatie Nederlandse Vakbeweging*, Slg. 2006, I-03423, Rn. 28; EuGH Urt. v. 20.01.2009 - C-350/06 u. C-520/06 *Schultz-Hoff*, Slg. 2009, I-179, Rn. 22; EuGH Urt. v. 10.09.2009 - C-277/08 *Vincente Pereda*, Slg. 2009, I-8405, Rn. 18; EuGH Urt. v. 22.04.2010 - C-486/08 *Zentralbetriebsrat der Landeskrankenhäuser Tirols*, Slg. 2010, I-3527, Rn. 28; EuGH Urt. v. 22.11.2011 - C-214/10 *KHS/Schulte*, Slg. 2011, I-11757, Rn. 37; EuGH Urt. v. 24.01.2012 - C-282/10 *Dominguez*, ECLI:EU:C:2012:33, Rn.16; EuGH Urt. v. 03.05.2012 - C-337/10 *Neidel*, AP Nr. 8 zu Richtlinie 2003/88/EG, juris Rn. 40; EuGH Urt. v. 21.06.2012 - C-78/11 *ANGED*, ECLI:EU:C:2012:37, Rn. 17; EuGH Urt. v. 08.11.2012 - C-229/11 u. C-230/11 *Heimann u. Toltschin*, ECLI:EU: C:2012:69, Rn. 22; EuGH Beschl. v. 21.02.2013 - C-194/12 *Maestre García*, ECLI:EU:C:2013:102, Rn. 16; EuGH Beschl. v. 13.06.2013 - C-415/12 *Brandes*, ECLI:EU:C:2013:398, Rn. 27; Rummel, AuR 2009, 160 (162); Düwell, NZA Beil. 3/2011, 133 (136).

378 EuGH Urt. v. 26.06.2001 - C-173/99 *BECTU*, Slg. 2001, I-04881, Rn. 52.

379 Jarass, Charta der Grundrechte, 2. Aufl. 2013, Einl. Rn. 46, 50 ff.

380 **Pro Grundrecht**: Jarass, Charta der Grundrechte, 2. Aufl. 2013, Art. 31 Rn. 2; Schubert, RdA 2013, 370 (375); LAG Düsseldorf Urt. v. 23.04.2010 - 10 Sa 203/10, LAGE § 7 BUrlG Abgeltung Nr. 27a, Rn. 43; **pro Grundsatz**: LAG Düsseldorf Urt. v. 31.03.2010 -12 Sa 1512/09-, LAGE § 7 BUrlG Abgeltung Nr. 25.

381 GA *Trstenjak* Schlussanträge v. 08.09.2011 - C-282/10 *Dominguez*, Rn. 75 ff. www.curia.eu; Düwell, NZA Beil. 3/2011, 133 (136).

führe, dass diesem „Grundrecht" unmittelbare Wirkung unter Privaten zukomme[382], weil das System des Grundrechtschutzes der Charta nur dazu führe, dass dieses Grundrecht gem. Art. 51 Abs. 1 S. 1 der Charta nur durch die Mitgliedsstaaten bei der Durchführung des Unionsrechts zu berücksichtigen sei.[383] Adressat seien danach folglich nicht die Privaten, sondern die Mitgliedsstaaten.[384]

Erst in dem Verfahren *KHS/Schulte* im November 2011 positioniert sich der EuGH zu der Regelung in Art. 31 Abs. 2 der Charta und bezeichnet den geregelten Anspruch auf Jahresurlaub als besonders bedeutsamen Grundsatz des Sozialrechts der Union, der nunmehr als Primärrecht in der Charta „verankert" ist.[385]

Nach der Aufnahme in die Charta sieht der EuGH also auch nach dem Inkrafttreten kein Grundrecht auf Urlaub, sondern einen Grundsatz des Sozialrechts, welcher nunmehr primärrechtlich[386] geregelt ist.[387] Ob er wegen der immer betonten besonderen Bedeutung Horizontalwirkung hat, hat der EuGH bisher nicht entschieden.

In den Rechtssachen *Kücükdeveci* und *Mangold* hatte der EuGH vor Inkrafttreten der Charta einem Grundsatz eine horizontale Wirkung zugesprochen.[388] Die betroffenen nationalen Vorschriften durften in diesen Fällen nicht angewendet werden, weil sie einem unionsrechtlichen Grundsatz widersprachen.[389] Für eine Vergleichbarkeit mit diesen Fällen ist es nach der Rechtsprechung des EuGH jedoch erforderlich, dass das dem Grundsatz der Charta zugrunde liegende Recht hinreichend durch eine Richtlinie konkretisiert ist.[390] Der EuGH weist in der Rechtssache *Dominguez*

382 GA *Trstenjak* Schlussanträge v. 08.09.2011 - C-282/10 *Dominguez*, Rn. 83 www.curia.eu; a.A. Hanau, NZA 2010, 1 (4).

383 GA *Trstenjak* Schlussanträge v. 08.09.2011 - C-282/10 *Dominguez*, Rn. 82 www.curia.eu.

384 so auch Willemsen/Sagan, NZA 2011, 258 (259).

385 EuGH Urt. v. 22.11.2011 - C-214/10 *KHS/Schulte*, Slg. 2011, I-11757, Rn. 37, in der Folge auch: EuGH Urt. v. 03.05.2012 - C-337/10 *Neidel*, AP Nr. 8 zu Richtlinie 2003/88/EG, Rn. 40; EuGH Urt. v. 21.06.2012 - C-78/11 *ANGED*, ECLI:EU:C:2012:37, Rn. 17; EuGH Urt. v. 08.11.2012 - C-229/11 u. C-230/11 *Heimann u. Toltschin*, ECLI:EU:C:2012:69, Rn. 22; EuGH Beschl. v. 21.02.2013 - C-194/12 *Maestre García*, ECLI:EU:C:2013:102, Rn. 17; EuGH Beschl. v. 13.06.2013 - C-415/12 *Brandes*, ECLI:EU:C:2013: 398, Rn. 28; Pötters/Stiebert, NJW 2012, 1034 (1034).

386 Stiebert/Pötters, EuZW 2011, 960 (962); EuGH Urt. v. 03.05.2012 - C-337/10 *Neidel*, AP Nr. 8 zu Richtlinie 2003/88/EG, Rn. 40.

387 Pötters/Stiebert, ZESAR 2012, 23 (28), die jedoch ein Grundrecht auf Urlaub bejahen.

388 EuGH Urt. v. 19.01.2010 - C-555/*07 Kücükdeveci*, Slg. 2010, I-365, Rn. 51; EuGH Urt. v. 22.11.2005 - C-144/04 *Mangold*, Slg. 2005, I-9981, Rn. 77.

389 EuGH Urt. v. 19.01.2010 - C-555/*07 Kücükdeveci*, Slg. 2010, I-365, Rn. 51; EuGH Urt. v. 22.11.2005 - C-144/04 *Mangold*, Slg. 2005, I-9981, Rn. 77.

390 EuGH Urt. v. 15.01.2014 - C-176/12 *Assiation de mediation soiciale*, ECLI:EU:C:2014:2, Rn. 46.

darauf hin, dass bereits Art. 7 der Arbeitszeitrichtlinie derart präzise bestimmt, welche Rechte die Mitgliedsstaaten schaffen müssen, damit ein Arbeitnehmer der öffentlichen Gewalt, sich unmittelbar auf das Recht auf Mindesturlaub berufen kann.[391] Eine ausreichende Konkretisierung ist also erfolgt. Weiter fordert der EuGH für eine Horizontalwirkung von Grundsätzen, dass der Grundsatz einem Einzelnen ein subjektives Recht verleiht, das er geltend machen kann.[392]

Wäre der Grundsatz auf Anspruch eines Mindestjahresurlaubs also ein subjektives Recht, könnte die Anwendung des Art. 31 Abs. 2 der Charta, der durch Art. 7 Arbeitszeitrichtlinie und das BUrlG wesentlich und unmittelbar konkretisiert wurde, in einem Rechtsstreit zwischen Privaten dazu führen, dass gegen diesen Grundsatz verstoßende Regelungen aus dem BUrlG von den Arbeitsgerichten nicht angewendet werden dürfen.[393]

Bis zu einer Entscheidung des EuGH zur möglichen Horizontalwirkung des Art. 31 Abs. 2 der Charta ist die Vorschrift jedoch bei der richtlinienkonformen Auslegung des deutschen Urlaubsrechts zu berücksichtigen.[394] Ob die Rechtsprechung des BAG nach Inkrafttreten der Charta diese ausreichend berücksichtigt, wird in Teil 3 untersucht.

II. Rechtliche Grundannahmen des EuGH im Urlaubsrecht

Die im deutschen Recht entwickelten Theorien zu der Frage, was Urlaub rechtlich darstellt und wie dieser in das deutsche Rechtssystem einzuordnen ist, findet man auf unionsrechtlicher Ebene nicht, weil es wegen der staatlich unterschiedlichen Rechtssysteme kein eigenes gewachsenes Rechtssystem geben soll und kann. Insoweit muss anhand der Rechtsprechung des EuGH zum Urlaubsrecht herausgearbeitet werden, ob es bereits rechtliche Einordnungen gibt, die als unionsrechtliche Grundannahmen angesehen werden können.

391 EuGH Urt. v. 24.01.2012 - C-282/10 *Dominguez*, ECLI:EU:C:2012:33, Rn. 16; s.a. Bauer/Arnold, NJW 2009, 631 (633).

392 EuGH Urt. v. 15.01.2014 - C-176/12 *Assiation de mediation soiciale*, ECLI:EU:C:2014:2, Rn. 47.

393 Pötters/Stiebert, ZESAR 2012, 23 (28); dies., ZESAR 2012, 169 (173); Rudkowski, EuZA 381 (386 f.); a. A. Bauer/v.Medem, NZA 2012, 113 (116); Seifert, EuZA 2013, 299 (309).

394 Pötters/Stiebert, ZESAR 2012, 23 (28); Willemsen/Sagan, NZA 2011, 258 (260).

1. *Urlaubsanspruch und Urlaubsentgelt als „ein Anspruch mit zwei Aspekten"*

Der Jahresurlaub dient nach ständiger Rechtsprechung des EuGH dem Schutz der Sicherheit und Gesundheit des Arbeitnehmers.[395] Dem Arbeitnehmer soll durch den Jahresurlaub ermöglicht werden, „sich zu erholen und über einen Zeitraum für Entspannung und Freizeit frei zu verfügen".[396] Der EuGH vertritt die Auffassung, der Jahresurlaubsanspruch bestehe aus dem Urlaubsanspruch und dem Urlaubsentgeltanspruch und die Arbeitszeitrichtlinie behandle diese beiden Teile als „zwei Aspekte eines Anspruchs".[397] Er sieht darin also einen einheitlichen Anspruch.[398] Dies lässt darauf schließen, dass der EuGH im Urlaubsanspruch zwar auch einen Freistellungsanspruch sieht, diesen jedoch als so stark mit dem Urlaubsentgeltanspruch verbunden hält, dass beide Ansprüche voneinander untrennbar sind, denn ohne das Entgelt in der Urlaubszeit lässt sich nämlich das Hauptziel der Richtlinie, die Sicherheit und Gesundheit des Arbeitnehmers zu schützen, nicht erreichen. Dabei geht der EuGH offensichtlich davon aus, das während des Urlaubs das originäre Arbeitsentgelt nicht gezahlt wird, weil der Arbeitnehmer nicht arbeitet. Ohne finanzielle Absicherung während der Freistellung kann der Arbeitnehmer sich nicht entspannen und erholen. Er würde dann auf Urlaub verzichten, um finanziell abgesichert zu sein. Nach Auffassung des EuGH soll das in Art. 7 Abs. 1 Arbeitszeitrichtlinie vorgeschriebene Urlaubsentgelt dem Arbeitnehmer ermöglichen,

---

395 z.B. EuGH Urt. v. 26.06.2001 - C-173/99 *BECTU*, Slg. 2001, I-04881, Rn. 44; EuGH Urt. v. 12.11.1996 - C-84/94 *Vereinigtes Königreich/Rat*, Slg. 1996, I-05755, Rn. 45; EuGH Urt. v. 18.03.2004 - C-342/01 *Merino Gómez*, Slg. 2004, I-02605, Rn. 29; EuGH Urt. v. 16.03.2006 - C-131/04 *Robinson-Steele*, Slg. 2006, I-02531, Rn. 60; EuGH. Urt. v. 06.04.2006 - C-124/05 *Federatie Nederlandse Vakbeweging*, Slg. 2006, I-03423, Rn. 26; EuGH Urt. v. 20.01.2009 - C-350/06 und 520/06 *Schultz-Hoff*, Slg. 2009, I-179, Rn. 30; EuGH Urt. v. 10.09.2009 - C-277/08 *Vincente Pereda*, Slg. 2009, I-8405, Rn. 20; EuGH Urt. v. 22.04.2010 - C-486/08 *Zentralbetriebsrat der Landeskrankenhäuser Tirols*, Slg. 2010, I-3527, Rn. 30; EuGH Urt. v. 19.09.2013 - C-579/13 RX-II *Strack*, Rn. 44 www.curia.eu.

396 EuGH Urt. v. 20.01.2009 - C-350/06 und 520/06 *Schultz-Hoff*, Slg. 2009, I-179, Rn. 25; EuGH Urt. v. 22.04.2010 - C-486/08 *Zentralbetriebsrat der Landeskrankenhäuser Tirols*, Slg. 2010, I-3527, Rn. 30; Schlussanträge GA Trstenjak v. 07.07.2011 in der Rechtssache C-214/10 *KHS/Schulte*, Slg. 2011, I-11757, Rn. 37.

397 EuGH Urt. v. 20.01.2009 - C-350/06 und 520/06 *Schultz-Hoff*, Slg. 2009, I-179, Rn. 60; EuGH Urt. v. 16.03.2006 - C-131/04 *Robinson-Steele*, Slg. 2006, I-02531, Rn. 58; EuGH Urt. v. 15.09.2011 - C-155/10 *Williams*, Slg. 2011, I-8409, Rn. 26; EuGH Urt. v. 19.09.2013 - C-579/13 RX-II *Strack*, Rn. 33 www.curia.eu.

398 ErfK/*Gallner*,15. Aufl. 2015, § 1 BUrlG, Rn. 8; Buschmann, AuR 2013, 362 (363); ders., AuR 2012, 260 (263); Schubert, NZA 2013 1105 (1106); Latzel, EuZA 2014, 80 (87); Schubert, RdA 2014 9 (10); a.A. Boecken/Jacobsen, ZTR 2011, 267 (272) ohne dies herzuleiten.

den Urlaubsanspruch auch tatsächlich ohne Geldsorgen wahrzunehmen.[399] Da aus Sicht des EuGH ohne die Bezahlung die Freistellung letztlich nicht von den Arbeitnehmern in Anspruch genommen würde, wird das Richtlinienziel insbesondere auch durch die Zahlung während des Urlaubs erreicht. Aus diesem Grund lässt sich die Theorie von einem Anspruch mit zwei Teilen, wie der EuGH sie vertritt, auch teleologisch begründen.[400] Zwar trifft der EuGH auch die Aussage, dass das „Arbeitsentgelt" für die Dauer des Urlaubs weiter zu gewähren ist[401], jedoch wird in den zitierten Urteilen deutlich, dass der Begriff „Arbeitsentgelt" nicht im Sinne der deutschen Definition der Gegenleistung verwendet wird. Er wird vielmehr explizit auch als Urlaubsentgelt bezeichnet, das den Arbeitnehmer während des Urlaubs in eine finanzielle Situation versetzen soll, die mit der vergleichbar ist, in der er für seine Arbeitsleistung sein Arbeitsentgelt bekommt.[402] Die Aussage, dass es sich lediglich um eine „vergleichbare" Situation handeln soll, zeigt bereits, dass der EuGH in der Zahlung des Urlaubsentgeltes etwas anderes als die die Weiterzahlung von Arbeitsentgelt sieht. Der EuGH sagt damit deutlich, dass es sich nicht um das originäre Arbeitsentgelt handelt, welches unabhängig von der Freistellung weiter gezahlt wird, sondern um Urlaubsentgelt, welches trotz der Freistellung gemeinsam mit der Urlaubsgewährung gezahlt werden muss, und mit dieser Freistellung einen einheitlichen Anspruch bildet.[403]

Das Urlaubsentgelt orientiert sich nur an der Höhe des üblichen durchschnittlichen Arbeitsentgelts, ist mit diesem jedoch nicht identisch.[404] Urlaubsentgelt ist damit entgegen der Auffassung des BAG nicht „das weitergezahlte Arbeitsentgelt". Es ist anzunehmen, dass aus Sicht des EuGH während des Urlaubs der Arbeitsentgeltanspruch wegen des Grundsatzes „ohne Arbeit kein Lohn" wegfällt und durch die Zahlung von Urlaubsentgelt ersetzt wird.[405]

Ebenfalls für die Untrennbarkeit von Freistellung und Bezahlung spricht, dass der EuGH festgestellt hat, dass ein in der Vollzeit erworbener Anspruch auf Urlaub,

---

399 EuGH Urt. v. 16.03.2006 - C-131/04 *Robinson-Steele*, Slg. 2006, I-02531, Rn. 49.

400 Riesenhuber, Europäisches Arbeitsrecht, 2009, § 14 Rn. 52.

401 EuGH Urt. v. 16.03.2006 - C-131/04 *Robinson-Steele*, Slg. 2006, I-02531, Rn. 50; EuGH Urt. v. 20.01.2009 - C-350/06 und 520/06 *Schultz-Hoff*, Slg. 2009, I-179, Rn. 61; EuGH Urt. v. 15.09.2011 - C-155/10 *Williams*, Slg. 2011, I-8409, Rn. 19; EuGH Urt. v. 19.09.2013 - C-579/13 RX-II *Strack*, Rn. 33 www.curia.eu.

402 EuGH Urt. v. 16.03.2006 - C-131/04 *Robinson-Steele*, Slg. 2006, I-02531, Rn. 58; EuGH Urt. v. 20.01.2009 - C-350/06 und 520/06 *Schultz-Hoff*, Slg. 2009, I-179, Rn. 61; EuGH Urt. v. 15.09.2011 - C-155/10 *Williams*, Slg. 2011, I-8409, Rn. 20.

403 So wohl auch GA *Trstenjak* Schlussanträgen v. 07.07.2011 in der Rechtssache C-214/10 *KHS/Schulte*, Slg. 2011, I-11757, Rn. 45, obwohl sie in Rn. 35 anders verstanden werden könnte, da sie ausführt, das gewöhnliche Arbeitsentgelt würde weitergezahlt.

404 GA *Trstenjak* Schlussanträge v. 16.06.2011 Rechtssache C-155/10 *Williams u. a./ British Airways*, Rn. 55, 82 www.curia.eu.

405 Stiebert/Imani, ZESAR 2013, 164 (167).

der erst in einer späteren Zeit, in der in Teilzeit gearbeitet wird, genommen wird, in keinem Verhältnis zu der erbrachten Arbeitszeit im Teilzeitverhältnis steht.[406] Die Höhe ist anhand des Referenzzeitraumes zu ermitteln, der dem Bezugszeitraum entspricht.[407] Es sind nicht die Verhältnisse zugrunde zu legen, die bei der Urlaubsgewährung maßgeblich sind, sondern die bei der Urlaubsentstehung.[408] Der Arbeitnehmer kann also auch nach Übergang in die Teilzeit seinen in der Vollzeit erworbenen Urlaubsanspruch unter Berücksichtigung der damals erworbenen vollen Dauer und Höhe des Urlaubsentgeltes geltend machen.[409] Weder die Dauer noch die Höhe des Entgeltes dürfen entsprechend der aktuellen Teilzeit reduziert werden.[410] Durch diese unbedingte Verknüpfung macht der EuGH deutlich, dass – wie auch im Umsetzungsbericht der Kommission festgehalten[411] – der Urlaubsanspruch aus den miteinander verknüpften Elementen der Freistellung und Bezahlung besteht. Ausgehend von dem Richtlinienziel sieht der EuGH im Gegensatz zur deutschen Rechtsprechung daher den Urlaubsanspruch als einen Einheitsanspruch.[412] Es existiert

---

406 EuGH Urt. v. 22.04.2010 - C-486/08 *Zentralbetriebsrat der Landeskrankenhäuser Tirols*, Slg. 2010, I-3527, Rn. 34; EuGH Urt. v. 08.11.2012 - C-229/11 u. C-230/11 *Heimann u. Toltschin*, ECLI:EU:C:2012:69, Rn. 35; EuGH Beschl. v. 13.06.2013 - C-415/12 *Brandes*, ECLI:EU:C:2013:398, Rn. 31; hierzu ausführlich Fieberg, NZA 2010, 925 ff.

407 EuGH Urt. v. 22.04.2010 - C-486/08 *Zentralbetriebsrat der Landeskrankenhäuser Tirols*, Slg. 2010, I-3527, Rn. 35; EuGH Beschl. v. 13.06.2013 - C-415/12 *Brandes*, ECLI:EU:C:2013:398, Rn. 33/36; Kock/Heyde, BB 2013, 2938 (2939); Stiebert/Imani, NZA 2013, 1338 (1341).

408 EuGH Urt. v. 22.04.2010 - C-486/08 *Zentralbetriebsrat der Landeskrankenhäuser Tirols*, Slg. 2010, I-3527, Rn. 35; EuGH Beschl. v. 13.06.2013 - C-415/12 *Brandes*, ECLI:EU:C:2013:398, Rn. 33/36; Dassau/Wulfers, ZTR 2013, 476 (477).

409 EuGH Urt. v. 08.11.2012 - C-229/11 u. C-230/11 *Heimann u. Toltschin*, ECLI:EU:C:2012:69, Rn. 35; EuGH Beschl. v. 13.06.2013 - C-415/12 *Brandes*, ECLI:EU:C:2013:398, Rn. 33.

410 EuGH Urt. v. 22.04.2010 - C-486/08 *Zentralbetriebsrat der Landeskrankenhäuser Tirols*, Slg. 2010, I-3527, Rn. 35; EuGH Urt. v. 08.11.2012 - C-229/11 u. C-230/11 *Heimann u. Toltschin*, ECLI:EU:C:2012:69, Rn. 35; EuGH Beschl. v. 13.06.2013 - C-415/12 *Brandes*, ECLI:EU:C:2013:398, Rn. 33; Franzen, EuZA 2012, 295 (331).

411 Bericht der Kommission v. 01.12.2000 zum Stand der Umsetzung der Richtlinie 93/104/EG des Rates v. 23.11.1993 über bestimmte Aspekte der Arbeitszeitgestaltung, KOM(2000), 787, S. 20 ff.

412 Fieberg, NZA 2010, 925 (929); ähnlich für das deutsche Recht auch Friese, Urlaubsrecht, Rn. 32, die im Urlaubsentgeltanspruch einen eigenständigen Anspruch neben dem Freistellungsanspruch sieht, der an die Stelle des Arbeitsentgeltanspruches tritt; Herlitzius, Der Urlaubsanspruch als schuldrechtlicher Anspruch im Arbeitsverhältnis, 2000, S. 217, der den Urlaubsanspruch als Anspruch mit zwei Komponenten, nämlich Freistellung und Zahlung sieht; Buschmann, AuR 2013, 362 (363); ders., AuR 2012, 260 (263); Schubert, NZA 2013 1105 (1106); Latzel, EuZA 2014, 80 (87); a.A. Boecken/Jacobsen, ZTR 2011, 267 (272) unter nicht begründeter Bezugnahme auf die Rechtsprechung des EuGH.

also ein vom deutschen Recht abweichender unionsrechtlicher Urlaubsbegriff. Dies entspricht der Auffassung der deutschen Rechtsprechung des BAG vor 1982 und Teilen der Literatur, die den Urlaubsanspruch als Einheitsanspruch sahen.[413]

2. *Möglichkeiten der Befristung*

Nach Auffassung des EuGH gehören Regelungen über die Befristung von Mindesturlaubs- und Mindesturlaubsabgeltungsansprüchen zu den Voraussetzungen für die Ausübung und die Umsetzung des Anspruches auf bezahlten Mindesturlaub.[414] Sie fallen damit in die Zuständigkeit der Mitgliedsstaaten.[415] Die Arbeitszeitrichtlinie selbst enthält daher keinerlei Mindestfristen oder Ausschlussfristen, die die Geltendmachung des Mindesturlaubsanspruchs einschränken.[416] Art. 31 Abs. 2 der Charta enthält ebenfalls keine Befristung. Der Mindesturlaubsanspruch ist nach der bisherigen Rechtsprechung des EuGH auch nicht auf das Urlaubsjahr befristet, denn der EuGH hat bezüglich der von der Kommission der Europäischen Gemeinschaft geäußerten Ansicht, die Übertragung von Mindesturlaub sei rechtwidrig, klargestellt, dass in bestimmten Fällen die Übertragung von Urlaub unvermeidlich sei.[417] Der EuGH stellt in seinen Urteilen ebenfalls fest, dass sich die positive Wirkung des Urlaubs für die Sicherheit und Gesundheit des Arbeitsnehmers zwar dann vollständig entfalte, wenn der Urlaub regelmäßig im Urlaubsjahr genommen wird, in dem er entsteht, dass jedoch diese positive Wirkung auch zu einem späteren Zeitpunkt eintreten könne.[418] Der Grundsatz „besser spät als nie" führe dazu, dass auch der übertragene Urlaub durch die Arbeitszeitrichtlinie geregelt sei.[419]

---

413 Fenski, DB 2007, 686 (689); Neumann/Fenski, BUrlG, 10. Aufl. 2011, § 1 BUrlG Rn. 68 ff.

414 EuGH Urt. v. 20.01.2009 - C-350/06 u. C-520/06 *Schultz-Hoff*, Slg. 2009, I-179, Rn. 42; EuGH Urt. v. 22.11.2011-C-214/10 *KHS/Schulte*, Slg. 2011, I-11757, Rn. 25.

415 Schlussanträge GA *Trstenjak* v. 07.07.2011 in der Rechtssache C-214/10 *KHS/Schulte*, Rn. 43, 86, 92 www.curia.eu; EuGH Urt. v. 22.11.2011- C-214/10 *KHS/Schulte*, Slg. 2011, I-11757, Rn. 25, Franzen, EuZA 2012, 295 (330); Rudkowski, EuZA 2012, 381 (384); Düwell, DB 2012, 1749 (1751); a.A. Höpfner, RdA 2013, 16 (24).

416 Schlussanträge GA *Trstenjak* v. 07.07.2011 in der Rechtssache C-214/10 *KHS/Schulte*, Rn. 86 www.curia.eu; LAG Düsseldorf Urt. v. 04.05.2011 -12 Sa 1832/10-, LAGE § 7 BUrlG Nr. 49, Rn. 27.

417 EuGH Urt. v. 06.04.2006 - C-124/05 *Federatie Nederlandse Vakbeweging*, Slg. 2006, I-03423, Rn. 23 und 24.

418 EuGH Urt. v. 06.04.2006 - C-124/05 *Federatie Nederlandse Vakbeweging*, Slg. 2006, I-03423, Rn. 30; EuGH Urt. v. 20.01.2009 - C-350/06 u. C-520/06 *Schultz-Hoff*, Slg. 2009, I-179, Rn. 30; EuGH Urt. v. 10.09.2009 - C-277/08 *Vincente Pereda*, Slg. 2009, I-8405, Rn. 24; EuGH Urt. v. 22.04.2010 - C-486/08 *Zentralbetriebsrat der Landeskrankenhäuser Tirols*, Slg. 2010, I-3527, Rn. 30; EuGH Urt. v. 22.11.2011- C-214/10 *KHS/Schulte*, Slg. 2011, I-11757,juris Rn. 25.

419 EuGH Urt. v. 06.04.2006 - C-124/05 *Federatie Nederlandse Vakbeweging*, Slg. 2006, I-03423, Rn. 31.

Der EuGH sieht jedoch die Möglichkeit einer Befristung durch eigene Regelungen der Mitgliedsstaaten, ohne hierbei Höchstgrenzen zu nennen.[420] Er nimmt in diesem Fall eine teleologische Auslegung der Arbeitszeitrichtlinie vor und meint, dass der Urlaubsanspruch einen doppelten Zweck zu erfüllen habe.[421] Zum einen soll der Arbeitnehmer sich von der geleisteten Arbeit erholen, zum anderen soll er über einen Zeitraum für Entspannung und Freizeit verfügen.[422] Die Möglichkeit der Befristung der Ansammlung von Urlaubsansprüchen begründet der EuGH mit dem irgendwann wegfallenden Erholungszweck.[423] Liegen der Zeitraum, in dem Urlaub erworben wird, und der Zeitraum, in dem er genommen wird, zu weit auseinander, kann der Erholungszweck nicht mehr erfüllt werden.[424] Unter diesen Voraussetzungen darf eine Befristung zum Verfall des Urlaubsanspruchs führen.

Die Europäische Kommission hat bereits am 21.12.2010 in ihrer Mitteilung an das Europäische Parlament, den Rat, den Europäischen Wirtschafts- und Sozialausschuss und den Ausschuss der Regionen zur Überarbeitung der Arbeitszeitrichtlinie festgestellt, dass das Kernproblem der Anwendung der Arbeitszeitrichtlinie bezüglich der Urlaubsvorschriften der Mangel an Klarheit in der Frage ist, ob Arbeitnehmer bei langfristiger krankheitsbedingter Abwesenheit Ansprüche auf bezahlten Jahresurlaub über Jahre ansammeln können. Sie schlägt vor, dass eine Änderung der Richtlinie dahingehend erfolgen sollte, dass in der Arbeitszeitrichtlinie eine angemessene Höchstgrenze für das Ansammeln von Mindesturlaubszeiten festgesetzt wird.[425] Daraus ist jedoch auch zu entnehmen, dass bisher unionsrechtlich keine Grenze für den Mindesturlaub vorgesehen ist. Eine Befristung kann also bisher durch die Mitgliedsstaaten geregelt werden. Es ist fraglich und daher im dritten Teil der Arbeit zu untersuchen, ob die vom BAG angenommene Befristung des Urlaubsanspruchs den bisherigen unionsrechtlichen Vorgaben entspricht.[426]

3. *Urlaubsabgeltung als Ersatzanspruch*

Die Abgeltung des Mindesturlaubs ist nach der Rechtsprechung des EuGH nur bei Beendigung des Arbeitsverhältnisses zulässig. Art. 7 Abs. 2 der Arbeitszeitrichtlinie statuiert insoweit ein Abgeltungsverbot, da nach Auffassung des EuGH jedwede Abgeltung während der Dauer des Arbeitsverhältnisses dem Ziel der Richtlinie,

---

420 EuGH Urt. v. 20.01.2009 - C-350/06 u. C-520/06 *Schultz-Hoff*, Slg. 2009, I-179, Rn. 42; Rudkowski, EuZA 2012, 381 (384).
421 EuGH Urt. v. 22.11.2011 - C-214/10 *KHS/Schulte*, Slg. 2011, I-11757, Rn. 31.
422 EuGH Urt. v. 22.11.2011 - C-214/10 *KHS/Schulte*, Slg. 2011, I-11757, Rn. 31.
423 EuGH Urt. v. 22.11.2011 - C-214/10 *KHS/Schulte*, Slg. 2011, I-11757, Rn. 33; Franzen, NZA 2011, 1403 (1404); Stiebert/Pötters, EuZW 2011, 960 (961).
424 so bereits Wank, FS Reuter, 921 (926).
425 Mitteilung der Kommission v. 21.12.2010 KOM (2010) 801 unter www.ec.europa.eu erhältlich.
426 dazu unter 3. Teil, D. II 2. f).

eine bezahlte Freistellung zu erhalten, widerspricht.[427] Die Abgeltung ist finanzieller Ersatz für den Urlaub, der noch nicht genommen wurde.[428] Der Arbeitnehmer erhält die Abgeltung, weil die Beendigung des Arbeitsverhältnisses die tatsächliche Urlaubsnahme unmöglich werden lässt.[429] Die Abgeltung ist Vergütung für den nichtgenommenen Urlaub.[430] Der Urlaubsanspruch hat also einen Vermögenswert.

Der EuGH sieht den Abgeltungsanspruch im Gegensatz zur früheren Rechtsprechung des BAG nicht als Erfüllungssurrogat des Urlaubsanspruchs.[431] Er macht die Zahlung des Abgeltungsanspruches gerade nicht von weiteren Voraussetzungen abhängig.[432] Allein die Beendigung des Arbeitsverhältnisses lässt den Abgeltungsanspruch als reinen Zahlungsanspruch entstehen. Der Arbeitnehmer hat aber nur dann Anspruch auf Urlaubsabgeltung, wenn er den Urlaub vorher „aus von seinem Willen unabhängigen Gründen" nicht während der Beschäftigung nehmen konnte.[433]

Der Urlaubsabgeltungsanspruch ist also unionsrechtlich eine finanzielle Vergütung als Ersatz für die wegen der Beendigung des Arbeitsverhältnisses nicht mehr mögliche Inanspruchnahme des Urlaubs.[434] Es wird die nicht mehr mögliche Freistellung und Zahlung des Urlaubsentgelts abgegolten.[435]

---

427 EuGH Urt. v. 26.06.2001 - C-173/99 *BECTU*, Slg. 2001, I-04881, Rn. 44; EuGH Urt. v. 18.03.2004 - C-342/01 *Merino Gómez*, Slg. 2004, I-02605, Rn. 30; EuGH Urt. v. 16.03.2006 - C-131/04 *Robinson-Steele*, Slg. 2006, I-02531, Rn. 60; EuGH Urt. v. 06.04.2006 - C-124/05 *Federatie Nederlandse Vakbeweging*, Slg. 2006, I-03423, Rn. 29.

428 EuGH Urt. v. 26.06.2001 - C-173/99 *BECTU*, Slg. 2001, I-04881, Rn. 44; EuGH Urt. v. 18.03.2004 - C-342/01 *Merino Gómez*, Slg. 2004, I-02605, Rn. 30; EuGH Urt. v. 16.03.2006 - C-131/04 *Robinson-Steele*, Slg. 2006, I-02531, Rn. 60; EuGH Urt. v. 06.04.2006 - C-124/05 *Federatie Nederlandse Vakbeweging*, Slg. 2006, I-03423, Rn. 29.

429 EuGH Urt. v. 20.01.2009 - C-350/06 u. C-520/06 *Schultz-Hoff*, Slg. 2009, I-179, Rn. 56.

430 EuGH Urt. v. 20.01.2009 - C-350/06 u. C-520/06 *Schultz-Hoff*, Slg. 2009, I-179, Rn. 61.

431 zu den „verwirrenden Schlussanträgen" der GA *Trestenjak* in der Rechtssache *KHS/ Schulte*: Düwell, DB 2011, 2492 (2493).

432 EuGH Urt. v. 20.01.2009 - C-350/06 u. C-520/06 *Schultz-Hoff*, Slg. 2009, I-179, 53–62.

433 EuGH Urt. v. 20.01.2009 - C-350/06 u. C-520/06 *Schultz-Hoff*, Slg. 2009, I-179, Rn. 61.

434 EuGH Urt. v. 20.01.2009 - C-350/06 u. C-520/06 *Schultz-Hoff*, Slg. 2009, I-179, Rn. 59 u. 61; EuGH Urt. v. 03.05.2011 - C-337/10 *Neidel*, AP Nr. 8 zu Richtlinie 2003/88/ EG, Rn. 29.

435 EuGH Urt. v. 20.01.2009 - C-350/06 u. C-520/06 *Schultz-Hoff*, Slg. 2009, I-179, Rn. 56 u. 61.

4. *Übertragbarkeit der Ansprüche*

Im Gegensatz zur BAG-Rechtsprechung hat der EuGH zu der Frage, ob der Urlaubsanspruch, der Urlaubsentgeltanspruch oder der Urlaubsabgeltungsanspruch vererblich, pfändbar oder abtretbar sind, bisher noch nicht Stellung nehmen müssen. Da der EuGH mit seinen Entscheidungen vor allem das Richtlinienziel zu verwirklichen sucht, ist zu hinterfragen, ob durch die Vererblichkeit, die Pfändbarkeit oder Abtretbarkeit, das Ziel, die Sicherheit und Gesundheit des Arbeitnehmers zu schützen, beeinträchtigt wird und wie der EuGH vor dem Hintergrund seiner Entscheidungen diese Fälle beurteilen würde.

a) *Übertragbarkeit des Urlaubsanspruchs und des Urlaubsentgeltanspruchs*

Der Mindesturlaubsanspruch ist nach Auffassung des EuGH, wie oben beschrieben, ein Anspruch, der aus zwei Teilen, nämlich dem Freistellungsanspruch und dem Urlaubsentgeltanspruch, besteht. Nur wenn beides gemeinsam vorliegt, kann der Arbeitnehmer sich tatsächlich erholen. Aus diesem Grund ist im Falle der Pfändbarkeit einer dieser beiden Ansprüche oder im Falle der Abtretbarkeit das Richtlinienziel nicht mehr erreichbar. Der Arbeitnehmer kann bei Pfändung oder Abtretung des Freizeitgewährungsanspruchs nicht mehr selbst über die Freizeit verfügen. Bei Pfändung oder Abtretung des Urlaubsentgelts verliert er die notwendige „finanzielle Sorglosigkeit" während der Freistellung. Daher ist es wahrscheinlich, dass der EuGH die Abtretbarkeit und Pfändbarkeit sowohl des Freistellungs- als auch des Urlaubsentgeltanspruchs aufgrund des Richtlinienziels ausschließt.

Im Falle einer Beendigung des Arbeitsverhältnisses bei Tod des Arbeitnehmers, könnte der EuGH zu der Auffassung gelangen, dass der Anspruch auf Abgeltung durch den Tod entsteht und auch vererblich ist. Das Richtlinienziel der Sicherheit und Gesundheit des Arbeitnehmers kann dadurch zwar nicht mehr gewährleistet werden. Jedoch wäre auf diese Weise sichergestellt, dass der Arbeitgeber aus dem Tod des Arbeitnehmers, der auch eine Mitursache von zu geringen Erholungszeiträumen von der Arbeit sein kann, wegen der Nichtgewährung des Urlaubs keinen Vorteil erlangt. Insoweit könnte der EuGH eine Vererbbarkeit im Sinne des Richtlinienziels befürworten.[436]

b) *Übertragbarkeit des Urlaubsabgeltungsanspruchs*

Der Abgeltungsanspruch dient nach der Auffassung des EuGH als Ersatzanspruch für nicht mehr realisierbaren Urlaub, um den Arbeitnehmer zumindest in finanzieller Form in den Genuss des Urlaubs kommen zu lassen.[437] Da der Urlaubsanspruch

436 Nach Abschluss der Arbeit hat der EuGH diese Auffassung in seinem Urteil vom 12.06.2014 - C-118/13 *Bollacke*, ECLI:EU:C:2014:1755, Rn. 25 ff. bestätigt. Ein Übergang auf die Erben ist also möglich.

437 EuGH Urt. v. 20.01.2009 - C-350/06 u. C-520/06 *Schultz-Hoff*, Slg. 2009, I-179, Rn. 56.

aus Sicht des EuGH ein Einheitsanspruch ist, hat er einen Vermögenswert, nämlich die Zahlung des Urlaubsentgelts. Wenn das Arbeitsverhältnis endet, entsteht der Urlaubsabgeltungsanspruch als Kompensation für beide Ansprüche als finanzielle Vergütung. Da dieser offensichtlich als finanzieller Ersatz für den Genuss des Mindesturlaubsanspruchs gesehen wird, ist damit zu rechnen, dass der EuGH zur Verfolgung des Richtlinienzieles eine Abtretbarkeit oder Pfändbarkeit für unzulässig halten wird, da durch sie der „Genuss“ dieses Geldes verhindert wird. Hingegen dürfte die Vererbbarkeit dieses Anspruchs aus gleichen Gründen wie beim einheitlichen Urlaubs- und Urlaubsentgeltanspruch möglich sein.[438] Zu dieser Frage muss der EuGH demnächst aufgrund eines Vorlagebeschlusses des LAG Hamm vom 14.02.2013 Stellung nehmen.[439]

B. Der Regelungsinhalt des unionsrechtlichen Urlaubs- und Urlaubsabgeltungsanspruchs aus Art. 7 der Arbeitszeitrichtlinie

Der Mindesturlaubsanspruch beträgt gem. Art. 7 Abs. 1 der Arbeitszeitrichtlinie vier Wochen. Nach Art. 7 Abs. 1 der Arbeitszeitrichtlinie treffen die Mitgliedsstaaten die erforderlichen Maßnahmen, damit jeder Arbeitnehmer einen Mindestanspruch von vier Wochen Jahresurlaub erhält. Dies soll nach Maßgabe der Bedingungen für die Inanspruchnahme und die Gewährung geschehen, die in den einzelstaatlichen Rechtsvorschriften und/oder nach den einzelstaatlichen Gepflogenheiten vorgesehen sind. Nach Art. 7 Abs. 2 der Arbeitszeitrichtlinie darf Urlaub nur ausnahmsweise bei Beendigung des Arbeitsverhältnisses abgegolten werden.

Es ist zu untersuchen, unter welchen Voraussetzungen nach der Rechtsprechung des EuGH zur Auslegung der Arbeitszeitrichtlinie ein Urlaubsanspruch und ein Urlaubsabgeltungsanspruch entstehen, wie sie erfüllt werden, wann sie anderweitig erlöschen können und welche Voraussetzungen die Mitgliedsstaaten hierbei regeln dürfen. Hierzu ist vorab zu klären, welchen persönlichen Geltungsbereich (I.) die Richtlinie umfasst, wer also überhaupt Inhaber des Urlaubs- und Urlaubsabgeltungsanspruches sein kann. Danach sind die sachlichen Voraussetzungen (II.) für das Entstehen, Erfüllen und Erlöschen eines Urlaubs- und Urlaubsabgeltungsanspruches nach der Arbeitszeitrichtlinie zu klären. Insbesondere ist dabei zu untersuchen, welche Regelungsbefugnisse die Mitgliedsstaaten bei Urlaubs- und Urlaubsabgeltungsansprüchen (III.) in diesen Fällen haben.

438 LAG Hamm Vorlagebeschl. v. 14.02.2013 -16 Sa 1511/12-, juris Rn. 80, Az. EuGH C-118/13.

439 Nach Abschluss der Arbeit hat der EuGH diese Auffassung in seinem Urteil vom 12.06.2014 - C-118/13 *Bollacke*, ECLI:EU:C:2014:1755, Rn. 25 ff. bestätigt.

I. Persönlicher Geltungsbereich

Den persönliche Geltungsbereich regelt die Arbeitszeitrichtlinie über Art. 1 Abs. 3 unter Bezugnahme auf Art. 2 der Richtlinie 89/391 EWG des Rates vom 12.06.1989 über die Durchführung von Maßnahmen zur Verbesserung der Sicherheit und des Gesundheitsschutzes der Arbeitnehmer bei der Arbeit.

Dort ist in Art. 2 Abs. 1 RL 89/391 EWG geregelt, dass diese Richtlinie auf alle privaten oder öffentlichen Tätigkeitsbereiche Anwendung findet. Gem. Art. 2 Abs. 2 RL 89/391 EWG werden bestimmte spezifische Tätigkeiten aus dem öffentlichen Dienst aus dem Anwendungsbereich herausgenommen, die aufgrund ihrer Besonderheit zwingend der Anwendung entgegenstehen. Hier sind beispielhaft die Streitkräfte, die Polizei und der Katastrophenschutz genannt. Der EuGH hat hierzu bereits klargestellt, dass Art. 2 Abs. 2 RL 89/391/EWG nur bestimmte besondere Aufgaben der beispielhaft angeführten Tätigkeiten meint und nicht die Tätigkeit dieser Bereiche insgesamt.[440] Diese Ausnahme gilt nur für bestimmte Aufgaben dieser Tätigkeiten im Falle von unvorhersehbaren Ereignissen, wie Natur- und Technologiekatastrophen, Attentate, schwere Unglücksfälle oder andere ähnliche Ereignisse, deren Ausmaß Maßnahmen erfordert, die zum Schutz des Lebens, der Gesundheit und der Sicherheit des Gemeinwesens unerlässlich sind.[441] Nur in diesen Teilaufgaben der öffentlichen Arbeitnehmer, wenn „rund um die Uhr" gearbeitet werden muss, um Gefahren abzuwehren, kann die Einhaltung der Gesundheitsschutzvorschriften vorübergehend außer Acht gelassen werden.[442] Die Herausnahme dieser spezifischen Tätigkeiten des öffentlichen Dienstes in Ausnahmefällen bedeutet gleichzeitig, dass die Richtlinie anders als das BUrlG grundsätzlich auf den öffentlichen Dienst anwendbar ist.[443] Insoweit gilt sie auch für Beamte, da der in Art. 3 a) und b) RL 89/391/EWG unionsrechtlich definierte Arbeitnehmerbegriff nicht im engen zivilrechtlichen Sinne wie im BUrlG zu verstehen ist.[444] Dieser Auslegung hat sich

---

440 EuGH, Beschl. v. 14.07.2005 - C-52/04 *Feuerwehr Hamburg*, Slg. 2005 I-07111 (7128 ff.); EuGH Urt. v. 03.05.2012 - C-337/10 *Neidel*, AP Nr. 8 zu Richtlinie 2003/88/EG, Rn. 21.

441 EuGH, Beschl. v. 14.07.2005 - C-52/04 *Feuerwehr Hamburg*, Slg. 2005 I-07111 (7128 ff.); EuGH Beschl. v. 07.04.2011 - C-519/09 *May/AOK*, Slg. 2011, I-2761, Rn. 19; EuGH, Urt. v. 03.05.2012 - C-335/10 *Neidel*, AP Nr. 8 zu Richtlinie 2003/88/EG, Rn. 21.

442 EuGH, Beschl. v. 14.07.2005 - C-52/04 *Feuerwehr Hamburg*, Slg. 2005 I-07111 (7128 ff.);.

443 EuGH, Urt. v. 03.05.2012 - C-335/10 *Neidel*, AP Nr. 8 zu Richtlinie 2003/88/EG, Rn. 22; EuGH Beschl. v. 07.04.2011 - C-519/09 *May/AOK*, Slg. 2011, I-2761, Rn. 24, 26; EuGH, Urt. v. 03.05.2012 - C-335/10 *Neidel*, AP Nr. 8 zu Richtlinie 2003/88/EG, Rn. 22.

444 Hanau/Steinmeyer/Wank/ *Wank*, Handbuch des europäischen Arbeits- und Sozialrechts, 2002, § 14 Rn. 10 u. 20; EuGH Urt. v. 25.11.2010 - C-429/09 *Fuß*, Slg. 2010, I-12167, Rn. 57; EuGH Urt. v. 21.10.2010 - C-227/09 *Accardo u. a.*, Slg. 2010, I-10273, Rn. 39; EuGH Urt. v. 14.10.2010 - C-428/09 *Union syndicale Solidaires* Isère, Slg.

das BVerwG in seiner Entscheidung vom 31.01.2013 angeschlossen[445], nachdem die Anwendbarkeit auf Beamte oder Dienstordnungsangestellte durch einige Gerichte[446] infrage gestellt wurde. Auch auf Dienstordnungsangestellte findet die Arbeitszeitrichtlinie entgegen der bisherigen Auffassung des BAG Anwendung.[447] Art. 7 Abs. 2 der Arbeitszeitrichtlinie ist insoweit unbedingt und eindeutig und im Urlaubsrecht der Beamten nicht umgesetzt, so dass er unmittelbar auf diese Rechtsverhältnisse anwendbar ist.[448]

2010, I-9961, Rn. 27; EuGH, Beschl. v. 14.07.2005 - C-52/04 *Feuerwehr Hamburg*, Slg. 2005 I – 7111 (7128 ff.), welcher Bezug nimmt auf EuGH, Urt. v. 05.10.2004 - C-397/01 *Pfeiffer*, Slg. 2004 I-8835 (8902 ff.); EuGH Beschl. v. 07.04.2011 - C-519/09 *May/AOK*, Slg. 2011, I-2761, Rn. 19; EuGH, Urt. v. 03.05.2012 - C-335/10 *Neidel*, AP Nr. 8 zu Richtlinie 2003/88/EG, Rn. 22, 23; VG Gelsenkirchen, Beschl. v. 04.08.2009 -1 L 667/09-, juris, nachfolgend OVG Münster, Beschl. v. 21.09.2009 -6 B 1236/09-, NVwZ-RR 2010, 74 f.; VG Minden, Urt. v. 25.07.2007 -4 K 864/06-, juris, nachfolgend OVG Münster Urt. v. 07.05.2009 -1 A 2652/07- m.w.N., ZBR 2009, 352 ff.; Thüsing, Europäisches Arbeitsrecht, 2. Aufl. 2011, § 7 Rn. 11; VG Düsseldorf Urt. v. 25.06.2010 -13 K 696/10-, juris; a.A. VG Koblenz, Urt. v. 21.07.2009 -6 K 1253/08.KO-, juris; VG Hannover, Urt. v. 15.10.2009 -13 A 2003/09- juris; VG Hannover Urt. v. 29.04.2010 -13 A 3250/09-, juris; offen gelassen VG Koblenz, Urt. v. 03.11.2009 -2 K 180/09.KO- juris, welches jedoch meint, dass die Versetzung in den Ruhestand bei Beamten nicht als Beendigung des Arbeitsverhältnisses i.S.d. Art. 7 Abs. 2 RL 2003/88/EG gesehen werden könne; OVG Rheinland-Pfalz Urt. v. 30.03.2010 -2 A 11321/09-, juris u. sich daran anschließend VG Köln Urt. v. 16.06.2010 -3 K 8656/09- juris, welches zwar die Arbeitszeitrichtlinie auf Beamte anwendet, jedoch die Auffassung vertritt, dass nach Art. 15 Arbeitszeitrichtlinie Art. 7 nicht angewendet werden müsse, da die beamtenrechtlichen Vorschriften günstiger seien; Zeißig/v.Keitz, ZBR 2010, 119 (120).

445 BVerwG Urt. v. 31.01.2013 -2 C 10.12-, ZTR 2013, 200 ff., Rn. 9, 11.

446 ArbG Wuppertal, Vorlagebeschl. v. 19.11.2009 -7 Ca 2453/09- , juris Aktenzeichen EuGH: C-519/09; VG Frankfurt Beschl. v. 25.06.2010 -9 K 836/10.F-, juris Aktenzeichen EuGH: C- 337/10 *Neidel*; OVG RhPf Urt. v. 30.03.2010 -2 A 11321/09-, juris Rn. 27; VG Koblenz Urt. v. 21.07.2009 -6 K 1253/08.KO-, LKRZ 2009, 435 u. VG Koblenz Urt. v. 03.11.2009 -2 K 180/09.KO-, juris; OVG RhPf Urt. v. 30.03.2010 -2 A 11321/09-, juris; VG Hannover Urt. v. 15.10.2009 -13 A 2003/09-, juris; VG Köln Urt. v. 16.06.2010 -3 K 8656/09-, juris.

447 EuGH, Urt. v. 03.05.2012 - C-335/10 *Neidel*, AP Nr. 8 zu Richtlinie 2003/88/EG, Rn. 22.

448 EuGH, Urt. v. 03.05.2012 - C-335/10 *Neidel*, AP Nr. 8 zu Richtlinie 2003/88/EG, Rn. 32; Zeißig/v.Keitz, ZBR 2010, 119 (122); VG Gelsenkirchen, Urt. v. 24.01.2011 -12 K 5288/09- u. -12 K 331/10-; VG Düsseldorf Urt. v. 04.08.2010 -13 K 8443/09-, juris; VG Düsseldorf Urt. v. 25.06.2010 -13 K 696/19- u. 13 K 5206/09-, juris; VG Berlin Urt. v. 10.06.2010 -5 K 175/09-, juris; BVerwG Urt. v. 31.01.2013 -2 C 10.12 ZTR 2013, 200 ff., Rn. 9, 11; nunmehr geregelt in der EUrlV in der Fassung der Bekanntmachung v. 11.11.2004 (BGBl. I S. 2831) zuletzt geändert durch Art. 6 des Gesetzes v. 06.03.2015 (BGBl. I S. 250).

Der persönliche Anwendungsbereich der Arbeitszeitrichtlinie und damit auch ihres Art. 7 umfasst also grundsätzlich alle privaten und öffentlichen „Arbeitnehmer".[449] Fehlt eine Regelung, können öffentlich-rechtliche „Arbeitnehmer" ihre Ansprüche direkt aus Art. 7 Arbeitszeitrichtlinie herleiten.[450] Ob der EuGH dies auch bei Privatpersonen aufgrund der Aufnahme des Rechts auf Jahresurlaub in Art. 31 Abs. 2 der Charta als möglich erachtet, ist weiterhin offen.

II. Sachliche Voraussetzungen für das Entstehen des Urlaubs- und Urlaubsabgeltungsanspruchs

Wie oben bereits festgestellt, richtet sich die Arbeitszeitrichtlinie an die Mitgliedsstaaten und schreibt diesen vor, dass sie innerhalb ihrer Rechtssysteme dafür sorgen müssen, dass jeder Arbeitnehmer einen Mindestjahresurlaub von vier Wochen erhält und dieser nur bei Beendigung des Arbeitsverhältnisses abgegolten werden kann und muss.

Faktisch wird jedoch durch Art. 7 der Arbeitszeitrichtlinie festgelegt, dass jeder EU-Arbeitnehmer einen Mindestjahresurlaubsanspruch von vier Wochen hat und dieser nur bei Beendigung des Arbeitsverhältnisses abgegolten werden darf. Dies führt letztlich zu dem Ergebnis, dass sich, wie Generalanwalt *Tizzano* in seinen Schlussanträgen in der Rechtssache *BECTU* vom 18.02.2001 ausführt, der Urlaubsanspruch in der Arbeitszeitrichtlinie als ein Recht auszeichnet, „welches jedem Arbeitnehmer automatisch und unbedingt zusteht".[451] Die Mitgliedsstaaten müssen also bei der Umsetzung in innerstaatliches Recht dafür sorgen, dass jeder Arbeitnehmer den Mindesturlaubsanspruch erhält. Findet keine ausreichende Umsetzung statt, müssen die nationalen Gerichte durch Auslegung der Vorschriften dafür Sorge tragen, dass die Vorschriften unionsrechtskonform ausgelegt werden. Dabei ist die Auslegung der Richtlinie durch den EuGH von den nationalen Gerichten zu berücksichtigen. Es ist daher zu untersuchen, ob die Auslegung der Arbeitszeitrichtlinie durch den EuGH erkennen lässt, welche Voraussetzungen für die Entstehung, die Erfüllung sowie Fälle des anderweitigen Erlöschens und die Durchsetzbarkeit der Rechte aus Art. 7 Arbeitszeitrichtlinie erforderlich sind.

1. Entstehen des Urlaubsanspruchs

In seiner bisher zu Art. 7 Abs. 1 der Arbeitszeitrichtlinie und seiner Vorgängerrichtlinie ergangenen Rechtsprechung hat der EuGH deutlich gemacht, dass die Mitgliedsstaaten die Entstehung des Rechts auf Urlaub, das dem Arbeitnehmer für „die Gesamtheit seiner zurückgelegten Beschäftigungszeit zusteht", nicht von einer

---

449 Höpfner, RdA 2013, 16 (19 f.).

450 EuGH Urt. v. 24.01.2012 - C-282/10 *Dominguez*, ECLI:EU:EC:2012:33, Rn. 39; EuGH Urt. v. 03.05.2012 - C-337/10 *Neidel*, AP Nr. 8 zu Richtlinie 2003/88/EG, Rn. 27, 32.

451 Schlussanträge GA *Tizzano* v. 08.02.2001, Slg. 2001 S. I-04881, Rn. 29.

weiteren Voraussetzung abhängig machen dürfen.[452] Das Entstehen des Anspruches darf nicht ausgeschlossen werden.[453] Es ist jedoch nicht eindeutig aus der Rechtsprechung des EuGH ersichtlich, welches die bereits bestehenden Voraussetzungen sein sollen, zu denen die Mitgliedsstaaten keine weiteren schaffen dürfen.

Der EuGH geht jedoch davon aus, dass der Urlaubsanspruch in Abhängigkeit zu der erbrachten Arbeitsleistung ratierlich erworben wird.[454] Die bisherigen Entscheidungen des EuGH zu der Frage, ob tatsächlich gearbeitet werden muss, um Urlaubsansprüche zu erwerben, ergingen zunächst zur Frage des Arbeitsversäumnisses wegen Krankheit.[455] In der Entscheidung *Schultz-Hoff* wird auf Art. 5 Abs. 4 des Übereinkommens Nr. 132 der IAO Bezug genommen, wonach vom Willen des Arbeitnehmers unabhängige Arbeitsversäumnisse als Dienstzeiten anzurechnen sind.[456] In den Rechtssachen *Schultz-Hoff* und *Dominguez* ging es vorrangig um die Frage, ob im Falle von ordnungsgemäßer Krankschreibung, Urlaubsansprüche verfallen können. Aus der Auffassung, dass Zeiten ordnungsgemäßer Krankschreibung wie Arbeitszeiten zu behandeln sind, zieht der EuGH den Schluss, dass in diesen Fällen, nicht die Voraussetzung der „tatsächlichen Arbeitserbringung“ als Voraussetzung geregelt werden dürfe.[457] Ob in den „Normalfällen“ ohne entschuldigte Fehlzeiten die Arbeitsleistung ordnungsgemäß erbracht werden muss, um einen Anspruch auf Urlaub entstehen zu lassen, stellt der EuGH bisher nicht ausdrücklich fest.[458] Da er aber eine Anpassung der Urlaubsansprüche an die Arbeitsleistung im Falle der Kurzarbeit „Null“ auf Null für möglich erachtet[459], reicht das reine Bestehen des Arbeitsverhältnisses nicht als Voraussetzung für die Begründung von Urlaubsansprüchen aus. Selbst wenn dies der Fall wäre, könnten Ansprüche für diese Arbeitsausfallzeiten gekürzt werden. Aus der *Schultz-Hoff*-Entscheidung könnte

---

452 EuGH Urt. v. 26.06.2001 - C-173/99 *BECTU*, Slg. 2001, I-04881, Rn. 53, EuGH Urt. v. 20.01.2009 - C-350/06 und 520/06 *Schultz-Hoff*, Slg. 2009, I-179, Rn. 46; EuGH Urt. v. 24.01.2012 - C-282/10 *Dominguez*, ECLI:EU:C:2012:33, Rn. 18; a.A. LAG Düsseldorf Urt v. 02.02.2009 - 12 Sa 486/06, LAGE § 7 BUrlG Abgeltung Nr. 22, Rn. 98; Sedlmeier, EuZA 2010, 88 (90).

453 EuGH Urt. v. 26.06.2001- C-173/99 *BECTU*, Slg. 2001, I-04881, Rn. 55; Sedlmeier, EuZA 2010, 88 (91).

454 Kock/Heyde, BB 2013, 2938 (2939); so wohl auch Rudkowski, EuZA 2013, 260 (262); Schubert, NZA 2013 1105 (1106); Stiebert/Imani, NZA 2013, 1338 (1339), die davon ausgehen, dass der EuGH von einem Urlaubserwerb pro Arbeitstag in Höhe von 1/365 ausgehe; Latzel, EuZA 2014, 80 (84 ff).

455 EuGH Urt. v. 20.01.2009 - C-350/06 u. C-520/06 *Schultz-Hoff*, Slg. 2009, I-179; EuGH Urt. v. 24.01.2012 - C-282/10 *Dominguez*, ECLI:EU:C: 2012:33, Rn. 18.

456 Kamanabrou, SAE 2009, Urlaubsanspruch 121 (123).

457 EuGH Urt. v. 20.01.2009 - C-350/06 und 520/06 *Schultz-Hoff*, Slg. 2009, I-179, Rn. 38–41.

458 LAG Düsseldorf Urt v. 02.02.2009 - 12 Sa 486/06, LAGE § 7 BUrlG Abgeltung Nr. 22, juris Rn. 93.

459 EuGH Urt. v. 08.11.2012 - C-229/11 u. C-230/11 *Heimann u. Toltschin*, ECLI:EU:C:2012:69, Rn. 28.

man daher auch entnehmen, dass in Zeiten unentschuldigten Fehlens, kein Urlaub erworben werden kann.

Es kommt nach Auffassung des EuGH auch nicht darauf an, wie lange das Arbeitsverhältnis besteht[460], ob es befristet oder unbefristet ist[461], oder ob der Arbeitnehmer krank ist und ob in Teilzeit oder Vollzeit gearbeitet wird. In letzterem Fall stehen lediglich die jeweilige Dauer und die Höhe des Anspruchs auf Freistellung zur Disposition, da diese im Verhältnis zu einem Vollzeitarbeitsverhältnis pro rata temporis angepasst werden dürfen.[462] Aus Letzterem ist aber auch zu entnehmen, dass nach Auffassung des EuGH die Höhe des Urlaubanspruchs von dem Umfang der zu leistenden Arbeitszeit und damit letztlich auch zu leistenden Arbeitsleistung abhängig ist.[463] Der „pro rata temporis-Grundsatz" dient zur Anpassung vermögenswerter Gegenleistungen an die Arbeitsleistung des Arbeitnehmers, wenn sich die Leistung des Arbeitnehmers wegen Teilzeit verringert.[464] Er kann nur greifen, wenn man die Urlaubsgewährungspflicht als Gegenleistung für die Arbeitsleistungspflicht sieht.

Die Generalanwältin *Trstenjak* hat in ihren Schlussanträgen in der Rechtssache *KHS/Schulte* ausdrücklich festgestellt, dass zwischen geleisteter Arbeit und Urlaub ein Kausalzusammenhang besteht.[465] Auch der EuGH scheint einen solchen Zusammenhang zu sehen, wenn er den Erholungscharakter des Urlaubs damit begründet, dass sich der Arbeitnehmer von der „Ausübung der ihm ... obliegenden Aufgaben" erholen soll.[466] Zudem betont der EuGH in den Rechtssachen *KHS/Schulte* und *Neidel* den Erholungszweck des Urlaubsanspruchs, den dieser im Verhältnis zur erbrachten Arbeit erfüllen muss.[467] Auch dies spricht dafür, dass der EuGH das Entstehen des Urlaubsanspruchs im Normalfall der ungestörten Arbeitsleistung von deren Erbringung abhängig macht.

Die grundsätzliche Abhängigkeit des Urlaubsanspruchs von der tatsächlichen Erbringung der Arbeitsleistung macht der EuGH insbesondere in der Rechtssache

---

460 EuGH Urt. v. 26.06.2001 - C-173/99 *BECTU*, Slg. 2001, I-04881.

461 EuGH Urt. v. 26.06.2001 - C-173/99 *BECTU*, Slg. 2001, I-04881, Rn. 46.

462 EuGH Urt. v. 26.06.2001 - C-173/99 *BECTU*, Slg. 2001, I-04881; EuGH Urt. v. 20.01.2009 - C-350/06 u. C-520/06 *Schultz-Hoff*, Slg. 2009, I-179, Rn. 40; EuGH Urt. v. 22.04.2010 - C-486/08 *Zentralbetriebsrat der Landeskrankenhäuser Tirols*, Slg. 2010, I-3527, Rn. 33; EuGH Beschl. v. 13.06.2013 - C-415/12 *Brandes*, ECLI:EU:C:2013:398, Rn. 31.

463 A.A. Düwell, DB 2012, 1749 (1749), der meint, der EuGH mache die Entstehung von der zu erbringenden Arbeitspflicht abhängig.

464 Schaub/*Linck* Arbeitsrechts-Handbuch, 16. Aufl. 2015, § 43 Rn. 44.

465 Schlussanträge GA *Trstenjak* v. 07.07.2011 in der Rechtssache C-214/10 *KHS/Schulte*, Rn. 57 www.curia.eu.

466 EuGH Urt. v. 22.11.2011 - C-214/10 *KHS/Schulte*, Slg. 2011, I-11757, Rn. 31.

467 EuGH Urt. v. 22.11.2011 - C-214/10 *KHS/Schulte*, Slg. 2011, I-11757, Rn. 31–33; EuGH Urt. v. 03.05.2012 - C-337/10 *Neidel*, AP Nr. 8 zu Richtlinie 2003/88/EG, Rn. 39.

Heimann und Toltschin deutlich. Er führt aus, dass bei Suspendierung der gegenseitigen Leistungspflichten im Fall der Kurzarbeit „Null", der Urlaubsanspruch wie bei einer Teilzeitbeschäftigung pro-rata-temporis ebenfalls auf Null angepasst werden kann.[468] Eine solche Situation, die zudem noch den Erhalt des Arbeitsverhältnisses sichert, ist nach Auffassung des EuGH nicht mit der Situation eines kranken Arbeitnehmers vergleichbar.[469] Der EuGH hat mit dieser Aussage klargestellt, dass dem Mindesturlaubsanspruch bereits die Voraussetzung immanent ist, dass unabhängig von den gesondert in dem Übereinkommen Nr. 132 der IAO geregelten Fällen Arbeitsleistung erbracht werden muss.[470] Die Arbeitsunfähigkeitszeiten werden wie Arbeitszeiten behandelt, so dass letztlich erbrachte Arbeit gesetzlich fingiert wird.[471] Die Erbringung der Arbeitsleistung ist also unionsrechtlich eine Voraussetzung für das Entstehen des Urlaubsanspruchs. Es gilt der Grundsatz „ohne Arbeit kein Urlaub".

2. Entstehen des Urlaubsabgeltungsanspruchs

Eine genaue Festlegung der Voraussetzungen für das Entstehen des Abgeltungsanspruches hat der EuGH in seiner bisherigen Rechtsprechung nicht vorgenommen. Es muss davon ausgegangen werden, dass der EuGH nur die Beendigung des Arbeitsverhältnisses als Voraussetzung für das Entstehen des Urlaubsabgeltungsanspruches zulässt, da er in der Rechtssache *Schultz-Hoff* deutlich gemacht hat, dass bei einem am Ende des Arbeitsverhältnisses noch bestehenden Urlaubsanspruch die Abgeltung desselben bei Beendigung zu erfolgen hat, ohne dass weitere Voraussetzungen hinzutreten müssen.[472] Er sieht in der Abgeltung eine finanzielle Vergütung für den bis zur Beendigung des Arbeitsverhältnisses entstandenen und nicht genommenen Urlaubsanspruch, der wegen Unmöglichkeit der bezahlten Freistellung kapitalisiert wird.[473]

Nach der Rechtsprechung des EuGH ist also die Beendigung des Arbeitsverhältnisses einzige Voraussetzung für das Entstehen des Urlaubsabgeltungsanspruchs. Eine den Abgeltungsanspruch begründende Beendigung des Arbeitsverhältnisses stellt für den EuGH auch der Eintritt in den Ruhestand eines Beamten dar, da er das

---

468 EuGH Urt. v. 08.11.2012 - C-229/11 u. C-230/11 *Heimann u. Toltschin*, ECLI:EU:C:2012:693, Rn. 34.

469 wie vorhergehende Fn.

470 EuGH Urt. v. 08.11.2012 - C-229/11 u. C-230/11 *Heimann u. Toltschin*, ECLI:EU:C:2012:693, Rn. 33 ff.; Rudkowski, EuZA 2013, 260 (266).

471 siehe hierzu ausführlich unter 3. Teil C. I.

472 EuGH Urt. v. 20.01.2009 - C-350/06 u. C-520/06 *Schultz-Hoff*, Slg. 2009, I-179, Rn. 56; so auch nach Abschluss der Arbeit EuGH Urt. v. 12.06.2014 - C-118/13 *Bollacke*, ECLI:EU:C:2014:1755, Rn. 29 (kein Antrag erforderlich).

473 EuGH Urt. v. 20.01.2009 - C-350/06 u. C-520/06 *Schultz-Hoff*, Slg. 2009, I-179, Rn. 56; EuGH, Urt. v. 03.05.2012 - C-335/10 *Neidel*, AP Nr. 8 zu Richtlinie 2003/88/EG, Rn. 29; so auch nach Abschluss der Arbeit EuGH Urt. v. 12.06.2014 - C-118/13 *Bollacke*, ECLI:EU:C:2014:1755, Rn. 25.

Dienstverhältnis beendet.[474] Ob die Beendigung des Arbeitsverhältnisses durch den Tod des Arbeitnehmers auch zu einem Abgeltungsanspruch führt, wird durch den EuGH voraussichtlich aufgrund des Vorlagebeschlusses des LAG Hamm entschieden.[475]

Der Urlaubsabgeltungsanspruch ist wie im deutschen Recht auch unionsrechtlich als Sekundäranspruch des wegen Unmöglichkeit nicht mehr erfüllbaren Urlaubsanspruchs einzuordnen.[476]

III. Regelungsbefugnisse der Mitgliedsstaaten

Die Arbeitszeitrichtlinie schreibt den Mitgliedsstaaten nur wenige konkrete Inhalte bei deren Umsetzung in das nationale Recht vor, wie z.B. die Höhe des Mindesturlaubsanspruchs und das Abgeltungsverbot bei bestehender Beendigung.[477] Im Übrigen obliegt es gem. Art. 7 Abs. 1 der Arbeitszeitrichtlinie den Mitgliedsstaaten, die erforderlichen Maßnahmen zu treffen, damit jeder Arbeitnehmer seinen bezahlten Mindesturlaub erhält. Diese Maßnahmen sollen gem. Art. 7 Abs. 1 der Arbeitszeitrichtlinie nach Maßgabe der Bedingungen für die Inanspruchnahme und Gewährung erfolgen, die in den einzelstaatlichen Rechtsvorschriften und/oder Gepflogenheiten der Mitgliedsstaaten vorgesehen sind. Wie die Mitgliedsstaaten diese Vorgaben umsetzen, ist zur Wahrung der Autonomie zunächst ihnen überlassen. Aufgrund der innerstaatlichen rechtshistorischen Eigenheiten der Regelungen über den Urlaub wurden jedoch bereits durch die Rechtsprechung des EuGH einzelne Regelungsinhalte spezifiziert.[478] Die Ergebnisse dieser Auslegung sind für

---

474 EuGH Urt. v. 03.05.2012 - C-337/10 *Neidel*, AP Nr. 8 zu Richtlinie 2003/88/EG, Rn. 40.

475 LAG Hamm Vorlagebeschl. v. 14.02.2013 -16 Sa 1511/12-, juris Rn. 73–75, Az. EuGH C-118/13; so auch nach Abschluss der Arbeit EuGH Urt. v. 12.06.2014 - C-118/13 *Bollacke*, ECLI:EU:C:2014:1755, Rn. 25 ff.: auch der Tod des Arbeitnehmers führt zu einem Abgeltungsanspruch.

476 s.a. Schlussanträge GA *Trstenjak* v. 07.07.2011, Rechtssache C-214/10 *KHS/Schulte*, Rn. 35 www.curia.eu; EuGH Urt. v. 20.01.2009 - C-350/06 u. C-520/06 *Schultz-Hoff*, Slg. 2009, I-179, Rn. 56; EuGH, Urt. v. 03.05.2012 - C-335/10 *Neidel*, AP Nr. 8 zu Richtlinie 2003/88/EG, Rn. 29; so auch nach Abschluss der Arbeit EuGH Urt. v. 12.06.2014 - C-118/13 *Bollacke*, ECLI: EU:C:2014:1755, Rn. 25.

477 EuGH, Urt. v. 03.05.2012 - C-335/10 *Neidel*, AP Nr. 8 zu Richtlinie 2003/88/EG, Rn. 35.

478 EuGH Urt. v. 26.06.2001 - C-173/99 *BECTU*, Slg. 2001, I-04881; EuGH Urt. v. 18.03.2004 - C-342/01 *Merino Gómez*, Slg. 2004, I-02605; EuGH Urt. v. 16.03.2006 - C-131/04 *Robinson-Steele*, Slg. 2006, I-02531; EuGH Urt. v. 06.04.2006 - C-124/05 *Federatie Nederlandse Vakbeweging*, Slg. 2006, I-03423; EuGH Urt. v. 20.01.2009 - C-350/06 u. C-520/06 *Schultz-Hoff*, Slg. 2009, I-179; EuGH Urt. v. 10.09.2009 - C-277/08 *Vincente Pereda*, Slg. 2009, I-8405; EuGH Urt. v. 22.04.2010 - C-486/08 *Zentralbetriebsrat der Landeskrankenhäuser Tirols*, Slg. 2010, I-3527.

die deutschen Gerichte verbindlich[479], denn der EuGH ist als „gesetzlicher Richter" i.S.d. Art. 101 Abs. 1 S. 2 GG zur endgültigen Entscheidung über die Auslegung des Gemeinschaftsrechts berufen.[480] Ist eine Auslegungsfrage bereits geklärt, muss sich ein nationales Arbeitsgericht daran orientieren. Ist sie noch nicht geklärt, muss zumindest das BAG gem. Art. 267 Abs. 3 AEUV die Auslegungsfrage dem EuGH zur Entscheidung vorlegen. Zur Überprüfung der Rechtsprechung des BAG zum deutschen Urlaubsrecht ist es also erforderlich, die bereits geklärten Auslegungsergebnisse des EuGH für die Regelungsbefugnisse der Mitgliedsstaaten zu ermitteln.

Der EuGH stellt fest, dass sich bereits aus der Tatsache, dass die Arbeitszeitrichtlinie weder längere Referenzzeiträume nach Art. 16 noch Ausnahmen nach Art. 17 oder 18 der Arbeitszeitrichtlinie zulässt, ergibt, dass Art. 7 der Arbeitszeitrichtlinie hinsichtlich der Befugnisse der Mitgliedsstaaten eng auszulegen ist.[481] Wegen der besonderen Bedeutsamkeit des Anspruchs ist der autonome Umsetzungsspielraum der Mitgliedsstaaten daher begrenzt. Dieser Begrenzung unterliegt der Urlaubsanspruch jedoch nur im Umfang des richtliniengeschützten Mindesturlaubs[482] unter Beachtung des primärrechtlich in Art. 31 Abs. 2 der Charta geregelten Schutzes.

Es dürfen durch die Mitgliedsstaaten keine Regelungen geschaffen werden, die den Mindesturlaubsanspruch einseitig einschränken oder Arbeitnehmer hiervon ausschließen.[483] Art. 7 Abs. 1 der Arbeitszeitrichtlinie ist also dahingehend zu verstehen, dass die Mitgliedsstaaten nur die Art und Weise der Durchführung des unbedingten Mindesturlaubsanspruchs regeln dürfen.[484] Sie können Regelungen bezüglich der Ausübung und der Umsetzung des Anspruches treffen.[485]

Die Mitgliedsstaaten müssen jedoch bei Schaffung der Regelungen das Richtlinienziel beachten. Ziel der Richtlinie ist es, die Lebens- und Arbeitsbedingungen der Arbeitnehmer unter gleichzeitiger Harmonisierung der einzelstaatlichen Vorschriften zur Arbeitszeitgestaltung zu verbessern.[486] Mit angemessenen Mindestruhezeiten und angemessenen Ruhepausen soll der Schutz der Sicherheit und Gesundheit der

479 EuGH Urt. v. 20.01.2009 - C-350/06 u. C-520/06 *Schultz-Hoff*, Slg. 2009, I-179, Rn. 47.

480 BVerfG Beschl. v. 22.10.1986 -2 BvR 197/83 *Solange I*, BVerfGE 73, 339, Rn. 70; BVerfG Beschl. v. 25.01.2011 -1 BvR 1741/09-, ECLI:DE: BVerfG:2011:rs20110125.1bvr174109, Rn. 101.

481 EuGH Urt. v. 26.06.2001- C-173/99 *BECTU*, Slg. 2001, I-04881, Rn. 40/41u. Rn. 50; EuGH Urt. v. 16.03.2006 - C-131/04 *Robinson-Steele*, Slg. 2006, I-02531, Rn. 62; EuGH Urt. v. 06.04.2006 - C-124/05 *Federatie Nederlandse Vakbeweging*, Slg. 2006, I-03423, Rn. 34; EuGH Urt. v. 20.01.2009 - C-350/06 u. C-520/06 *Schultz-Hoff*, Slg. 2009, I-179, Rn. 24.

482 EuGH Urt. v. 24.01.2012 - C-282/10 *Dominguez*, ECLI:EU:C:2012:33, Rn. 47; EuGH, Urt. v. 03.05.2012 - C-335/10 *Neidel*, AP Nr. 8 zu Richtlinie 2003/88/EG, Rn. 37.

483 EuGH Urt. v. 26.06.2001 - C-173/99 *BECTU*, Slg. 2001, I-04881, Rn. 52; Sedlmeier, EuZA 2010, 88 (91).

484 EuGH Urt. v. 26.06.2001 - C-173/99 *BECTU*, Slg. 2001, I-04881, Rn. 53.

485 EuGH Urt. v. 26.06.2001 - C-173/99 *BECTU*, Slg. 2001, I-04881, Rn. 53.

486 EuGH Urt. v. 26.06.2001 - C-173/99 *BECTU*, Slg. 2001, I-04881, Rn. 37.

Arbeitnehmer gewährleistet werden.[487] Wie bereits erläutert, erfüllt der Urlaubsanspruch laut EuGH im Rahmen des Richtlinienziels einen „doppelten Zweck".[488] Er soll *„es dem Arbeitnehmer ermöglichen, sich zum einen von der Ausübung der ihm nach dem Arbeitsvertrag obliegenden Aufgaben zu erholen und zum anderen über einen Zeitraum für Entspannung und Freizeit zu verfügen."*[489] Ist einer dieser Zwecke nicht mehr erfüllbar, können Regelungen getroffen werden, die den Mindesturlaubsanspruch erlöschen lassen.[490]

1. Verbot von Regelungen über die Voraussetzungen für das Entstehen des Urlaubsanspruchs

Wie bereits zuvor ausgeführt, verbietet der EuGH die Regelung über weitere Voraussetzungen für das Entstehen, sieht jedoch die Erbringung der Arbeitsleistung als Voraussetzung für das Entstehen des Urlaubsanspruches[491], soweit nicht eine entschuldigte Erkrankung[492] zur Nichterbringung der Arbeitsleistung führt. Wegen der Bezugnahme der Arbeitszeitrichtlinie auf das Übereinkommen Nr. 132 der IAO, welches in Art. 5 Abs. 4 bestimmt, dass vom Willen des Arbeitnehmers unabhängige Arbeitsversäumnisse wie die Arbeitsunfähigkeit als Dienstzeiten anzurechnen sind, gibt es jedoch eine Ausnahmeregelung zu dem Grundsatz „ohne Arbeit kein Urlaub". Dadurch werden vom Willen das Arbeitnehmers unabhängig entstehende Fehlzeiten beim Entstehen des Mindesturlaubsanspruchs über eine gesetzliche Fiktion zur Dienstzeit und damit zur Arbeitszeit. Es wird also über die Fiktion angenommen, der Arbeitnehmer hätte in dieser Zeit gearbeitet.

Für andere Fälle des Arbeitsausfalls hat der EuGH keinen Grundsatz aufgestellt, wonach die Arbeitsleistung nicht Voraussetzung für den Erwerb des Urlaubsanspruchs ist. Aufgrund der Tatsache, dass laut EuGH eine vom Willen des Arbeitnehmers unabhängige Krankheit den Anspruch nicht beeinträchtigen darf, weil sie wie eine Dienstzeit zu behandeln ist, ist davon auszugehen, dass andere Fehlzeiten auch das Entstehen des Urlaubsanspruchs verhindern könnten und dies auch geregelt werden darf. Für den Fall der Kurzarbeit „Null" hat der EuGH klargestellt, dass für diese Zeiten eine Anpassung des Urlaubs auf Null möglich ist, weil diese Situation mit einer Teilzeitsituation vergleichbar ist.[493] Zudem basierte die dortige

---

487 EuGH Urt. v. 26.06.2001 - C-173/99 *BECTU*, Slg. 2001, I-04881, Rn. 38; EuGH Urt. v. 12.11.1996 - C-84/94 *Vereinigtes Königreich/Rat*, Slg. 1996, I-05755, Rn. 45.

488 EuGH Urt. v. 22.11.2011 - C-214/10 *KHS/Schulte*, Slg. 2011, I-11757, Rn. 31.

489 EuGH Urt. v. 22.11.2011 - C-214/10 *KHS/Schulte*, Slg. 2011, I-11757, Rn. 31;.

490 EuGH Urt. v. 22.11.2011 - C-214/10 *KHS/Schulte*, Slg. 2011, I-11757, Rn. 33 ff.; EuGH Urt. v. 03.05.2012 - C-337/10 *Neidel*, AP Nr. 8 zu Richtlinie 2003/88/EG, Rn. 39.

491 EuGH Urt. v. 08.11.2012 - C-229/11 u. C-230/11 *Heimann u. Toltschin*, ECLI:EU:. C:2012:693, Rn. 34.

492 EuGH Urt. v. 20.01.2009 - C-350/06 u. C-520/06 *Schultz-Hoff*, Slg. 2009, I-179, Rn. 41.

493 EuGH Urt. v. 08.11.2012 - C-229/11 u. C-230/11 *Heimann u. Toltschin*, ECLI:EU: C:2012:693, Rn. 34.

Regelung auf dem Bestreben, Entlassungen zu verhindern.[494] Soweit ein Arbeitsleistungsausfall vorhersehbar ist, also nicht zufällig eintritt, und zudem soziale Vorteile für den Arbeitnehmer begründet, darf geregelt werden, dass Ansprüche aufgrund dieser Ausfallzeiten nicht entstehen. Insoweit hat der EuGH auch eine arbeitsvertragliche Regelung als richtlinienkonform bestätigt, wonach keine Urlaubsansprüche für die Zeiten entstehen, in denen der Arbeitgeber einer Frau unbezahlte Mutterschaftszeiten gewährt, die über die Unionsrechte und gesetzlichen Rechte auf Mutterschaftsurlaub hinausgehen.[495] Auf die zu diesem Zeitpunkt geltende Arbeitszeitrichtlinie 93/104/EG geht der EuGH jedoch in der Entscheidung nicht ein.

Der EuGH hat das Verbot der Regelung über weitere Voraussetzung für das Entstehen in folgenden Fällen spezifiziert: Es dürfen keine Regelungen über die Erfüllung von Mindestdienstzeiten als Voraussetzung getroffen werden und nicht zwischen einem befristeten und unbefristeten Arbeitsverhältnis unterschieden werden.[496]

Die Arbeitszeitrichtlinie verwehrt daher den Mitgliedsstaaten, Voraussetzungen für das Entstehen des Urlaubsanspruchs aufzustellen, die bewirken, dass bestimmte Arbeitnehmer ausgeschlossen sind.[497]

2. *Regelungen bezüglich der Erfüllung und Erfüllbarkeit des unionsrechtlichen Urlaubs-„anspruchs“*

Der EuGH führt hinsichtlich der Voraussetzungen für die Erfüllung und der Erfüllbarkeit des Urlaubsanspruchs aus, dass nur die Festlegung der „Art und Weise der Durchführung des bezahlten Jahresurlaubs“ den Mitgliedsstaaten obliegt, worunter die Voraussetzungen für die Ausübung und die Umsetzung des Anspruchs zu verstehen sind.[498] Sie dürfen dabei „die konkreten Umstände“ bezeichnen, „unter denen die Arbeitnehmer von diesem Recht, das ihnen für die Gesamtheit der zurückgelegten Beschäftigungszeiten zusteht, Gebrauch machen können“.[499] Aus dieser eindeutigen Aussage zur Auslegung des gleichlautenden Art. 7 der alten Arbeitszeitrichtlinie durch den EuGH geht hervor, dass die Mitgliedsstaaten die Art und Weise der

494 EuGH Urt. v. 08.11.2012 - C-229/11 u. C-230/11 *Heimann u. Toltschin,* ECLI:EU:C:2012:693, Rn. 30.

495 EuGH Urt. v. 27.10.1998 - C-411/96 *Margaret Boyle u. a.*, Slg. 1998, I-06401, Rn. 80.

496 EuGH Urt. v. 26.06.2001 - C-173/99 *BECTU,* Slg. 2001, I-04881, Rn. 46; EuGH Urt. v. 22.04.2010 - C-486/08 *Zentralbetriebsrat der Landeskrankenhäuser Tirols,* Slg. 2010, I-3527, Rn. 47.

497 EuGH Urt. v. 26.06.2001 - C-173/99 *BECTU,* Slg. 2001, I-04881, Rn. 52; Rummel, AuR 2009, 160 (162).

498 EuGH Urt. v. 26.06.2001 - C-173/99 *BECTU,* Slg. 2001, I-04881 (04900), Rn. 53, so auch in EuGH Urt. v. 20.01.2009 - C-350/06 u. C-520/06 *Schultz-Hoff,* Slg. 2009, I-179, Rn. 60.

499 wie vorhergehende Fn.

Durchführung also die Erfüllung des Jahresurlaubs regeln dürfen.[500] Der Verweis in dem zitierten Urteil auf die Randnummer 34 der Schlussanträge des Generalanwalts macht ebenfalls deutlich, was mit der „Art und Weise der Durchführung" gemeint ist. Der Generalanwalt *Tizzano* führt in seinen Schlussanträgen zur Rechtssache *BECTU* aus:

„..., *dient diese Verweisung* (auf die einzelstaatlichen Rechtsvorschriften und Gepflogenheiten: Einfügung der Verfasserin) *insbesondere dem Zweck, den Mitgliedsstaaten zu ermöglichen, einen rechtlichen Rahmen festzulegen, der organisatorische und verfahrensmäßige Aspekte bei der Inanspruchnahme von Urlaub regelt, wie z.B. die Planung der Urlaubszeiten, die eventuelle Verpflichtung des Arbeitnehmers, dem Arbeitgeber vorher mitzuteilen, wann er Urlaub nehmen will, das Erfordernis der Ableistung einer Mindestarbeitszeit, bevor der Urlaub genommen werden kann, die Kriterien für die anteilsmäßige Berechnung des Jahresurlaubsanspruches, wenn das Arbeitsverhältnis weniger als ein Jahr andauert usw.*"[501]

Mit dem Hinweis des EuGH auf diese vorstehenden Ausführungen des Generalanwalts *Tizzano* wird deutlich, dass die Mitgliedstaaten das „Wie" des Urlaubsanspruchs regeln dürfen, also Fragen der Erfüllung und des Erlöschens, aber nicht das „Ob".[502] Da Art. 7 Abs. 1 der Arbeitszeitrichtlinie eng auszulegen, dagegen jedoch das Recht auf Urlaub nicht restriktiv zu handhaben ist, kann das „Wie" nur in der Grenze durch die Mitgliedstaaten geregelt werden, die das „Ob" enthält.[503] Die Regelungen der Art und Weise der Durchführung dürfen daher nicht dazu führen, dass die Inanspruchnahme des unbedingten Rechts auf Urlaub für den Arbeitnehmer erschwert oder verhindert wird und damit der Richtlinienzweck gefährdet ist. Das „Wie" findet seine Schranken dort, wo das „Ob" verhindert wird.

Hinsichtlich der Regelungsbefugnisse der Mitgliedsstaaten bei der Erfüllung des Urlaubsanspruchs und des Urlaubsabgeltungsanspruchs ergibt sich hieraus, dass nur in engen Grenzen Regelungsbefugnisse bestehen. Die Rechtsprechung des EuGH zeichnet sich dadurch aus, dass jeweils einzelfallbezogen entschieden wird, ob die Grenzen überschritten wurden oder nicht. Da dieses einzelfallbezogene unionsrechtliche Richterrecht entscheidend für die Auslegung des deutschen Urlaubsrechts ist, muss im Folgenden auf die jeweiligen Sachverhalte, die der EuGH bisher hierzu entschieden hat, eingegangen werden.

---

500 Rummel, AuR 2009, 160 (162); Sedlmeier, EuZA 2010, 88 (90 f.).

501 Schlussanträge GA *Tizzano* v. 18.02.2001, Slg. 2001 I- 04881, Rn. 34.

502 Sedlmeier, EuZA 2010, 88 (91); Riesenhuber, Europäisches Arbeitsrecht, 2009, § 14 Rn. 48.

503 Riesenhuber, Europäisches Arbeitsrecht, 2009, § 14 Rn. 48.

a) *Regelungen zu Urlaubsgewährung und Krankheitszeiten*

Der EuGH bezeichnet die Freistellung des Arbeitnehmers während Arbeitsunfähigkeitszeiten als Krankheitsurlaub.[504] Nach der Rechtsprechung des EuGH erhält ein Arbeitnehmer Krankheitsurlaub, damit er von der Erkrankung genesen kann.[505] Damit dient dieser einem anderen Zweck als der Jahresmindesturlaub, der der Erholung und der Entspannung dient.[506] Wie der EuGH richtig feststellt, sind der Krankheitsurlaub und seine Ausübungsmodalitäten anders als der Mutterschafts- oder Elternurlaub nicht durch Unionsrecht geregelt.[507] Nach der Rechtsprechung des EuGH dürfen die Mitgliedsstaaten daher einerseits regeln, dass man während des Krankheitsurlaubs keinen Jahresurlaub nehmen darf, wenn man ihn tatsächlich zu einem anderen Zeitpunkt in Anspruch nehmen kann.[508] Andererseits können sie jedoch auch regeln, dass der Arbeitnehmer während des Krankheitsurlaubs seinen Jahresurlaub nehmen kann.[509] Dies gilt jedoch nur, wenn der Arbeitnehmer den Urlaub während seiner Erkrankung selbst nehmen möchte.[510] Dies gilt auch bei Eintritt einer Arbeitsunfähigkeit im festgelegten Betriebsurlaub.[511] Der Arbeitnehmer kann den Urlaub später, außerhalb der Betriebsferien, verlangen.[512] Dabei ist es unerheblich, ob der Arbeitnehmer bereits bei Antritt des zuvor festgelegten Urlaubs erkrankt ist, oder die Erkrankung erst während dieses Urlaubs eintritt.[513]

---

504 EuGH Urt. v. 20.01.2009 - C-350/06 u. C-520/06 *Schultz-Hoff*, Slg. 2009, I-179, Rn. 25; EuGH Urt. v. 10.09.2009 - C-277/08 *Vincente Pereda*, Slg. 2009, I-8405, Rn. 21; EuGH Urt. v. 21.06.2012 - C-78/11 *ANGED*, ECLI:EU:C:2012:37, Rn. 19; ErfK/*Gallner*, 15. Aufl. 2015, § 7 BUrlG Rn. 21, Gaul/Josten/Strauf, BB 2009, 497 (497); Subatzus, DB 2009, 510 (511).

505 EuGH Urt. v. 20.01.2009 - C-350/06 u. C-520/06 *Schultz-Hoff*, Slg. 2009, I-179, Rn. 2; EuGH Urt. v. 10.09.2009 - C-277/08 *Vincente Pereda*, Slg. 2009, I-8405, Rn. 21; EuGH Urt. v. 21.06.2012 - C-78/11 *ANGED*, ECLI:EU:C:2012:37, Rn. 19.

506 EuGH Urt. v. 20.01.2009 - C-350/06 u. C-520/06 *Schultz-Hoff*, Slg. 2009, I-179; EuGH Urt. v. 10.09.2009 - C-277/08 *Vincente Pereda*, Slg. 2009, I-8405, Rn. 21; EuGH Urt. v. 21.06.2012 - C-78/11 *ANGED*, ECLI:EU:C:2012:37, Rn. 19; EuGH Beschl. v. 21.02.2013 - C-194/12 *Maestre García*, ECLI:EU:C:2013:102, Rn. 18.

507 EuGH Urt. v. 20.01.2009 - C-350/06 u. C-520/06 *Schultz-Hoff*, Slg. 2009, I-179, Rn. 27.

508 EuGH Urt. v. 20.01.2009 - C-350/06 u. C-520/06 *Schultz-Hoff*, Slg. 2009, I-179, Rn. 29; Riesenhuber, Europäisches Arbeitsrecht, 2009, § 14 Rn. 50; Polzer, Die Befristung des Urlaubsanspruchs auf das Kalenderjahr, 2011, 90.

509 EuGH Urt. v. 20.01.2009 - C-350/06 u. C-520/06 *Schultz-Hoff*, Slg. 2009, I-179, Rn. 31; Riesenhuber, Europäisches Arbeitsrecht, 2009, § 14 Rn. 50.

510 EuGH Urt. v. 10.09.2009 - C-277/08 *Vincente Pereda*, Slg. 2009, I-8405, Rn. 25; EuGH Beschl. v. 21.02.2013 - C-194/12 *Maestre García*, ECLI:EU: C:2013:102, Rn. 21.

511 EuGH Urt. v. 10.09.2009 - C-277/08 *Vincente Pereda*, Slg. 2009, I-8405, Rn. 26; EuGH Beschl. v. 21.02.2013 - C-194/12 *Maestre García*, ECLI:EU: C:2013:102, Rn. 24.

512 EuGH Urt. v. 10.09.2009 - C-277/08 *Vincente Pereda*, Slg. 2009, I-8405, Rn. 22; EuGH Urt. v. 21.06.2012 - C-78/11 *ANGED*, ECLI:EU:C: 2012:37, Rn. 20.

513 EuGH Urt. v. 21.06.2012 - C-78/11 *ANGED*, ECLI:EU:C:2012:37, Rn. 21/22.

Die Festlegung dieses neuen Urlaubszeitpunktes muss gegebenenfalls außerhalb des vom Arbeitgeber vorgegebenen Bezugszeitraumes stattfinden und darf vom Arbeitgeber nicht vollständig abgelehnt werden.[514] Der EuGH billigt den Mitgliedsstaaten also außer bei der Entstehung des Anspruchs Freiheiten bei der Regelung von Arbeitsunfähigkeitsfehlzeiten und Urlaub zu, weil „Krankheitsurlaub" nicht unionsrechtlich geregelt ist. Diese Regelungen dürfen aber nicht zum Ausschluss des Urlaubsanspruchs führen.

b) Urlaubsentgeltregelungen

Zu den Regelungsbefugnissen der Mitgliedsstaaten aus Art. 7 der Arbeitszeitrichtlinie gehören nach der Rechtsprechung des EuGH auch Regelungen über den Zeitpunkt der Entgeltzahlung während des Urlaubs, soweit die finanzielle Absicherung des Arbeitnehmers während der Freistellung gewährleistet ist.[515] Der EuGH sieht den Sinn und Zweck der Arbeitszeitrichtlinie, die Sicherheit und Gesundheit der Arbeitnehmer zu schützen, nur dann als gesichert an, wenn der Arbeitnehmer in der Urlaubszeit finanziell in der vergleichbaren Situation ist, wie in der Zeit, in der er arbeitet.[516] D.h., dass das Urlaubsentgelt nur davor oder während des Urlaubs im zeitlichen Zusammenhang gezahlt werden darf, aber nicht z.B. danach. Aus diesem Grund sah der EuGH die Regelung des „rolled-up holiday pay" im Fall *Robinson-Steele* als Richtlinienverstoß an.[517] In der dem Fall zugrunde liegenden Regelung wurde der Betrag, der während des Urlaubs als Urlaubsentgelt zu zahlen gewesen wäre, auf den monatlichen Lohn als zusätzliche Lohnzahlung verteilt, um dann während der Urlaubsfreistellung kein Urlaubsentgelt und keinen Lohn zu zahlen. Hierin sah der EuGH wegen der Trennung von Freistellung und Zahlung einen Richtlinienverstoß, weil eine solche Regelung den Arbeitnehmer daran hindere, tatsächlich seine Freistellung zu beanspruchen, da er in dieser Zeit kein Geld bezieht.[518] Der EuGH hat damit klargestellt, dass Urlaubsentgelt zeitgleich mit dem Urlaub gezahlt werden muss, um das Richtlinienziel zu erreichen.[519]

---

514 EuGH Urt. v. 10.09.2009 - C-277/08 *Vincente Pereda*, Slg. 2009, I-8405, Rn. 23; EuGH Urt. v. 21.06.2012 - C-78/11 *ANGED*, ECLI:EU:C: 2012:37, Rn. 23; EuGH Beschl. v. 21.02.2013 - C-194/12 *Maestre García*, ECLI:EU:C:2013:102, Rn. 24.

515 EuGH Urt. v. 16.03.2006 - C-131/04 *Robinson-Steele*, Slg. 2006, I-02531, Rn. 56, 59; s.a. GA *Trstenjak*, Schlussanträgen v. 16.06.2011 Rechtssache C-155/10 *Williams u. a./British Airways*, www.curia.eu.

516 EuGH Urt. v. 16.03.2006 - C-131/04 *Robinson-Steele*, Slg. 2006, I-02531, Rn. 58; EuGH Urt. v. 15.09.2011 - C-155/10 *Williams*, Slg. 2011, I-8409, Rn. 20; nach Abschluss der Arbeit: EuGH Urt. v. 22.05.2014 - C-539/12 *Lock*, ECLI:EU:C:2014:351, Rn. 17.

517 EuGH Urt. v. 16.03.2006 - C-131/04 *Robinson-Steele*, Slg. 2006, I-02531, Rn. 51.

518 EuGH Urt. v. 16.03.2006 - C-131/04 *Robinson-Steele*, Slg. 2006, I-02531, Rn. 51; Riesenhuber, Europäisches Arbeitsrecht, 2009, § 14 Rn. 53.

519 EuGH Urt. v. 16.03.2006 - C-131/04 *Robinson-Steele*, Slg. 2006, I-02531, Rn. 59.

Das Urlaubsentgelt muss der Höhe nach dem Arbeitsentgelt entsprechen und mit ihm vergleichbar sein. Es darf nicht so berechnet werden, dass der Arbeitnehmer wegen der Urlaubsnahme finanzielle Nachteile hat, um den Arbeitnehmer wegen sonst eventuell eintretenden finanziellen Einbußen nicht davon abzuhalten, Urlaub zu nehmen.[520] Dass der Begriff „Arbeitsentgelt" lediglich als Bemessungsgröße dient, ergibt sich aus der Formulierung des EuGH in dem Verfahren *Williams* mit Bezug auf die Schlussanträge der Generalanwältin, die dort ausführt:

„... ergibt sich aus dem Vorstehenden, dass das Urlaubsentgelt grundsätzlich so bemessen sein muss, dass es mit dem gewöhnlichen Entgelt des Arbeitnehmers übereinstimmt."[521].

Dabei hat die Bemessung des Urlaubsentgeltes „auf der Basis eines Durchschnittswertes über einen hinreichend repräsentativen Referenzzeitraum" zu erfolgen.[522] Es muss "jede Unannehmlichkeit, die untrennbar mit der Erfüllung der Aufgaben verbunden ist und mit dem Entgelt des Arbeitnehmers abgegolten wird", im Urlaubsentgelt enthalten sein.[523] Dazu gehören nach Auffassung des EuGH auch die Entgeltbestandteile, die an die „persönliche und berufliche Stellung" des Arbeitnehmers anknüpfen.[524] Also ist das Urlaubsentgelt der Höhe nach so zu ermitteln, dass sämtliche Bestandteile, die in Bezug auf die Tätigkeit einen Kompensationscharakter haben, in die Berechnung einzubeziehen sind.

Ungünstigere Regelungen dürfen die Mitgliedsstaaten also nicht schaffen. Eine solche ungünstigere Regelung ist auch eine Regelung, die vorsieht, dass ein in Vollzeit erdienter Urlaubsanspruch bei Umwandlung in ein Teilzeitverhältnis, nur noch mit der Vergütung in der Teilzeit beansprucht werden kann.[525] Der Arbeitnehmer erwirbt in dem jeweiligen Urlaubsjahr also einen Freistellungsanspruch mit Urlaubs-

520 EuGH Urt. v. 16.03.2006 - C-131/04 *Robinson-Steele*, Slg. 2006, I-02531, Rn. 58; EuGH Urt. v. 20.01.2009 - C-350/06 und 520/06 *Schultz-Hoff*, Slg. 2009, I-179, Rn. 58/60; so auch GA *Trstenjak* in ihren Schlussanträgen v. 16.06.2011 Rechtssache C-155/10 *Williams u. a./British Airways*, Rn. 51; EuGH Urt. v. 15.09.2011 - C-155/10 *Williams*, Slg. 2011, I-8409, Rn. 21; nach Abschluss der Arbeit: EuGH Urt. v. 22.05.2014 - C-539/12 *Lock*, ECLI:EU:C:2014:351, Rn. 21/23.

521 EuGH Urt. v. 15.09.2011 - C-155/10 *Williams*, Slg. 2011, I-8409, Rn. 21; so auch zu EuGH Urt. v. 19.09.2013 - C-579/13 RX-II *Strack*, Rn. 33 www.curia.eu; nach Abschluss der Arbeit: EuGH Urt. v. 22.05.2014 - C-539/12 *Lock*, ECLI:EU:C:2014:351, Rn. 26.

522 EuGH Urt. v. 15.09.2011 - C-155/10 *Williams*, Slg. 2011, I-8409, Rn. 26.

523 EuGH Urt. v. 15.09.2011 - C-155/10 *Williams*, Slg. 2011, I-8409, Rn. 24; nach Abschluss der Arbeit: EuGH Urt. v. 22.05.2014 - C-539/12 *Lock*, ECLI:EU:C:2014:351, Rn. 29.

524 EuGH Urt. v. 15.09.2011 - C-155/10 *Williams*, Slg. 2011, I-8409, Rn. 28.

525 EuGH Urt. v. 22.04.2010 - C-486/08 *Zentralbetriebsrat der Landeskrankenhäuser Tirols*, Slg. 2010, I-3527, Rn. 32; EuGH Urt. v. 08.11.2012 - C-229/11 u. C-230/11 *Heimann u. Toltschin*, ECLI:EU:C:2012:693, Rn. 35; EuGH Beschl. v. 13.06.2013 - C-415/12 *Brandes*, ECLI:EU:C:2013:398, Rn. 36.

entgeltanspruch, der sich in der Höhe nach den Modalitäten des Arbeitsverhältnisses zum Zeitpunkt des Anspruchserwerbs richtet und nicht bei Urlaubsgewährung in Bezug auf spätere Veränderungen im Arbeitsverhältnis angepasst werden darf. Der EuGH stellt in diesem Zusammenhang jedoch auch fest, dass dies nur dann gilt, wenn der betroffene Arbeitnehmer nicht in der Lage war, den Anspruch in dem Bezugszeitraum tatsächlich zu nehmen.[526]

Die Mitgliedsstaaten müssen diese Grenzen bei Regelungen über das Urlaubsentgelt berücksichtigen. Es bleibt ihnen jedoch überlassen, darüber hinaus auch noch andere finanzielle Komponenten dem Urlaubsentgelt hinzuzurechnen.

c) Regelungen zum Abgeltungsanspruch

Regelungen zur Abgeltung des Urlaubsanspruchs sind nur eingeschränkt möglich. Wegen des Abgeltungsverbots gem. Art. 7 Abs. 2 Arbeitszeitrichtlinie hat der EuGH eine Regelung für richtlinienwidrig angesehen, die die finanzielle Abgeltung von übertragenen Urlaubsansprüchen nach Ablauf des Bezugszeitraumes während eines bestehenden Arbeitsverhältnisses vorsah.[527] Eine solche Regelung kann dazu führen, dass Arbeitnehmer ihre Urlaubsansprüche anhorten, um sie dann finanziell abgegolten zu bekommen, was dem Sinn und Zweck der Erholung zur Erhaltung der Sicherheit und Gesundheit widerspricht.[528]

Hinsichtlich der Höhe des Abgeltungsanspruches stellt der EuGH zunächst fest, dass in keiner Vorschrift der Arbeitszeitrichtlinie ausdrücklich geregelt wird, wie die Urlaubsabgeltung zu berechnen ist.[529] Da jedoch der Ausdruck „bezahlter Jahresurlaub“ in Art. 7 Abs. 2 Arbeitszeitrichtlinie bedeutet, dass ein Betrag entsprechend dem gewöhnlichen Arbeitsentgelt weiterzugewähren ist[530], muss auch der Abgeltungsanspruch so berechnet werden, als würde der Arbeitnehmer arbeiten, also sein gewöhnliches Arbeitsentgelt erhalten.[531] Die Tatsache, dass der Anspruch auf Jahresurlaub und Urlaubsentgelt als zwei Aspekte eines einzigen Anspruchs behandelt werden, sei Indiz dafür, dass der Abgeltungsanspruch der Höhe nach dem zeitanteiligem Arbeitsentgelt entsprechen müsse.[532] Bezüglich der Höhe lehnt sich der EuGH also an das Urlaubsentgelt an, so dass davon ausgegangen werden kann,

---

526 EuGH Urt. v. 22.04.2010 - C-486/08 *Zentralbetriebsrat der Landeskrankenhäuser Tirols*, Slg. 2010, I-3527, Rn. 34.

527 EuGH Urt. v. 06.04.2006 - C-124/05 *Federatie Nederlandse Vakbeweging*, Slg. 2006, I-03423, Rn. 33.

528 EuGH Urt. v. 06.04.2006 - C-124/05 *Federatie Nederlandse Vakbeweging*, Slg. 2006, I-03423, Rn. 32.

529 EuGH Urt. v. 20.01.2009 - C-350/06 u. C-520/06 *Schultz-Hoff*, Slg. 2009, I-179, Rn. 57.

530 EuGH Urt. v. 16.03.2006 - C-131/04 *Robinson-Steele*, Slg. 2006, I-02531, Rn. 50; EuGH Urt. v. 20.01.2009 - C-350/06 u. C-520/06 *Schultz-Hoff*, Slg. 2009, I-179, Rn. 58.

531 EuGH Urt. v. 20.01.2009 - C-350/06 und 520/06 *Schultz-Hoff*, Slg. 2009, I-179, Rn. 61.

532 EuGH Urt. v. 20.01.2009 - C-350/06 und 520/06 *Schultz-Hoff*, Slg. 2009, I-179, Rn. 60.

dass die Regelungsbefugnisse der Mitgliedsstaaten beim Abgeltungsanspruch mit den Befugnissen beim Urlaubsentgelt vergleichbar sind.

Damit dürfte der EuGH Regelungen der Mitgliedsstaaten ausschließen, die den Abgeltungsanspruch an sich, die Höhe oder den Zeitpunkt der Fälligkeit betreffen. Insoweit ergeben sich nur wenige Regelungsbefugnisse der Mitgliedstaaten in Rahmen der Urlaubsabgeltung. Es kann sich nur um Regelungen handeln, die z.B. einen Anspruch auf Abgeltung dann verneinen, wenn der Arbeitnehmer den Urlaub während des Arbeitsverhältnisses hätte nehmen können, jedoch dessen Auszahlung am Ende des Arbeitsverhältnisses verlangt.

d) Mutterschaftsurlaub erfüllt nicht Erholungsurlaub

Mutterschutzzeiten werden unionsrechtlich als Mutterschaftsurlaub bezeichnet, der durch Art. 8 der Richtlinie 92/85/EWG vom 19.10.1992[533] geregelt ist. Da Mutterschaftsurlaub und Jahresurlaub unterschiedliche Zwecke verfolgen, können sie nicht aufeinander angerechnet werden.[534] Während der Mutterschaftsurlaub, der in Deutschland den Mutterschutzzeiten entspricht, dem Schutz der körperlichen Verfassung von Mutter und Kind dient, dient der Jahresurlaub der Sicherheit und Gesundheit des Arbeitnehmers.[535] Aus diesem Grund kann ein einem anderen Zweck dienender Freistellungsanspruch nicht auf den Urlaubsanspruch angerechnet werden und zu dessen Erfüllung führen. Der Mindestjahresurlaubsanspruch bleibt also in Mutterschutzzeiten in vollem Umfang bestehen. Entgegenstehende nationale Regelungen widersprechen dem Unionsrecht. Vorhandene Regelungen des Unionsrechts schränken also die Regelungsbefugnis der Mitgliedsstaaten im Bereich des Mindesturlaubsanspruchs ein.

e) Regelungen bezüglich eines Übertragungszeitraums

Der EuGH lässt Regelungen über Übertragungszeiträume zu, nach deren Ablauf der Anspruch auf Urlaub erlischt. Solche Übertragungszeiträume, die zu einer Befristung des Urlaubsanspruchs führen, unterliegen jedoch unionsrechtlichen Grenzen, die im Folgenden zu untersuchen sind.

aa) Festlegung von Übertragungszeiträumen

Der EuGH stellt zunächst fest, dass die Festlegung eines Übertragungszeitraums für den im Urlaubsjahr entstandenen Mindestanspruch zu den Voraussetzungen für die Ausübung und Umsetzung des Urlaubsanspruchs gehört und daher von

533 Richtlinie 92/85/EWG des Rates vom 19.10.1992 über die Durchführung von Maßnahmen zur Verbesserung der Sicherheit und des Gesundheitsschutzes von schwangeren Arbeitnehmerinnen, Wöchnerinnen und stillenden Arbeitnehmerinnen am Arbeitsplatz.

534 EuGH Urt. v. 18.03.2004 - C-342/01 *Merino Gómez*, Slg. 2004, I-02605, Rn. 33.

535 EuGH Urt. v. 18.03.2004 - C-342/01 *Merino Gómez*, Slg. 2004, I-02605, Rn. 32.

den Mitgliedsstaaten geregelt werden darf.[536] Die Arbeitszeitrichtlinie enthält also keine Befristung.[537] Ebenfalls darf geregelt werden, dass der Urlaubsanspruch am Ende von Bezugszeiträumen oder Übertragungszeiträumen verfällt, wenn der Arbeitnehmer tatsächlich die Möglichkeit hatte, Urlaub zu nehmen.[538] Der Urlaub darf also sogar am Ende des Urlaubsjahres ohne Übertragungszeitraum verfallen, wenn er nicht genommen wurde, aber hätte genommen werden können.[539] Eine konkrete Begründung, warum dies möglich sein soll, erfolgt durch den EuGH nicht. In dem Verfahren *Vincente Pereda* wird das Argument angeführt, dass sich die positive Wirkung des Urlaubs dann vollständig entfaltet, wenn der Urlaub im laufenden Jahr und damit regelmäßig genommen wird.[540] Insoweit muss die Rechtsprechung des EuGH dahingehend verstanden werden, dass eine Regelung wie eine Befristung, die den Arbeitnehmer dazu anhält, den Urlaub im laufenden Jahr oder bis zum Ende des Übertragungszeitraums zu nehmen, deswegen möglich ist, weil damit verhindert wird, dass Urlaub über Jahre angespart und damit nicht regelmäßig genommen wird. Letzteres würde nicht der Sicherheit und Gesundheit der Arbeitnehmer dienen, da nur die regelmäßige Inanspruchnahme von Urlaub die Sicherheit und Gesundheit des Arbeitnehmers umfassend schützen kann. Der EuGH lässt also grundsätzlich eine Befristung, die zum Erlöschen führt, zu.[541]

bb) Grenzen der Festlegung eines Übertragungszeitraums

Zu der Dauer und zu der Art der Befristungsregelung außerhalb von Krankheitsfällen hat der EuGH bisher nichts entscheiden müssen. Der EuGH hatte zunächst die Auffassung vertreten, dass die Grenze einer solchen Verfallregelung erreicht sei, wenn der Arbeitnehmer den Urlaub unfreiwillig und unverschuldet nicht nehmen kann und er dennoch wegen Zeitablaufs verfällt.[542] Da der Urlaub zum einen der

536 EuGH Urt. v. 20.01.2009 - C-350/06 u. C-520/06 *Schultz-Hoff*, Slg. 2009, I-179, Rn. 41; EuGH Urt. v. 22.11.2011 - C-214/10 *KHS/Schulte*, Slg. 2011, I-11757, Rn. 25; Picker, ZTR 2009, 230 (231); Sedlmeier, EuZA 2010, 88 (90 f.); Düwell, DB 2012, 1749 (17 51); Rudkowski, EuZA 2012, 381 (384); Franzen, EuZA 2012, 295 (330).

537 a.A. Höpfner, RdA 2013, 16 (24).

538 EuGH Urt. v. 20.01.2009 - C-350/06 u. C-520/06 *Schultz-Hoff*, Slg. 2009, I-179, Rn.42, 43; EuGH Urt. v. 22.11.2011 - C-214/10 *KHS/Schulte*, Slg. 2011, I-11757, Rn. 26; Rummel, AuR 2009, 160 (163); Polzer, Die Befristung des Urlaubsanspruchs auf das Kalenderjahr, 2011, 92.

539 Picker, ZTR 2009, 230 (231).

540 EuGH Urt. v. 10.09.2009 - C-277/08 *Vincente Pereda*, Slg. 2009, I-8405, Rn. 24; EuGH Urt. v. 06.04.2006 - C-124/05 *Federatie Nederlandse Vakbeweging*, Slg. 2006, I-03423, Rn. 30; Fenski, DB 2007, 686 (688); *Glaser/Lüders*, BB 2006, 2690, 2692; Eckstein, SAE 2010, 336 (337).

541 Kamanabrou, SAE 2009, Urlaubsanspruch, 121 (124); Picker, ZTR 2009, 230 (231).

542 EuGH Urt. v. 20.01.2009 - C-350/06 u. C-520/06 *Schultz-Hoff*, Slg. 2009, I-179, Rn. 48; EuGH Urt. v. 10.09.2009 - C-277/08 *Vincente Pereda*, Slg. 2009, I-8405, Rn. 19; EuGH

Erholung von geleisteter Arbeit und zum andern zur Entspannung dient[543], verliert der Erholungszweck nach Auffassung des EuGH mit zunehmender zeitlicher Distanz zwischen der geleisteten Arbeit und der Urlaubsnahme seine Bedeutung.[544] Insoweit können Regelungen durch die Mitgliedsstaaten getroffen werden, die den Übertragungszeitraum auf eine solche Dauer beschränken. Eine Frist soll danach dann angemessen sein, wenn die Dauer des Übertragungszeitraumes den des Bezugszeitraumes deutlich überschreitet.[545] Wie oben erläutert, muss jedoch eine Regelung vorliegen, um die Hortung zu vermeiden, da das Unionsrecht keine Regelung enthält.[546]

Zu der Frage, wie lang bemessen der Übertragungszeitraum in einer Regelung sein muss, hat der EuGH nur jeweils zum Einzelfall Stellung genommen. Er erachtet sechs[547] und neun[548] Monate als Übertragungszeitraum für zu kurz. In der Rechtssache *KHS/Schulte* hat der EuGH eine tarifvertragliche Regelung, die einen Verfall nach 15 Monaten vorsah, als unionsrechtskonform erachtet, weil nach 15 Monaten der Erholungszweck von der geleisteten Arbeit nicht mehr erreicht werden kann.[549] Ohne dass der EuGH konkret auf die Argumente der Generalanwältin *Trstenjak* eingeht, wonach ein Kausalzusammenhang zwischen geleisteter Arbeit und Urlaub besteht[550], und „der Urlaub ... daher in ein quantitativ angemessenen Verhältnis zum Erholungsbedarf gesetzt werden" muss[551], ist hieraus ebenfalls ersichtlich, dass auch der EuGH einen kausalen Zusammenhang zwischen geleisteter Arbeit und Urlaub sieht.

Der Anspruch auf Urlaub muss also nur soweit unionsrechtlich gewährleistet sein, wie die Erreichung des Urlaubszwecks möglich ist.[552] Über diese Grenze hinaus

---

Urt. v. 22.04.2010 - C-486/08 *Zentralbetriebsrat der Landeskrankenhäuser Tirols*, Slg. 2010, I-3527, Rn. 34.

543 EuGH Urt. v. 22.11.2011 - C-214/10 *KHS/Schulte*, Slg. 2011, I-11757, Rn. 31.

544 EuGH Urt. v. 22.11.2011 - C-214/10 *KHS/Schulte*, Slg. 2011, I-11757, Rn. 33; EuGH, Urt. v. 03.05.2012 - C-335/10 *Neidel*, AP Nr. 8 zu Richtlinie 2003/88/EG, Rn. 39.

545 EuGH Urt. v. 22.11.2011 - C-214/10 *KHS/Schulte*, Slg. 2011, I-11757, Rn. 38; EuGH, Urt. v. 03.05.2012 - C-335/10 *Neidel*, AP Nr. 8 zu Richtlinie 2003/88/EG, Rn. 41; Bayreuther, DB 2011, 2848 (2848).

546 Schlussanträge GA *Trstenjak* v. 07.07.2011 Rechtssache C-214/10 *KHS/Schulte*, Rn. 86 www.curia.eu.

547 EuGH Urt. v. 20.01.2009 - C-350/06 u. C-520/06 *Schultz-Hoff*, Slg. 2009, I-179, Rn. 42; Rudkowski, EuZA 2012, 381 (384);

548 EuGH Urt. v. 03.05.2011 - C-337/10 *Neidel*, AP Nr. 8 zu Richtlinie 2003/88/EG, Rn. 42, 43.

549 EuGH Urt. v. 22.11.2011 - C-214/10 *KHS/Schulte*, Slg. 2011, I-11757, Rn. 43.

550 Schlussanträge GA *Trstenjak* v. 07.07.2011 in der Rechtssache C-214/10 *KHS/Schulte*, Rn. 57 www.curia.eu; a.A. Düwell, DB 2012, 1749 (1749), der nur die Arbeitspflicht als Voraussetzung sieht, nicht die Arbeitsleistung.

551 Schlussanträge GA *Trstenjak* v. 07.07.2011 in der Rechtssache C-214/10 *KHS/Schulte*, Rn. 58 www.curia.eu; Rudkowski, EuZA 2012, 381 (384).

552 bestätigend EuGH Urt. v. 03.05.2011 - C-337/10 *Neidel*, AP Nr. 8 zu Richtlinie 2003/88/EG, Rn. 39.

besteht kein Schutz des Mindesturlaubsanspruchs.[553] Der Grundsatz „besser spät als nie“ wird also durch den Grundsatz “besser nie als zu spät” relativiert. Für die Dauer des durch eine solche Regelung festzulegenden Übertragungszeitraums verlangt der EuGH, dass jeder Übertragungszeitraum den „spezifischen Umständen” Rechnung tragen muss und die Dauer des Bezugszeitraumes (also in der Regel des Urlaubsjahres) deutlich überschreiten müsse.[554] Es ist also eine Einzelfallbetrachtung vorzunehmen[555], was eine Regelung im Voraus schwierig macht. Auch gibt der EuGH nicht vor, wie ermittelt werden kann, wann im konkreten Fall der Erholungszweck nicht mehr erreicht werden kann.[556] Die Höchstgrenze der zeitlichen Befristung scheint der EuGH in Art. 9 Abs. 1 des Übereinkommens Nr. 132 der IAO zu sehen, da er die Auffassung vertritt, dass dieser dahingehend verstanden werden könne, dass nach 18 Monaten der Erholungszweck nicht mehr erreichbar sei.[557] In der Rechtssache *KHS/Schulte* argumentiert der EuGH mit dem Vernunftsargument und meint, dass man „vernünftiger Weise davon ausgehen kann“, dass 15 Monate dem Erholungszeck nicht zuwiderlaufen.[558] Das Argument der Vernunft ist weder überzeugend noch praktikabel, da davon ausgegangen werden kann, dass die nationalen Gerichte sehr unterschiedlicher Auffassung sein werden, welcher geregelte Befristungszeitraum „vernünftig“ ist.[559] Insbesondere ist nicht überzeugend, warum aus Art. 9 Abs. 1 des Übereinkommens Nr. 132 der IAO herausgelesen werden kann, dass nach 18 Monaten der Erholungszweck nicht mehr gewährleistet ist.[560] Hierbei lässt der EuGH unberücksichtigt, dass Art. 9 Abs. 1 des Übereinkommens Nr. 132 der IAO nur als längste „Hinauszögerungsfrist“ des Arbeitgebers zu verstehen ist. Diese Vorschrift ist an den Arbeitgeber adressiert und beschränkt diesen zeitlich in seinem Recht auf Urlaubsverweigerung.[561] Sinn und Zweck dieser Vorschriften ist zunächst, durch die Befristung zu gewährleisten, dass der durch diese Vorschriften geschützte Arbeitnehmer seinen Urlaub zeitnah zum Urlaubsjahr erhält, aber

553 Stiebert/Pötters, EuZW 2011, 960 (961).

554 EuGH Urt. v. 22.11.2011 - C-214/10 *KHS/Schulte*, Slg. 2011, I-11757, Rn. 38; EuGH Urt. v. 03.05.2011 - C-337/10 *Neidel*, AP Nr. 8 zu Richtlinie 2003/88/EG, Rn. 41; Franzen, NZA 2011, 1403 (1404); Stiebert/Pötters, EuZW 2011, 960 (961); Abele, FA 2012, 8 (9); Bauer/v.Medem, NZA 2012, 113 (115); Rudkowski, EuZA 2012, 381 (384 f.).

555 Stiebert/Pötters, EuZW 2011, 960 (961); Rudkowski, EuZA 2012, 381 (384); a.A. Bauer/v.Medem, NZA 2012, 113 (115).

556 Rudkowski, EuZA 2012, 381 (384 f.).

557 EuGH Urt. v. 22.11.2011 - C-214/10 *KHS/Schulte*, Slg. 2011, I-11757, Rn. 41; Dornbusch/Ahner, NZA 2009, 180 (182); s.a. Düwell, DB 2011, 2492 (2492); Schmitt-Rolfes, AuA 2010, 265.

558 EuGH Urt. v. 22.11.2011 - C-214/10 *KHS/Schulte*, Slg. 2011, I-11757, Rn. 43.

559 Stiebert/Pötters, EuZW 2011, 960 (962); LAG Düsseldorf Urt. v. 04.05.2011 -12 Sa 1832/10-, LAGE § 7 Nr. 49, Rn. 26.

560 Kloppenburg, jurisPR-ArbR 18/2012 Anm. 5 D.

561 siehe hierzu ausführlich oben 1. Teil A. II. 3.

nicht notwendigerweise in dem Urlaubsjahr selbst.[562] Nach 18 Monaten soll aber der Mindesturlaub auch gewährt worden sein, es sei denn der Arbeitnehmer stimmt in besonderen Fällen einem späteren Zeitpunkt zu. Da der Arbeitnehmer jedoch auch noch nach 18 Monaten Urlaub nehmen kann, wenn er dem zustimmt, dürfte Art. 9 Abs. 2 des Übereinkommens Nr. 132 der IAO dahingehend zu verstehen sein, dass auch noch nach 18 Monaten der Erholungszweck erreichbar ist, also keine „Höchstbefristung" vorliegt.[563] Letzteres widerspricht aber der Auslegung des EuGH, mit der er eine 15monatige Befristung für unionsrechtskonform befindet. Insoweit ist die Auffassung des EuGH in diesem Punkt nicht nachvollziehbar.[564]

Der Urlaubsanspruch aus Art. 7 der Arbeitszeitrichtlinie ist daher weiterhin als unbefristeter Anspruch zu sehen, solange der Arbeitgeber sich nicht bemüht, den Urlaub gegebenenfalls einseitig z.B. als Freistellung unter Anrechnung von Urlaub zu erteilen. Es ist zwar verständlich, dass eine zweckmäßige Lösung der unbegrenzten Ansammlung von Urlaubsansprüchen gefordert wird, die unter der Interessenabwägung beider Seiten zu erfolgen hat; die Arbeitszeitrichtlinie erlaubt aber in der bisherigen Fassung keinen Verfall bei tatsächlich nicht möglicher Inanspruchnahme des Mindesturlaubs. Für den als günstigere Regelung anzusehenden Mehrurlaub dürfte unionsrechtlich eine kurze Befristung, die zum Verfall führt, möglich sein, denn der EuGH hat entschieden, dass günstigere Regelungen anderen Voraussetzungen und Regeln unterliegen dürfen.[565]

Dass die bisher für unionsrechtskonform erklärte Regelung eines Verfalls nach 15 Monaten keine Allgemeingültigkeit hat, ist daraus zu entnehmen, dass der EuGH in der Rechtssache *Zentralbetriebsrat der Landeskrankenhäuser Tirols* bei der Übertragung von Urlaubsansprüchen aus Zeiten vor der 2-jährigen Elternzeit einer Mitarbeiterin auch noch nach 24 Monaten für möglich erachtet und die dortige Verfallsregelung unionsrechtlich aus Diskriminierungsgründen ablehnt.[566] Auf einen eventuell nicht mehr vorhandenen Erholungszweck und die damit verbundene Kollision mit der Arbeitszeitrichtlinie geht der EuGH nicht ein.

Im Ergebnis kann im Einzelfall jedoch ein befristeter Übertragungszeitraum durch die Mitgliedsstaaten geregelt werden.

---

562 Kamanabrou, SAE 2009, Urlaubsanspruch, 121 (124).

563 s.a. Kamanabrou, SAE 2009, Urlaubsanspruch, 121 (124), die keine Mindestfrist von 18 Monaten sieht; Schinz, RdA 2012, 181 (183); Roetteken, jurisPR-ArbR 22/2013 Anm. 4; a.A. Eckstein, SAE 2010, 336 (338); Dornbusch/Ahner, NZA 2009, 180 (182); Düwell, DB 2011, 2492 (2492); Schmitt-Rolfes, AuA 2010, 265.

564 Schinz, RdA 2012, 181 (183).

565 EuGH Urt. v. 24.01.2012 - C-282/10 *Dominguez*, ECLI:EU:C:2012:33, Rn. 49; so auch BAG Urt. v. 22.05.2012 -9 AZR 618/10-, AP Nr. 59 zu § 7 BUrlG, Rn. 11.

566 EuGH Urt. v. 22.04.2010 - C-486/08 *Zentralbetriebsrat der Landeskrankenhäuser Tirols*, Slg. 2010, I-3527, Rn. 56.

cc) Beachtung des Grundsatzes der Äquivalenz und der Effektivität

Es dürfte unerheblich sein, ob geregelte „Befristungen" des Anspruchs auf Ausschlussfristen oder Verjährungsregelungen beruhen. Der EuGH hat deutlich gemacht, dass eine zeitliche Begrenzung möglich ist, wenn der Arbeitnehmer den Mindesturlaub auch tatsächlich nehmen kann und die Urlaubszwecke nicht gefährdet werden. Bei Einhaltung dieser Prämissen spielt die Länge des Übertragungszeitraums oder die Dauer der Verjährung oder Befristung keine Rolle.

Verjährungsregelungen oder Ausschlussfristen oder anderweitige Befristungen dürfen nach Auffassung des EuGH grundsätzlich jedoch nur dann in EU-Rechte eingreifen, wenn der Grundsatz der Äquivalenz und der Grundsatz der Effektivität gewahrt sind.[567] Nach dem Grundsatz der Äquivalenz darf eine Frist zur Geltendmachung eines Anspruchs nicht ungünstiger gestaltet sein als bei entsprechenden anderen Klagen in dem jeweiligen Mitgliedsstaat.[568] Durch diese Frist darf nach dem Grundsatz der Effektivität die Ausübung des unionsrechtlich verliehenen Rechts nicht unmöglich sein oder übermäßig erschwert werden.[569]

Im Rahmen des vom EuGH aufgestellten Grundsatzes der Äquivalenz, muss man für das deutsche Recht zu dem Ergebnis kommen, dass Ausschlussfristen greifen können, da diese im deutschen Arbeitsrecht üblich sind.[570] Des Weiteren müsste es im Rahmen des Grundsatzes der Äquivalenz auch möglich sein, die regelmäßige dreijährige Verjährung gem. § 195 BGB anzuwenden, wenn keine andere Regelung vorliegt.[571] Der EuGH hat bereits in dem österreichischen Verfahren *Barth* festgestellt, dass eine dreijährige gesetzlich geregelte übliche Verjährungsfrist sogar auch dann greifen kann, wenn ein Verstoß gegen Unionsrecht vorliegt, es sei denn, der anspruchsberechtigten Person sei dadurch jede Möglichkeit genommen, den Anspruch durchzusetzen.[572] Insoweit dürften die deutschen Verjährungsvorschriften

---

567 EuGH Urt. v. 01.12.1998 - C-326/96 *Levez*, Slg. 1998, I-07835, Rn. 18; EuGH Urt. v. 16.07.2009 - C-69/08 *Visciano*, Slg. 2009, I-6741 ff., Rn. 39; EuGH Urt. v. 15.04.2010 - C-542/08 *Barth*, Slg. 2010, I-03189, Rn. 17; EuGH Urt. v. 08.07.2010 - C-246/09 *Bulicke*, Slg. 2010, I-7003, Rn. 25; Abele, FA 2012, 8 (10).

568 EuGH Urt. v. 01.12.1998 - C-326/96 *Levez*, Slg. 1998, I-07835, Rn. 18; EuGH Urt. v. 16.07.2009 - C-69/08 *Visciano*, Slg. 2009, I-6741 ff., Rn. 39; EuGH Urt. v. 15.04.2010 - C-542/08 *Barth*, Slg. 2010, I-03189, Rn. 17; EuGH Urt. v. 08.07.2010 - C-246/09 *Bulicke*, Slg. 2010, I-7003, Rn. 26; Abele, FA 2012, 8 (10).

569 EuGH Urt. v. 01.12.1998 - C-326/96 *Levez*, Slg. 1998, I-07835, Rn. 18; EuGH Urt. v. 16.07.2009 - C-69/08 *Visciano*, Slg. 2009, I-6741 ff., Rn. 39; EuGH Urt. v. 15.04.2010 - C-542/08 *Barth*, Slg. 2010, I-03189, Rn. 17/28; EuGH Urt. v. 08.07.2010 - C-246/09 *Bulicke*, Slg. 2010, I-7003, Rn. 35; Abele, FA 2012, 8 (10).

570 Gaul/Josten/Strauf, BB 2009, 497 (499); so auch: BAG Urt. v. 13.12.2011 -9 AZR 399/10-, AP Nr. 93 zu § 7 BUrlG Abgeltung, Rn. 26; BAG Urt. V. 21.02.2012 -9 AZR 486/10-, AP Nr. 94 zu § 7 BUrlG Abgeltung, Rn. 20.

571 Abele, FA 2012, 8 (10).

572 EuGH Urt. v. 15.04.2010 - C-542/08 *Barth*, Slg. 2010, I-03189, Rn. 33; Boecken/Jacobsen, ZTR 2011, 267 (272).

auch unionsrechtskonform auf Urlaubs- und Urlaubsabgeltungsansprüche anwendbar sein.[573] Während die dreijährige Verjährungsfrist über die bisher als zulässig erachtete Befristung von 15 Monaten hinausgeht, sind Ausschlussfristen, die kürzer sind, im Einzelfall anhand der Vorgaben des EuGH zu prüfen.

Sowohl Verjährungsregelungen als auch Ausschlussfristen wahren in der Regel auch den Grundsatz der Effektivität. Eine zu kurze Ausschlussfrist stellt jedoch einen Verstoß gegen die Arbeitszeitrichtlinie dar.[574] Fraglich und in Teil 3 zu klären ist, ob § 7 Abs. 3 BUrlG mit seinen „Befristungen" den Grundsätzen der Äquivalenz und der Effektivität entspricht.

Festzuhalten bleibt aber: Ein Verfall durch eine zeitliche Befristung zu regeln, ist nach der bisherigen Auffassung des EuGH möglich, wenn der Sinn und Zweck dieser Befristung zum einen die regelmäßige Urlaubsnahme ist und das Ansparen von Urlaub verhindern soll sowie zum anderen nicht den Erholungszweck gefährdet.

Zusammenfassend dürfen die Mitgliedstaaten also:

1. hinsichtlich des Urlaubsanspruchs

- **das Erlöschen regeln, aber nur für den Fall, dass der Urlaub tatsächlich genommen werden konnte oder der Erholungszeck nicht gefährdet ist;**
- **regeln, dass Urlaub nicht während einer Krankheit genommen werden darf;**
- **regeln, dass Urlaub während der Krankheit genommen werden kann, wenn der Arbeitnehmer das will;**
- **keine weitere Voraussetzungen für das Entstehen des Urlaubsanspruchs regeln, die den Mindesturlaubsanspruch gänzlich im Verhältnis zur erbrachten Arbeitsleistung in Frage stellen;**
- **nicht regeln, dass Arbeitsunfähigkeitszeiten oder andere vom Willen das Arbeitnehmers unabhängige Arbeitsausfallzeiten das Entstehen von Urlaubsansprüchen verhindern;**
- **nicht regeln, dass Mutterschutzzeiten auf Urlaub angerechnet werden;**

2. hinsichtlich des Urlaubsentgeltes

- **die Berechnung des Urlaubsentgeltes regeln, wenn es der Höhe nach dem gewöhnlichen Arbeitsentgelt entspricht;**
- **den Zeitpunkt der Entgeltzahlung regeln, wenn gewährleistet ist, dass das Entgelt während des Urlaubs zur Verfügung steht;**

---

573 Bauer/Arnold, NJW 2009, 631 (635); Geyer, ZTR 2009, 346 (354; für den Abgeltungsanspruch Abele, FA 2012, 8 (10); ErfK/*Gallner*, 15. Aufl. 2015, § 7 BUrlG Rn. 84.

574 EuGH Urt. v. 03.05.2012 - C377/10 *Neidel*, AP Nr. 8 zu Richtlinie 2003/88/EG, Rn. 43.

- **nicht regeln, dass die Höhe des Urlaubsentgeltanspruches von der Höhe des Arbeitsentgeltes nach unten abweicht;**

3. **hinsichtlich des Abgeltungsanspruchs**

- **nicht regeln, dass Urlaub außer bei Beendigung finanziell abgegolten wird.**

Im Ergebnis sind die Regelungsbefugnisse der Mitgliedsstaaten also sehr begrenzt, was letztlich Ausdruck des hohen Stellenwertes des Rechts auf bezahlten Mindesturlaub ist, der seit Dezember 2009 auch primärrechtlich geregelt ist.

3. Teil: Der Urlaubs- und Urlaubsabgeltungsanspruch im deutschen Urlaubsrecht unter Berücksichtigung der unionsrechtlichen Vorgaben

Die Ausführungen in Teil 1 und Teil 2 haben deutlich gemacht, dass sowohl das deutsche Urlaubsrecht als auch das europäische Urlaubsrecht maßgeblich durch Richterrecht geprägt wurden und werden.[575] Durch die *Schultz-Hoff*-Entscheidung des EuGH wurde zudem ersichtlich, dass das deutsche Urlaubsrecht zumindest bezüglich der Befristung der Erfüllbarkeit des Urlaubsanspruchs bei Arbeitsunfähigkeit nicht im Einklang mit dem Richterrecht des EuGH stand. In Teil 3 ist zu untersuchen, ob die unionsrechtlichen Vorgaben der Arbeitszeitrichtlinie, die durch die Auslegung dieser Vorschriften durch den EuGH spezifiziert werden, ausreichend durch den Mitgliedsstaat Deutschland im BUrlG und der Rechtsprechung umgesetzt sind bzw. werden. Ist dies nicht der Fall, ist zu untersuchen, ob und inwieweit das BAG die unionsrechtlichen Vorgaben der Arbeitszeitrichtlinie und auch des Art. 31 Abs. 2 der Charta bei der Auslegung des BUrlG heranziehen darf und muss. Dabei ist zu berücksichtigen, dass die Verständlichkeit und die Umsetzbarkeit der Arbeitszeitrichtlinie im deutschen Urlaubsrecht an der unterschiedlichen Auffassung, was der Urlaubsanspruch beinhaltet und wie er entsteht, scheitern. Auch die Frage, wie Zeiten der Arbeitsunfähigkeit in diesem Zusammenhang zu bewerten sind, wird durch beide Richterrechte unterschiedlich gehandhabt und trägt ebenfalls zu Missverständnissen in beiden Rechtsprechungen bei. Die Übernahme des unionsrechtlichen Urlaubsverständnisses in das deutsche Urlaubsrecht würde zu einer besseren Vereinbarkeit beider Rechte führen. Gleiches gilt für die unionsrechtliche Auffassung, unter welchen Voraussetzungen der Urlaubsanspruch entsteht. An diesem Maßstab ist die Rechtsprechung des BAG, die nach *Schultz-Hoff* im Urlaubsrecht und zum BUrlG ergangenen ist, zu überprüfen.

Soweit man bei der Überprüfung dieser neuen Rechtsprechung zu nicht unionsrechtskonformen Ergebnissen gelangt, ist im Folgenden zu untersuchen, ob eine andere Auslegung des BUrlG erfolgen kann oder, sofern dies wegen des Gewaltenteilungsprinzips nicht möglich ist, der Gesetzgeber das deutsche Urlaubsrecht ändern muss, um die Arbeitszeitrichtlinie pflichtgemäß umzusetzen.

575 Conze, öAT 2013, 111 (113); Höpfner, RdA 2013, 16 (16).

A. Die unzureichende Umsetzung der Arbeitszeitrichtlinie in das deutsche Urlaubsrecht und die Konsequenzen für die Anwendung des BUrlG durch die nationalen Gerichte

Der deutsche Gesetzgeber ging bei der Ratifizierung der Arbeitszeitrichtlinie und seiner Vorgängerrichtlinie davon aus, dass das BUrlG den unionsrechtlichen Vorgaben entsprach.[576]

Durch die Rechtsprechung des EuGH zum Urlaubsrecht wurden das Richtlinienziel und der Urlaubszweck genauer definiert. Es ist daher zunächst zu prüfen, ob das durch die EuGH-Rechtsprechung herausgearbeitete Richtlinienziel ausreichend im BUrlG umgesetzt wurde und welche Möglichkeiten bei unzureichender Umsetzung den nationalen Arbeitsgerichten verbleiben.

I. Das umzusetzende Richtlinienziel

Im 2. Teil wurde dargelegt, dass durch die Arbeitszeitrichtlinie der Arbeitnehmer davor geschützt werden soll, durch nicht ausreichende Ruhezeiten in seiner Gesundheit beeinträchtigt zu werden. Die Mitgliedsstaaten werden durch die Arbeitszeitrichtlinie dazu verpflichtet, dafür zu sorgen, dass Arbeitnehmer sowohl regelmäßige kurze Pausen und Unterbrechungen während der täglichen Arbeit als auch „lange Pausen", also einen Mindesturlaub, erhalten. Urlaubszweck ist die Erholung von geleisteter Arbeit und die Möglichkeit des Arbeitnehmers, über einen Zeitraum für Entspannung und Freizeit zu verfügen.[577] Die Mitgliedsstaaten müssen also dafür sorgen, dass jeder Arbeitnehmer einen Mindesturlaubsanspruch erhält, mit dem er sich von seiner Arbeit erholen kann. Diese Zeit muss ihm zur Entspannung und für selbstbestimmte Freizeit zur Verfügung stehen.

II. Die unzureichende Umsetzung des Richtlinienziels im BUrlG

Im Gegensatz zum ArbZG, das als Umsetzung der Arbeitszeitrichtlinie als öffentlich-rechtliches Arbeitsschutzgesetz konzipiert ist und für den Arbeitgeber Sanktionen bereit hält, wenn er sich nicht an die vorgeschriebenen Arbeitszeitvorgaben hält, ist das BUrlG als ein rein privatrechtliches Gesetz ausgestaltet. Öffentlich-rechtliche Sanktionen für den Arbeitgeber, wenn er keinen Urlaub gewährt, enthält das BUrlG nicht. Es regelt ausschließlich privatrechtliche Ansprüche zwischen Arbeitnehmer und Arbeitgeber.

Der Arbeitnehmer hat nach dem BUrlG eigenverantwortlich dafür zu sorgen, dass er seinen Urlaubsanspruch verwirklicht. Das BUrlG enthält als Schutzgesetz

---

576 siehe hierzu oben unter 1. Teil A. I.

577 EuGH Urt. v. 22.11.2011 - C-214/10 *KHS/Schulte*, Slg. 2011, I-11757, Rn. 31 zum doppelten Zweck des Urlaubsanspruchs.

nicht einmal eine Hinweispflicht des Arbeitgebers an den Arbeitnehmer, dass dieser Urlaubsansprüche unabhängig von der Dauer des Arbeitsverhältnisses oder der Höhe der Wochenstundenzahl hat. Der Arbeitnehmer muss selbst wissen, welche Rechte er hat, und sich selbst darum bemühen, Urlaub geltend zu machen. Unternimmt er dies nicht, verliert er seinen Anspruch nach der Rechtsprechung des BAG, auch wenn er sein Recht nicht kannte. Die Regelung aus § 2 Abs. 1 Nr. 8 NachwG, wonach der Arbeitgeber die Urlaubsdauer schriftlich mitzuteilen hat, schützt den Arbeitnehmer nicht vor dem Entfallen des Anspruchs aufgrund der Befristung seiner Erfüllbarkeit. Diese Regelung sieht nur eine Informationspflicht hinsichtlich der Dauer, nicht hinsichtlich der Modalitäten bezüglich der Geltendmachung vor.[578] Der Arbeitnehmer kann nicht selbst Urlaub nehmen. Er ist bei der Urlaubsnahme immer auf die Mitwirkung des Arbeitgebers angewiesen, da er sich nicht selbst beurlauben darf. Das deutsche Richterrecht führt also durch die Annahme des „Befristungsregimes" zum Verlust des Anspruchs auf Mindesturlaub, wenn Arbeitnehmer und Arbeitgeber nicht handeln. Das BUrlG führt sogar mangels Sanktionen für einen Arbeitgeber, der von sich aus keinen Urlaub gewährt, zu einem Vorteil. Das „abwartende" Nichtgewähren des Urlaubs durch den Arbeitgeber führt wegen der Befristung zum Verfall des Urlaubs und damit zu einem wirtschaftlichen Vorteil des Arbeitgebers. Durch den Wegfall des Urlaubs kann der Arbeitgeber die Arbeitskraft des Arbeitnehmers in dem Zeitraum nutzen, in dem er Urlaub hätte gewähren müssen. Besonders offensichtlich wird dieser Vorteil beim bewussten Vorenthalten des Urlaubsanspruchs durch den Arbeitgeber, was häufig in prekären Arbeitsverhältnissen der Fall ist[579].

Auf diese Weise kann das Richtlinienziel jedoch nicht wirksam umgesetzt werden, da die (Gesundheits-)Schutzpflicht des Arbeitgebers nicht dem Arbeitnehmer auferlegt werden darf. Das Ziel der Arbeitszeitrichtlinie ist damit nicht ausreichend im BUrlG umgesetzt, da die Schutzpflicht nicht dem Arbeitgeber allein auferlegt wird. Der EuGH hat bereits in der Entscheidung *Fuß* zur Arbeitszeitrichtlinie ausdrücklich darauf hingewiesen, dass bei unmittelbarer Anwendung der Arbeitszeitrichtlinie bei einem öffentlich-rechtlichen Arbeitgeber die Richtlinie den Arbeitgeber verpflichtet, dem Arbeitnehmer die daraus resultierenden Rechte zu gewähren.[580] Der Arbeitnehmer ist aus Sicht des EuGH die „schwächere Partei"[581] und traut sich daher aus Angst vor dem Verlust des Arbeitsplatzes oft nicht, eigenverantwortlich zu handeln. Im Gegensatz dazu wird durch das BAG sogar eine dem Richtlinienziel zusätzlich widersprechende Auslegung des BUrlG vorgenommen, da der Arbeitnehmer seinen

578 ErfK/*Preis*, 15. Aufl. 2015, § 2 NachwG, Rn. 21.

579 Klenter, jurisPR-ArbR 23/2013 Anm. 2 C; Buschmann, AuR 2013, 362 (363), der auf die bewusste systematische Nichtrealisierung von Urlaub in prekären Arbeitsverhältnissen hinweist.

580 EuGH Urt. v. 25.11.2010 - C-429/09 *Fuß*, Slg. 2010, I-12167, Rn. 84; Plüm, NZA 2013, 11 (13).

581 EuGH Urt. v. 25.11.2010 - C-429/09 *Fuß*, Slg. 2010, I-12167, Rn. 80; EuGH Urt. v. 05.10.2004 - C-397/01 *Pfeiffer*, Slg. 2004, I-8835, Rn. 82; Plüm, NZA 2013, 11 (13).

Urlaubsanspruch bei Fristablauf verliert, wenn er ihn nicht geltend macht. Dabei bleibt unberücksichtigt, dass der Arbeitgeber vorrangig die Pflicht haben müsste, Urlaub zu gewähren.[582] Während das passive Verhalten des Arbeitgebers sogar zu seinem wirtschaftlichen Vorteil führt, führt das passive Verhalten des Arbeitnehmers zu seinem Nachteil. Dies widerspricht dem Grundsatz der Effektivität.[583] Insoweit kann auch im Urlaubsrecht eine Umsetzung der Arbeitszeitrichtlinie nur dann wirksam erfolgen, wenn, wie im ArbZG für die Einhaltung der Ruhezeiten geschehen, dem Arbeitgeber die Pflicht zur Einhaltung der Urlaubszeit auferlegt wird.[584] Auch Art. 14 des Übereinkommens Nr. 132 der IAO, auf die die Arbeitszeitrichtlinie in ihrem sechsten Erwägungsgrund verweist, verlangt von den ratifizierenden Mitgliedern für die Gewährleistung des Mindesturlaubsanspruchs die Schaffung einer angemessen Aufsicht oder sonstige Mittel, um die Durchsetzung des Anspruchs zu ermöglichen.[585] Übertragen auf den Mindesturlaubsanspruch muss daher dem Arbeitgeber als Direktionsberechtigten hinsichtlich der Arbeitskraft des Arbeitnehmers die Pflicht übertragen werden, für die Einhaltung des Gesundheitsschutzes im Rahmen des Einsatzes dieser Arbeitskraft durch aktive Urlaubsgewährung zu sorgen.[586] Die Folge wäre, dass bei Passivität des Arbeitgebers der Urlaubsanspruch nicht entfallen kann. Da auch der Arbeitgeber aus organisatorischen Gründen nicht an einer Hortung der Urlaubsansprüche sämtlicher Arbeitnehmer interessiert sein dürfte, würde er den Urlaub von sich aus regelmäßig gewähren, was wiederum den Gesundheitsschutzzweck besser erfüllt.

Das BUrlG muss dem Arbeitgeber darüber hinaus auch Sanktionen für die Nichteinhaltung der Jahresruhezeit androhen, damit er seiner Urlaubsgewährungspflicht regelmäßig nachkommt. Dies könnten z.B. Bußgelder sein, wenn der Arbeitgeber sich nicht aktiv um die Urlaubsgewährung bemüht oder Urlaubsgesuche mehrfach unbegründet ablehnt. Der Arbeitgeber wäre dann gezwungen, seine Aktivitäten hinsichtlich der Urlaubsgewährung nachzuweisen. Nur auf diese Weise kann der Gesetzgeber den Gesundheitsschutz aller Arbeitnehmer am besten gewährleisten. Die Arbeitszeitrichtlinie ist daher hinsichtlich des Richtlinienziels nicht ausreichend im BUrlG umgesetzt worden.

---

582 LAG Düsseldorf Urt. v. 04.05.2011 -12 Sa 1832/10-, LAGE § 7 BUrlG Nr. 49, Rn. 36.

583 EuGH Urt. v. 25.11.2010 - C-429/09 *Fuß*, Slg. 2010, I-12167, Rn. 87; LAG Hamm Vorlage-Beschl. v. 14.02.2013 -16 Sa 1511/12-, juris Rn. 85.

584 LAG Hamm Vorlage-Beschl. v. 14.02.2013 -16 Sa 1511/12-, juris Rn. 85, Az. EuGH C-118/13; Klenter, jurisPR-ArbR 23/2013 Anm. 2 C; Buschmann, AuR 2013, 362 (364); Bieder, AuR 2012, 239 (243).

585 Buschmann, AuR 2013, 362 (364.

586 so wohl auch Plüm, NZA 2013, 11 (13); a.A. Eckstein, BB 2013, 1216, Kock/Heyde, BB 2013, 2938 (2940); so nach Abschluss der Arbeit auch LAG Berlin-Brandenburg Urt. v. 12.06.2014 -21 Sa 221/14-, LAGE § 7 BUrlG Abgeltung Nr. 43, Rn. 42.

III. Konsequenzen der unzureichenden Umsetzung der Arbeitszeitrichtlinie für die Anwendung des BUrlG durch die nationalen Gerichte

Aufgrund der unzureichenden Umsetzung stellt sich die Frage, inwieweit die nationalen Gerichte das BUrlG unionsrechtskonform auslegen dürfen.

Das Ziel der Arbeitszeitrichtlinie ist für die Mitgliedsstaaten gem. Art. 288 Abs. 3 AEUV verbindlich. Die innerstaatlichen Stellen und somit insbesondere auch die Gerichte sind gemäß Art. 288 Abs. 3 AEUV in der Form und Wahl der Mittel zur Umsetzung frei. Wegen der verbindlichen Einhaltung des Richtlinienziels ergibt sich aus Art. 288 Abs. 3 AEUV das Gebot der richtlinienkonformen Auslegung für die nationalen Gerichte.[587] Sie müssen zwar grundsätzlich nur das nationale Recht anwenden; sie müssen jedoch bei der Auslegung dieses Rechts das Ziel der Richtlinie dadurch erreichen, dass sie hierbei soweit wie möglich den Wortlaut und den Zweck der Richtlinie heranziehen.[588] Diese Verpflichtung zur unionsrechtskonformen Auslegung ermöglicht es den nationalen Gerichten, die Wirksamkeit des Unionsrechts sicherzustellen.[589]

Da Richtlinien in der Regel keine detaillierten Regelungen enthalten, müssen sie ausgelegt werden. Der EuGH ist im Wege des Vorabentscheidungsverfahrens gem. Art. 267 AEUV für die Auslegung einer Richtlinie allein zuständig. Die Arbeitsgerichte können dem EuGH gem. Art. 267 Abs. 2 AEUV Fragen zur Auslegung der Arbeitszeitrichtlinie und zur Anwendbarkeit des deutschen Urlaubsrechts zur Vorabentscheidung vorlegen. Der EuGH ist gem. Art. 101 Abs. 1 S. 2 GG gesetzlicher Richter. Um nicht gegen das Recht auf den gesetzlichen Richter gem. Art. 101 Abs. 1 S. 2 GG zu verstoßen, muss das letztinstanzliche nationale Gericht gem. Art. 267 Abs. 3 AEUV prüfen, ob die maßgebliche Rechtsfrage bereits durch den EuGH entschieden ist oder die Antwort auf diese unionsrechtliche Rechtsfrage offenkundig ist.[590] Als letzte Instanz muss also das BAG gem. Art. 267 Abs. 3 AEUV prüfen, ob eine unionsrechtskonforme Auslegung des BUrlG möglich ist. Ist eine Auslegung möglich, muss im nächsten Schritt geprüft werden, ob eine entscheidungserhebliche Frage noch nicht ausreichend unionsrechtlich durch den EuGH geklärt ist. Wenn es bereits eine unionsrechtliche Auslegung gibt, die herangezogen werden kann, kann das BAG selbst entscheiden. Fehlt eine Auslegung, muss es die Frage dem EuGH

587 EuGH Urt. v. 24.01.2012 - C-282/10 *Dominguez*, ECLI:EU:C:2012:33, Rn. 24; Höpfner, RdA 2013, 16 (22); LAG Hamm Vorlage-Beschl. V. 14.02.2013 -16 Sa 1511/12-, juris Rn. 85, Az. EuGH C-118/13.

588 EuGH Urt. v. 24.01.2012 - C-282/10 *Dominguez*, ECLI:EU:C:2012:33, Rn. 24.

589 EuGH Urt. u. a. v. 05.10.2004 - C-397/01 bis C-403/01 *Pfeiffer u. a.*, Slg. 2004, I-8835, Rn. 114; v. 23.04.2009 - C-378/07 bis C-380/07 *Angelidaki u. a.*, Slg. 2009, I-3071, Rn. 197 u.198; v. 19.01.2010 - C-555/*07 Kücükdeveci*, Slg. 2010, I-365, Rn. 48; EuGH Urt. v. 24.01.2012 - C-282/10 *Dominguez*, ECLI:EU:C:2012:33, Rn. 24.

590 BVerfG Urt. v. 25.02.2010 - 1 BvR 230/09, ECLI:DE:BVerfG:2010: rk20100225. 1bvr023009, Rn. 21.

zur Klärung vorlegen.[591] Kann das BAG bereits selbst entscheiden, hat es jedoch unter Beachtung des Gewaltenteilungsprinzips aus Art. 2 Abs. 1 und 20 Abs. 3 GG zu prüfen, ob die unionsrechtskonforme Auslegung zu einer Auslegung contra legem führt.[592] Ist Letzteres der Fall, muss das Gericht prüfen, ob eine richtlinienkonforme Rechtsfortbildung durch teleologische Reduktion möglich ist.[593] Ist diese nicht möglich, muss die Vorschrift in der Regel dennoch angewendet werden, weil eine Auslegung nicht möglich ist und nur das BVerfG eine Norm für unanwendbar erklären kann.[594] Legt aber das BAG entgegen seiner Vorlagepflicht dem EuGH die Frage zur Auslegung nicht vor, kann hiergegen Verfassungsbeschwerde beim BVerfG wegen Entzugs des gesetzlichen Richters eingelegt werden.[595]

IV. Die Berücksichtigung des Anspruchs auf Jahresurlaub gem. Art. 31 Abs. 2 der Charta als Grundsatz des Sozialrechts für die nationale Rechtsprechung

Vor Inkrafttreten der Charta hat der EuGH festgestellt, dass das nationale Gericht bei einem Rechtsstreit unter Privaten eine nationale Vorschrift, die wegen ihres eindeutigen Wortlauts nicht unionsrechtskonform ausgelegt werden kann, bei gleichzeitigem Verstoß gegen einen unionsrechtlichen Grundsatz nicht anwenden darf.[596] Also ist zu untersuchen, ob die Aufnahme des Rechts auf bezahlten Jahresurlaub in Art. 31 Abs. 2 der Charta als Grundsatz des Sozialrechts zu einer Berücksichtigung dieses Grundsatzes bei der Auslegung der nationalen Gesetze durch die nationalen Gerichte führt. Wie oben dargelegt, sieht der EuGH in dem Recht auf Jahresurlaub einen besonders bedeutsamen Grundsatz des Sozialrechts. Es war bisher umstritten, ob ein solcher Grundsatz, der durch eine Richtlinie konkretisiert wird, zwischen Privaten eine horizontale Wirkung haben kann.[597] Ob dies für jeden in der Charta der Grundrechte enthaltenen Grundsatz und damit auch für den Grundsatz des Rechts auf Jahresurlaub gilt, ist bisher nicht entschieden.[598] In der Rechtssache *Association*

---

591 Latzel/Streinz, NJW 2013, 271 (271).

592 EuGH Urt. v. 24.01.2012 - C-282/10 *Dominguez*, ECLI:EU:C:2012:33, Rn. 23–25 m.w.N.; EuGH Urt. v. 15.04.2008 - C-268/06 *Impact*, Slg. 2008, I-2483, Rn. 100; v. 23.04.2009 - C-378/07 bis C-380/07 *Angelidaki u. a.*, Slg. 2009, I-3071, Rn. 199.

593 Thüsing, Europäisches Arbeitsrecht, 2. Aufl. 2011, § 1 Rn. 42.

594 Ausnahmen bei Grundsätzen: Vorschrift darf nicht angewendet werden EuGH Urt. v. 19.01.2010 - C-555/*07 Kücükdeveci*, Slg. 2010, I-365, Rn. 51; EuGH Urt. v. 22.11.2005 - C-144/04 *Mangold*, Slg. 2005, I-9981, Rn. 77.

595 Latzel/Streinz, NJW 2013, 271 (271).

596 EuGH Urt. v. 19.01.2010 - C-555/*07 Kücükdeveci*, Slg. 2010, I-365, Rn. 51; EuGH Urt. v. 22.11.2005 - C-144/04 *Mangold*, Slg. 2005, I-9981, Rn. 77.

597 Gegen eine horizontale Wirkung Höpfner, RdA 2013, 16 (19) m.w.N., für eine mittelbare horizontale Wirkung Seifert, EuZA 2013, 299 (309).

598 EuGH, Forst, EWiR 3/2014, 93 (94); die EuGH-Vorlage des LAG Berlin-Brandenburg v. 16.06.2011 -2 Sa 3/11-, die eine Klärung einer möglichen Horizontalwirkung

de mediation sociale vom 15.01.2014 führt der EuGH zu Art. 27 der Charta (Recht auf Unterrichtung und Anhörung der Arbeitnehmer) aus, dass dieser in Ermangelung eines dem Arbeitnehmer verliehenen „subjektiven Rechts“ keine unmittelbare Wirkung entfalten kann.[599] Aus dem Umkehrschluss ist diesem Urteil jedoch zu entnehmen, dass eine horizontale Wirkung unter Privaten dann anzunehmen ist, wenn der Grundsatz einer Partei ein „subjektives Recht“ verleiht, was ausreichend gegebenenfalls durch eine Richtlinie konkretisiert ist. Der EuGH hatte bisher nicht zu entscheiden, ob Art. 31 Abs. 2 der Charta einem Arbeitnehmer gegenüber seinem Arbeitgeber ein „subjektives Recht“ verleiht. In seinen bisherigen Urteilen bezeichnet es den Mindesturlaubsanspruch aber als ein in Art. 31 Abs. 2 der Charta „verankerten Anspruch“ eines Arbeitnehmers.[600] Laut Rechtsprechung des EuGH handelt es sich um einen allen Arbeitnehmern zustehenden Mindestanspruch.[601] Er führt allgemein aus, dass es sich um einen unionsrechtlichen „unmittelbar gewährten Anspruch“ handelt.[602] Der Wortlaut des Art. 31 Abs. 2 der Charta spricht von einem „Recht“, was für ein subjektives Recht spricht.[603] Es ist wegen dieser Diktion davon auszugehen, dass auch Art. 31 Abs. 2 der Charta in seiner ausreichenden Konkretisierung durch Art. 7 der Arbeitszeitrichtlinie ein „subjektives Recht“ auf Mindesturlaub einräumt.[604] Damit dürfte dieser Grundsatz im Gegensatz zu dem Grundsatz aus Art. 27 der Charta wie im Fall *Kücükdeveci* von den nationalen Gerichten bei der Auslegung des nationalen Rechts zu berücksichtigen sein. Bei einem Verstoß des nationalen Rechts gegen diesen Grundsatz muss die nationale Rechtsnorm unangewendet bleiben, wenn eine Auslegung nicht möglich ist. Der Einzelne kann sich daher auch unter Privaten in einem Rechtsstreit auf Art. 31 Abs. 2 der Charta berufen.[605] Die nationalen Arbeitsgerichte müssen also den durch Art. 31 Abs. 2 der Charta geregelten Grundsatz des Sozialrechts auf Jahresurlaub auch bei

---

hätte klären können, wurde wegen Erledigung des Ausgangsverfahrens durch den EuGH per Beschluss v. 22.10.2012 - C-317/11 gestrichen.

599 EuGH Urt. v. 15.01.2014 - C-176/12 *Association de mediation sociale*, ECLI:EU:C:2014:2, Rn. 47.

600 EuGH Urt. v. 22.11.2011 - C-214/10 *KHS/Schulte*, Slg. 2011, I-11757, Rn. 31; ; EuGH Urt. v. 03.05.2012 - C-337/10 *Neidel*, AP Nr. 8 zu Richtlinie 2003/88/EG, Rn. 40; EuGH Urt. v. 21.06.2012 - C-78/11 *ANGED*, ECLI: EU:C:2012:37, Rn. 17; EuGH Urt. v. 08.11.2012 - C-229/11 u. C-230/11 *Heimann u. Toltschin*, ECLI:EU:C:2012:693, Rn. 22; EuGH Beschl. v. 13.06.2013 - C-415/12 *Brandes*, ECLI:EU:C:2013:398, Rn. 28; Pötters/Stiebert, NJW 2012, 1034 (1034).

601 EuGH Urt. v. 26.06.2001 - C-173/99 *BECTU*, Slg. 2001, I-04881, Rn. 52.

602 EuGH Urt. v. 26.06.2001 - C-173/99 *BECTU*, Slg. 2001, I-04881, Rn. 47; EuGH Urt. v. 22.11.2011 - C-214/10 *KHS/Schulte*, Slg. 2011, I-11757, Rn. 34; EuGH Urt. v. 20.01.2009 - C-350/06 u. C-520/06 *Schultz-Hoff*, Slg. 2009, I-179, Rn. 54.

603 Schubert, RdA 2013, 370 (375).

604 a.A. Schubert, RdA 2013, 370 (375), der von einem echten Grundrecht ausgeht; EuGH, Forst, EWiR 3/2014, 93 (94).

605 so wohl auch Jarass, Charta der Grundrechte, 2. Aufl. 2013, Einl. Rn 31; Pötters/Stiebert, NJW 2012, 1034 (1038); a.A. Höpfner, RdA 2013, 16 (21).

Rechtsstreitigkeiten unter Privaten bei der Auslegung berücksichtigen, indem sie bei einer Auslegung contra legem die jeweilige Norm unangewendet lassen.[606] Soweit nationale Gerichte den Anwendungsbereich des Art. 31 Abs. 2 der Charta in Frage stellen, müssen sie gem. Art. 267 Abs. 2 AEUV Fragen zum Anwendungsbereich dem EuGH als zuständiges Gericht für die Auslegung der Charta vorlegen.[607]

Aus I bis IV ergibt sich, dass die Umsetzung der Arbeitszeitrichtlinie im BUrlG nicht ausreichend erfolgt ist, die nationalen Gerichte jedoch die Möglichkeit haben, diesen Mangel an Umsetzung durch eine unionsrechtskonforme Auslegung zu beheben, soweit sie unter Berücksichtigung des Gewaltenteilungsprinzips keine Auslegung contra legem vornehmen. Sie müssen eine Norm des BUrlG auch unangewendet lassen, wenn diese dem Grundsatz des Sozialrechts auf Urlaub widerspricht und eine Auslegung nicht möglich ist.

B. Das unionsrechtliche Urlaubsverständnis und die Auswirkung seiner Übertragung in das deutsche Urlaubsrecht

Will das BAG nach diesen Vorgaben das BUrlG auslegen, muss es also die Auslegung der Arbeitszeitrichtlinie durch den EuGH berücksichtigen. Entscheidend für die unionsrechtskonforme Auslegung des BUrlG ist auch die Frage des grundsätzlichen Verständnisses darüber, was Urlaub begrifflich aus Sicht des EuGH ist und welche Voraussetzungen für den Erwerb eines Urlaubsanspruchs erfüllt sein müssen. Aus diesen Grundauffassungen ergibt sich nämlich, ob, wann und wie der Urlaubsanspruch ordnungsgemäß erfüllt werden kann und welche Auswirkungen das Ende des Arbeitsverhältnisses auf die Entstehung des Urlaubsabgeltungsanspruchs hat. Die Regelungen des BUrlG bzw. dessen Auslegung und das hierauf basierende Richterrecht sollten, um eine Vereinbarkeit beider Rechte besser herzustellen, diesen Grundauffassungen folgen und diese in das deutsche Urlaubsrecht übernehmen.

Die oben im Teil 1 dargelegte Einordnung des Urlaubsanspruchs und des Urlaubsabgeltungsanspruches in das System des Arbeitsvertrages und in das Schuldrecht durch das BAG ist im Folgenden auf ihre Unionsrechtskonformität zu überprüfen.

I. Der Urlaubsanspruch als Einheitsanspruch

Der EuGH sieht in dem Urlaubsanspruch einen Einheitsanspruch, der aus zwei untrennbaren Elementen, nämlich Freistellung und Zahlung des Urlaubsentgeltes besteht[608], weil ohne die Zahlung von Geld der Erholungszweck nicht erreicht

---

606 Buschmann, AuR 2012, 260 (263); a.A. Höpfner, RdA 2013, 16 (21).

607 Höpfner, RdA 2013, 16 (21).

608 EuGH Urt. v. 20.01.2009 - C-350/06 u. C-520/06 *Schultz-Hoff*, Slg. 2009, I-179, Rn. 60; EuGH Urt. v. 16.03.2006 - C-131/04 *Robinson-Steele*, Slg. 2006, I-02531, Rn. 58; EuGH Urt. v. 15.09.2011 - C-155/10 *Williams*, Slg. 2011, I-8409, Rn. 26; s.a. ErfK/*Gallner*, 15.

werden kann.[609] Der EuGH geht dabei von dem Grundsatz „ohne Arbeit kein Lohn“ aus, da aus seiner Sicht bei der Urlaubsnahme der Anspruch des Arbeitnehmers auf das Arbeitsentgelt wegen Nichterbringung seiner Arbeitspflicht entfällt. Durch die Zahlung des Urlaubsentgeltes kann der Arbeitnehmer ohne finanzielle Verluste Urlaub nehmen. Die Freistellung und die Zahlung des Urlaubsentgelts sind daher notwendige Elemente eines Einheitsanspruchs.[610] Es wäre für die Vereinbarkeit des deutschen Rechts mit dem Unionsrecht zweckmäßig, wenn man von diesem unionsrechtlichen Urlaubsverständnis auch im deutschen Recht ausginge.[611] Die Einordnung des Urlaubsanspruchs als Einheitsanspruch hat nämlich erhebliche Auswirkungen auf eine Vielzahl von Rechtsfragen im Urlaubsrecht.[612] Unter anderem wirken sich die Behandlung als Einheitsanspruch auf die Einordnung des Anspruchs in das Schuldrecht und dabei insbesondere auf Rechtsfragen zum Urlaubsentgelt und die Übertragbarkeit des Urlaubsanspruchs sowie auf mögliche Schadensersatzansprüche aus. Diese Auswirkungen werden im Einzelnen in diesem Teil unter den Punkten D. und E. dargestellt.

Das BAG sieht den Urlaubsanspruch jedoch auch nach der Änderung der Rechtsprechung durch die *Schultz-Hoff*-Entscheidung des EuGH immer noch als reinen

---

Aufl. 2015, § 1 BUrlG, Rn. 8; LAG Düsseldorf Urt. v. 01.10.2010 -9 Sa 1541/09-, juris Rn. 93–96; schon früher Fenski, DB 2007, 686 (689 f.); LAG Baden-Württemberg Urt. v. 09.06.2011 -6 Sa 109/10-, juris Rn. 58; Fieberg, NZA 2010, 925 (929); Bieder, AuR 2012, 239 (241); Buschmann, AuR 2013, 362 (363); ders., AuR 2012, 260 (263); Latzel, EuZA 2014, 80 (87); Pötters/Stiebert, NJW 2012, 1034 (1035).

609 EuGH Urt. v. 16.03.2006 - C-131/04 *Robinson-Steele*, Slg. 2006, I-02531, Rn. 49; LAG Düsseldorf Urt. v. 01.10.2010 -9 Sa 1541/09-, juris Rn. 93–96; LAG Düsseldorf Urt. v. 25.02.2011 -9 Sa 258/10-, juris Rn. 98; LAG Baden-Württemberg Urt. v. 09.06.2011 -6 Sa 109/10-, juris Rn. 55; LAG Berlin-Brandenburg Urt. v. 06.12.2011 -19 Sa 795/11-, juris Rn. 34; Neumann/Fenski, 10. Aufl. 2011, BUrlG, § 1 Rn. BUrlG 68; LAG Nürnberg Urt. v. 08.02.2011 -6 Sa 500/10-, ZTR 2011, 550–552, juris Rn. 47; Bieder, AuR 2012, 239 (241).

610 Plüm, NZA 2013, 11 (13); LAG Düsseldorf Urt. v. 04.05.2011 -12 Sa 1832/10-, LAGE § 7 BUrlG Nr. 49, Rn. 37; LAG Baden-Württemberg Urt. v. 9.06.2011 -6 Sa 109/10-, juris Rn. 55; Pötters/Stiebert, NJW 2012, 1034 (1035).

611 Rambach/Feldmann, ZTR 2010, 561 (563); HWK/*Schinz*, 6. Aufl. 2014, § 1 Rn. 7; LAG Baden-Württemberg Urt. v. 9.06.2011 -6 Sa 109/10-, juris Rn. 58; LAG Düsseldorf Urt. v. 01.10.2010 -9 Sa 1541/09-, juris Rn. 118.

612 so auch Rambach/Feldmann, ZTR 2010, 561 (563); Fenski, DB 2007, 686 (690); ErfK/*Gallner*, 15. Aufl. 2015, § 1 BUrlG Rn. 8; Schaub/*Linck* Arbeitsrechts-Handbuch, 16. Aufl. 2015, § 104 Rn. 8; a.A. Heilmann, Urlaubsrecht, 4. Aufl. 2014, § 1 BUrlG Rn. 4.

Freistellungsanspruch.[613] Die Behauptung des BAG in einem Urteil vom 17.11.2009[614], der EuGH habe sich mit dem Begriff des Mindestjahresurlaubs bisher nicht befasst, ist nicht zutreffend.[615] Da der EuGH eine sehr konkrete Auffassung des Urlaubsanspruchs als Einheitsanspruch hat, sollte nicht entgegen diesem unionsrechtlichen Urlaubsverständnis der Arbeitszeitrichtlinie im deutschen Recht weiterhin davon ausgegangen werden, dass der Urlaubsanspruch bloßer Freistellungsanspruch im Arbeitsverhältnis ist.[616] Will das BAG das BUrlG unionsrechtskonform auslegen, sollte es den unionsrechtlichen Urlaubsbegriff in das deutsche Recht übernehmen, um die darauf aufbauenden Rechtsfragen unionsrechtskonform lösen zu können.[617] Eine solche Auslegung ist auch möglich, da in § 1 BUrlG lediglich der Begriff des „bezahlten Erholungsurlaubs“ verwendet wird. Das BUrlG definiert den Begriff des Urlaubs nicht als Freistellungsanspruch.

II. Das Urlaubsentgelt als Teil des Urlaubsanspruchs

Der EuGH vertritt die Auffassung, dass während des Urlaubs ohne Arbeitsleistung zunächst das Arbeitsentgelt wegen Nichterbringung der Arbeitsleistung nicht zu zahlen ist und der im Urlaubsanspruch enthaltene Entgeltanspruch diese Lücke kompensiert.[618] Da das BAG jedoch auch nach der *Schultz-Hoff*-Entscheidung weiterhin die Annahme eines Einheitsanspruchs ablehnt, wird konsequent auch das Urlaubsentgelt weiterhin nicht als Teil des Urlaubsanspruchs gesehen, sondern lediglich als weiterzuzahlendes Arbeitsentgelt.[619] Nach der Auffassung des BAG leitet sich der Anspruch auf Urlaubsentgelt weiterhin aus § 1 BUrlG i.V.m. § 611 Abs. 1 BGB her.[620] Insoweit soll § 1 BUrlG den Zeitfaktor, also die Dauer der Fortzahlung des Arbeitsentgeltes und § 11 BUrlG den Geldfaktor, also die Höhe des

613 BAG Urt. v. 24.03.2009 -9 AZR 983/07-, AP Nr. 39 zu § 7 BUrlG, juris Rn. 33; BAG Urt. v. 15.03.2011 -9 AZR 799/09-, AP Nr. 1 zu § 26 TVöD, Rn. 20 u. 35; BAG Urt. v. 17.05.2011 -9 AZR 189/10-, AP Nr. 51 zu § 7 BUrlG, Rn. 19; Düwell, NZA Beil. 3/2011, 133 (133); Pötters/Stiebert, NJW 2012, 1034 (1035).

614 BAG Urt. v. 17.11.2009 -9 AZR 844/08-, AP Nr. 65 zu § 11 BUrlG, Rn. 15.

615 siehe hierzu unter 2. Teil A. II. 1.

616 Rummel, DB 2010, 225 (227); LAG Baden-Württemberg Urt. v. 09.06.2011 -6 Sa 109/10-, juris Rn. 58; a.A. u. a. Düwell, DB 2012, 1749 (1749).

617 Fenski, DB 2007, 686 (690).

618 so bereits Friese, Urlaubsrecht, Rn. 32, die in §§ 1, 11 BUrlG eine eigene Anspruchsgrundlage auf Urlaubsentgelt sieht, so dass durch die Freistellung der vertragliche Entgeltanspruch entfällt; Stiebert/Imani, ZESAR 2013, 164 (167).

619 BAG Urt. v. 15.12.2009 -9 AZR 887/08-, AP Nr. 66 zu § 11 BUrlG, Rn. 14; BAG Urt. v. 21.09.2010 -9 AZR 510/09-, AP Nr. 68 zu § 11 BUrlG, Rn. 23; BAG Urt. v. 19.06.2012 -9 AZR 712/10-, AP Nr. 51 zu § 13 BUrlG, Rn. 17.

620 BAG Urt. v. 15.12.2009 -9 AZR 887/08-, AP Nr. 66 zu § 11 BUrlG, Rn. 14; BAG Urt. v. 21.09.2010 -9 AZR 510/09-, AP Nr. 68 zu § 11 BUrlG, Rn. 23.

weiterzuzahlenden Arbeitsentgelts regeln.[621] § 11 BUrlG wird seitens des BAG daher wie bisher nicht als Anspruchsgrundlage, sondern als Berechnungsgrundlage für die Höhe des weiterzuzahlenden Arbeitsentgeltes gesehen.[622] Das BAG meint sogar, § 11 BUrlG sei bezogen auf die darin enthaltende Fälligkeitsregelung dispositiv.[623]

Diese Auffassung widerspricht dem unionsrechtlichen Verständnis von Urlaub. Die Spaltung des Anspruchs in zwei Teile, die rechtlich unterschiedlich behandelt werden können, ist unionsrechtlich fraglich.[624] Soweit das BAG meint, der Fälligkeitszeitpunkt der Urlaubsentgeltzahlung sei dispositiv, kann das unionsrechtlich nur in Grenzen gelten. Der EuGH hat zwar festgestellt, dass die Regelung des Zeitpunkts der Urlaubsentgeltzahlung in die Kompetenz der Mitgliedsstaaten fällt.[625] Da der EuGH, ausgehend von der Prämisse, dass es sich um einen Einheitsanspruch handelt, zu dem Ergebnis kommt, dass das Urlaubsentgelt im zeitlichen Zusammenhang mit dem Urlaub gezahlt werden muss, damit der Arbeitnehmer finanziell unbeschwert seine Freizeit genießen kann[626], ist die Fälligkeit dieses Anspruches jedoch nur im zeitlichen Zusammenhang mit der Urlaubsnahme regelbar. Die Aufteilung der Zahlung oder die Verschiebung der Zahlungszeitpunkte, die dazu führt, dass der Arbeitnehmer während seines Urlaubs eine finanzielle Lücke überbrücken muss, ist unionsrechtlich unzulässig.

Die Klärung der Frage, in was gem. § 13 BUrlG ausnahmsweise durch Tarifrecht eingegriffen werden kann, ist ebenfalls davon abhängig, wie man den Urlaubsanspruch definiert. Sieht man ihn nur als einen Freistellungsanspruch, kann in den Urlaubsentgeltanspruch durch Tarifrecht eingegriffen werden. Der Urlaubsentgeltanspruch ist dann nicht schützenswerter Gegenstand des BUrlG. Wäre es ein Einheitsanspruch, dürfte auch in den Teil des Urlaubsentgeltes nicht durch Tarifvertrag eingegriffen werden.[627] Dieser Teil wäre dann Bestandteil des § 1 BUrlG und damit nicht abänderbar. Das BAG weist zumindest darauf hin, dass der EuGH

621 BAG Urt. v. 21.09.2010 -9 AZR 510/09-, AP Nr. 68 zu § 11 BUrlG, Rn. 16; a.A. Powietzka/Christ, NJW 2010, 3397 (3400), die mit Hinweis auf das Urteil des EuGH v. 22.04.2010 - C-486/08 *Zentralbetriebsrat der Landeskrankenhäuser Tirols*, Slg. 2010, I-3527, Rn. 32–34, meinen, dass diese Entscheidung die Berechnung des Urlaubsentgeltes nach § 11 BUrlG nicht mehr möglich machen, so das dieser vom Gesetzgeber geändert werden müsse; gegen eine Gesetzesänderung, da eine unionsrechtskonforme Auslegung möglich sei: Rambach/Feldmann, ZTR 2010, 561 (567).

622 BAG Urt. v. 15.12.2009 -9 AZR 887/08-, AP Nr. 66 zu § 11 BUrlG, Rn. 17; BAG Urt. v. 21.09.2010 -9 AZR 510/09-, AP Nr. 68 zu § 11 BUrlG, Rn. 16.

623 BAG Urt. v. 21.09.2010 -9 AZR 510/09-, AP Nr. 68 zu § 11 BUrlG, Rn. 32.

624 Wank, FS Reuter, 921 (927); a.A. Rambach/Feldmann, ZTR 2010, 561 (563); Arnold/Tillmanns-Zimmermann, 3. Aufl. 2014, § 1 Rn. 20.

625 EuGH Urt. v. 16.03.2006 - C-131/04 *Robinson-Steele*, Slg. 2006, I-02531, Rn. 56.

626 EuGH Urt. v. 16.03.2006 - C-131/04 *Robinson-Steele*, Slg. 2006, I-02531, Rn. 58–60.

627 Rudkowski, SAE 2011, 1 (2); ErfK/*Gallner*, 15. Aufl. 2015, § 11 BUrlG, Rn. 1; mit gleichem Ergebnis, aber anderer Begründung Leinemann/Linck, Urlaubsrecht, 2. Aufl. 2001, § 13 BUrlG Rn. 102.

den Begriff des bezahlten Mindesturlaubs im Sinne der Arbeitszeitrichtlinie als Einheitsanspruch sehen könnte[628], und hat zumindest Zweifel, ob eine erhebliche Kürzung des Urlaubsentgelts unter das Niveau des regelmäßigen Arbeitsentgelts durch Tarifbestimmungen gem. § 13 BUrlG unionsrechtskonform ist.[629]

Die Annahme eines Einheitsanspruchs im deutschen Recht führt zu dem Ergebnis, dass das in § 11 BUrlG definierte Urlaubsentgelt Teil des Urlaubsanspruchs ist. Seine Zahlung ist notwendig für die ordnungsgemäße Erfüllung des Anspruchs. Der Anspruch auf Urlaubsentgelt ergibt sich aus § 1 BUrlG i.V.m. § 11 BUrlG[630] und ist daher ein aliud zum Arbeitsentgelt. In diesen Teil des Anspruchs darf auch nicht gem. § 13 BUrlG eingegriffen werden. Diese unionsrechtskonforme Auslegung des BUrlG ist möglich, da weder der Wortlaut noch die historische oder teleologische Auslegung einer solchen Auslegung widersprechen. Das BAG sollte daher seine Auslegung der §§ 1 und 11 BUrlG im Sinne der Arbeitszeitrichtlinie ändern und den Urlaubsanspruch als Einheitsanspruch definieren.

Wegen der Annahme eines Einheitsanspruchs ist die Höhe des Urlaubsentgelts daher eine Frage der ordnungsgemäßen Erfüllung und wird im Folgenden dort gesondert behandelt.

III. Die Folgen der Einordnung des Urlaubsanspruchs als Einheitsanspruch auf die Übertragbarkeit des Urlaubs- und Urlaubsabgeltungsanspruchs

Die Einordnung des Urlaubsanspruchs als Einheitsanspruch hat Auswirkungen auf die Frage der Pfändbarkeit, Abtretbarkeit und Vererbbarkeit des Urlaubsanspruchs und des Urlaubsabgeltungsanspruchs. Es ist zu prüfen, ob die Rechtsprechung des BAG auch bezüglich dieser Übertragungsfragen geändert werden muss.

1. Die Übertragbarkeit des Urlaubsanspruchs

Mit der Übertragbarkeit des Urlaubsanspruchs hat sich das BAG seit der *Schultz-Hoff-Entscheidung* lediglich in Entscheidungen bezüglich der Vererbbarkeit auseinandersetzen müssen.[631] Nach Auffassung des BAG ist der Urlaubsanspruch als reiner

628 BAG Urt. v. 17.11.2009 -9 AZR 844/08-, AP Nr. 65 zu § 11 BUrlG, Rn. 15/46.

629 BAG Urt. v. 17.11.2009 -9 AZR 844/08-, AP Nr. 65 zu § 11 BUrlG, Rn. 15/46; Rudkowski, SAE 2011, 1 (2); ErfK/*Gallner*, 15. Aufl. 2015, § 13 BUrlG, Rn. 17; mit gleichem Ergebnis, aber anderer Begründung Leinemann/Linck, Urlaubsrecht, 2. Aufl. 2001, § 13 BUrlG Rn. 102.

630 so bereits bisher ohne Einordnung in das Synallagma: Friese, Urlaubsrecht, Rn. 32; LAG Hamm Urt. v. 14.03.2013 -16 Sa 763/12-, § 11 BUrlG Nr. 14, Rn. 36, welches ebenfalls einen Einheitsanspruch sieht.

631 BAG Urt. v. 20.09.2011 -9 AZR 416/10-, AP Nr. 92 zu § 7 BUrlG Abgeltung, Rn. 19 ff.; BAG Urt. v. 12.03.2013 -9 AZR 532/11-, AP Nr. 99 zu § 7 BUrlG Abgeltung, Rn. 12 ff.

Freistellungsanspruch auch weiterhin kein vermögenswertes Recht.[632] Das BAG sah bisher den Freistellungsanspruch als unvererblich, jedoch als abtretbar und pfändbar an, wobei in den letzten beiden Fällen das Interesse eines Gläubigers an der Übertragung negiert wurde.[633] Zur Frage der Übertragbarkeit des Anspruchs auf Urlaubsentgelt liegt keine neue Rechtsprechung des BAG vor. Bisher war dieser vererblich, wenn der Anspruch hierauf bereits vor dem Tode entstanden war; man konnte ihn abtreten und in den gesetzlich zulässigen Grenzen wie Arbeitsentgelt pfänden.[634] Diese Auffassungen des BAG zu der Übertragbarkeit von Urlaubs- und Urlaubsentgeltansprüchen sind mit der Rechtsprechung des EuGH zum Urlaubsanspruch als Einheitsanspruch nicht mehr vereinbar.[635] Die Pfändbarkeit verstößt gegen § 399 BGB.[636] Der Urlaubsanspruch wird nicht erfüllt, wenn entweder nur die Freistellung oder nur das Urlaubsentgelt gewährt werden. Aus diesem Grund sind diese beiden Teile auch bei der Übertragung nicht trennbar. Ebenfalls ist das Richtlinienziel der Arbeitszeitrichtlinie sowie der vom EuGH zugrunde gelegte doppelte Zweck des Urlaubs zu berücksichtigen. Eine Übertragbarkeit des einheitlichen Anspruches ist nur dann unionsrechtlich möglich, wenn das Richtlinienziel nicht gefährdet ist. Damit sind jedoch alle Übertragungsfälle bezogen auf den Urlaubsanspruch als Einheitsanspruch unionsrechtlich problematisch. Sowohl die Pfändbarkeit als auch die Abtretbarkeit eines Teils des Anspruchs führen dazu, dass der die Gesundheit und Sicherheit des Arbeitnehmers schützende Urlaub nicht die unionsrechtlichen Urlaubszwecke erfüllt. Lässt man z.B. die Pfändung oder Abtretung des Urlaubsentgelts zu, ist die dem Urlaub immanente finanziell unbeschwerte Freizeitnahme nicht mehr möglich. Der Urlaubsanspruch als Einheitsanspruch darf daher weder abtretbar noch pfändbar[637] sein, da anderenfalls ein Verstoß gegen den unionsrechtlichen Urlaubszweck und damit gegen die Arbeitszeitrichtlinie vorliegt.

Die Frage der Vererbbarkeit des Urlaubsanspruchs ist differenzierter zu betrachten. Da man Urlaub nur nehmen kann, wenn man lebt und sich in einem Arbeitsverhältnis befindet, kann der Urlaubsanspruch selbst nicht vererbbar sein.[638] Soweit jedoch Urlaub zu Lebzeiten genommen wird und auch dadurch Urlaubsentgelt gezahlt werden muss, ist hierin entgegen der Auffassung des BAG mit dem EuGH ein Vermögenswert zu sehen. Da er dem Gesundheitsschutz des Arbeitsnehmers dienen soll, ist dieser Vermögenswert zu Lebzeiten nicht übertragbar. Der Urlaubsanspruch selbst ist daher nicht vererbbar. Da jedoch durch den Tod das Arbeitsverhältnis gem. § 613 BGB endet, stellt sich die Frage, ob dieser Vermögenswert dennoch

632 BAG Urt. v. 12.03.2013 -9 AZR 532/11-, AP Nr. 99 zu § 7 BUrlG Abgeltung, Rn. 12.
633 siehe oben unter 1. Teil A. II. 5. a).
634 siehe oben unter 1. Teil A. II. 5. b).
635 Schaub/*Linck*, Arbeitsrechts-Handbuch, 16. Aufl. 2015, § 104 Rn. 128.
636 Schaub/*Linck*, Arbeitsrechts-Handbuch, 16. Aufl. 2015, § 104 Rn. 118.
637 a.A. Kothe/Beetz, jurPR-ArbR 11/2009 Anm. 3 D zu BAG Urt. v. 20.05.2008 -9 AZR 219/07-.
638 so wohl auch BAG Urt. v. 20.09.2011 -9 AZR 416/10-, AP Nr. 92 zu § 7 BUrlG Abgeltung, Rn. 16.

in Form der Abgeltung als Sekundäranspruch vererblich sein kann. Diese in Teil 3 unter E. II. beim Entstehen des Abgeltungsanspruchs zu behandelnde Frage ist jedoch von der Beantwortung der Frage abhängig, ob sich der Urlaubsanspruch als Einheitsanspruch bei Beendigung des Arbeitsverhältnisses durch den Tod in einen Abgeltungsanspruch umwandelt, der wiederum vererbbar sein könnte.

Im Ergebnis ist daher eine Übertragbarkeit des Urlaubsanspruchs als Einheitsanspruch als nicht unionsrechtskonform abzulehnen.

2. Die Übertragbarkeit des Urlaubsabgeltungsanspruchs

Das BAG hat nach der *Schultz-Hoff*-Entscheidung die Surrogatstheorie hinsichtlich des Abgeltungsanspruchs aufgegeben.[639] Der Urlaubsabgeltungsanspruch ist danach nur noch ein „reiner Geldanspruch", also in seiner Erfüllung nicht mehr von der Frage abhängig, ob z.B. der ausgeschiedene Arbeitnehmer gesund ist. Das BAG sah bisher einen Abgeltungsanspruch nur dann als vererbbar an, wenn der Abgeltungsanspruch nach der Beendigung des Arbeitsverhältnisses durch den Arbeitnehmer wirksam geltend gemacht wurde und er danach verstorben ist.[640] Wenn der Arbeitnehmer nach Beendigung des Arbeitsverhältnisses starb, ohne den Abgeltungsanspruch schon geltend gemacht zu haben, sollte er nicht vererbbar sein, weil er wegen des Surrogatscharakters nicht erfüllt werden konnte. Der Abgeltungsanspruch entstand danach aber nicht mit dem Tod des Arbeitnehmers, weil er einen Urlaubsanspruch voraussetzte und dieser mit dem Tod unterging, weil der Urlaubsanspruch dann nicht mehr erfüllbar war.[641] Die Literatur ist dieser Auffassung überwiegend gefolgt.[642]

Das BAG hat bisher nach Aufgabe der Surrogatstheorie offen gelassen, ob es den Abgeltungsanspruch, nachdem er durch Beendigung des Arbeitsverhältnisses entstanden ist, aber nicht geltend gemacht wurde, als vererbbar ansieht.[643] Nach der hier vertretenen Auffassung steht einer Vererbbarkeit nichts entgegen, da ein Geldanspruch im Wege der Universalsukzession gem. § 1922 Abs. 1 BGB auf die Erben

639 siehe hierzu ausführlich in diesem Teil unter E. I.
640 siehe oben unter 1. Teil A. II. 5. c).
641 BAG Urt. v. 18.07.1989 -8 AZR 44/88-, AP Nr. 49 zu § 7 BUrlG Abgeltung, BAG Urt. v. 26.04.1990 -8 AZR 517/89-, AP Nr. 53 zu § 7 BUrlG Abgeltung; BAG Urt. v. 23.06.1992 -9 AZR 111/91-, AP Nr. 59 zu § 7 BUrlG.
642 Leinemann/Linck, Urlaubsrecht, 2. Aufl. 2001, § 7 BUrlG Rn. 117 ff. m.w.N.; Neumann/Fenski, BUrlG, 10. Aufl. 2011, § 7 BUrlG Rn. 115 m.w.N.; Reiter, BB 2006, 42 (43); a.A. Schäfer, NZA 1993, 204 (207); Compensis, DB 1992, 888 (892).
643 BAG Urt. v. 20.09.2011 -9 AZR 416/10-, AP Nr. 92 zu § 7 BUrlG Abgeltung, Rn. 12.

übergeht.[644] Dies gilt unabhängig davon, ob er nach Beendigung vom Arbeitnehmer bereits geltend gemacht wurde oder nicht.[645]

Aus der Annahme, der Abgeltungsanspruch sei ein reiner Geldanspruch, folgt indes auch, dass dieser abtretbar und pfändbar sein muss.[646] Das entspricht im Ergebnis der bisherigen Rechtsprechung des BAG zur Pfändbarkeit und Abtretbarkeit.[647] Fraglich ist jedoch, ob diese Übertragung des Abgeltungsanspruchs zu Lebzeiten des Arbeitnehmers mit dem Zweck der Arbeitszeitrichtlinie vereinbar ist, da der ausgeschiedene noch lebende Arbeitnehmer auf diese Weise den „gesundheitsschützenden" Wert des Urlaubs verliert. Aus unionsrechtlicher Sicht ist bis auf die Vererbbarkeit eine Übertragbarkeit des Abgeltungsanspruchs abzulehnen, da der auch für die Abgeltung geltende Gesundheitsschutz bei einer Übertragung zu Lebzeiten verloren ginge.[648] Die Vererbbarkeit ist unionsrechtlich jedoch möglich, da die Abgeltung kein höchstpersönlicher Anspruch ist und mit dem Tod des Arbeitnehmers dessen Gesundheit nicht mehr geschützt werden muss.[649] Andererseits wäre es auch unbillig, wenn der Arbeitgeber im Falle des Todes, einen Vorteil hätte und die Abgeltung dann nicht mehr zahlen müsste.[650]

Der Abgeltungsanspruch ist also nicht pfändbar und abtretbar, aber vererbbar.

C. Die Abhängigkeit zwischen der Arbeitsleistungspflicht und der Urlaubsgewährungspflicht

Die rechtliche Einordnung des Anspruchs auf Freistellung in das Schuldrecht als nichtsynallagmatische Nebenpflicht durch das BAG führt ebenfalls unter Berücksichtigung der Rechtsprechung des EuGH zu der Arbeitszeitrichtlinie zur Erschwerung bei der Vereinbarkeit beider Rechte. Im Folgenden wird dargelegt, dass die schuldrechtliche Einordnung in das arbeitsvertragliche Synallagma möglich ist. Die Urlaubsgewährungspflicht und die Arbeitsleistungspflicht sind wechselseitig rechtlich voneinander abhängig. Sie sind auch wirtschaftlich-inhaltlich miteinander verknüpft.

---

644 Grobys/Steinau-Steinrück, NJW-Spezial 2012, 82 (83), Bieder, AuR 2012, 239 (242); Jesgarzewski, BB 2012, 1347 (1348); Stiebert/Pötters, NZA 2013, 1334 (1338); a.A. jedoch widersprüchlich Moderegger, ArbRB 2012, 54 (56).

645 so auch nach Abschluss der Arbeit EuGH Urt. v. 12.06.2014 - C-118/13 *Bollacke*, ECLI:EU:C:2014:1755, Rn. 27.

646 Jesgarzewski, BB 2012, 1347 (1348); Stiebert/Pötters, NZA 2013, 1334 (1338).

647 a.A. Kothe/Beetz, jurPR-ArbR 11/2009 Anm. 3 D zu BAG Urt. v. 20.05.2008 -9 AZR 219/07-.

648 A.A. Schubert RdA 2014, 9 (15), die den Anspruch für übertragbar.

649 Schubert RdA 2014, 9 (15).

650 so auch nach Abschluss der Arbeit EuGH Urt. v. 12.06.2014 - C-118/13 *Bollacke*, ECLI:EU:C:2014:1755, Rn. 25 ff.

I. Das synallagmatische Verhältnis zwischen der Arbeitsleistungspflicht und der Urlaubsgewährungspflicht und die Einordnung von Arbeitsunfähigkeitszeiten

Der EuGH geht davon aus, dass das Entstehen des Urlaubsanspruchs grundsätzlich wie das Entstehen des Anspruchs auf Arbeitsentgelt von der Erbringung der Arbeitsleistung abhängig ist.[651] Ausgehend von dem Grundsatz „ohne Arbeit kein Urlaub“ setzt der Urlaubsanspruch neben einem bestehenden Arbeitsverhältnis nach der Rechtsprechung des EuGH auch voraus, dass die Arbeitsleistung des Arbeitnehmers vereinbarungsgemäß erbracht wird. Die Arbeitsleistungspflicht und die Urlaubsgewährungspflicht sind unionsrechtlich final voneinander abhängig, verhalten sich also synallagmatisch zueinander. Eine gegenseitige Abhängigkeit zwischen der Urlaubsgewährungspflicht und der Arbeitsleistungspflicht ist nach Auffassung des BAG jedoch nicht gegeben.[652] Entsprechend dieser Rechtsprechung hat das BAG auch nach der *Schultz-Hoff*-Entscheidung betont, dass der Urlaub keine Gegenleistung für geleistete oder noch zu erbringende Arbeit, sondern reiner Anspruch auf Freistellung sei, der weiterhin unabhängig von der Arbeitsleistung entstehe.[653] Das BAG führt in diesem Zusammenhang sogar aus:

„Im deutschen Recht existiert keine Norm, die die Erbringung von Arbeitsleistung zur Voraussetzung für den Urlaubsanspruch erhebt.“[654]

Das BAG sieht also auch nach *Schultz-Hoff* keine Veranlassung, die Urlaubsgewährung als Gegenleistung für erbrachte Arbeit zu sehen.[655] Es lehnt ein Synallagma ab. Es geht sogar weiter und meint, dass eine solche Auffassung gegen Unionsrecht verstoße.[656] Es bezieht sich in seiner Begründung auf die Entscheidung des EuGH in der Rechtssache *Dominguez*, wonach der Anspruch auf bezahlten Jahresurlaub nicht von einer Mindestarbeitszeit abhängig gemacht werden darf.[657] Diese Interpretation der Entscheidung des EuGH durch das BAG ist jedoch nicht zwingend. Vielmehr spricht viel dafür, dass der EuGH, wie oben dargelegt, zwischen der Arbeitsleistung und dem Umfang des Urlaubsanspruchs einen Zusammenhang sieht. Der EuGH

---

651 siehe hierzu unter 2. Teil B. II. 1.

652 zust. Höpfner, RdA 2013, 65 (65).

653 BAG Urt. v. 13.10.2009 -9 AZR 763/08-, DB 2009, 2051-2052, juris, Rn. 15; BAG Urt. v. 22.10.2009 -8 AZR 865/08-, AP Nr. 57 zu § 133 BGB, Rn. 22; BAG Urt. v. 15.03.2011 -9 AZR 799/09-, AP Nr. 1 zu § 26 TVöD, Rn. 20, 35; BAG Urt. v. 17.05.2011 -9 AZR 189/10-, AP Nr. 51 zu § 7 BUrlG, Rn. 19; BAG Urt. v. 17.05.2011 -9 AZR 197/10-, AP Nr. 1 zu § 17 BEEG, Rn. 21; BAG Urt. v. 21.02.2012 -9 AZR 487/10-, AP Nr. 5 zu § 6 BUrlG, Rn. 13, 20, 22; Klimpe-Auerbach, PersonalR 2009, 180 (180).

654 BAG Urt. v. 17.05.2011 -9 AZR 197/10-, AP Nr. 1 zu § 17 BEEG, Rn. 23; BAG Urt. v. 21.02.2012 -9 AZR 487/10-, AP Nr. 5 zu § 6 BUrlG, Rn. 13, 20, 22.

655 BAG Urt. v. 21.02.2012 -9 AZR 487/10-, AP Nr. 5 zu § 6 BUrlG, Rn. 13, 20, 22; Wicht, BB 2012, 1349 (1350).

656 BAG Urt. v. 21.02.2012 -9 AZR 487/10-, AP Nr. 5 zu § 6 BUrlG, Rn. 13, 20, 22.

657 BAG Urt. v. 21.02.2012 -9 AZR 487/10-, AP Nr. 5 zu § 6 BUrlG, Rn. 13.

hat in der Rechtssache *Dominguez* lediglich im Falle der ordnungsgemäßen Krankschreibung ausgeführt, dass die Erbringung der Arbeitsleistung in diesem Fall nicht Voraussetzung für die Entstehung des Urlaubsanspruchs sein darf.[658] Bei seiner Interpretation dieser EuGH-Entscheidung berücksichtigt das BAG nicht, dass der EuGH grundsätzlich, wie auch in der Rechtssache *Schultz-Hoff*, unter Hinweis auf Art. 5 Abs. 4 des Übereinkommens Nr. 132 der IAO davon ausgeht, dass die Arbeitsleistung erbracht werden muss, jedoch die Zeiten einer Krankschreibung wie Zeiten behandelt werden, in denen der Arbeitnehmer gearbeitet hat.[659] Der EuGH nimmt also eine Fiktion der erbrachten Arbeitsleistung an, wenn der Arbeitnehmer ordnungsgemäß krankgeschrieben ist. Dennoch bleibt damit die (fingierte) Erbringung der Arbeitsleistung Voraussetzung für den unionsrechtlichen Urlaubsanspruch. Der EuGH differenziert unter Verweis auf Art. 5 Abs. 4 des Übereinkommens Nr. 132 der IAO zwischen willentlich herbeigeführten Arbeitsversäumnissen und unwillentlich herbeigeführten Arbeitsversäumnissen. In Art. 5 Abs. 4 des Übereinkommens Nr. 132 der IAO heißt es, dass „*... Arbeitsversäumnisse aus Gründen, die unabhängig vom Willen des beteiligten Arbeitnehmers bestehen, wie z.B. Krankheit, Unfall oder Mutterschaft, als Dienstzeiten anzurechnen ...*“ sind. Der Begriff „willentlich“ ist dabei nicht mit dem Begriff des „Verschuldens“ gleichzusetzen. Es geht bei den Begriffen „unabhängig vom Willen“ um zufällige, plötzlich auftretende und durch den Arbeitnehmer nicht steuerbare und in der Regel in seiner Person begründet liegende Sachverhalte, die zu einem Arbeitsausfall führen. In diesen Fällen sollen diese Ausfallzeiten wie Dienstzeiten behandelt werden. Aus dem Umkehrschluss ergibt sich jedoch, dass sowohl das Übereinkommen Nr. 132 der IAO und diesem folgend auch der EuGH davon ausgehen, dass Arbeitsversäumnisse, die der Arbeitnehmer selbst gesteuert und bewusst herbeiführt, nicht als Dienstzeit anzurechnen sind und damit auch nicht den Urlaubsanspruch für diese Zeiten entstehen lassen können oder den Arbeitgeber berechtigen, den Anspruch um diesen Umfang zu kürzen.[660] Die Gleichstellung der Arbeitsausfallzeiten mit Arbeitszeiten ist daher eine Ausnahme von der Regel, dass ohne die Erbringung der Arbeitsleistung kein Urlaubsanspruch entsteht.[661] Für den Urlaubsanspruch gibt es im BUrlG keine ausdrückliche Regelung, nach der im Krankheitsfall dennoch Urlaubsansprüche für diese Zeiten entstehen. Lediglich im Rahmen der Erfüllung des Urlaubsanspruchs regelt § 9 BUrlG, dass Krankheitstage während des Urlaubs, für die der Arbeitnehmer ordnungsgemäß krankgeschrieben ist, nicht als Urlaubstage berücksichtigt werden. Insoweit muss eine Auslegung des BUrlG erfolgen. § 1 BUrlG kann wie Art. 7 Abs. 1 Arbeitszeitrichtlinie unionsrechtskonform dahingehend ausgelegt

658 EuGH Urt. v. 24.01.2012 - C-282/10 *Dominguez*, ECLI:EU:C:2012:33, Rn. 18–21.
659 Plüm, NZA 2013, 11 (14).
660 LAG Düsseldorf Urt. v. 04.05.2011 -12 Sa 1832/10-, LAGE § 7 BUrlG Nr. 49, Rn. 46–48; so bereits LAG Düsseldorf Urt. v. 17.06.1998 -12 Sa 520/98-, LAGE § 7 BUrlG Abgeltung Nr. 10, juris Rn. 65.
661 Plüm, NZA 2013, 11 (14).

werden, dass die Urlaubsansprüche in Abhängigkeit von der Arbeitsleistung entstehen, jedoch Arbeitsunfähigkeitszeiten, wie Zeiten behandelt werden, in denen ordnungsgemäß gearbeitet wurde. Auch im deutschen Urlaubsrecht ist es also möglich, einen synallagmatischen Zusammenhang zwischen der Arbeitsleistungspflicht und der Urlaubsgewährungspflicht anzunehmen.

Geht man auch im deutschen Urlaubsrecht von dem Grundsatz aus, dass die Erbringung der Arbeitsleistung Voraussetzung für die Entstehung des Urlaubsanspruchs ist und wie beim Arbeitsentgelt bestimmte Arbeitsausfallzeiten, wie z.B. die Arbeitsunfähigkeitszeiten ausnahmsweise nicht zum Entfallen der Urlaubsgewährungspflicht führen, muss man nicht auf die Annahme zurückgreifen, die Entstehung des Urlaubsanspruchs setze grundsätzlich keine Arbeitsleistung voraus. Wie bestimmte Fehlzeiten einzuordnen sind, wird in diesem Teil unter D. dargelegt.

Nach der Auffassung des BAG entsteht gem. § 1 BUrlG der Anspruch auf den Mindestjahresurlaub zu Beginn des Jahres unabhängig von der Arbeitsleistung. Die Auffassung des BAG, dass laut §§ 1 und 4 BUrlG der Anspruch auf Vollurlaub nach Ablauf der Wartezeit immer zu Beginn des Urlaubsjahres entsteht, findet im Gesetz jedoch keine Begründung. In § 1 BUrlG sind keine Voraussetzungen definiert. Der Wortlaut des § 4 BUrlG bestimmt nur, dass nach Ablauf der Wartezeit von sechs Monaten erstmalig der Vollurlaubsanspruch entsteht. Das BAG meint jedoch aus den Gesetzesmaterialien zu § 4 BUrlG entnehmen zu können, dass das Gesetz nur auf den rechtlichen Bestand des Arbeitsverhältnisses abstellt.[662] Dies ist den Gesetzesmaterialien jedoch nicht zu entnehmen. Die Ausführungen des Ausschusses für Arbeit des Deutschen Bundestages zu § 4 BUrlG beziehen sich nur auf die 6-monatige Wartezeit und gerade nicht auf den Zeitraum danach.[663] Es ging dabei allein um das erste Beschäftigungsjahr und nicht um die Folgejahre. Es sollte durch § 4 BUrlG lediglich der Fall vermieden werden, dass ein Arbeitnehmer, der nach erfüllter Wartezeit in der zweiten Jahreshälfte gegen Ende des Jahres ausscheidet, nicht den vollen Anspruch erhält, obwohl er seit Beginn des Jahres fast das ganze Jahr gearbeitet hat.[664] Es handelt sich also um eine geregelte Ausnahme zum grundsätzlichen Zwölftelungsprinzip aus § 5 BUrlG. Daraus kann jedoch nicht entnommen werden, dass gem. § 1 BUrlG immer zu Beginn des Jahres ein Vollurlaubsanspruch unabhängig von der Arbeitsleistung entsteht. Durch § 6 BUrlG werden Doppelansprüche auf Urlaub ausgeschlossen, weil das Gesetz offensichtlich davon ausgeht, dass es pro geleisteten Monat zwei Werktage Urlaub geben soll. Während es jedoch dem einen Arbeitgeber auferlegt, mehr Urlaub zu gewähren als der Arbeitnehmer im Verhältnis hierzu an Arbeit erbracht hat, befreit es den neuen Arbeitgeber von einer Urlaubsgewährungspflicht, obwohl er die Arbeitsleistung in Anspruch nimmt: ein am 17.7. ausscheidender Arbeitnehmer kann von seinem Arbeitgeber 24 Werktage

---

662 BAG Urt. v. 07.08.2012 -9 AZR 353/10-, AP Nr. 61 zu § 7 BUrlG, Rn. 8.

663 BT-Drucks. IV/785 v. 30.11.1962, S. 3; Höpfner, Anm. z. BAG Urt. v. 7.8.2012 -9 AZR 353/10-, AP Nr. 61 zu § 7 BUrlG.

664 BT-Drucks. IV/785 v. 30.11.1962, S. 3.

verlangen, bekommt dann aber von dem Arbeitgeber, für den er ab dem 18.07. bis zum Ende des Jahres arbeitet, keinen Urlaub gem. § 6 BUrlG. Der „alte Arbeitgeber“ trägt die „Urlaubslast“ des „neuen Arbeitgebers“.

Die Auslegung der Arbeitszeitrichtlinie, dass der Urlaubsanspruch bei jeder Fehlzeit ausnahmslos zu gewähren ist, ist nicht von dem Richtlinienzweck gedeckt. Der Zweck der Arbeitszeitrichtlinie ist, Arbeitnehmer zu schützen, weil sie arbeiten. Sie regelt daher die zum Erhalt der durch das Arbeiten gefährdeten Gesundheit notwendigen Pausen- und Ruhezeiten. Wer nicht arbeitet, muss auch nicht gesondert geschützt werden. Der Schutzzweck umfasst daher nicht generell auch die Arbeitnehmer, die nicht arbeiten. Sicherlich wird der Gesundheitsschutz auch erreicht, wenn man Urlaub gewährt, ohne dass man dafür eine Arbeitsleistung erbringen muss. Die Auslegung dahingehend, dass auch jede Fehlzeit Urlaubsansprüche erwachsen lässt, stellt jedoch zudem einen unverhältnismäßigen Eingriff in die Grundrechte des Arbeitgebers nach Art. 15, 16 der Charta dar. Im deutschen Recht führt die Regelung der Arbeitszeit zu einem Eingriff in das Grundrecht des Arbeitgebers auf unternehmerische Freiheit, also die Berufsausübungsfreiheit aus Art. 12 GG.[665] Durch die Arbeitszeitrichtlinie ist es dem Arbeitgeber nicht möglich, eine andere für ihn wirtschaftlichere Arbeitszeitregelung zu treffen. Er darf die Arbeitnehmer nicht länger arbeiten lassen und er darf in Zeiten des Urlaubs nicht über die Arbeitskraft verfügen, dennoch muss er Urlaubsentgelt zahlen. Dieser Eingriff in die bestehenden unionsrechtlichen Grundrechte durch die Arbeitszeitrichtlinie darf also nur soweit erfolgen, wie er durch den Schutzzweck der Arbeitszeitrichtlinie als Ausprägung des Art. 31 Abs. 2 der Charta als Grundsatz des Sozialrechts gerechtfertigt ist. Der Eingriff in das arbeitsvertragliche Austauschverhältnis durch den Urlaubsanspruch rechtfertigt sich jedoch gerade nur deshalb, weil der Arbeitnehmer arbeitet und deshalb besonders geschützt werden muss. Die ausnahmslose Gewährung führt jedoch zu unbilligen Ergebnissen, wenn es sich um Fehlzeiten handelt, die der Arbeitnehmer grundsätzlich selbst zu verantworten hat. Ein Arbeitnehmer, der wochenlang unentschuldigt nicht zur Arbeit geht, könnte dennoch Urlaub für diese Fehlzeiten verlangen. Wird er dann fristlos gekündigt, müsste der Arbeitgeber ihm den Urlaub abgelten. Ein solcher Fall erfüllt zudem nicht den unionsrechtlichen Urlaubszweck der Erholung von der geleisteten Arbeit. Im Vergleich zum ArbZG, wonach ein Arbeitnehmer keine Pausenzeiten erhält, wenn er nicht arbeitet, soll aber nach der Auffassung des BAG zum BUrlG der Urlaub, also die Jahresruhezeit unabhängig von der erbrachten Arbeitsleistung entstehen. Die Grundannahme des BAG, dass der Urlaubsanspruch keine Arbeitsleistung voraussetzt, führt also zu Ergebnissen, die nicht mehr von dem Schutzumfang der Arbeitszeitrichtlinie umfasst sind. Es ist daher zweckmäßig, im deutschen Recht Fehlzeiten von vorneherein als urlaubsschädlich zu interpretieren und für jede Fehlzeit eine gesonderte Einzelfallbewertung vorzunehmen. Bei dieser jeweiligen Bewertung wäre dann eine Urlaubsschädlichkeit zu prüfen. Die synallagmatische Interpretation bietet hier die

665 ErfK/*Schmidt*, 15. Aufl. 2015, Art. 12 GG, Rn. 20; Plüm, NZA 2013, 11 (17).

beste Möglichkeit, den Schutzinteressen beider Vertragsparteien gerecht zu werden. Wenn man einerseits von der Grundregel „ohne Arbeit kein Urlaub“ ausgeht, jedoch andererseits über § 326 Abs. 2 S.1 1. Alt (ggf. analog) BGB die Möglichkeit hat, nach der jeweiligen Ursache des Arbeitsausfalls und der sozialen Schutzbedürftigkeit des Arbeitnehmers eine differenzierte Bewertung vorzunehmen, ist der Schutzzweck der Arbeitszeitrichtlinie ausreichend berücksichtigt.

Geht man jedoch auch im deutschen Recht davon aus, dass der Grundsatz „ohne Arbeit kein Urlaub“ gilt, müsste man § 1 BurlG anders auslegen. Der Wortlaut des BUrlG und insbesondere der Wortlaut des § 1 BUrlG müssten dahingehend ausgelegt werden, dass Urlaub in Abhängigkeit zu der erbrachten Arbeitsleistung entsteht, und damit gewährleistet ist, dass der Arbeitgeber nur dann und nur in dem Umfang Urlaub gewähren muss, wie gearbeitet wird, aber der Arbeitnehmer den Urlaub in dem Umfang erhält, wie er gearbeitet hat. Die Bewertung von Fehlzeiten muss dann je nach Ursache unter Berücksichtigung der Frage erfolgen, ob sie urlaubsschädlich ist oder nicht. Es ist zu bewerten, wer jeweils das Risiko des Arbeitsausfalls zu tragen hat. Es wäre nicht mit der Arbeitszeitrichtlinie und dem dadurch legitimierten Eingriff in die unternehmerische Freiheit vereinbar, dieses Risiko in allen Fällen dem Arbeitgeber aufzuerlegen.

Es ist also auch im deutschen Urlaubsrecht davon auszugehen, dass der Urlaubsanspruch grundsätzlich in Abhängigkeit zur Arbeitsleistung entsteht und fortbesteht. Es ist zudem auch von einer wechselseitigen Abhängigkeit der Durchsetzung der Ansprüche auf Arbeitsleistung und Urlaubsgewährung auszugehen.

Der Urlaubsanspruch entsteht daher, von Ausnahmen wie z.B. der Arbeitsunfähigkeit abgesehen, nur, wenn tatsächlich auch die Arbeitsleistung erbracht wird.[666] Wenn die Arbeitsleistungspflicht nicht erfüllt wird, liegt wegen der in der Regel nicht vorhandenen Nachholbarkeit derselben und deren daraus resultierenden Fixschuldcharakters eine Teilunmöglichkeit gem. § 275 Abs. 1 Alt. 2 BGB für diesen Zeitabschnitt vor. Dementsprechend müsste im Verhältnis zu diesem Umfang der Nichterbringung der Arbeitsleistung auch die Urlaubsgewährungspflicht des Arbeitgebers gem. § 326 Abs. 1 S. 1 BGB teilweise entfallen. Diese Lösung deckt sich im Ergebnis mit der Auffassung des EuGH, wonach bei einer reduzierten Arbeitszeit auf Null der Urlaubsanspruch für diese reduzierte Arbeitszeit pro rata temporis auf Null angepasst werden kann.[667] Arbeitet der Arbeitnehmer nicht, hat er für diese Zeit der Nichtarbeit auch keinen Anspruch auf Urlaub. Der Arbeitnehmer ist im

666 LAG Düsseldorf Urt. v. 01.10.2010 -9 Sa 1541/09-, juris Rn. 55,56; LAG Nürnberg Urt. v. 08.02.2011 -6 Sa 500/10-, ZTR 2011, 550 ff., juris Rn. 47; LAG Düsseldorf Urt. v. 04.05.2011 -12 Sa 1832/10-, LAGE § 7 BUrlG Nr. 49, Rn. 46–48; LAG München Urt. v. 26.05.2011 -4 Sa 66/11-, juris, Rn. 24–27; Wicht, BB 2012, 1349 (1351); a.A. AnwK/*Düwell*, 2. Aufl. 2010, § 1 BUrlG Rn. 26; LAG Berlin-Brandenburg Urt. v. 15.05.2012 -3 Sa 230/12-, gegen welches unter dem Aktenzeichen 9 AZR 678/12 Revision beim BAG eingelegt wurde.

667 EuGH Urt. v. 8.11.2012 - C-229/11 u. C-230/11 *Heimann u. Toltschin*, ECLI:EU:C:2012:693, Rn. 36.

Hinblick auf die Urlaubsgewährungspflicht des Arbeitgebers vorleistungspflichtig. Er schuldet daher zunächst die Arbeitsleistung in dem vertraglich vereinbarten Umfang. Erbringt er die Leistung nicht in dem vereinbarten Umfang, erhält er hierfür, von Ausnahmen abgesehen, auch keinen Urlaub. Die Urlaubsgewährung ist eine weitere Leistung des Arbeitgebers für die erbrachte Arbeitsleistung, so dass für diesen Grundfall gilt: „ohne Arbeit kein Urlaub".[668] Der Urlaubsanspruch ist damit ein Vermögenswert, den der Arbeitnehmer mit seiner Arbeitsleistung verdient.[669]

Die Urlaubsgewährungspflicht des Arbeitgebers ist entgegen der Auffassung des BAG eine weitere Hauptleistungspflicht im Arbeitsvertrag.[670] Entfallen z.B. beim Ruhen des Arbeitsverhältnisses die gegenseitigen Hauptpflichten, entfällt auch für diese Zeiten die Urlaubsgewährungspflicht. Der Arbeitsvertrag wird durch den Umfang der Arbeitsleistung und die Gegenleistung charakterisiert. Die Arbeitskraft des einzelnen ist jedoch nicht unendlich. Aus Gesundheitsschutzgründen ist der Umfang der Arbeitsleistung in jedem Arbeitsverhältnis durch die Arbeitszeiten beschränkt. Sie ist auch durch den gesetzlichen Mindesturlaubsanspruch beschränkt, weil die Arbeitskraft durch die Urlaubsgewährung erhalten bzw. wiederhergestellt werden soll. Nur in einem Arbeitsverhältnis gibt es einen Urlaubsanspruch. Zudem hat dieser einen Vermögenswert. Der Urlaubsanspruch ist daher ein notwendiger Inhalt des Arbeitsverhältnisses. Die Gewährung des Urlaubs durch Freistellung und Zahlung des Urlaubsentgelts ist also eine Hauptpflicht im Arbeitsverhältnis.[671]

Aus einer aktuellen Entscheidung wird ersichtlich, dass das BAG mit der Auffassung, die Urlaubsgewährungspflicht sei eine Nebenpflicht, an seine Grenzen stößt: Ein Urlaubsanspruch soll danach nicht zu erfüllen sein, wenn nach einer erfolgreichen Kündigungsschutzklage feststeht, dass der Arbeitnehmer bei einem anderen Arbeitgeber während des Kündigungsschutzprozesses für die zurückliegenden Zeiten bereits Urlaub erhalten hat.[672] Das BAG meint, dass der Arbeitnehmer sich diesen Urlaub beim alten Arbeitgeber analog § 11 Nr. 1 KSchG und § 615 S. 2 BGB anrechnen lassen müsse.[673] Das BAG behandelt hier den Urlaubsanspruch wie einen Vergütungsanspruch, obwohl es meint, dass dem Urlaubsanspruch keine

668 LAG Düsseldorf Urt. v. 04.05.2011 -12 Sa 1832/10-, LAGE § 7 BUrlG Nr. 49, Rn. 46–48.

669 LAG Düsseldorf Urt. v. 04.05.2011 -12 Sa 1832/10-, LAGE § 7 BUrlG Nr. 49, Rn. 21.

670 LAG Nürnberg Urt. v. 08.02.2011 -6 Sa 500/10-, ZTR 2011, 550–552, juris Rn. 47; LAG Baden-Württemberg Urt. v. 9.06.2011 -6 Sa 109/10-, juris Rn. 55; Wicht, BB 2012, 1349 (1351).

671 LAG Köln Urt. v. 19.08.2011 -12 Sa 110/11-, ZTR 2011, 732 ff., Rn. 42; LAG Baden-Württemberg Urt. v. 09.06.2011 -6 Sa 109/10-, juris Rn. 55; LAG Düsseldorf Urt. v. 05.05.2010 -7 Sa 1571/09-, NZA-RR 2010, 568 ff., Rn. 70 ff; LAG Köln Urt. v. 29.04.2010 -6 Sa 103/10-, juris Rn. 21; LAG Köln Urt. v. 10.03.2011 -3 Sa 1057/10-, juris Rn. 22, LAG München Urt. v. 26.05.2011 -4 Sa 66/11-, juris Rn. 23, 24; Wicht, BB 2012, 1349 (1351).

672 BAG Urt. v. BAG v. 21.02.2012 -9 AZR 487/10-, AP Nr. 5 zu § 6 BUrlG, Rn. 13.

673 BAG Urt. v. BAG v. 21.02.2012 -9 AZR 487/10-, AP Nr. 5 zu § 6 BUrlG, Rn. 17 ff.

Gegenleistung gegenüber steht.[674] Das Ergebnis ist nachvollziehbar, jedoch wäre die Lösung ohne die Analogie möglich, wenn man mit der hier vertretenen Auffassung davon ausgeht, dass die Urlaubsgewährung eine synallagmatische Leistung ist. Die erhobene Kündigungsschutzklage setzt den Arbeitgeber in Annahmeverzug bezüglich der Arbeitsleistung des Arbeitnehmers. Gem. § 615 S. 1 BGB kann der Arbeitnehmer dennoch die Vergütung verlangen, muss seine Arbeitsleistung jedoch nicht mehr erbringen. Gem. § 615 S. 2 Alt. 2 BGB bzw. § 11 Nr. 1 KSchG muss er sich jedoch anderweitigen Verdienst anrechnen lassen. Überträgt man diese Regelung auf den Urlaubsanspruch als weitere Hauptpflicht, muss sich der Arbeitnehmer anderweitig während des Annahmeverzugs erhaltenen Urlaub anrechnen lassen. § 11 Nr. 1 KSchG sowie auch § 615 S. 2 BGB wären dann direkt anwendbar, so dass der Urlaub, den der Arbeitnehmer in einem anderen Arbeitsverhältnis während eines Kündigungsschutzverfahrens erhält, auf den Urlaub aus dem ursprünglichen Arbeitsverhältnis anzurechnen ist.

Ausgehend von einem ungestörten Leistungsaustausch als Normalfall entsteht also der Urlaubsanspruch wie der Entgeltanspruch durch die Tatsache, dass der Arbeitnehmer sich dazu verpflichtet hat, seine Arbeitskraft in vollem Umfang zur Verfügung zu stellen und diese erbringt.[675] Solange keine Störung im synallagmatischen Leistungsaustausch vorliegt, entsteht der Urlaubsanspruch. Erst die Nichtleistung des Arbeitnehmers oder der Annahmeverzug des Arbeitgebers führen zur Störung dieses Synallagmas. Es ist dann wie beim Anspruch auf Arbeitsentgelt zu prüfen, in welchen Fällen die Nichtleistung zum Erlöschen oder zur Kürzung des Urlaubsanspruchs oder sogar dazu führt, dass er gar nicht erst entsteht, weil beide Seiten von den Hauptpflichten entbunden sind.[676] Zudem ist zu untersuchen, in welchen Fällen die Urlaubsgewährungspflicht trotz der Nichterbringung der Arbeitsleistung erhalten bleibt.

II. Der Entgeltcharakter des Urlaubsanspruchs

Entgegen der Auffassung des BAG ist also der Urlaubsanspruch auch ein entgeltlicher Anspruch. Die Urlaubsgewährungspflicht ist wirtschaftlich-inhaltlich mit der Arbeitsleistungspflicht verknüpft. Sowohl der zeitliche Umfang des Urlaubs als auch die Höhe des Urlaubsentgelts sind zeitlich von dem Umfang der jeweils zu erbringenden Arbeitsleistung abhängig.

Dieser Entgeltcharakter des Urlaubsanspruchs wird durch die Rechtsprechung des EuGH zu Urlaubsansprüchen deutlich, die in Vollzeitarbeitsverhältnissen entstehen und erst nach einer Umwandlung zu einem Teilzeitarbeitsverhältnis gewährt

---

674 BAG Urt. v. BAG v. 21.02.2012 -9 AZR 487/10-, AP Nr. 5 zu § 6 BUrlG, Rn. 22; kritisch zu der Entscheidung Fischer, FA 2012, 137 ff.

675 so bereits LAG Düsseldorf Urt. v. 17.06.1998 -12 Sa 520/98-, LAGE § 7 BUrlG Abgeltung Nr. 10, Rn. 64; LAG Düsseldorf Urt. v. 02.02.2009 -12 Sa 486/06-, LAGE § 7 BUrlG Abgeltung Nr. 22, Rn. 90 ff.

676 LAG Niedersachsen Urt. v. 16.11.2010 -3 Sa 1288/10-, juris Rn. 21.

werden.[677] Diese Ansprüche dürfen nicht nachträglich an die neuen Verhältnisse angepasst werden. Sowohl die Anzahl der Urlaubstage als auch die Höhe des Urlaubsentgelts sind auf Grundlage der Bedingungen des früheren Vollzeitarbeitsverhältnisses zu gewähren.[678] Aus diesem Grund kann nach Erfüllung der Arbeitspflicht in einem bestimmten Zeitraum zu bestimmten Konditionen der darauf basierende Freistellungsumfang und die Urlaubsentgelthöhe später nicht in einem geringeren Umfang gewährt werden, selbst wenn sich zum Zeitpunkt der Urlaubsgewährung die Konditionen des Arbeitsverhältnisses verändert haben sollten. Die Auffassung des BAG, dass solche in Vollzeit erworbenen Ansprüche nachträglich in der Teilzeit angepasst werden dürfen[679], ist also nicht unionsrechtskonform.[680]

Dagegen können die innerhalb einer späteren in Teilzeit erworbenen Urlaubsansprüche hinsichtlich der Höhe pro rata temporis angepasst werden, indem das Urlaubsentgelt und die Anzahl der Urlaubstage nach den Teilzeitvoraussetzungen im Verhältnis zu reduzieren sind.[681] Gleiches gilt auch für die Anpassung der Urlaubsansprüche auf Null in der Zeit einer Kurzarbeit „Null".[682] Dass eine Anpassung bei einer Änderung der Arbeitszeit pro rata temporis erfolgen kann, nimmt auch das BAG bezogen auf den Urlaubsanspruch im Rahmen der Teilzeit an und geht hier offensichtlich davon aus, dass eine Anpassung erforderlich ist, obwohl eine solche aus dem BUrlG nicht entnommen werden kann. Der Urlaubsanspruch entsteht laut BAG nur für Tage, an denen der Arbeitnehmer zur Arbeit verpflichtet ist, so dass der Vollurlaubsanspruch in Verhältnis zu der tatsächlich zu erbringenden Arbeitsverpflichtung z.B. bei Teilzeitarbeitsverhältnissen gekürzt werden muss.[683] Das BUrlG unterscheidet jedoch nicht zwischen Vollzeit- und Teilzeitbeschäftigungen. Es legt in § 3 BUrlG nur fest, dass jeder Arbeitnehmer 24 Werktage Urlaub hat. Sowohl die Anpassung der 24 Werktage auf 20 Arbeitstage bei einer 5-Tage-Woche als auch die Anpassung bei verringerter Arbeitszeit, erkennt das BAG jedoch an.[684] Wenn aber das BAG meint, dass der im BUrlG begründete Anspruch auf Urlaub unabhängig von der Arbeitsleistung entsteht, stellt sich die Frage, warum eine Anpassung an

---

677 EuGH Urt. v. 22.04.2010 - C-486/08 *Zentralbetriebsrat der Landeskrankenhäuser Tirols*, Slg. 2010, I-3527, Rn. 32–34, LAG Düsseldorf Urt. v. 01.10.2010 -9 Sa 1541/09-, juris Rn. 55; LAG Nürnberg Urt. v. 08.02.2011 -6 Sa 500/10-, ZTR 2011, 550 ff., Rn. 47.

678 Kock/Heyde, BB 2013, 2938 (2939).

679 BAG Urt. v. 28.04.1998 -9 AZR 314/97-, AP Nr. 7 zu § 3 BUrlG, Rn. 31 ff.

680 So nunmehr auch nach Abschluss der Arbeit das BAG Urt. v. 10.02.2015 -9 AZR 53/14 (F)-, ECLI:DE:BAG:2015:100215.U.9AZR53. 14F.0, Rn. 15.

681 EuGH Urt. v. 22.04.2010 - C-486/08 *Zentralbetriebsrat der Landeskrankenhäuser Tirols*, Slg. 2010, I-3527, Rn. 32–34; EuGH Beschl. v. 13.06.2013 - C-415/12 *Brandes*, ECLI:EU:C:2013:398, Rn. 33.

682 EuGH Urt. v. 8.11.2012 - C-229/11 u. C-230/11 *Heimann u. Toltschin*, ECLI:EU:C:2012:693, Rn. 36.

683 BAG Urt. v. 15.03.2011 -9 AZR 799/09-, AP Nr. 1 zu § 26 TVöD, Rn. 23.

684 BAG Urt. v. 28.04.1998 -9 AZR 314/97-, AP Nr. 7 zu § 3 BUrlG, Rn. 31 ff.

den Umfang der Arbeitsleistung selbstverständlich sein soll. Eine solche Anpassung könnte das BAG nach den allgemeinen Vorschriften nur gem. § 313 Abs. 1 BGB wegen Störung der Geschäftsgrundlage aufgrund fehlender subjektiver Äquivalenz der Leistungen begründen. Die Tatsache, dass das BAG Anpassungen an den Arbeitsumfang für gerechtfertigt hält, spricht dafür, dass auch das BAG grundsätzlich einen Zusammenhang sieht.

Die Urlaubsgewährungspflicht steht also in wirtschaftlich-inhaltlicher Abhängigkeit zu der Arbeitsleistungspflicht. Der Urlaubsanspruch hat daher auch einen Entgeltcharakter.

D. Die rechtlichen Konsequenzen der Einordnung des Urlaubsanspruchs als Einheitsanspruch mit Entgeltcharakter in das arbeitsvertragliche Synallagma für das Entstehen, den Fortbestand und die Durchsetzbarkeit des Urlaubsanspruchs

Die synallagmatische Interpretation des Urlaubsanspruchs gewährleistet die Umsetzung der unionsrechtlichen Vorgaben nach dem Vorgesagten dogmatisch am besten. Eine solche synallagmatische Einordnung des Urlaubsanspruchs als Einheitsanspruch mit Entgeltcharakter steht jedoch im Widerspruch zur bisherigen Rechtsprechung des BAG. Es ist daher im Folgenden unter Berücksichtigung der BAG Rechtsprechung zu untersuchen, inwieweit das synallagmatische Verständnis des Urlaubsanspruchs bei typischen Fällen von Fehlzeiten zur Kürzung bzw. Fortfall führen oder den Urlaubsanspruch nicht beeinträchtigen. Dabei ist von der Grundregel auszugehen, dass ohne Erbringung der Arbeitsleistung der Urlaubsanspruch in einem entsprechenden Umfang entfällt. Insbesondere die Rechtsprechung zur Entstehung, zum Erlöschen und zur Durchsetzbarkeit des Urlaubsanspruchs bedarf daher einer rechtlichen Überprüfung.

I. Entstehen des Urlaubsanspruchs

Wie dargelegt, sind die Voraussetzungen für das Entstehen des Urlaubsanspruchs nicht im BUrlG geregelt. Das BAG lehnt auch nach der Änderung seiner Rechtsprechung durch die *Schultz-Hoff*-Entscheidung weiterhin ab, einen synallagmatischen Zusammenhang zwischen der Arbeitsleistungspflicht und der Urlaubsgewährungspflicht zu sehen. Es lehnt zudem einen Entgeltcharakter des Urlaubsanspruchs ab. Urlaub ist aus Sicht des BAG weiterhin eine gesetzlich bedingte Verpflichtung des Arbeitgebers, den Arbeitnehmer freizustellen.[685] Der Vollurlaubsanspruch entsteht

---

685 BAG Urt. v. 13.10.2009 -9 AZR 763/08-, juris Rn. 15; BAG Urt. v. 15.03.2011 -9 AZR 799/09-, AP Nr. 1 zu § 26 TVöD, Rn. 35; BAG Urt. v. 17.05.2011 -9 AZR 189/10-, AP Nr. 51 zu § 7 BUrlG, Rn. 19.

nach der Rechtsprechung daher nach Erfüllung der Wartezeit weiterhin zu Beginn des Jahres, ohne dass eine Arbeitsleistung erbracht werden muss.[686] Wie bisher soll der Vollurlaubsanspruch gem. § 5 Abs. 1 c BUrlG nachträglich gekürzt werden, wenn der Arbeitnehmer in der ersten Jahreshälfte ausscheidet.[687] Aufgrund der Ablehnung der Arbeitsleistung als Entstehungsvoraussetzung entsteht Urlaub auch für die Zeiten, in denen der Arbeitnehmer arbeitsunfähig ist[688] oder sich in der Elternzeit befindet[689].

Es ist zunächst festzustellen, dass der Arbeitnehmer nach der Auffassung des BAG und nach der hier vertretenen Auffassung bei einem ungestörten Leistungsaustausch von Beginn bis zum Ende des Jahres die gleiche Anzahl an Urlaubstagen erworben hat. Im Gegensatz zur Rechtsprechung des BAG erwirbt er den Vollurlaubsanspruch nach der hier vertretenen Auffassung jedoch nicht zu Beginn des Jahres, sondern in monatlichen Abschnitten nach Erbringung der Arbeitsleistung.[690] Besteht nicht das gesamte Jahr eine Arbeitspflicht, weil der Arbeitnehmer unterjährig eintritt oder austritt, greifen die §§ 4 und 5 BUrlG.

§ 4 BUrlG sieht vor, dass ein Vollurlaubsanspruch nach sechs Monaten Beschäftigung entsteht. Das würde dazu führen, dass nach sechs Monaten und einem Tag der Urlaubsanspruch doppelt so hoch wie die bis dahin erbrachte Arbeitsleistung. Der Arbeitnehmer erwirbt damit, ohne die volle Arbeitsleistung erbracht zu haben, bereits die zweite Hälfte des Urlaubsanspruchs. Diese Regelung widerspricht also der hier vertretenen Auffassung. Zudem ist die Auslegung des BAG zu § 4 BUrlG nicht unionsrechtskonform, soweit das BAG bei Auslegung dieser Vorschrift davon ausgeht, dass in den ersten sechs Monaten zunächst kein Teilurlaubsanspruch entsteht sowie auch keine Anwartschaft auf Urlaub. Dies entspricht zwar der Gesetzesbegründung, wonach die Zubilligung des Teilurlaubs nach § 5 Abs. 1 a und b BUrlG nur in den besonderen Fällen eine Begünstigung des Arbeitnehmers darstellen soll.[691] Daraus ist im Umkehrschluss aber auch zu entnehmen, dass der Gesetzgeber der Auffassung war, dass vor Ablauf der Wartezeit grundsätzlich gar kein Urlaub entstehen konnte und erst nachträglich bei Ausscheiden innerhalb der Wartezeit gem. § 5 Abs. 1 b BUrlG entsteht. Urlaub kann also mangels Entstehens

686 BAG Urt. v. 17.05.2011 -9 AZR 197/10-, AP Nr. 1 zu § 17 BEEG, Rn. 21; BAG Urt. v. 17.05.2011 -9 AZR 189/10-, AP Nr. 51 zu § 7 BUrlG, Rn. 42; BAG Urt. v. 14.05.2013 -9 AZR 844/11-, NZA 2013, 1098 ff., Rn. 9.

687 BAG Urt. v. 17.05.2011 -9 AZR 189/10-, AP Nr. 51 zu § 7 BUrlG, Rn. 44; BAG Urt. v. 22.10.2009 -8 AZR 865/08-, AP Nr. 57 zu § 133 BGB, Rn. 22.

688 BAG Urt. v. 24.03.2009 -9 AZR 983/07-, AP Nr. 39 zu § 7 BUrlG, Rn. 21; BAG Urt. v. 13.10.2009 -9 AZR 763/08-, juris Rn. 15.

689 BAG Urt. v. 17.05.2011 -9 AZR 197/10-, AP Nr. 1 zu § 17 BEEG, Rn. 20.

690 Latzel, EuZA 2014, 80 (89 ff.), der nachweist, dass es zu erheblich unterschiedlichen Ergebnissen bei unterjähriger Veränderung der Arbeitszeit kommt, wenn man zum einen vom Vollurlaubsanspruch zu Beginn des Jahres ausgeht und zum anderen von einem ratierlichen Erwerb.

691 schriftlicher Bericht des Ausschusses für Arbeit, BT-Drucks. IV/785 v. 30.11.1962.

des Urlaubsanspruchs in dieser Zeit gar nicht genommen werden. Das widerspricht der Rechtsprechung des EuGH, wonach keine weitere Voraussetzung für das Entstehen des Urlaubsanspruchs geregelt werden darf. Die Erfüllung der Wartezeit ist nämlich Voraussetzung für das Entstehen des Urlaubsanspruchs während dieser sechs Monate, obwohl der Arbeitnehmer gearbeitet hat.[692] Erreicht ein Arbeitnehmer in mehreren aufeinander folgenden Arbeitsverhältnissen die Wartezeit jeweils nicht, kann diese Regelung dazu führen, dass jeder neue Arbeitgeber mit Rücksicht auf die Dauer des Arbeitsverhältnisses den Urlaub verweigert und sich darauf beruft, dass er noch keinen Urlaub vor Ablauf der Wartezeit gewähren muss. Zwar entstünde dann immer ein Abgeltungsanspruch, das fortwährende Abgelten dieser Ansprüche entspricht damit aber nicht der Arbeitszeitrichtlinie, die dem Schutz der Gesundheit des Arbeitnehmers durch tatsächliche Jahresruhepausen bezwecken will. Damit widerspricht die Auslegung des BAG zu § 4 BUrlG der Arbeitszeitrichtlinie.[693] Urlaubsansprüche müssen daher auch ratierlich entstehen, wenn die Wartezeit noch nicht erfüllt ist.[694]

Eine Anspruchsgrundlage für das Entstehen der Ansprüche während der Wartezeit und das Recht, in dieser Wartezeit auch Urlaub nehmen zu dürfen, fehlt jedoch im BUrlG. Da der Wortlaut des § 4 BUrlG eindeutig ist, ist eine Auslegung nicht möglich. § 4 BUrlG müsste also nach der hier vertretenen Auffassung dahingehend geändert werden, dass er bestimmt, dass der Urlaubsanspruch auch in der Wartezeit und darüber hinaus ratierlich entsteht. Dann wäre es möglich, § 5 Abs. 1 a BUrlG unionsrechtskonform dahingehend auszulegen, dass er eine Anspruchsgrundlage für Teilansprüche darstellt. § 5 Abs. 1 a BUrlG könnte entgegen seinem Wortlaut unionsrechtskonform durch teleologische Reduktion dahingehend ausgelegt werden, dass für jeden vollen Monat erbrachter Arbeitsleistung 1/12 des Vollurlaubanspruchs entsteht. Damit wird vermieden, dass der Arbeitnehmer mehr Urlaubsansprüche erwirbt, als er im Verhältnis dazu gearbeitet hat. Zudem werden dadurch alle Arbeitnehmer hinsichtlich des Urlaubsumfangs gleich behandelt. Nach der bisherigen Gesetzeslage erhält ein vom 28.06. an beschäftigter Arbeitnehmer, dessen Arbeitsverhältnis zum 26.12. endet, 5/12 Mindesturlaub, also ausgehend von einer 5-Tage-Woche 8 Tage Urlaub. Der vom 26.06. bis 27.12. beschäftigte Arbeitnehmer erhält dagegen, obwohl er nur drei Tage mehr gearbeitet hat, mehr als das Doppelte, nämlich 20 Tage Urlaub[695]. Nach der hier vertretenen Auffassung erhält der zuletzt genannte Arbeitnehmer wegen 6 voller Monate einer Beschäftigung 6/12 des Jahresurlaubs, also 10 Arbeitstage Urlaub. Diese Lösung wahrt zudem im Gegensatz zu der bisherigen Regelung den Gleichbehandlungsgrundsatz.

---

692 Friese, Urlaubsrecht, Rn. 50.

693 a.A. Friese, Urlaubsrecht, Rn. 50.

694 a.A. BAG Urt. v. 06.08.2013 -9 AZR 956/11-, NZA 2014, 545 ff., Rn. 11, Neumann/Fenski, 10. Aufl. 2011, § 4 Rn. 59.

695 Vorausgesetzt, er hat nicht von einem vorhergehenden Arbeitnehmer bereits den Urlaub erhalten.

Werden die Konditionen des Arbeitsvertrages hinsichtlich der Arbeitsleistungspflicht im laufenden Arbeitsverhältnis unterjährig geändert, wird die Urlaubsgewährungspflicht nach der hier vertretenen Auffassung angepasst, da der Urlaubszweck dem Gesundheitsschutz dient und ein Schutz nur in dem Umfang erforderlich ist, wie gearbeitet wird. Ist der Arbeitnehmer daher nicht dazu verpflichtet, seine Arbeitsleistung voll zu erbringen, hat er für diesen Umfang auch keinen Urlaubsanspruch erworben, es sei denn, es liegen Arbeitsausfallzeiten vor, die besonders schützenswürdig sind wie z.B. Arbeitsunfähigkeitszeiten.[696] Die urlaubsrechtliche Bewertung von Arbeitsausfallzeiten ist im Rahmen des Leistungsstörungsrechts des BGB vorzunehmen. Soweit der Arbeitnehmer seiner Arbeitsleistungspflicht innerhalb des bestehenden Arbeitsverhältnisses nicht nachkommt, liegt eine Leistungsstörung vor. Bei den in Rede stehenden Konstellationen scheidet ein Nacharbeiten in der Regel aus. Aus diesem Grund ist in diesen Fällen von einem absoluten Fixschuldcharakter der Arbeitsleistung auszugehen, der zu einer Teilunmöglichkeit führt.[697] Die Arbeitsleistungspflicht entfällt daher in der Regel für diese Zeit und damit in diesem Umfang gem. § 275 Abs. 1 Alt. 2 BGB. Ohne das Hinzutreten weiterer Umstände würden damit jedoch auch die Gegenleistungspflichten in diesem Umfang gem. § 326 Abs. 1 BGB automatisch entfallen. Der Arbeitgeber trägt also die Leistungsgefahr und der Arbeitnehmer grundsätzlich die Gegenleistungsgefahr. Liegt jedoch die Verantwortlichkeit für den Wegfall der Arbeitsleistungspflicht beim Arbeitgeber sieht die gesetzliche Regelung des § 326 Abs. 2 BGB vor, dass in diesen Fällen die Gegenleistungspflicht nicht entfällt. Der Anspruch auf die Gegenleistungen bleibt erhalten. Das Schuldrecht sieht dies für die Fälle vor, in denen der Gläubiger die alleinige oder weit überwiegende Verantwortlichkeit für die Leistungsstörung hat oder in Fällen, in denen er sich in Annahmeverzug befindet, soweit der Schuldner die Leistungsstörung nicht verschuldet hat. Die Verantwortlichkeit des Gläubigers ist zum einen gegeben, wenn er aufgrund eigenen Verschuldens den Untergang der Leistungspflicht zu vertreten hat. Das Gesetz eröffnet mit dem Begriff der „überwiegenden Verantwortlichkeit“ in § 326 Abs. 2 S.1 Alt. 1 BGB auch die Möglichkeit, die Gegenleistung dann nicht entfallen zu lassen, wenn Umstände zum Wegfall der Leistungspflicht geführt haben, die in der Risikoverantwortlichkeit des Gegenleistungspflichtigen liegen.[698] Hier muss nicht notwendigerweise ein Verschulden vorliegen. Im Arbeitsrecht gibt es anspruchserhaltende Sondervorschriften die als lex specialis zu § 326 Abs. 1 BGB die Verantwortlichkeit für gewisse Risiken hinsichtlich des Arbeitsausfalls dem Arbeitgeber auferlegen, wie z.B. § 616 BGB (vorübergehende Verhinderung) oder § 615 S. 3 BGB (Betriebsrisiko). In diesen

696 Latzel, EuZA 2014, 80 (84 ff.): Dieser zeigt zudem auf, dass das BAG von Wochenprinzip, der EuGH aber vom Stunden- oder Tagesprinzip bei der Berechnung des Urlaubs ausgeht und dadurch stark voneinander abweichende Gesamturlaubstage errechnet werden, wenn die Arbeitszeit unterjährig verändert wird.

697 Soweit die Arbeit nachgeholt werden könnte, wäre sie ohne Beeinträchtigung des Urlaubsanspruchs nachzuholen.

698 Schwarze, Das Recht der Leistungsstörungen, 2008, § 37 Rn. 15.

Fällen bleibt die Gegenleistungspflicht des Arbeitgebers trotz Nichterbringung der Arbeitsleistung erhalten, weil es sich nach Auffassung des Gesetzgebers um Umstände handelt, die typischerweise in einem Dienstverhältnis dem Dienstgeber hinsichtlich der Verantwortlichkeit zuzurechnen sind.[699] Die Entgeltzahlungspflicht des Arbeitgebers bleibt in diesen Fällen erhalten.

Übertragen auf die Urlaubsgewährungspflicht als Gegenleistungspflicht zur Arbeitsleistungspflicht, muss daher im Folgenden untersucht werden, inwieweit in Fällen des Arbeitsausfalls kraft urlaubsrechtlicher Bewertung das Risiko des Arbeitsausfalls von Arbeitgeber zu tragen ist, weil ihm die Risikoverantwortlichkeit zuzurechnen ist oder er sich in Annahmeverzug befindet und damit der Anspruch des Arbeitnehmers auf Urlaubsgewährung gem. § 326 Abs. 2 BGB oder aufgrund von Sondervorschriften erhalten bleibt. Hierbei sind die unionsrechtlichen Vorgaben zu berücksichtigen. Insoweit verhält sich die Urlaubsgewährungspflicht als Hauptpflicht wie die Entgeltzahlungspflicht zur Arbeitsleistungspflicht. Aufgrund des Schutzrechtscharakters des Urlaubsrechts muss geprüft werden, welche Fehlzeiten „urlaubsschädlich“ und welche „urlaubsunschädlich“ sind.

1. *Arbeitsunfähigkeitszeiten*

Wie oben dargelegt, ist das BAG weiterhin der Auffassung, dass keinerlei Arbeitsunfähigkeitszeiten den Anspruch auf Urlaub entfallen lassen, da die Entstehung des Urlaubsanspruchs nicht von der Erbringung der Arbeitsleistung abhängig ist. Nach Auffassung des BAG müssten daher unverschuldete und auch grob verschuldete Arbeitsunfähigkeitszeiten den Urlaubsanspruch nicht beeinflussen.

Geht man jedoch davon aus, dass die Urlaubsgewährungspflicht in Abhängigkeit zur Arbeitsleistungspflicht entsteht, gelangt man zu einer differenzierten Bewertung:

Ist der Arbeitnehmer arbeitsunfähig, kann er die Arbeitsleistung nicht erbringen. Seine Arbeitsleistungspflicht entfällt aufgrund des Fixschuldcharakters der Arbeitsleistung gem. § 275 Abs. 1 Alt. 2 BGB wegen teilweiser Unmöglichkeit. Fraglich ist, ob nach deutschem Recht die Urlaubsgewährungspflicht als Gegenleistungspflicht gem. § 326 Abs. 1 BGB bei Annahme des urlaubsrechtlichen Synallagmas ebenfalls entfällt. Hinsichtlich der Entgeltzahlungspflicht hat der Gesetzgeber für die unverschuldete Arbeitsunfähigkeit die Regelung des § 3 Abs. 1 EFZG getroffen, wonach der Arbeitgeber für die Dauer von sechs Wochen dennoch Entgeltfortzahlung zu leisten hat. Zumindest für diesen Zeitraum wäre die entgeltliche Leistung Urlaub ebenfalls geschützt, da der Gesetzgeber offensichtlich für diese Zeiten arbeitsvertragliche Gegenleistungen nicht gem. § 326 Abs. 1 BGB entfallen lassen will. Die über sechs Wochen hinausgehenden Arbeitsunfähigkeitszeiten werden im deutschen Recht nicht vom Arbeitgeber vergütet. Bis zu 78 Wochen erhält der Arbeitnehmer Krankengeld nach den Vorschriften des SGB V. Der Gesetzgeber sieht

---

699 Schwarze, Das Recht der Leistungsstörungen, 2008, § 37 Rn. 15.

hier die Risikoverantwortlichkeit für die Nichterbringung der Arbeitsleistung also für sechs Wochen beim Arbeitgeber und darüber hinaus beim Arbeitnehmer. § 326 Abs. 1 BGB wird also in den ersten sechs Wochen der Arbeitsunfähigkeit durch § 3 Abs. 1 EFZG verdrängt.[700] Darüber hinaus greift § 326 Abs. 1 BGB, die Entgeltzahlungspflicht des Arbeitgebers als Gegenleistung entfällt.

Diese beim Anspruch auf Entgelt bei Nichterbringung der Arbeitsleistung gespaltene Risikozuweisung dürfte jedoch auf die Urlaubsgewährungspflicht nicht übertragbar sein. Sie widerspräche dem Unionsrecht. Wie oben dargelegt, dürfen entschuldigte Arbeitsunfähigkeitszeiten nach der Rechtsprechung des EuGH nicht dazu führen, dass der Urlaubsanspruch durch sie vermindert wird. Urlaubsrechtlich ist also hinsichtlich entschuldigter Arbeitsunfähigkeitszeiten eine andere Bewertung vorzunehmen. Hier sieht der EuGH bei der Auslegung des Art. 7 der Arbeitszeitrichtlinie offensichtlich die Risikoverantwortlichkeit beim Arbeitgeber. Schuldrechtlich handelt es sich daher um einen Fall des § 326 Abs. 2 S. 1 Alt. 1 BGB. Die Risikoverantwortlichkeit für den Arbeitsausfall durch eine ordnungsgemäße Krankschreibung liegt urlaubsrechtlich unionsrechtlich geboten allein beim Arbeitgeber. Aus diesem Grund behält der Arbeitnehmer in diesen Fällen des Arbeitsausfalls den Anspruch auf die Urlaubsgewährung gem. § 326 Abs. 2 S. 1 Alt. 1 BGB. Unverschuldete Arbeitsunfähigkeitszeiten sind also grundsätzlich urlaubsunschädlich.

Dies kann jedoch nicht für durch den Arbeitnehmer grob verschuldete Arbeitsunfähigkeitszeiten gelten, wenn er sich bei Ausübung von bestimmten risikobehafteten Sportarten vorsätzlich in Gefahr bringt und dabei die Arbeitsunfähigkeit selbst zu verantworten hat. Nach deutschem Recht fallen solche Zeiten auch nicht unter § 3 Abs. 1 EFZG, denn die Entgeltfortzahlung ist durch den Gesetzgeber nur für unverschuldete Fehlzeiten vorgesehen. Auch § 326 Abs. 2 BGB als anspruchserhaltende Norm greift bei groben Verschulden des Arbeitnehmers nicht, da der Arbeitgeber diese Arbeitsunfähigkeitszeiten nicht allein oder zum weit überwiegenden Teil zu verantworten hat. Auch unionsrechtlich ist davon auszugehen, dass in solchen Fällen der Arbeitsunfähigkeit der Urlaubsanspruch gemindert werden kann, denn der EuGH zieht seinen Schluss mit dem Argument, dass nur „von Willen des Arbeitnehmers unabhängige" Ausfallzeiten den Urlaubsanspruch unberührt lassen müssen. Daraus kann jedoch geschlossen werden, dass „willentlich" herbeigeführte Arbeitsunfähigkeitszeiten zu einer Reduzierung des unionsrechtlich gewährleisteten Mindesturlaubsanspruchs führen dürfen. Grob verschuldete Arbeitsunfähigkeitszeiten lassen also die Urlaubsgewährungspflicht gem. § 326 Abs. 1 BGB entfallen. Die Rechtsprechung müsste also wie beim Entgeltanspruch differenzieren und prüfen, wie die Arbeitsunfähigkeit entstanden ist. In den meisten Fällen wird dann jedoch die Arbeitsunfähigkeit nicht urlaubsschädlich sein. D.h., grundsätzlich bleibt die Urlaubsgewährungspflicht bei Vorliegen einer Arbeitsunfähigkeit erhalten.

700 ErfK/*Oetker*, 15. Aufl. 2015, § 3 EFZG Rn. 3.

2. *Mutterschutzzeiten*

Neue Entscheidungen nach der *Schultz-Hoff*-Entscheidung zu der Entstehung des Urlaubsanspruchs in Zeiten des Mutterschutzes liegen bisher nicht vor. Nach der Rechtsprechung des BAG hindern Mutterschutzzeiten nicht das Entstehen des Urlaubsanspruchs.[701]

Nach der hier vertretenen Auffassung entsteht der Urlaubsanspruch ebenfalls während der Zeiten des Mutterschutzes monatlich ratierlich. Auch in Zeiten mutterschutzrechtlicher Beschäftigungsverbote ist es unionsrechtlich geboten, diese Fehlzeiten der Risikoverantwortlichkeit des Arbeitgebers zuzuweisen. Nach Art. 5 Abs. 4 des Übereinkommens Nr. 132 der IAO sind Mutterschutzzeiten ebenfalls wie Dienstzeiten zu behandeln. Entsprechend ist die Arbeitszeitrichtlinie bezüglich der Mutterschutzzeiten unter Verweis auf den sechsten Erwägungsgrund, wonach die Arbeitszeitrichtlinie den Grundsätzen des Übereinkommens Nr. 132 der IAO Rechnung getragen hat, dahingehend auszulegen, dass während der Mutterschutzzeiten Urlaubsansprüche entstehen. Eine ähnliche Fiktion ergibt sich auch aus § 17 S.1 MuSchG, der ebenfalls Ausfallzeiten wegen mutterschutzrechtlichen Beschäftigungsverboten wie Beschäftigungszeiten behandelt. Da die Mutter bzw. werdende Mutter in diesen Zeiten z.T. gar nicht arbeiten darf, kann sie diese Fehlzeiten auch nicht selbst beeinflussen. Auch aus § 17 S. 1 MuSchG ist also ersichtlich, dass der Gesetzgeber diese Zeiten urlaubsrechtlich der Risikoverantwortlichkeit des Arbeitgebers zuordnet. Schuldrechtlich bedeutet dies, dass die Nichterbringung der Arbeitsleistung aufgrund mutterschutzrechtlicher Beschäftigungsverbote zum Entfallen der Arbeitsleistungspflicht gem. § 275 Abs. 1 Alt. 2 BGB führt. Die Urlaubsgewährungspflicht bleibt jedoch wegen urlaubsrechtlicher Risikoverantwortlichkeit des Arbeitgebers gem. § 326 Abs. 2 S. 1 Alt. 1 BGB erhalten, entfällt also nicht gem. § 326 Abs. 1 BGB.

3. *Elternzeiten*

Das BAG vertritt weiterhin die Auffassung, dass während der Elternzeit Urlaubsansprüche entstehen.[702] Es begründet dies neben den allgemeinen Ausführungen zum BUrlG über das Entstehen des Urlaubsanspruchs mit dem Wortlaut des § 17 Abs. 1 S. 1 BEEG, wonach der Arbeitgeber Urlaub kürzen darf. Es kann nach Auffassung des BAG nur etwas gekürzt werden, was zunächst entstanden ist.[703] Dieser Argumentation liegt jedoch die Tatsache zugrunde, dass das BEEG sowie auch die Vorgängerregelungen über Erziehungszeiten im Verhältnis zum BUrlG zeitlich sehr viel später erlassen wurden, also zu einer Zeit als sich das Richterrecht zum BUrlG bereits dahingehend manifestiert hatte, dass danach der Vollurlaubsanspruch zu Beginn des

701 BAG Urt. v. 17.05.2011 -9 AZR 197/10-, AP Nr. 1 zu § 17 BEEG, Rn. 33.
702 BAG Urt. v. 17.05.2011 -9 AZR 197/10-, AP Nr. 1 zu § 17 BEEG, Rn. 20.
703 BAG Urt. v. 17.05.2011 -9 AZR 197/10-, AP Nr. 1 zu § 17 BEEG, Rn. 20 und 24.

Jahres entsteht.[704] Durch die Vorschrift des § 17 Abs. 1 S. 1 BEEG wird also die bis zu dessen Inkrafttreten erfolgte Auslegung des BAG zu § 1 BUrlG, dass Urlaub in vollem Umfang zu Beginn des Jahres entsteht, „korrigiert", weil der Gesetzgeber den Arbeitgeber wegen der Nichterbringung der Arbeitsleistung in dieser Zeit, nicht dazu verpflichten wollte, für diese Zeiten zusätzlich Urlaub zu gewähren.[705] Aus diesem Grund ist § 17 Abs. 1 S. 1 BEEG lediglich eine Folge der nicht unionsrechtskonformen Auslegung des BUrlG durch das BAG. § 17 Abs. 1 S. 1 und S. 2 BEEG bestimmen jedoch, dass bei Nichterbringung der Arbeitsleistung auch kein Urlaub gewährt werden muss, jedoch bei Erbringung der Arbeitsleistung in Teilzeit während der Elternzeit Urlaub zu gewähren ist. Hieran ist ersichtlich, dass der Gesetzgeber in der Elternzeit nur dann Urlaubsansprüche begründen will, wenn der Arbeitnehmer arbeitet. Da nach der hier vertretenen Auffassung der Urlaubsanspruch jedoch unionsrechtlich von der Erbringung der Arbeitsleistung abhängig ist, kann der Auffassung des BAG nicht gefolgt werden. Beantragt der Arbeitnehmer Elternzeiten, liegt hierin eine rechtsgestaltende Willenserklärung des Arbeitnehmers.[706] Aufgrund dieser Erklärung ruhen während der Elternzeit die gegenseitigen Hauptleistungspflichten kraft Gesetzes.[707] Der Arbeitsvertrag besteht fort, der Arbeitnehmer muss jedoch keine Arbeitsleistung erbringen und der Arbeitgeber kein Entgelt zahlen. Da auch die Urlaubsgewährung nach der hier vertretenen Auffassung eine Hauptpflicht ist, entsteht kein Urlaubsanspruch während dieser Ruhenszeiten.[708] Die Parteien verzichten bei einem Ruhen von vornherein auf die gegenseitigen Ansprüche, die ohne das Ruhen entstanden wären.[709] Da nach der hier vertretenen Auffassung Urlaub monatlich in Höhe von 1/12 des Jahresurlaubs entsteht und nicht in voller Höhe zu Beginn des Jahres, ist die Regelung aus § 17 Abs. 1 S. 1 BEEG überflüssig, weil eine Kürzung nicht mehr erforderlich ist, wenn keine Ansprüche auf Urlaub in diesen Zeiten entstehen können. Er käme also gar nicht zur Anwendung.[710]

---

704 Fieberg, ZESAR 2013, 258 (263).
705 Dassau/Wulfers, ZTR 2013, 3 (4); Wicht, BB 2012, 1349 (1351).
706 Buchner/Becker, MuSchG u. BEEG, 8. Aufl. 2008, vor §§ 15–21 BEEG, Rn. 25.
707 Buchner/Becker, MuSchG u. BEEG, 8. Aufl. 2008, vor §§ 15–21 BEEG, Rn. 25; Schaub/Linck, Arbeitsrechts-Handbuch, 16.Aufl. 2015, § 32, Rn. 79.
708 LAG Köln Urt. v. 19.08.2011 -12 Sa 110/11-, ZTR 2011, 732 ff., Rn. 42; LAG Baden-Württemberg Urt. v. 09.06.2011 -6 Sa 109/10-, juris Rn. 55; LAG Düsseldorf Urt. v. 05.05.2010 -7 Sa 1571/09, NZA-RR 2010, 568 ff., Rn. 70 ff; LAG Köln Urt. v. 29.04.2010 -6 Sa 103/10-, juris Rn. 21; LAG Köln Urt. v. 10.03.2011 -3 Sa 1057/10-, juris Rn. 22, LAG München Urt. v. 26.05.2011 -4 Sa 66/11-, juris Rn. 23, 24; Wicht, BB 2012, 1349 (1351); so wohl auch Oberthür, ArbRB 2009, 150 (153); Moderegger, ArbRB 2010, 276 (279); a.A. Picker, ZTR 2009, 230 (237), der jedoch die Kürzung wegen des Ruhens zulässt.
709 Fieberg, NZA 2009, 929 (934); Wicht, BB 2012, 1349 (1350).
710 Ähnlich LAG Köln Urt. v. 29.04.2010 -6 Sa 103/10-, juris Rn. 21; so auch Fieberg, NZA 2009, 929 (934), die jedoch meinen, der Grundgedanke, dass in einem ruhenden Arbeitsverhältnis keine Ansprüche entstehen, habe in § 17 BEEG seinen Ausdruck gefunden.

Elternzeiten sind auch nicht unionsrechtlich wie Zeiten einer ordnungsgemäßen Beschäftigung zu behandeln. Zunächst werden diese nicht in Art. 5 Abs. 4 des Übereinkommens Nr. 132 der IAO explizit genannt. Nach dem Wortlaut der Vorschrift ist die dortige Aufzählung jedoch nicht abschließend. Wie oben dargelegt, verlangt der EuGH nach dem Wortlaut dieser Vorschrift nur dann eine Gleichsetzung der Arbeitsausfallzeiten mit Dienstzeiten, wenn es sich um Ausfallzeiten handelt, die unabhängig von dem Willen des Arbeitnehmers entstehen, die nicht planbar sind und die er also nicht selbst beeinflussen kann. Zudem sieht der EuGH keine Vergleichbarkeit mit Arbeitsunfähigkeitszeiten, wenn die Arbeitsausfallzeiten wie bei einer Kurzarbeit „Null" für den Arbeitnehmer „planbar" sind und er sich in diesen Zeiten ausruhen kann oder selbstbestimmt Freizeittätigkeiten nachgehen kann.[711] Als weiteres Argument führt der EuGH zu Zeiten der Kurzarbeit „Null" an, dass diese dem Schutz des Arbeitsplatzes dienen und die Situation eher mit einem Teilzeitbeschäftigten vergleichbar ist als mit einem krankgeschriebenen Arbeitnehmer.[712] Vergleicht man Zeiten der Kurzarbeit „Null" mit Elternzeiten, so handelt es sich bei der selbst gewählten Elternzeit noch viel eher um Zeiten, die der Arbeitnehmer vorhersehbar selbst bestimmen kann. Er kann diese zum Ausruhen und für Freizeittätigkeiten nutzen. Die Elternzeit ist für den Arbeitnehmer eine Möglichkeit, sich ohne Aufgabe des Arbeitsplatzes, der Erziehung des Kindes zu widmen, also freie Zeit zur selbstbestimmten Verfügung zu haben. Er genießt gem. § 18 BEEG sogar besonderen Kündigungsschutz in der Elternzeit. Sie gewährt dem Arbeitnehmer also ebenfalls aus sozialen Gründen lediglich einen Vorteil. Im Gegensatz zu Mutterschutz- und Arbeitsunfähigkeitszeiten handelt es sich auch nicht um Zeiten, die der körperlichen Unversehrtheit der Mutter oder des Vaters selbst dienen. Zudem ist für Voll-Elternzeiten von Gesetzgeber keine Entgeltfortzahlung vorgesehen. Auch aus § 17 BEEG Gesetz ist zu entnehmen, dass die Risikoverantwortlichkeit für diese Ausfallzeiten beim Arbeitnehmer liegt. Aus diesem Grund sind Elternzeiten eher mit den (Teil-) Zeiten vergleichbar, in denen die Arbeitszeit auf „Null" reduziert wird. Insoweit sind Arbeitsausfälle wegen Elternzeit nicht gem. § 326 Abs. 2 BGB der Risikoverantwortlichkeit des Arbeitgebers zuzurechnen. Die Arbeitsleistungspflicht entfällt während der Elternzeit gem. § 275 Abs. 1 Alt. 2 BGB, was ebenfalls zum automatischen Entfallen der Urlaubsgewährungspflicht gem. § 326 Abs. 1 BGB führt.

Der Urlaubsanspruch entsteht also nach unionsrechtskonformer Auslegung nicht während einer Elternzeit. Es ist keine Vergleichbarkeit mit Arbeitsunfähigkeitszeiten möglich.[713] Wie bei einem Teilzeitverhältnis reduziert sich die Arbeitszeit des Arbeitnehmers auf seine Veranlassung auf Null, so dass auch entsprechend der

---

711 EuGH Urt. v. 8.11.2012 - C-229/11 u. C-230/11 *Heimann u. Toltschin*, ECLI:EU:C:2012:693, Rn. 29.

712 EuGH Urt. v. 8.11.2012 - C-229/11 u. C-230/11 *Heimann u. Toltschin*, ECLI:EU:C:2012:693, Rn. 30 u. 31.

713 LAG Niedersachsen Urt. v. 16.11.2010 -3 Sa 1288/10-, juris Rn. 21, wobei dieses davon ausgeht, dass der Urlaubsanspruch zunächst immer entsteht; Fieberg, NZA 2009, 929 (934).

Rechtsprechung des EuGH, der Urlaubsanspruch im Verhältnis angepasst werden muss und sich damit ebenfalls für diese Zeiten auf Null beläuft.[714] § 17 Abs. 1 S. 1 BEEG ist nach der vorliegenden Auslegung des BUrlG überflüssig, da eine Kürzung nicht erforderlich ist.

Dieses Ergebnis für die Elternzeit gilt jedoch unionsrechtlich nur, soweit sich Elternzeiten nicht mit Mutterschutzzeiten überschneiden.[715] Da Mutterschutzzeiten wie Arbeitszeiten zu behandeln sind, dürfen Elternzeiten bei Überschneidung mit Mutterschutzzeiten, zu denen es z.B. im deutschen Recht für die ersten acht Wochen nach der Geburt kommen kann, nicht zu einer Verringerung des Urlaubsanspruchs führen. Auch die Anrechnung von Mutterschutzzeiten auf Urlaubszeiten ist nach der Rechtsprechung des EuGH nicht möglich.[716] Die Anrechnungsvorschrift aus § 16 Abs. 1 S. 3 BEEG i.V. m. der Kürzungsvorschrift aus § 17 Abs. 1 S. 1 BEEG ist daher nicht unionsrechtskonform, wenn man annimmt, dass Urlaubsansprüche um diesen Teil der Elternzeit reduzierbar sind.[717] § 17 Abs. 1 S. 1 BEEG ist daher unionsrechtskonform dahingehend durch teleologische Reduktion richtlinienkonform auszulegen, dass eine Kürzung nicht erfolgt, soweit die Elternzeit sich mit einem Beschäftigungsverbot nach dem MuSchG überschneidet.[718] Für diese Zeiten ist Grund für den Arbeitsausfall der Mutterschutz, so dass hier wiederum der Anspruch auf Urlaubsgewährung gem. § 326 Abs. 2 S. 1 Alt. 1 BGB erhalten bleibt.

4. *Erwerbsminderungszeiten*

Das BAG nimmt auch bei Vorliegen einer zeitlich befristeten Erwerbsminderung an, dass sogar in Zeiten, in denen tarifvertraglich das Ruhen der Hauptpflichten geregelt ist, Urlaubsansprüche in Höhe des Mindesturlaubsanspruchs entstehen.[719] Tarifvertragliche Regelungen, die das Ruhen festlegen und eine Kürzungsmöglichkeit vorsehen, verstoßen nach Auffassung des BAG gegen § 13 Abs. 1 S. 1 BUrlG und sind zudem nicht unionsrechtskonform.[720] Das BAG meint in seinem Urteil vom 07.08.2012, dass Erwerbsminderungszeiten mit Zeiten der Arbeitsunfähigkeit vergleichbar

---

714 EuGH Urt. v. 22.04.2010 - C-486/08 *Zentralbetriebsrat der Landeskrankenhäuser Tirols*, Slg. 2010, I-3527, Rn. 32; LAG Düsseldorf Urt. v. 05.05.2010 -7 Sa 1571/09-, NZA-RR 2010, 568 ff., Rn. 66; LAG Baden-Württemberg Urt. v. 09.06.2011 -6 Sa 109/10-, juris Rn. 55/57; Wicht, BB 2012, 1349 (1352).

715 Busch, jurisPR-ArbR 23/2012 Anm. 2 C. II 2.; ArbG Karlsruhe Urt. v. 16.12.2011 -3 Ca 281/11-, juris Rn. 80; a.A.: LAG Niedersachsen Urt. v. 16.11.2010 -3 Sa 1288/10-, juris Rn. 21.

716 siehe oben unter 2. Teil B. III. 2. d).

717 Busch, jurisPR-ArbR 23/2012 Anm. 2 C. II 2.

718 Busch, jurisPR-ArbR 23/2012 Anm. 2 C. II 2. geht mit dem ArbG Karlsruhe Urt. v. 16.12.2011 -3 Ca 281/11-, juris Rn. 77, noch weiter, und hält eine Kürzung für die ersten drei Monate der Elternzeit für nicht unionsrechtskonform.

719 BAG Urt. v. 07.08.2012 -9 AZR 353/10-, AP Nr. 61 zu § 7 BUrlG, Rn. 8 ff.; BAG Urt. v. 18.09.2012 -9 AZR 623/10-, juris Rn. 10.

720 BAG Urt. v. 07.08.2012 -9 AZR 353/10-, AP Nr. 61 zu § 7 BUrlG, Rn. 10.

seien und daher weder das Entstehen des Urlaubsanspruchs hinderten noch dass eine Kürzung wegen dieser Zeiten möglich sei.[721] Arbeitsleistung sei keine Voraussetzung für die Entstehung des Urlaubsanspruchs, so dass das Ruhen der Hauptpflichten nicht das Entstehen des Urlaubsanspruchs hindere.[722] Da § 13 Abs. 1 BUrlG weder den Tarifvertragsparteien noch den Arbeitsvertragsparteien die Möglichkeit eröffne, während vereinbarter Ruhenszeiten Urlaubsansprüche nicht entstehen zu lassen oder zu kürzen, könne man sich auch nicht auf ein „willensgesteuertes Element" bei einer Ruhensvereinbarung berufen, um Urlaubsansprüche zu mindern.[723]

Nach der hier vertretenen Auffassung vom synallagmatischen Zusammenhang zwischen der Arbeitsleistungspflicht und der Urlaubsgewährungspflicht und der Einordnung der Letzteren als entgeltliche Hauptpflicht, ist auch hinsichtlich der Erwerbsminderungszeiten zu prüfen, ob die Risikoverantwortlichkeit überwiegend beim Arbeitnehmer oder beim Arbeitgeber liegt. Grundsätzlich kann der Arbeitnehmer in Zeiten der vorübergehenden Erwerbsminderung seine Arbeitsleistung nicht erbringen. Also kann ein Urlaubsanspruch während dieser Zeiten nicht entstehen[724], da die Urlaubsgewährungspflicht als Hauptpflicht wie die Lohnzahlung für die Dauer dieser Zeit suspendiert ist.[725] Hinsichtlich der Entgeltfortzahlungspflicht in diesen Zeiten sieht der Gesetzgeber die Verantwortlichkeit nicht beim Arbeitgeber. Der Anspruch des Arbeitsnehmers auf Entgelt entfällt in diesen Zeiten gem. § 326 Abs. 1 BGB. Dagegen wird der Arbeitnehmer über die Erwerbsminderungsrente staatlich finanziell gem. § 43 SGB VI abgesichert. Dem Willen des Gesetzgebers ist also zu entnehmen, dass hinsichtlich des Entgeltanspruchs die Risikoverantwortlichkeit für den Arbeitsausfall aufgrund des Bezugs einer Erwerbsminderungsrente dem Arbeitnehmer zuzurechnen ist. Diese Risikoverantwortlichkeit ist urlaubsrechtlich genauso zu bewerten. Erwerbsminderungszeiten führen grundsätzlich zum Ruhen des Arbeitsverhältnisses und damit auch zum Ruhen der gegenseitigen Hauptpflichten

721 BAG Urt. v. 07.08.2012 -9 AZR 353/10-, AP Nr. 61 zu § 7 BUrlG, Rn. 12.

722 BAG Urt. v. 07.08.2012 -9 AZR 353/10-, AP Nr. 61 zu § 7 BUrlG, Rn. 8.

723 BAG Urt. v. 07.08.2012 -9 AZR 353/10-, AP Nr. 61 zu § 7 BUrlG, Rn. 14–16; a.A. LAG Köln Urt. v. 29.04.2010 -6 Sa 103/10-, juris Rn. 18/21; LAG Düsseldorf Urt. v. 05.05.2010 -7 Sa 1571/09-, NZA-RR 2010, 568 ff., Rn. 62; LAG Köln, Urt. v. 10.03.2011 -3 Sa 1057/10-, juris Rn. 22; LAG München Urt. v. 26.05.2011 -4 Sa 66/11-, juris Rn. 25/ 27 m.w.N.; LAG Baden-Württemberg Urt. v. 09.06.2011 -6 Sa 109/10-, juris Rn. 53/55; LAG Köln Urt. v. 19.08.2011 -12 Sa 110/11-, ZTR 2011, 732 ff., Rn. 42 ff.; LAG Berlin-Brandenburg Urt. v. 06.12.2011 -19 Sa 795/11-, juris Rn. 29 m.w.N.; Fieberg, NZA 2009, 929 (934); Berscheid, jurisPR-ArbR 37/2010 Anm. 4; Pulz, jurisPR-ArbR 45/2010 Anm. 3 u. ders. jurisPR-ArbR 32/2011 Anm. 2; Schiefer/Brasse, DB 2011, 1976 (1977); Wicht, BB 2012, 1349 (1352 f.).

724 LAG Berlin-Brandenburg u. a. -19 Sa 795/11-, juris Rn. 26, 33; Bauer/v. Medem, NZA 2012, 113 (118); Wicht, BB 2012, 1349 (1352 f.); a.A. Leinemann/Linck, 2. Aufl. 2001, § 1 BUrlG Rn. 113.

725 wie die vorhergehende Fn.; Wicht, BB 2012, 1349 (1352 f.); a.A. Picker, ZTR 2009, 230 (238); Boecken/Jacobsen, ZTR 2011, 267 (268); Moderegger, ArbRB 2012, 54 (57).

aufgrund ausdrücklicher oder konkludenter Vereinbarung.[726] Der Arbeitnehmer geht zu diesem Zeitpunkt davon aus, dass er seine Arbeitsleistung vorübergehend nicht erbringen kann, und will mit der Rentenantragsstellung erreichen, dass sein Arbeitsverhältnis unter Suspendierung der beiderseitigen Hauptpflichten weiterhin aufrecht erhalten bleibt. Es handelt sich daher um einen für den Arbeitnehmer wie bei der Elternzeit vorhersehbaren Zeitraum, den er im Gegensatz zur Arbeitsunfähigkeitszeit selbstbestimmt nutzen kann. Es besteht während dieser Zeit zwar anders als während der Elternzeit kein Kündigungsverbot[727], dennoch muss der Arbeitnehmer nicht arbeiten, so dass er für diese Zeiten auch keinen Arbeitsschutz in Form von Urlaub benötigt. Er kann diese Zeit frei für sich nutzen und sich wie bei der Elternzeit oder der Kurzarbeit „Null" in diesen Zeiten ausruhen oder Freizeittätigkeiten nachgehen, ohne dass der Arbeitgeber hierauf Einfluss nehmen kann.[728] Während einer dauernden Arbeitsunfähigkeitszeit bestehen die gegenseitigen Pflichten hingegen weiterhin, so dass der Arbeitnehmer nichts unternehmen darf, was seine Genesung beeinträchtigt. Zudem soll die Inanspruchnahme einer Erwerbsminderungsrente auf Zeit den Arbeitsplatz sichern, da sie für den Arbeitgeber kostenneutral ist.[729] Müsste dieser für diese Zeiten, wie in einer Vollzeittätigkeit Urlaub gewähren, bestünde keine Kostenneutralität mehr und der Arbeitgeber müsste prüfen, ob er den Arbeitnehmer personenbedingt kündigt.[730] Die vorübergehenden Erwerbsminderungszeiten erfüllen daher auch wie Kurzarbeitzeiten „Null" soziale Gründe, den Arbeitsplatz zu erhalten. Auch für die Urlaubsgewährungspflicht muss daher davon ausgegangen werden, dass diese bei Nichterbringung der Arbeitsleistung gem. § 326 Abs. 1 BGB entfällt. Die Risikoverantwortlichkeit liegt daher allein beim Arbeitnehmer als Gläubiger des Urlaubsanspruchs. In diesen Fällen greift daher § 326 Abs. 2 BGB als anspruchserhaltende Norm nicht. Der Anspruch auf Urlaub entfällt gem. § 326 Abs. 1 BGB während der Erwerbsminderungszeiten. Diese Auffassung ist auch unionsrechtskonform. Auch nach der Rechtsprechung des EuGH muss davon ausgegangen werden, dass es sich bei Erwerbsminderungszeiten

726 LAG Köln Urt. v. 29.04.2010 -6 Sa 103/10-, juris Rn. 18/21; LAG Düsseldorf Urt. v. 05.05.2010 -7 Sa 1571/09-, NZA-RR 2010, 568 ff., Rn. 62; LAG Köln, Urt. v. 10.03.2011 -3 Sa 1057/10- juris Rn. 22; LAG München Urt. v. 26.05.2011 -4 Sa 66/11-, juris Rn. 25/ 27 m.w.N.; LAG Baden-Württemberg Urt. v. 09.06.2011 -6 Sa 109/10-, juris Rn. 53/55; LAG Köln Urt. v. 19.08.2011 -12 Sa 110/11-, ZTR 2011, 732 ff., Rn. 42 ff.; LAG Berlin-Brandenburg u. a. -19 Sa 795/11-, juris Rn. 29 m.w.N.; zust. Fieberg, NZA 2009, 929 (934); Berscheid, jurisPR-ArbR 37/2010 Anm. 4; Pulz, jurisPR-ArbR 45/2010 Anm. 3 u. ders. jurisPR-ArbR 32/2011 Anm. 2; Schiefer/ Brasse, DB 2011, 1976 (1977); Wicht, BB 2012, 1349 (1352 f.); a.A. LAG Frankfurt Urt. v. 29.03.2011 -15 Sa 191/10-, juris Rn. 50.

727 BAG Urt. v. 03.12.1998 -2 AZR 773/97-, AP Nr. 33 zu § 1 KSchG 1969 Krankheit, Rn. 25; LAG Mecklenburg-Vorpommern Urt. v. 13.11.2012 -5 Sa 19/12-, juris Rn. 75.

728 Fieberg, ZESAR 2013, 258 (265).

729 Dassau/Wulfers, ZTR 2013, 3 (5).

730 Dassau/Wulfers, ZTR 2013, 3 (5).

eher um Zeiten handelt, die mit einer Teilzeitsituation vergleichbar sind. Der EuGH sieht die Vergleichbarkeit mit einer Teilzeitsituation insbesondere dann, wenn es sich um eine vom Arbeitnehmer selbst beeinflussbare, vorhersehbare Zeit der Suspendierung der gegenseitigen Leistungspflichten handelt, die nicht zufällig innerhalb des Arbeitsverhältnisses eintritt, und für ihn einen sozialen Vorteil im Arbeitsverhältnis schaffen.[731] Aus den vorgenannten Gründen sind Zeiten der vorübergehenden Erwerbsminderung keine „willensunabhängigen" Fehlzeiten i.S.d. Rechtsprechung des EuGH zu Art. 5 Abs. 4 des Übereinkommens Nr. 132 IAO, die Arbeitszeiten gleichzustellen wären. Es handelt sich wie bei der Elternzeit um eine einer Teilzeit „Null" vergleichbaren Situation, für die Urlaubsansprüche pro rata temporis angepasst werden müssen.[732]

Urlaubsansprüche entstehen daher in Zeiten der vorübergehenden Erwerbsminderung entgegen der Auffassung des BAG nicht.[733] Soweit das BAG meint, dass es keiner Vorlage beim EuGH zur Klärung dieser Frage bedurft hätte, weil Erwerbsminderungszeiten mit Arbeitsunfähigkeitszeiten vergleichbar seien, wird durch das BAG nicht differenziert, dass in dem einen Fall die Arbeitsunfähigkeit selbst Grund für den Arbeitsausfall ist, im anderen Fall jedoch nicht die Erwerbsminderung selbst, sondern die vom Arbeitnehmer initiierte Ruhensvereinbarung Grund für den Arbeitsausfall ist.[734] Eine Vergleichbarkeit beider Fälle kann nach der Entscheidung in der Rechtssache *Heimann u.Toltschin* nicht mehr angenommen werden.[735] Erwerbsminderungszeiten sind also „urlaubsschädlich".

5. *Unberechtigte Nichterbringung der Arbeitsleistung*

Verweigert der Arbeitnehmer unberechtigt seine Arbeitsleistung, trägt er auch die Risikoverantwortlichkeit für die Gegenleistung. Es geht daher zunächst wegen des absoluten Fixschuldcharakters der Arbeitsleistung der Anspruch des Arbeitgebers auf diese Arbeitsleistung gem. § 275 Abs. 1 Alt. 2 BGB wegen Unmöglichkeit unter.[736] Wegen des Gegenseitigkeitsverhältnisses zwischen der Arbeitsleistung und der Urlaubsgewährung geht neben dem Vergütungsanspruch auch der anteilige Urlaubsanspruch gem. § 326 Abs. 1 S. 1 BGB unter, so dass der Arbeitnehmer diesen Teil des Urlaubs nicht verlangen kann. Der Anspruch auf Urlaub ist wegen Teilunmöglichkeit

---

731 EuGH Urt. v. 8.11.2012 - C-229/11 u. C-230/11 *Heimann u. Toltschin*, ECLI:EU:C:2012:693, Rn. 28–34.

732 Dassau/Wulfers, ZTR 2013, 3 (5); Wicht, BB 2012, 1349 (1350).

733 Plüm, NZA 2013, 11 (14); a.A. Dassau/Wulfers, ZTR 2013, 3 (5), die jedoch eine Kürzung für die Zeiten für erforderlich halten.

734 Plüm, NZA 2013, 11 (14).

735 Das BAG hat in seiner Entscheidung vom 16.07.2013 -9 AZR 914/11, NZA 2013, 1285 ff., Rn. 25, eine Auseinandersetzung mit der EuGH-Entscheidung vermieden, indem es wegen Annahme der Befristung, nicht zu der Frage kam, ob Erwerbsminderungszeiten mit Zeiten der Kurzarbeit „Null" verglichen werden können.

736 Palandt/ *Grüneberg*, BGB, 74. Aufl., 2015, § 271 BGB Rn. 17.

ausgeschlossen.[737] Die unberechtigte Arbeitsverweigerung ist also kraft urlaubsrechtlicher Bewertung als „urlaubsschädlich“ einzuordnen.

6. *Nichterbringung der Arbeitsleistung für nicht erhebliche Zeiten gem. § 616 BGB*

Der Urlaubsanspruch dürfte wie der Entgeltanspruch entstehen, obwohl der Arbeitnehmer nicht arbeitet, wenn es sich um zeitlich nicht erhebliche Verhinderungen gem. § 616 BGB handelt. Da der Urlaubsanspruch Entgeltcharakter hat[738], müsste er also bei vorübergehenden zeitlich nicht erheblichen Verhinderungen gem. § 616 BGB ausnahmsweise erhalten bleiben, soweit dem Arbeitnehmer kein Verschulden vorzuwerfen ist. § 616 BGB schließt die Anwendbarkeit des § 326 Abs. 1 S. 1 BGB aufgrund der Fürsorgepflicht des Arbeitgebers in solchen Fällen aus.[739] Hierzu gehören persönliche Leistungshindernisse, wie z.B. Hochzeiten oder Todesfälle im nahen Familienkreis und persönliche Unglücksfälle.[740] Diese Fälle schließen die Urlaubsgewährungspflicht des Arbeitgebers also nicht anteilig aus.

§ 616 S. 1 BGB ist damit als speziellere Norm zu § 326 Abs. 2 BGB ebenfalls eine urlaubsanspruchserhaltende Norm.

In diesem Kontext ist ebenfalls u.a. auf folgende Vorschriften hinzuweisen:

§ 2 Abs. 1 PflegeZG (kurzzeitige Arbeitsverhinderung wegen Pflege naher Angehöriger für 10 Tage),

§ 45 Abs. 3 SGB V (bezahlter Freistellungsanspruch für die Betreuung erkrankter Kinder in Höhe von 10 Tagen),

§ 2 EFZG (bezahlte Freistellung für Feiertage), § 629 BGB (bezahlte Freistellung zur Arbeitsplatzsuche),

§§ 37 Abs. 2, 38 oder § 44 Abs. 1 BetrVG (bezahlte Freistellungsansprüche nach dem BetrVG),

§ 15 BBiG (bezahlte Freistellung zum Besuch der Berufsschule und für Prüfungen)

Es handelt sich jeweils um gesetzlich geregelte bezahlte Freistellungen von der Arbeitspflicht, die jeweils nur einen kurzen Zeitraum umfassen. In diesen Fällen wird die Entgeltzahlungspflicht durch die vorgenannten anspruchserhaltenden Normen als spezialgesetzliche Regelung zu § 326 Abs. 2 BGB aufrechterhalten. Der

---

737 a.A. BAG Urt. v. 05.02.1970 -5 AZR 470/69, AP Nr. 4 zu § 3 BUrlG, welches meint, dass ein Fehlverhalten des Arbeitnehmers den Mindesturlaubsanspruch nicht berührt.

738 Heilmann, Urlaubsrecht, 4. Aufl. 2014, Einf. Rn. 3 – 4.

739 Staudinger/Oetker, BGB, Neubearb. 2011, § 616 BGB Rn. 18.

740 ErfK/*Preis*, 15. Aufl. 2015, § 616 BGB Rn. 4.

Gesetzgeber weist diese Ursachen für den Arbeitsausfall also der Risikoverantwortung des Arbeitgebers zu, weil diese Arbeitsausfälle wegen der höchstpersönlichen Leistungspflicht des Arbeitnehmers für Dienstverhältnisse typisch sind und im Rahmen der Fürsorgepflicht des Arbeitgebers zu dessen Lasten gehen. Wenn der Gesetzgeber aber die Entgeltleistungspflicht in diesen Fällen des Arbeitsausfalls als Gegenleistungspflicht trotz der Nichterbringung der Arbeitsleistung aufrecht erhält, muss davon ausgegangen werden dass auch nach urlaubsrechtlicher Bewertung solche Zeiten nicht urlaubsschädlich sein sollen. Unionsrechtlich dürften gesetzlich geregelte bezahlte Freistellungen ebenfalls als urlaubsunschädlich angesehen werden, da es sich in den oben genannten Fällen um für den Arbeitnehmer kaum zu verhindernde Ausfallzeiten handelt, die einer gesetzlichen Pflicht entsprechen. Gleiches muss auch für Fehlzeiten gelten, die aufgrund ehrenamtlicher Tätigkeiten, die der Allgemeinheit dienen (z.B. Einsatz bei Freiwilliger Feuerwehr/THW-Einsätze) oder die in Ausübung staatsbürgerlicher Pflichten geschehen (z.B. Schöffentätigkeit, Wahlhelfer). Auch diese Zeiten dürfen nicht urlaubsschädlich sein.

In den vorgenannten Fällen entfällt also wegen der Nichterbringung der Arbeitsleistung die Arbeitsleistungspflicht gem. § 275 Abs. 1 Alt. 2 BGB, die Urlaubsgewährungspflicht bleibt aber wegen der Zurechnung der Risikoverantwortlichkeit zum Arbeitgeber gem. § 326 Abs. 2 BGB erhalten.

7. *Arbeitsausfallzeiten aufgrund Annahmeverzugs des Arbeitgebers*

Befindet sich der Arbeitgeber im Annahmeverzug mit der Arbeitsleistung, trägt er gem. § 615 S. 1 BGB die Gegenleistungsgefahr. Er muss das Arbeitsentgelt dennoch bezahlen. § 615 S. 1 BGB ist damit ebenfalls eine spezialgesetzliche anspruchserhaltende Norm zu der allgemeinen Regelung des § 326 Abs. 2 S. 1 Alt. 2 BGB.[741] Auch urlaubsrechtlich muss davon ausgegangen werden, dass der Arbeitnehmer seinen Urlaubsanspruch nicht deshalb verliert, weil der Arbeitgeber ihn nicht arbeiten lässt. Der Urlaubsanspruch bleibt also auch in diesen Fällen gem. § 326 Abs. 2 S. 1 Alt. 2 BGB oder § 615 S. 1 BGB analog erhalten. Unter diese Regelung fallen zum einen die Fälle der mangelnden Verwendbarkeit der Arbeitsleistung, wenn z.B. der Arbeitgeber nötige Produktionsstoffe nicht rechtzeitig bestellt und deshalb die Arbeitskraft nicht eingesetzt werden kann. In diesen Fällen trägt der Arbeitgeber das Wirtschaftsrisiko und befindet sich im Annahmeverzug mit der Arbeitsleistung.[742] Der Arbeitnehmer behält seinen Urlaubsanspruch jedoch gem. § 326 Abs. 2 S. 1 Alt. 2 BGB auch in anderen Fällen des Annahmeverzuges, wie zum Beispiel bei einer einseitigen arbeitgeberseitig ausgesprochenen Freistellung oder in den Fällen der Kündigung und Erhebung einer Kündigungsschutzklage. Wenn der Arbeitnehmer seine Arbeitskraft vergeblich angeboten hat, befindet sich der Arbeitgeber im

741 Palandt/*Grüneberg*, 74. Aufl. 2015, § 326 BGB Rn. 4.

742 Schwarze, Das Recht der Leistungsstörungen, 2008, § 36 Rn. 70.

Annahmeverzug. Für diese Zeiten kann der Arbeitnehmer den Urlaubsanspruch weiterhin beanspruchen. Er müsste sich jedoch gem. § 326 Abs. 2 S. 2 BGB/ § 615 S. 2 BGB analog Urlaub anrechnen lassen, den er z.B. in einem anderen Arbeitsverhältnis während des Verzugs verdient oder genommen hat.

8. Nichterbringung der Arbeitsleistung und Betriebsrisiko gem. § 615 S. 3 BGB

Eine ebenfalls zu § 326 Abs. 2 S. 1 Alt. 1 BGB geregelte Spezialvorschrift ist § 615 S. 3 BGB. Der Gesetzgeber wollte hiermit die Fälle erfassen, in denen der Arbeitnehmer seine Leistung nicht erbringen kann, weil der Arbeitgeber nicht in der Lage ist, seinen Mitwirkungspflichten nachzukommen.[743] In solchen Fällen des Betriebsrisikos wird dem Arbeitgeber damit die Verantwortung für den Arbeitsausfall zugerechnet. Hierbei handelt es sich zum Beispiel um Fälle des Stromausfalls, Naturkatastrophen, gesetzlicher Verbote und um andere Ereignisse, die den Arbeitgeber daran hindern, das Arbeiten zu ermöglichen.[744] Die Gegenleistungspflichten bleiben in diesen Fällen erhalten. Urlaubsrechtlich ist ebenfalls davon auszugehen, dass die Gegenleistung aufrechterhalten bleibt, die Urlaubsgewährungspflicht für diese Arbeitsausfallszeiten also nicht entfällt. Dabei ist entweder § 615 S. 3 BGB analog anzuwenden oder aufgrund der gesetzgeberischen Wertung des § 615 S. 3 BGB hinsichtlich der Gegenleistung § 326 Abs. 2 S. 1 Alt. 1 BGB direkt. Realisiert sich also ein Betriebsrisiko, bleibt dem Arbeitnehmer der Urlaubsanspruch für diese Ausfallzeiten erhalten.

Wie beim Arbeitsentgelt fällt das Arbeitskampfrisiko bei einem legalen Arbeitskampf nicht unter die Vorschrift des § 615 S. 3 BGB.[745] Auch eine Anwendung des § 326 Abs. 2 BGB scheidet jedoch aus. Würde der Arbeitgeber im Verhältnis zu diesen Ausfallzeiten Urlaub gewähren müssen, greife man in das Kampfgleichgewicht ein. Soweit der Arbeitsausfall also auf einer rechtmäßigen Aussperrung oder auf einem rechtmäßigen Streik beruht, entfällt auch der Urlaubsanspruch gem. § 326 Abs. 1 BGB.

9. Pflegezeiten gem. § 3 Abs. 1 Alt. 1 PflegeZG („Vollzeit"-Pflegezeit)

Gem. § 3 Abs. 1 Alt. 1, § 4 Abs. 1 PflegeZG kann jeder Arbeitnehmer zur Pflege naher Angehöriger bis zu sechs Monaten unbezahlte Freistellung vom Arbeitgeber verlangen. In dieser Zeit unterliegt der Arbeitnehmer ab Antragsstellung bis 4 Wochen nach Ende der Pflegzeit dem besonderen Kündigungsschutz aus § 5 PflegeZG. Eine Regelung zum Urlaubsrecht enthält das Pflegezeitgesetz im Gegensatz zum Bundeselterngeldgesetz nicht. Da der Gesetzgeber jedoch die Entgeltzahlungspflicht für diese Ausfallzeiten dem Arbeitgeber nicht auferlegt, sieht er bei Inanspruchnahme

---

743 Schwarze, Das Recht der Leistungsstörungen, 2008, § 37 Rn. 17 f.

744 Schwarze, Das Recht der Leistungsstörungen, 2008, § 37 Rn.19; Palandt/*Weidenkaff*, 74. Aufl. 2015, § 615 BGB Rn. 21a.

745 Schwarze, Das Recht der Leistungsstörungen, 2008, § 37 Rn.23; Palandt/*Weidenkaff*, 74. Aufl. 2015, § 615 BGB Rn. 21a.

der langen Pflegzeiten im Gegensatz zur kurzen Pflegezeit nach § 2 Abs. 1 PflegeZG offensichtlich keinen Grund die Gegenleistungsgefahr dem Arbeitgeber aufzuerlegen. Die Risikoverantwortlichkeit für diesen Arbeitsausfall liegt also aus gesetzgeberischer Sicht beim Arbeitnehmer. Auch urlaubsrechtlich hält diese Bewertung stand. Unionsrechtlich bestehen keine Bedenken, die Urlaubsgewährungspflicht in diesen Fällen gem. § 326 Abs. 1 BGB entfallen zu lassen.

10. Sabbatical und andere urlaubsschädliche Arbeitsausfallzeiten

Nicht jede Ursache für die Nichterbringung der Arbeitsleistung kann dem Arbeitgeber kraft Risikoverantwortlichkeit aufgebürdet werden. Es gibt insoweit auch Ursachen, die gerade nicht in der alleinigen Verantwortung oder weit überwiegenden Verantwortung des Arbeitgebers liegen. In diesen Fällen greift § 326 Abs. 2 BGB nicht, der Anspruch auf Urlaub entfällt gem. § 326 Abs. 1 BGB.

Hierzu rechnet auch das Sabbatical. Hierunter versteht man die Vereinbarung zwischen dem Arbeitgeber und dem Arbeitnehmer, dass der Arbeitnehmer über einen bestimmten längeren Zeitraum unbezahlt freigestellt wird, um eigenen privaten Interessen nachzugehen, ohne dass er hierfür das Arbeitsverhältnis beenden muss. Diese festgelegte Zeit führt zur Suspendierung der beiderseitigen Hauptpflichten. Die Arbeitsleistungspflicht entfällt für diese Zeit gem. § 275 Abs. 1 Alt. 2 BGB, und die Gegenleistungspflichten sollen in diesen Zeiten ebenfalls gem. § 326 Abs. 1 BGB entfallen. Nach der hier vertretenen Auffassung gehört zu den suspendierten Hauptpflichten auch die Urlaubsgewährungspflicht. Der Arbeitgeber muss also für diese Zeiten keinen Urlaub gewähren, da er keine Arbeitsleistung erhält.[746] Dies lässt sich auch unionsrechtlich rechtfertigen. Urlaub muss dann gewährt werden, wenn der Erholungszweck erreicht werden kann. Wer jedoch nicht arbeitet, kann sich nicht von dieser Arbeit erholen, so dass ihm für diese Zeiten auch kein Urlaub erwachsen kann.[747] Zeiten eines Sabbaticals sind daher „urlaubsschädlich".

Zu den urlaubsschädlichen Zeiten sind zudem Zeiten zuzuordnen, die der Arbeitnehmer selbst zu verantworten hat wie z.B. Arbeitsausfälle aufgrund von Untersuchungshaft, Haft, aufgrund fehlender Arbeitsgenehmigung oder fehlender Aufenthaltserlaubnis des Arbeitnehmers. In diesen Fällen entfällt zwar die Leistungspflicht des Arbeitnehmers gem. § 275 Abs. 1 Alt. 2 BGB wegen Vorliegens einer Teilunmöglichkeit. Gleichzeitig entfällt jedoch auch die Urlaubsgewährungspflicht gem. § 326 Abs. 1 BGB.

---

746 A.A. nach Abschluss der Arbeit: BAG Urt. v. 06.05.2014 -9 AZR 678/12-, AP Nr. 24 zu § 1 BUrlG, Rn. 20.

747 A.A. nach Abschluss der Arbeit: BAG Urt. v. 06.05.2014 -9 AZR 678/12-, AP Nr. 24 zu § 1 BUrlG, Rn. 20.

11. Zusammenfassung

Bei der Frage, ob im Falle der Nichterbringung der Arbeitsleistung auch die Urlaubsgewährungspflicht des Arbeitgebers entfällt, ist also jeweils zu prüfen, ob kraft urlaubsrechtlicher Bewertung die Risikoverantwortlichkeit für die jeweilige Ursache des Arbeitsausfalls dem Arbeitgeber oder dem Arbeitnehmer zuzurechnen ist. Trägt der Arbeitgeber die Risikoverantwortlichkeit, entfällt der Anspruch auf die Urlaubsgewährung gem. § 326 Abs. 2 BGB oder aufgrund anderer speziellerer anspruchserhaltenden Normen nicht.

II. Erlöschen des Urlaubsanspruchs

Die Einordnung des Urlaubsanspruchs als synallagmatische Hauptpflicht beeinflusst auch die Rechtsfragen in Bezug auf den Fortbestand des Anspruchs. Zudem spielt die Annahme eines Einheitsanspruchs bei der Erfüllung des Anspruchs eine Rolle. Die oben aufgezeigte unzureichende Umsetzung der Arbeitszeitrichtlinie im BUrlG hat zudem Auswirkungen auf die Frage, inwieweit der Arbeitnehmer dazu verpflichtet werden kann, sich selbst um die Gewährung des Urlaubsanspruchs zu kümmern. Als synallagmatische Hauptpflicht ist die Urlaubsgewährung eine Gegenleistung zu bereits erbrachter Arbeitsleistung. Da die Arbeitsleistung nicht zurückgefordert werden kann, muss geprüft werden, was bei Eintritt eines Leistungshindernisses seitens des Arbeitnehmers bezüglich der Urlaubsgewährung vom Arbeitgeber verlangt werden kann, wenn der Anspruch auf die Gewährung des Urlaubs nicht mehr erfüllbar ist. Im Folgenden wird dargestellt, wann der Urlaubsanspruch als Einheitsanspruch erfüllt ist und welchen Einfluss Leistungshindernisse auf die Gewährung des Urlaubs haben.

1. Erfüllung des Urlaubsanspruchs gem. § 362 Abs. 1 BGB

Da der Urlaubsanspruch aus Sicht des BAG weiterhin ein reiner Freistellungsanspruch ist, tritt die Erfüllung desselben bereits mit der gewährten Freistellung auch ohne die Zahlung eines Urlaubsentgelts ein.[748] Dabei geht das BAG weiterhin davon aus, dass es einer Leistungshandlung und eines Leistungserfolges zur Erfüllung bedarf.

Als Leistungshandlung ist eine deutliche Freistellungserklärung des Arbeitgebers als einseitige empfangsbedürftige Willenserklärung erforderlich, die gem. § 130 BGB zugehen muss.[749] Diese notwendige Erfüllungshandlung kann nach der

748 BAG Urt. v. 17.05.2011 -9 AZR 189/10-, AP Nr. 51 zu § 7 BUrlG, Rn. 19.

749 BAG Urt. v. 24.03.2009 -9 AZR 983/07-, AP Nr. 39 zu § 7 BUrlG, Rn. 23, 24, 33; BAG Urt. v. 22.10.2009 -8 AZR 865/08-, AP Nr. 57 zu § 133 BGB, Rn. 25; BAG Urt. v. 17.05.2011 -9 AZR 189/10-, AP Nr. 51 zu § 7 BUrlG, Rn. 19/27; BAG Urt. v. 14.05.2013 -9 AZR 760/11-, DB 2013, 2155 f., Rn. 17; Suttner/Deeg, ArbR 2011, 630 (630).

Rechtsprechung des BAG sogar nunmehr vor Entstehen des Jahresurlaubsanspruchs zu Beginn des Jahres im Vorjahr vorgenommen werden.[750] Der Leistungserfolg tritt wiederum erst mit der tatsächlichen Urlaubsnahme durch Freizeitgewährung ein.[751]

Handelt es sich beim Urlaubsanspruch jedoch nicht um einen reinen Freistellungsanspruch, sondern um einen Einheitsanspruch, kann auch die reine Freistellung des Arbeitnehmers den Urlaubsanspruch nicht tatsächlich erfüllen.[752] Auch die gleichzeitige Zahlung des Urlaubsentgeltes ist für den Leistungserfolg notwendig. Dabei ist auch entscheidend, in welcher Höhe das Urlaubsentgelt gezahlt wird. Dies wird auch in einer der jüngeren Entscheidungen des EuGH in der Rechtssache *Williams* deutlich, in der der EuGH die Bemessung des Urlaubsentgeltes im Rahmen des Einheitsanspruches entscheidend für die Erfüllung des Urlaubszwecks sieht.[753] Bei Bemessung der Höhe sind alle geldwerten Komponenten zu berücksichtigen, die eine Gegenleistung für die Arbeitsleistung sind, die der Arbeitnehmer normalerweise erbringt.[754] Dabei muss ein angemessener Referenzzeitraum herangezogen werden.[755] Nur wenn die Höhe des zu zahlenden Urlaubsentgelts angemessen ist, wird der Anspruch auf Urlaub auch erfüllt.

Hier zeigt sich, dass die Definition als Einheitsanspruch eine erhebliche Auswirkung hat, denn eine Erfüllung ohne die Zahlung des Urlaubsentgelts oder mit Zahlung von zu wenig Urlaubsentgelt ist nicht möglich. Die Erfüllung gem. § 362 Abs. 1 BGB tritt nur ein, wenn sowohl die Freistellung als auch die Zahlung des Urlaubsentgelts erfolgt.[756]

Auch bei einer nachträglichen Gewährung eines Urlaubs in einer Teilzeitphase, der in Vollzeit erworben wurde, muss wegen des synallagmatischen Verhältnisses zwischen der Arbeitsleistung und der Urlaubsgewährung der Urlaub und das Urlaubsentgelt der Höhe nach wie im Vollzeitarbeitsverhältnis gewährt werden.[757] Nimmt also der Arbeitnehmer z.B. bei einer Fünf-Tage-Woche in Teilzeit eine Woche „alten“ Urlaub, den er in Vollzeittätigkeit erworben hat, werden diese fünf Tage mit dem Vollzeitgehalt vergütet. Obwohl der Arbeitnehmer in Teilzeit arbeitet, bekommt er Urlaubsentgelt in Höhe des Vollzeitentgelts. Sein Teilzeitentgelt entfällt in dieser Woche wegen der Urlaubsnahme. Wechselt der Arbeitnehmer von Vollzeit in eine zwei-Tage-Woche und hat er noch zehn Tage Urlaub, dann könnte er fünf Wochen

---

750 BAG Urt. v. 17.05.2011 -9 AZR 189/10-, AP Nr. 51 zu § 7 BUrlG, Rn. 18–22; Suttner/Deeg, ArbR 2011, 630 (632).
751 BAG Urt. v. 17.05.2011 -9 AZR 189/10-, AP Nr. 51 zu § 7 BUrlG, Rn. 18.
752 LAG Hamm Urt. v. 14.03.2013 -16 Sa 763/12-, LAGE § 11 BUrlG Nr. 14, Rn. 33.
753 EuGH, Urt. v. 15.09.2011 - C-155/10 *Williams*, Slg. 2011, I-8409, Rn. 26.
754 EuGH, Urt. v. 15.09.2011 - C-155/10 *Williams*, Slg. 2011, I-8409, Rn. 21–24.
755 EuGH, Urt. v. 15.09.2011 - C-155/10 *Williams*, Slg. 2011, I-8409, Rn. 26.
756 LAG Hamm Urt. v. 14.03.2013 -16 Sa 763/12-, LAGE § 11 BUrlG Nr. 14, Rn. 37.
757 Schubert, RdA 2013, 370 (377).

Urlaub nehmen und würde in dieser Zeit für die Wochen 2/5 Vollzeitentgelt erhalten.[758]

2. *Dauerhafte Leistungshindernisse*

Dauerhafte Leistungshindernisse, die die Gewährung von Urlaub dauerhaft unmöglich werden lassen, sind die Beendigung des Arbeitsverhältnisses und nach Auffassung des BAG der Eintritt des Fristablaufs. Gläubiger des Urlaubsanspruchs ist der Arbeitnehmer. Schuldner dieses Anspruchs ist der Arbeitgeber. Der Urlaubsanspruch entsteht abhängig von dem Umfang der Arbeitsverpflichtung des Arbeitnehmers. Hat er im Rahmen dieses Austauschverhältnisses seine Arbeitspflicht erbracht, kann er entsprechend Urlaub verlangen. Ist die Inanspruchnahme des Urlaubs zum Beispiel wegen Beendigung des Arbeitsverhältnisses oder Befristung unmöglich geworden, wird der Arbeitgeber gem. § 275 Abs. 1 Alt. 2 BGB von seiner Leistungspflicht befreit. Es stellt sich die Frage, ob der Arbeitnehmer einen Ersatzanspruch hat, denn seine Gegenleistung ist bereits erbracht.

a) *Nichtgewährung des Urlaubs wegen Beendigung des Arbeitsverhältnisses durch Kündigung oder aufgrund Vereinbarung*

Bei der Beendigung des Arbeitsverhältnisses und noch offenen Urlaubsansprüchen ist festzustellen, dass der Arbeitnehmer seiner Leistungspflicht in der Regel bereits nachgekommen ist. Laut BAG geht der Anspruch des Arbeitnehmers auf Urlaub in Form der bezahlten Freistellung gem. § 275 Abs. 1 Alt. 2 BGB mit der Beendigung des Arbeitsverhältnisses unter, da eine Freistellung dem Arbeitgeber unmöglich geworden ist.[759] Nach der hier vertretenen Auffassung vom Einheitsanspruch gehen notwendigerweise beide Teile des Urlaubsanspruchs mit der Beendigung des Arbeitsverhältnisses unter.

Bei dem in § 7 Abs. 4 BUrlG geregelten Anspruch auf Abgeltung handelt es sich um einen gesetzlich geregelten Sekundäranspruch in Form eines geldwerten Anspruchs. Dabei wird nach der hier vertretenen Einheitstheorie die bezahlte Freistellung abgegolten, also nicht nur die nicht gewährte Freistellung oder das Urlaubsentgelt. Ohne diese Regelung in § 7 Abs. 4 BUrlG wäre vom Arbeitgeber Wertersatz gem. §§ 275 Abs. 1, 326 Abs. 4, 346 Abs. 2 Nr. 1 BGB zu leisten, weil die Gegenleistung „Arbeit“ bereits erbracht ist, jedoch die Arbeitserbringung der Natur nach nicht zurückgewährt werden kann.

---

758 Nach Abschluss der Arbeit nunmehr auch BAG Urt. v. 10.02.2015 -9 AZR 53/14 (F), ECLI:DE:BAG:2015:100215.U.9AZR53. 14F.0.

759 siehe hierzu unter 1. Teil B. III. 1. b) aa) (1).

b) Nichtgewährung des Urlaubs wegen Beendigung des Arbeitsverhältnisses aufgrund des Todes des Arbeitnehmers

Durch den Tod des Arbeitnehmers wird das Arbeitsverhältnis gem. § 613 BGB wegen der höchstpersönlich geschuldeten Arbeitsleistung ebenfalls beendet. Es liegt also ein Beendigungsgrund vor. Dieser soll jedoch nach Auffassung des BAG nicht gleichzeitig wie bei anderen Beendigungen des Arbeitsverhältnisses einen Abgeltungsanspruch gem. § 7 Abs. 4 BUrlG entstehen lassen. Aufgrund des Erlöschens der höchstpersönlichen Arbeitspflicht soll danach mit Eintritt des Todes auch der auf Befreiung dieser Pflicht gerichtete Urlaubsanspruch als Freistellungsanspruch ersatzlos untergehen.[760] Nach der hier vertretenen Meinung ist der Tod ein Beendigungsgrund im Arbeitsverhältnis im Sinne des § 7 Abs. 4 BUrlG und führt als dauerhaftes Leistungshindernis zur Unmöglichkeit der Freistellung und der Zahlung des Urlaubsentgelts und damit zum Untergang des Urlaubsanspruchs als Einheitsanspruch gem. § 275 Abs. 1 BGB. Er ist jedoch ein Sonderfall der Beendigung. Bei Beendigung des Arbeitsverhältnisses durch den Tod entsteht daher auch der Abgeltungsanspruch gem. § 7 Abs. 4 BUrlG als sekundärer Ersatzanspruch. Dieser ist dann auch vererbbar, da die Erfüllbarkeit des Abgeltungsanspruchs durch die Aufgabe der Surrogatstheorie nicht mehr für die Vererbbarkeit relevant ist.[761] Unter E. II. wird die Herleitung dieses Sekundäranspruches bei der Frage der Entstehung des Urlaubsabgeltungsanspruchs näher erläutert.

c) Nichtgewährung des Urlaubs wegen der Befristung des Urlaubsanspruchs

Ob die Befristung aus § 7 Abs. 3 S. 3 BUrlG ein dauerhaftes Leistungshindernis für die Gewährung des Urlaubs ist, ist insbesondere unter unionsrechtlichen Gesichtspunkten fraglich. Die Auslegung des BAG zu dieser Vorschrift hat sich zumindest in Bezug auf den Verfall von Urlaubsansprüchen bei Erkrankung des Arbeitnehmers aufgrund der EuGH-Rechtsprechung geändert. Nachfolgend wird zunächst die „neue" Auslegung des § 7 Abs. 3 S. 3 BUrlG dargestellt und im zweiten Schritt aufgezeigt, dass es sich bei dieser Auslegung um eine nicht unionsrechtskonforme Auslegung contra legem handelt. Anschließend erfolgt eine unionsrechtskonforme Auslegung.

---

760 BAG Urt. v. 20.09.2011 -9 AZR 416/10-, AP Nr. 92 zu § 7 BUrlG Abgeltung, Rn. 13/16.

761 LAG Hamm Urt. v. 22.04.2010 -16 Sa 1502/09-, NZA 2011, 106–109, Rn. 33; ArbG Potsdam Urt. v. 15.02.2011 -3 Ca 1512/10-, juris Rn. 20; Schipper/Polzer, NZA 2011, 80 (81); ErfK/*Gallner*, 12. Aufl. 2012, § 7 BUrlG, Rn. 81; Polzer, Die Befristung des Urlaubsanspruchs auf das Kalenderjahr, 2011, 207; a.A. Bauer/Arnold, NJW 2009, 631 (635); ErfK/*Gallner*, 15. Aufl. 2015, § 7 BUrlG, Rn. 81; Heilmann, AuR 2012 234 (238); Lipinski/Praß, BB 2012, 1867 (1868); LAG Thüringen Urt. v. 09.06.2011 -6 Sa 21/11-, juris Rn. 31; BAG Urt. v. 20.09.2011 -9 AZR 416/10-, AP Nr. 92 zu § 7 BUrlG Abgeltung, Rn 13; so auch nach Abschluss der Arbeit EuGH Urt. v. 12.06.2014 - C-118/13 *Bollacke*, ECLI:EU:C:2014:1755, Rn. 25.

aa) Die Position des BAG

Das BAG hält auch nach der *Schultz-Hoff*-Entscheidung an seiner Auslegung zu § 7 Abs. 3 S. 3 BUrlG fest, dass das Urlaubsrecht grundsätzlich weiterhin dem Fristenregime unterliege, der Mindesturlaubsanspruch also befristet sei.[762] Das BAG führt aus: „mit Fristende entfällt die Erfüllbarkeit des Freistellungsanspruchs."[763] Nur im Falle der Erkrankung sei § 7 Abs. 3 S. 3 BUrlG durch das Mittel der teleologischen Reduktion richtlinienkonform fortzubilden.[764] Zunächst meint das BAG entgegen der seit über 25 Jahren vertretenen eigenen Auffassung, dass § 7 Abs. 3 S. 3 BUrlG keine ausdrückliche Befristung enthalte.[765] Es handele sich im Falle der Arbeitsunfähigkeit und dem durch § 7 Abs. 3 S. 3 BUrlG angeordneten Verfall des Urlaubsanspruchs um eine planwidrige Regelungslücke im Gesetz, das mithin ungewollt unvollständig sei.[766] Die Regelungslücke läge nur für den Fall der Nichtinanspruchnahme des Mindesturlaubs wegen Arbeitsunfähigkeit vor.[767] Die im Übrigen weiterhin geltende zeitliche Begrenzung der Urlaubsansprüche durch § 7 Abs. 3 S. 3 BUrlG sollten daher im Falle der andauernden krankheitsbedingten Arbeitsunfähigkeit ausnahmsweise nicht gelten. Das BAG vertrat zunächst die Ansicht, dass Urlaubsansprüche in diesem Fall nicht

---

762 BAG Urt. v. 24.03.2009 -9 AZR 983/07-, AP Nr. 39 zu § 7 BUrlG, Rn. 49; BAG Urt. v. 22.05.2012 -9 AZR 575/10-, AP Nr. 3 zu § 26 TVöD, Rn. 10; BAG Urt. v. 10.07.2012 -9 AZR 11/11-, juris Rn. 18; hierzu ausführlich Düwell, NZA Beil. 3/2011, 133 (138).

763 BAG Urt. v. 22.05.2012 -9 AZR 575/10-, AP Nr. 3 zu § 26 TVöD, Rn. 16.

764 Gallner, FS Etzel, 155 (164); Grobys, NJW 2009, 2177 (2178); Kothe/Beetz, jurPR-ArbR 25/2009 Anm. 1 B zu BAG Urt. v. 24.03.2009 -9 AZR 983/07-; Düwell, NZA Beil. 3/2011, 133 (140); krit.: Hermann-Strobelt, NordÖR 2009, 325 (326); Kamanabrou, SAE 2009, Urlaubsanspruch, 121 (126) und Kamanabrou, SAE 2009, Urlaubsabgeltung 233 (234), die eine Änderung des § 7 Abs. 3 BUrlG für erforderlich hält; Sedlmeier, EuZA 2010, 88 (95); Pötters/Stiebert, ZESAR 2012, 23 (24), die meinen das Konstrukt sei eine Erfindung des BAG; Polzer, Die Befristung des Urlaubsanspruchs auf das Kalenderjahr, 2011, 93 f.

765 BAG Urt. v. 24.03.2009 -9 AZR 983/07-, AP Nr. 39 zu § 7 BUrlG, Rn. 62.

766 BAG Urt. v. 24.03.2009 -9 AZR 983/07-, AP Nr. 39 zu § 7 BUrlG, Rn. 67; Düwell, NZA Beil. 3/2011, 133 (140).

767 BAG Urt. v. 23.03.2010 -9 AZR 128/09-, AP Nr. 3 zu § 125 SGB IX, Rn. 26 ff.; BAG Urt. v. 04.05.2010 -9 AZR 183/09-, AP Nr. 49 zu § 7 BUrlG, Rn. 23; BAG Urt. v. 12.04.2011 -9 AZR 80/10-, AP Nr. 50 zu § 7 BUrlG, Rn. 21; u. a. Bauer/Arnold, NJW 2009, 631 (634); Gaul/Josten/Strauf, BB 2009, 497 (498); Geyer, ZTR 2009, 346 (348); Grobys, NJW 2009, 2177 (2178); Liebscher, öAT 2010, 11 (14); Moderegger, ArbRB 2010, 276 (277); Powietzka/Fallenstein, NZA 2010, 673 (674); Sedlmeier, EuZA 2010, 88 (98); Amschler, EuZA 2011, 242 (244).

verfallen sollen.[768] Mehrurlaub könne trotz Arbeitsunfähigkeit weiterhin verfallen.[769] Lediglich der gesetzlich geregelte Schwerbehindertenurlaub folge bei tatsächlich nicht möglicher Inanspruchnahme der Ausnahme des Mindesturlaubs.[770] Durch diese neue Auslegung sei auch entgegen der früher vom BAG vertretenen Auffassung der Gleichbehandlungsgrundsatz aus Art. 3 GG gewahrt, da die Arbeitsunfähigkeit selbst der Grund für die Ungleichbehandlung sei.[771] Die rechtliche Herleitung des neuen Ergebnisses durch das BAG, die zunächst zu einer unbeschränkten Ansammlung von Urlaubsansprüchen zu führen schien, sind bereits kritisch gewürdigt worden.[772] Insbesondere wurde dem BAG vorgeworfen, dass die Herleitung des Ergebnisses nicht der deutschen Rechtsmethodik entspricht.[773]

Nachdem der EuGH nach der *Schulz-Hoff*-Entscheidung in der Rechtssache *KHS/Schulte* eine tarifliche Regelung, die einen Verfall nach 15 Monaten auch im Falle der Erkrankung vorsah, für richtlinienkonform erachtet hat, hat auch das BAG seine Rechtsprechung angepasst. Es hält nunmehr eine modifizierte unionsrechtskonforme Auslegung des § 7 Abs. 3 S. 3 BUrlG für möglich.[774] Mindesturlaubsansprüche, die wegen der Erkrankung des Arbeitnehmers gem. § 7 Abs. 3 S. 2 BUrlG wegen Vorliegens persönlicher Gründe nicht am 31.12. des Urlaubsjahres verfallen und wegen der unionsrechtlichen Vorgaben auch nicht am 31.03. des Folgejahres verfallen dürfen, sollen danach den neuen Urlaubsansprüchen des Folgejahres hinzutreten.[775] Sie sollen mit diesen zu einem einzigen Anspruch werden und nunmehr dem Fristenregime dieser Ansprüche unterfallen.[776] Bei fortbestehender Erkrankung dürfen diese kumulierten Ansprüche jedoch auch nicht am nächsten 31.12. verfallen, weil

768 BAG Urt. v. 24.03.2009 -9 AZR 983/07-, AP Nr. 39 zu § 7 BUrlG, Rn. 47/66; BAG Urt. v. 19.05.2009 -9 AZR 477/07-, DB 2009, 2051ff., Rn. 12; BAG Urt. v. 23.03.2010 -9 AZR 128/09-, AP Nr. 3 zu § 125 SGB IX, Rn. 70; BAG Urt. v. 04.05.2010 -9 AZR 183/09-, AP Nr. 49 zu § 7 BUrlG, Rn. 17–19; BAG Urt. v. 12.04.2011 -9 AZR 80/10-, AP Nr. 50 zu § 7 BUrlG, Rn. 19; Düwell, DB 2011, 2492 (2492).

769 BAG Urt. v. 23.03.2010 -9 AZR 128/09-, AP Nr. 3 zu § 125 SGB IX, Rn. 15/26; BAG Urt. v. 22.05.2012 -9 AZR 618/10-, AP Nr. 59 zu § 7 BUrlG, Rn. 15; BAG Urt. v. 22.05.2012 -9 AZR 575/10-, AP Nr. 3 zu § 26 TVöD.

770 BAG Urt. v. 23.03.2010 -9 AZR 128/09-, AP Nr. 3 zu § 125 SGB IX, Rn. 71; BAG Urt. v. 13.12.2011 -9 AZR 399/10-, AP Nr. 93 zu § 7 BUrlG Abgeltung, Rn. 40.

771 BAG Urt. v. 24.03.2009 -9 AZR 983/07-, AP Nr. 39 zu § 7 BUrlG, Rn. 68.

772 Abele, RdA 2009, 312 (316); Benecke, RdA 2011, 241 (242); Bross, BAG EWiR § 7 BUrlG , 1/09, 377(378); Hermann-Strobelt, NordÖR 2009, 325 (326f); Kamanabrou, SAE 2009, Urlaubsanspruch 121, (126); Kamanabrou, SAE 2009, Urlaubsabgeltung 233 (234); Krieger/Arnold, NZA 2009, 530 (531); abl. gegen richtlinienkonforme Rechtsfortbildung: Picker, ZTR 2009, 230 (233 ff.); Düwell, NZA Beil. 3/2011, 133 ff.

773 Kamanabrou, SAE 2009, Urlaubsabgeltung 233 (234); kritisch hierzu auch Hermann-Strobelt, NordÖR 2009, 325 (327).

774 BAG Urt. v. 07.08.2012 -9 AZR 353/10-, AP Nr. 61 zu § 7 BUrlG, Rn. 34.

775 BAG Urt. v. 07.08.2012 -9 AZR 353/10-, AP Nr. 61 zu § 7 BUrlG, Rn. 34.

776 BAG Urt. v. 10.07.2012 -9 AZR 11/11-, juris Rn. 20; BAG Urt. v. 07.08.2012 -9 AZR 353/10-, AP Nr. 61 zu § 7 BUrlG, Rn. 34.

persönliche Gründe für die Übertragung gem. § 7 Abs. 3 S. 2 BUrlG vorliegen.[777] Besteht die Arbeitsunfähigkeit fort, trennen sich die kumulierten Ansprüche am nächsten 31.03., also 15 Monate nach dem ursprünglichen Urlaubsjahr wieder in zwei Teile. Während die Ansprüche aus dem vorhergehenden Jahr wegen Verstoßes gegen die Arbeitszeitrichtlinie auch nicht am 31.03. dem Folgejahr folgenden Jahres gem. § 7 Abs. 3 S. 3 BUrlG verfallen dürfen, gilt dies für den Teil der ursprünglichen Urlaubstage nicht, weil nunmehr insgesamt 15 Monate seit dem ursprünglichen Urlaubsjahr vergangen sind.[778] Die alten Urlaubsansprüche verfallen danach am 31.03. des übernächsten Jahres nach dem Entstehen des Urlaubsanspruchs.[779] Das BAG meint, diese richtlinienkonforme Rechtsfortbildung durch teleologische Reduktion sei nur bis zu diesem Zeitpunkt geboten, weil der EuGH festgestellt habe, dass der Urlaub nach Ablauf von 15 Monaten seinen Zweck verfehle und sich das Bedürfnis nach Erholung mit zunehmenden Abstand zum Urlaubsjahr verringere.[780] Es handele sich weder um eine Auslegung contra legem[781], die gegen das Gewaltenteilungsprinzip verstoße[782], noch widerspräche diese Auslegung dem Übereinkommen Nr. 132 der IAO[783]. Der Arbeitnehmer werde durch diese Auslegung zudem vor Kündigungen geschützt, da bei einer Befristung der Urlaubsansprüche im Falle der Arbeitsunfähigkeit auf 15 Monate der Arbeitgeber eher von einer Kündigung Abstand nimmt, als bei einer unbefristeten Kumulierung.[784] Letztere wäre wegen der auflaufenden Urlaubsansprüche zu kostspielig und würde den Arbeitgeber zu einer Kündigung zwingen. Das BAG kehrt mit dieser Rechtsprechung zu seiner früheren Auslegung vor der *Schultz-Hoff*-Entscheidung mit geänderter Frist bei Vorliegen von Arbeitsunfähigkeit oder Erwerbsminderungszeiten weitestgehend zurück.[785]

Trotz der Änderung der Rechtsprechung des BAG zu diesen Fällen ist der Mindesturlaubsanspruch also weiterhin grundsätzlich befristet. Das BAG vertritt daher weiterhin die Auffassung, dass Urlaubsansprüche bei Befristungsablauf wegen dauerhafter Unmöglichkeit verfallen.[786] Also ist nach Auffassung des BAG die nicht

777 BAG Urt. v. 07.08.2012 -9 AZR 353/10-, AP Nr. 61 zu § 7 BUrlG, Rn. 35.

778 BAG Urt. v. 07.08.2012 -9 AZR 353/10-, AP Nr. 61 zu § 7 BUrlG, Rn. 40.

779 BAG Urt. v. 07.08.2012 -9 AZR 353/10-, AP Nr. 61 zu § 7 BUrlG, Rn. 40; BAG Urt. v. 18.09.2012 -9 AZR 623/10-, juris Rn. 14; BAG Urt. v. 16.10.2012 -9 AZR 63/11-, AP Nr. 64 zu § 7 BUrlG, Rn. 9; BAG Urt. v. 16.07.2013 -9 AZR 914/11-, NZA 2013, 1285 ff., Rn. 26; BAG Urt. v. 12.11.2013 -9 AZR 727/12-, juris Rn. 11/12; BAG Urt. v. 12.11.2013 -9 AZR 646/12-, NZA-RR 2014, 658 ff., Rn. 11.

780 BAG Urt. v. 07.08.2012 -9 AZR 353/10-, AP Nr. 61 zu § 7 BUrlG, Rn. 40, 41.

781 BAG Urt. v. 07.08.2012 -9 AZR 353/10-, AP Nr. 61 zu § 7 BUrlG, Rn. 28; BAG Urt. v. 16.07.2013 -9 AZR 914/11-, NZA 2013, 1285 ff., Rn. 27.

782 kritisch hierzu Grobys/Steinau-Steinrück, NJW-Spezial 2012, 712 (713).

783 BAG Urt. v. 07.08.2012 -9 AZR 353/10-, AP Nr. 61 zu § 7 BUrlG, Rn. 38.

784 BAG Urt. v. 07.08.2012 -9 AZR 353/10-, AP Nr. 61 zu § 7 BUrlG, Rn. 41.

785 BAG Urt. v. 07.08.2012 -9 AZR 353/10-, AP Nr. 61 zu § 7 BUrlG, Rn. 34.

786 BAG Urt. v. 09.08.2011 -9 AZR 425/10-, AP Nr. 52 zu § 7 BUrlG, Rn. 23; so bereits Geyer, ZTR 2009, 346 (351).

ausdrücklich im Gesetz geregelte Befristung[787] weiterhin ein Fall der rechtlichen Unmöglichkeit. Wegen §§ 1, 7 Abs. 3 S. 1 BUrlG führt die Nichtinanspruchnahme des Urlaubs durch den Arbeitnehmer aufgrund der Befristung gem. § 275 Abs. 1 Alt. 2 BGB als anspruchsvernichtende Norm zum Untergang des Urlaubsanspruchs wegen rechtlicher Unmöglichkeit, es sei denn, es liegen gesetzlich geregelte Ausnahmefälle vor, die zur Anspruchserhaltung führen. § 7 Abs. 3 S. 2 BUrlG bliebe daher in diesem System urlaubserhaltende Norm, die die Befristung auf den 31.03. verlängert.

bb) Verstoß der Auslegung des BAG gegen das Gewaltenteilungsprinzip

Die Auslegung des BAG verstößt als Auslegung contra legem gegen das Gewaltenteilungsprinzip aus Art. 2 Abs. 1 i.V.m. Art. 20 Abs. 2 S. 2 GG.[788]

Wie auch das BAG zunächst feststellt[789], ist die Befristung der Mindesturlaubsansprüche gesetzlich nicht eindeutig in § 7 Abs. 3 BUrlG geregelt.[790] Die teleologische Reduktion ist aus Sicht des BAG erforderlich, weil es weiterhin annimmt, dass im Regelfall der Urlaubsanspruch einem Fristenregime unterliege und die Arbeitsunfähigkeit eine Ausnahme darstelle.[791] Der eindeutige Wille des Gesetzgebers sei die Befristung des Anspruchs.[792] Wenn das BAG aber feststellt, dass eine ausdrückliche Befristung nicht vorliegt, stellt sich die Frage, was teleologisch zu reduzieren ist. Das BAG meinte daher zunächst, dass das BUrlG grundsätzlich trotz fehlender ausdrücklicher Befristung wegen des Willens des Gesetzgebers die Befristung vorsehe und nur für den Fall der Krankheit diese Befristung gar nicht gelte. Nach der erneuten Änderung dieser Auslegung soll nunmehr bei Vorliegen einer Arbeitsunfähigkeit eine 15monatige Frist gelten. Das BAG umgeht jedoch durch das Mittel der teleologischen Reduktion und der unionsrechtskonformen Rechtsfortbildung die grundsätzliche Frage, was überhaupt in § 7 Abs. 3 BUrlG tatsächlich geregelt ist und wie dieser allgemein ausgelegt werden muss.[793] Die Methode der Auslegung würde zu dem Ergebnis führen, dass es in allen Fällen und nicht nur im „konstruier-

---

787 So auch BAG Urt. v. 24.03.2009 -9 AZR 983/07-, AP Nr. 39 zu § 7 BUrlG Rn. 62.

788 Grobys/Steinau-Steinrück, NJW-Spezial 2012, 712 (713); a.A. BAG Urt. v. 07.08.2012 -9 AZR 353/10-, AP Nr. 61 zu § 7 BUrlG, Rn. 28; BAG Urt. v. 16.10.2012 -9 AZR 63/11-, AP Nr. 64 zu § 7 BUrlG, Rn. 11.

789 BAG Urt. v. 24.03.2009 -9 AZR 983/07, AP Nr. 39 zu § 7 BUrlG, Rn. 62; BAG Urt. v. 13.12.2011 -9 AZR 399/10-, AP Nr. 93 zu § 7 BUrlG Abgeltung, Rn. 37.

790 so auch LAG Düsseldorf Urt. v. 04.05.2011 -12 Sa 1832/10-, LAGE § 7 BUrlG Nr. 49, Rn. 17; Höpfner, RdA 2013, 16 (25).

791 BAG Urt. v. 24.03.2009 -9 AZR 983/07-, AP Nr. 39 zu § 7 BUrlG, juris Rn. 64.

792 BAG Urt. v. 07.08.2012 -9 AZR 353/10-, AP Nr. 61 zu § 7 BUrlG, Rn. 33; BAG Urt. v. 16.10.2012 -9 AZR 63/11-, AP Nr. 64 zu § 7 BUrlG, Rn. 11.

793 BAG Urt. v. 07.08.2012 -9 AZR 353/10-, AP Nr. 61 zu § 7 BUrlG, Rn. 33, wonach es unerheblich sei, zwischen der Auslegung und der Rechtsfortbildung zu unterscheiden.

ten" Ausnahmefall der Erkrankung kein Fristenregime in § 7 Abs. 3 BUrlG gibt.[794] Dem Wortlaut nach ist dem § 7 Abs. 3 BUrlG weder eine Befristung noch eine Differenzierung zwischen dem Urlaubsanspruch eines erkrankten und dem eines gesunden Arbeitnehmers zu entnehmen.[795] Bei Annahme einer geregelten Befristung von drei Monaten wäre mit der Auffassung des BAG vor *Schultz-Hoff* davon auszugehen, dass der Fall der Erkrankung geregelt ist, nämlich dass das BUrlG unionsrechtwidrig einen Verfall auch bei Erkrankung am 31.03. des Folgejahres zulässt. Nunmehr meint das BAG jedoch, der Fall der Erkrankung könnte eventuell vom Gesetzgeber übersehen worden sein[796] und rechtfertigt damit die unterschiedliche Handhabung der Fristen im Krankheitsfall. Das ist jedoch in Anbetracht der Regelung des § 9 BUrlG und § 7 Abs. 3 S. 2 BUrlG nur schwer begründbar. Soweit man also von einer Befristung ausgeht, ist eine Differenzierung zwischen kranken und gesunden Arbeitnehmern nicht erfolgt, so dass § 7 Abs. 3 S. 3 BUrlG dem Wortlaut nach auch bei bestehender Arbeitsunfähigkeit zum Verfall der Urlaubsansprüche am 31.03. des Folgejahrs führt. Dann liegt jedoch keine Regelungslücke, sondern lediglich eine unionsrechtswidrige Befristung bei Krankheit vor, die die Gerichte nicht anwenden und auslegen dürften, da ein Verstoß gegen Primärrecht vorliegt.[797] Da zudem jedoch die Formulierung des § 7 Abs. 3 S. 3 BUrlG keine eindeutige Befristung enthält, weil der Verfall im Gesetz nicht angedroht wird, ist bereits die Auslegung, es handele sich um eine Befristung, nicht dem Wortlaut zu entnehmen. Weil der Arbeitnehmer anhand dieser Vorschrift nicht erkennen kann, wann und in welchem Fall Mehr- oder Mindesturlaub verfällt, ist eine Auslegung, wie sie das BAG vornimmt, nicht möglich.

Folgt man dennoch der Auffassung, dass § 7 Abs. 3 S. 3 BUrlG dahingehend ausgelegt werden kann, dass der Urlaubsanspruch befristet ist, würde sich die Rechtsprechung durch die je nach Fall (Erwerbsminderungsrente, Krankheit, Mutterschutz) angepassten Interpretationen des nicht einmal im Wortlaut begründeten Befristungsregimes zum Gesetzgeber aufschwingen und damit gegen das Gewaltenteilungsprinzip aus Art. 2 Abs. 1 i.V.m. Art. 20 Abs. 2 S. 2 GG verstoßen.[798]

---

794 so bereits schon immer LAG Düsseldorf Urt. v. 02.02.2009 -12 Sa 486/06-, LAGE § 7 BUrlG Abgeltung Nr. 22, Rn. 20 und 21 m.w.N. auf Urteile des LAG Düsseldorf.

795 LAG Düsseldorf Urt. v. 04.05.2011 -12 Sa 1832/10-, LAGE § 7 BUrlG Nr. 49, Rn. 17.

796 BAG Urt. v. 07.08.2012 -9 AZR 353/10-, AP Nr. 61 zu § 7 BUrlG, Rn. 33.

797 LAG Rheinland-Pfalz Urt. v. 22.06.2012 -9 Sa 52/12-, LAGE § 7 BUrlG Abgeltung Nr. 34, Rn. 40 f.

798 krit. auch BAG Urt. v. 13.12.2011 -9 AZR 399/10-, AP Nr. 93 zu § 7 BUrlG Abgeltung, Rn. 37; ArbG Bonn Urt. v. 18.01.2012 -5 Ca 2499/11-, juris Rn. 28; Stiebert/Pötters, EuZW 2011, 960 (962), die meinen, dass durch den primärrechtlichen Urlaubsanspruch aufgrund der Regelung in der Charta, eine richtlinienkonforme Auslegung nicht mehr vertretbar sei; Fuhlrott, BB 2012, 61 (62); Stenslik, DStR 2012, 659 (661); ArbG Bonn Urt. v. 18.01.2012 -5 Ca 2499/11-, juris Rn. 28; LAG Düsseldorf Urt. v. 23.02.2012 -5 Sa 1370/11-, ZTR 2012, 350, Rn. 67; LAG Rheinland-Pfalz Urt. v. 22.06.2012 -9 Sa 52/12-, LAGE § 7 BUrlG Abgeltung Nr. 34, Rn. 40 f.; LAG Berlin-

cc) Verstoß der Auslegung des BAG gegen Unionsrecht

Die Auslegung des BAG verstößt auch gegen Unionsrecht. Wegen der oben unter A. II. in diesem Teil dargestellten unzureichenden Umsetzung der Arbeitszeitrichtlinie durch das BUrlG führt die Annahme der Befristung des Urlaubsanspruchs zu seinem unionsrechtlich unzulässigen Verfall. Die Auslegung des BAG zu § 7 Abs. 3 S. 2 und 3 BUrlG, wonach sich zunächst der Arbeitnehmer aktiv und eigenverantwortlich um die Inanspruchnahme seines Urlaubs kümmern muss, führt im Falle des Fristablaufs bei passiven Verhalten des Arbeitnehmers zum Verlust seines Urlaubsanspruchs, weil der Arbeitgeber von der Urlaubsgewährungspflicht gem. § 275 Abs. 1 Alt. 2 BGB befreit wird. Der EuGH ist jedoch der Auffassung, dass der Arbeitgeber sich nicht auf eine „passive Rolle" bei der Gewährung von Ruhezeiten zurückziehen kann, auch wenn er andererseits den Arbeitnehmer nicht zur Einhaltung der durch die Arbeitszeitrichtlinie gewährleisteten Mindestansprüche zwingen kann.[799] Diese Entscheidung erging zwar zu den Mindestruhezeiten während der Arbeitszeit, jedoch sind diese Ausführungen allgemein auf die Rechte aus der Arbeitszeitrichtlinie bezogen worden, so dass man diese Ausführungen auf den Mindestjahresurlaub beziehen kann und muss.[800] Der EuGH fordert also, dass der Arbeitgeber im Rahmen des ihm obliegenden Arbeitsschutzes nicht nur einfach abwarten darf, ob die Arbeitnehmer von ihren Rechten Gebrauch machen. Er muss aktiv handeln.[801] Ihm muss also eine Handlungspflicht durch den nationalen Gesetzgeber auferlegt werden. Eine solche Pflicht enthält das BUrlG nicht. Wegen der unzureichenden Umsetzung der Arbeitszeitrichtlinie ist daher eine unionsrechtskonforme Auslegung des § 7 Abs. 3 S. 2 und 3 BUrlG dahingehend notwendig, dass nicht der Arbeitnehmer den Urlaub zu „nehmen" hat, sondern der Arbeitgeber die

---

Brandenburg Urt. v. 06.07.2012 -10 Sa 368/12-, LAGE § 7 BUrlG Nr. 51, Rn. 26 f.; a.A. BAG Urt. v. 07.08.2012 -9 AZR 353/10-, AP Nr. 61 zu § 7 BUrlG, Rn. 33; BAG Urt. v. 16.10.2012 -9 AZR 63/11-, AP Nr. 64 zu § 7 BUrlG, Rn. 11; Bauer/v.Medem, NZA 2012, 113 (116) u. Rudkowski, EuZA 2012 381 (389), die jedoch alle eine gesetzliche Regelung dennoch für vorzugswürdiger halten; Schinz, RdA 2012, 181 (183 ff.); LAG Hamm Urt. v. 12.01.2012 -16 Sa 1352/11-, juris Rn. 87 u. Urt. v. 13.02.2012 -16 Sa 148/11-, NZA-RR 2012, 459 ff., Rn. 46 u. Urt. v. 13.02.2012 -16 Sa 560/10-, juris Rn. 33; LAG Sachsen Urt. v. 22.03.2012 -9 Sa 321/11-, juris Rn. 37; Oertel/Chmel, DB 2012 460 (462).

799 EuGH Urt. v. 07.09.2006 - C-484/04 *Kommission gegen Vereinigtes Königreich Grossbritannien und Nordirland.* Slg. 2006, I-07471, Rn. 43–46 unter Bezugnahme auf die Schlussanträge der GA *Kokott* Rechtssache C-484/04 *Kommission gegen Vereinigtes Königreich Grossbritannien und Nordirland* v. 09.03.2006, Slg. 2006, I-07471, Rn. 68, 69; Plüm, NZA 2013, 11 (13).

800 EuGH Urt. v. 07.09.2006 - C-484/04 *Kommission gegen Vereinigtes Königreich Grossbritannien und Nordirland,* Slg. 2006, I-07471, Rn. 46.

801 so wohl auch: LAG Düsseldorf Urt. v. 31.03.2010 -12 Sa 1512/09-, LAGE § 7 BUrlG Abgeltung Nr. 25 Rn. 31; s.a. Kothe/Beetz, jurPR-ArbR 11/2009 Anm. 3 C zu BAG Urt. v. 20.05.2008 -9 AZR 219/07-.

Obliegenheit hat, aktiv Urlaub „zu gewähren".[802] Soweit man dennoch annimmt, es läge eine Befristung vor, deren Eintritt ein Fall der Unmöglichkeit sei, würde der Arbeitgeber gem. § 275 Abs. 1 Alt. 2 BGB von der Urlaubsgewährungspflicht befreit. Wegen des Gegenseitigkeitsverhältnisses zwischen der bereits erbrachten Arbeitsleistung und der Urlaubsgewährung, bliebe dem Arbeitnehmer entweder die Möglichkeit gem. § 326 Abs. 5 BGB vom gesamten Vertrag zurückzutreten oder gem. § 326 Abs. 4 BGB das Geleistete nach den Vorschriften über den Rücktritt zurückzufordern. Beide Möglichkeiten sind unbefriedigende Lösungen, denn der Arbeitnehmer will in der Regel weder vom gesamten Arbeitsvertrag zurücktreten, noch kann die Arbeitsleistung zurückgefordert werden. Ein Wertersatz gem. §§ 326 Abs. 4, 346 Abs. 2 Nr. 1 BGB dürfte zudem wegen des Abgeltungsverbots beim bestehenden Arbeitsverhältnis gem. § 134 BGB nicht möglich sein. Der Arbeitnehmer könnte gem. §§ 283, 280 Abs. 1 BGB Schadensersatz statt der Leistung verlangen, wenn der Arbeitgeber in vorwerfbarer Weise seiner Pflicht, den Urlaub innerhalb der Fristen des § 7 Abs. 3 BUrlG zu gewähren, nicht nachgekommen ist.[803] Auch dieser Anspruch ist jedoch nur auf Wertersatz und nicht auf Naturalrestitution gerichtet[804], so dass auch dieser Anspruch nur zu einem Geldersatz führt, der jedoch im bestehenden Arbeitsverhältnis wegen des Abgeltungsverbots ausgeschlossen ist. Eine Befristung wäre damit auch für den Fall der aktiven Urlaubsgewährungspflicht nicht unionsrechtskonform.

Sieht man in § 7 Abs. 3 S. 2 und 3 BUrlG keine Frist, sondern die Bestimmung der Leistungszeit, würde der Arbeitgeber mit der Urlaubsgewährung lediglich gem. § 286 Abs. 2 Nr. 1 BGB in Verzug geraten. Der Anspruch des Arbeitnehmers würde dann jedoch nicht erlöschen. Durch den Fristablauf tritt dann kein Leistungshindernis ein, sondern eine Leistungsverzögerung. Die Gewährung des Urlaubs ist dann nachholbar.

Die Auslegung des § 7 Abs. 3 BUrlG durch das BAG, wonach bei vorliegender Arbeitsunfähigkeit Urlaubsansprüche nach 15 Monaten verfallen, ist ebenfalls nicht unionsrechtskonform. Die Arbeitszeitrichtlinie regelt keine Befristung.[805] Der EuGH sieht die Befristung der Erfüllbarkeit des Urlaubsanspruchs als Durchführungsmodalität und verweist auf die Regelungskompetenz der Mitgliedsstaaten.[806]

---

802 LAG Düsseldorf Urt. v. 31.03.2010 -12 Sa 1512/09-, LAGE § 7 BUrlG Nr. 25, Rn. 31, welches von einer „Bringschuld" spricht; s.a. Kothe, FS Schwerdtner 2003, S. 99 (114), der darauf hinweist, dass die Nichterteilung des Urlaubs eine Pflichtverletzung des Arbeitgebers ist; LAG Düsseldorf Urt. v. 04.05.2011 -12 Sa 1832/10-, LAGE § 7 BUrlG Nr. 49, Rn. 31; Plüm, NZA 2013, 11 (16).

803 So auch nach Abschluss der Arbeit LAG Berlin-Brandenburg Urt. v. 12.06.2014 -21 Sa 221/14-, LAGE § 7 BUrlG Abgeltung Nr. 43, Rn. 36.

804 Staudinger/Otto/Schwarze, BGB, Neubearb. 2009, § 283 BGB, Rn. 51.

805 Schlussanträge GA *Trstenjak* v. 07.07.2011 Rechtssache C-214/10 *KHS/Schulte*, Rn. 86 www.curia.eu.

806 EuGH Urt. v. 20.01.2009 - C-350/06 und 520/06 *Schultz-Hoff*, Slg. 2009, I-179, Rn. 42; EuGH Urt. v. 22.11.2011-C214/10 *KHS/Schulte*, Slg. 2011, I-11757, Rn. 25;

Regelungskompetenz bedeutet jedoch, dass eine Regelung über die Einschränkung des Urlaubsanspruchs vorliegen muss, um einen primärrechtlich verankerten Urlaubsanspruch zu begrenzen. Also muss zunächst davon ausgegangen werden, dass ohne besondere Regelungen Urlaub infolge einer Arbeitsunfähigkeit ständig kumuliert werden kann. Der EuGH ist der Auffassung, dass eine Befristungsregelung dann unionsrechtskonform sei, wenn der festgelegte Übertragungszeitraum je nach den spezifischen Umständen des Einzelfalls die Dauer des Bezugszeitraumes deutlich überschreite.[807] Der unionsrechtliche Schutz des Urlaubsanspruchs gehe zwar nur bis zur Grenze der Zweckerreichung.[808] Diese sei jedoch einzelfallabhängig zu prüfen.[809] Insoweit kann das BAG auch nicht pauschal für alle Fälle der Erkrankung festlegen, dass eine nicht im Gesetz geregelte Frist von 15 Monaten den Mindesturlaubsanspruch verfallen lässt. Das BAG könnte daher allenfalls bei seiner Auffassung bleiben, dass im Falle der Erkrankung der Urlaub gesetzlich nicht befristet ist, aber durch anderweitige Regelungen in Tarifverträgen nach den Vorgaben des EuGH befristet werden kann.[810]

Auch unter dem folgenden Gesichtspunkt ist es fraglich, ob das BUrlG überhaupt eine unionsrechtlich wirksame Befristung enthält: grundsätzlich lässt der EuGH Befristungen, die zum Verfall eines Anspruchs führen, nur dann zu, wenn sie dem Grundsatz der Äquivalenz und dem Grundsatz der Effektivität entsprechen.[811] Nach dem Grundsatz der Äquivalenz darf das Verfahren der Geltendmachung nicht weniger günstig sein als bei gleichartigen innerstaatlichen Verfahren.[812] Der Effektivitätsgrundsatz ist gewahrt, wenn die Frist nicht so ausgestaltet ist, dass sie die Ausübung des Unionsrechts praktisch unmöglich macht oder übermäßig erschwert.[813] Für das Urlaubsrecht heißt das, dass die Befristung der Geltendmachung des Rechts auf Urlaub nur dann dem Äquivalenzgrundsatz entspricht, wenn gleichgelagerte Rechte wie z.B. Pausenzeiten im deutschen Recht ähnlich geltend gemacht werden müssen. Bereits die Einhaltung dieses Grundsatzes ist schon fraglich, da die von der Rechtsprechung verlangte rechtssichere Geltendmachung des Urlaubsanspruchs stark von den üblichen Regeln im Arbeitsschutzrecht abweicht. Zwar lässt sich die grundsätzliche Befristung zur regelmäßigen Urlaubsnahme mit dem Erholungszeck begründen, jedoch kehrt sich dieses Ziel um, wenn die Befristung bei fehlender

---

Schlussanträge GA *Trstenjak* v. 07.07.2011 in der Rechtssache C-214/10 *KHS/Schulte*, Rn. 43, 86, 92 www.curia.eu; Franzen, EuZA 2012, 295 (330).

807 EuGH Urt. v. 22.11.2011 - C-214/10 *KHS/Schulte*, Slg. 2011, I-11757, Rn. 38; Abele, FA 2012, 8 (9); Rudkowski, EuZA 2012, 381 (384); Düwell, DB 2012, 1749 (1750).

808 Stiebert/Pötters, EuZW 2011, 960 (961).

809 EuGH Urt. v. 22.11.2011 - C-214/10 *KHS/Schulte*, Slg. 2011, I-11757, Rn. 38; Rudkowski, EuZA 2012 381 (384).

810 Abele, FA 2012, 8 (9); Grobys/Steinau-Steinrück, NJW Spezial 2012, 18; Moderegger, ArbRB 2012, 54 (55).

811 u. a. EuGH Urt. v. 16.07.2009 - C-69/08 *Visciano*, Slg. 2009, I-06741.

812 EuGH Urt. v. 16.07.2009 - C-69/08 *Visciano*, Slg. 2009, I-06741, Rn. 39.

813 EuGH Urt. v. 16.07.2009 - C-69/08 *Visciano*, Slg. 2009, I-06741, Rn. 39.

Mitwirkungspflicht des Arbeitgebers den Anspruch entfallen lässt. Zudem muss die Frist zur Geltendmachung so ausgestaltet sein, dass der Arbeitnehmer auch tatsächlich in der Lage ist, sein Recht auszuüben, um dem Effektivitätsgrundsatz zu entsprechen. Der Arbeitnehmer kann jedoch nur unter Zuhilfenahme der insbesondere zum jetzigen Zeitpunkt verwirrenden Rechtsprechung und damit in der Regel nur mit Hilfe eines rechtskundigen Spezialisten erkennen, bis wann er seinen Mindest- und Mehrurlaub nehmen muss, vermutlich ohne auf den Gedanken zu kommen, hier differenzieren zu müssen. Die Rechtsfolge des Verfalls ist ebenfalls nicht ausdrücklich geregelt[814], so dass er auch nicht erkennen kann, wann und warum der Urlaub verfällt. Nach der Rechtsprechung des EuGH kann eine durch erhebliche Rechtsunsicherheit geprägte Situation ein Verstoß gegen den Effektivitätsgrundsatz begründen.[815] Die Gesetzeslage ist nachweislich nicht eindeutig.[816] Die Rechtsauffassung des BAG, dass das BUrlG ein Fristenregime enthält, verstößt daher unter der Annahme, eine Frist sei dort festgelegt bzw. die darin festgelegte Frist sei bei Krankheit auf das Fünffache zu erhöhen, gegen den Effektivitätsgrundsatz.[817]

Also ist, zumindest wenn man davon ausginge, das BUrlG enthielte ein eigenständiges Befristungsregime, für den Mindesturlaubsanspruch keine unionsrechtlich wirksame Befristung im Gesetz vorhanden[818], so dass dieser weder bei einem kranken noch bei einem gesunden Arbeitnehmer aufgrund einer Befristung erlöschen kann.[819] Die Auslegung des BAG, das der Urlaubsanspruch befristet ist, verstößt also gegen Unionsrecht.

dd) Unionsrechtskonforme Auslegung und mögliche Regelung der Befristung

Die unionsrechtskonforme Auslegung des § 7 Abs. 3 BUrlG kann also nur dahingehend erfolgen, dass nach deutschem Recht Mindesturlaubsansprüche generell nicht befristet sind, wenn der Arbeitgeber nicht nachweist, dass er den Urlaub gewähren wollte und der Arbeitnehmer dies abgelehnt hat, ohne hierzu berechtigt zu sein.[820] Im Krankheitsfall ist eine Befristung bisher nicht geregelt. Selbst wenn man eine Befristung in der Regelung des § 7 Abs. 3 S. 2 und 3 BUrlG sehen würde, müsste diese wie folgt ausgelegt werden: Da die Befristung bei unionsrechtlich geforderten aktiven Handeln des Arbeitgebers nur dahingehend verstanden werden kann,

814 BAG Urt. v. 22.05.2012 -9 AZR 618/10-, AP Nr. 59 zu § 7 BUrlG, Rn. 17.
815 EuGH Urt. v. 16.07.2009 - C-69/08 *Visciano*, Slg. 2009, I-06741, Rn. 46.
816 Latzel, EuZA 2014, 80 (82).
817 LAG Düsseldorf Urt. v. 31.03.2010 -12 Sa 1512/09-, LAGE § 7 BUrlG Abgeltung Nr. 25 Rn. 31; Plüm, NZA 2013, 11 (18).
818 so wohl auch Franzen, NZA 2011, 1403 (1405).
819 LAG Düsseldorf Urt. v. 04.05.2011 -12 Sa 1832/10-, LAGE § 7 BUrlG Nr. 49, Rn. 29.
820 BAG Urt. v. 15.10.2013 -9 AZR 374/12-, NZA-RR 2014, 234 ff., Rn. 22 lässt die Frage einer möglichen Verpflichtung des Arbeitgebers zur Urlaubsgewährung bewusst offen.

dass der Arbeitgeber bis dahin Urlaub gewährt haben muss, also Adressat der Frist eher der Arbeitgeber als der Arbeitnehmer ist, darf die Befristung dann nicht zum Untergang des Anspruchs auf Urlaub führen. Es kann sich dann allenfalls um ein gesetzliche Regelung der Leistungszeit handeln, die bei Nichteinhaltung gem. § 286 Abs. 2 Nr. 1 BGB zum Eintritt des Verzugs des Arbeitgebers führt. Der Arbeitnehmer kann seinen Anspruch auf Urlaub dann weiterhin verlangen. Der Arbeitgeber kann ihn jedoch nicht mehr aus anderen Gründen verweigern.

Wollte man eine Regelung im BUrlG schaffen, wäre diese an den unionsrechtlichen Vorgaben zu messen. Eine wirksame Befristung ist weder der Arbeitszeitrichtlinie[821] noch, wie oben in Teil 2 dargelegt, dem Übereinkommen Nr. 132 der IAO[822] zu entnehmen.[823] Um eine Befristung der Geltendmachung des Urlaubsanspruchs zu ermöglichen, müsste daher der Gesetzgeber das BUrlG ändern, was er in den Grenzen der Rechtsprechung des EuGH auch dürfte.[824] Da es sich bei dem Urteil *KHS/Schulte* nur um eine Einzelfallentscheidung handelt und der EuGH betont, dass jeweils die spezifischen Umstände des Einzelfalls untersucht werden müssen, um ein unionsrechtskonformes Verhältnis zwischen Bezugszeitraum und Übertragungszeitraum zu finden[825], wäre eine Regelung mit genauer Angabe eines Übertragungszeitraumes nicht rechtssicher. Der EuGH hat insbesondere nicht erläutert, warum im dort entschiedenen Fall 15 Monate ausreichend sind. Soweit er feststellt, dass die Dauer des Übertragungszeitraums die Dauer des Bezugszeitraums deutlich überschreiten muss[826], sieht er in der Rechtssache *KHS/Schulte* offensichtlich bereits eine Zeit von drei Monaten als deutliche Überschreitung. In dem Verfahren *Zentralbetriebsrat der Landeskrankenhäuser Tirol* dagegen sieht der EuGH kein Problem bei der Erfüllung des Erholungszweckes, wenn zwischen der Entstehung des Urlaubsanspruchs und der Inanspruchnahme zwei Jahre Elternzeit, also mehr als die in der IAO genannten 18 Monate liegen.[827] Auch dies spricht gegen die pauschale Annahme von 15 Monaten. Wie der EuGH andere Fälle bewertet, bleibt aber offen. Das macht es dem mitgliedsstaatlichen Normgeber schwer, eine allgemeingültige

821 so auch Kamanabrou, SEA 2009, Urlaubsanspruch, 121 (125); Schiefer/Brasse, DB 2011, 1976 (1979).

822 Schiefer/Brasse, DB 2011, 1976 (1979); a.A. Eckstein, SAE 2010, 336 (339).

823 so wohl auch Abele, FA 2012, 8 (9), der eine „einschlägige Übertragungsregelung“ für erforderlich ansieht, um den Urlaub verfallen zu lassen.

824 BAG Urt. v. 13.12.2011 -9 AZR 399/10-, AP Nr. 93 zu § 7 BUrlG Abgeltung, Rn. 37; Abele, RdA 2009, 312 (318); Kamanabrou, SAE 2009, Urlaubsanspruch, 121 (126); Eckstein, SAE 2010, 336 (339); Bayreuther, DB 2011, 2848 (2848); Franzen, NZA 2011, 1403 (1404 f.); Schiefer/Brasse, DB 2011, 1976 (1979); Eppinger/Frik, DB 2012, 132 (133); Fuhlrott, BB 2012, 61 (62).

825 EuGH Urt. v. 22.11.2011 - C-214/10 *KHS/Schulte*, Slg. 2011, I-11757, Rn. 38.

826 EuGH Urt. v. 22.11.2011 - C-214/10 *KHS/Schulte*, Slg. 2011, I-11757, Rn. 38.

827 EuGH Urt. v. 22.04.2010 - C-486/08 *Zentralbetriebsrat der Landeskrankenhäuser Tirols*, Slg. 2010, I-3527, Rn. 56.

Regelung zu finden. Eine gesetzliche Befristung müsste bereits deutlich machen, dass und in welchen Fällen Urlaub verfällt.

Im Ergebnis ist jedoch der Ablauf der Befristung nach der hier vertretenen Auffassung kein dauerhaftes Leistungshindernis, weil die Annahme einer Befristung gegen Unionsrecht verstößt.

3. Vorübergehende Leistungshindernisse

Bei der Neueinordnung des Urlaubsanspruchs als Einheitsanspruch in das Synallagma muss unter Berücksichtigung einer unionsrechtskonformen Auslegung geprüft werden, ob diese Auswirkungen auf vorübergehende Leistungshindernisse vor und nach Abgabe der Freistellungserklärung hat.

Wegen des Fixschuldcharakters der Arbeitsleistung kann die Nichterfüllung der Arbeitsleistungspflicht, die aufgrund des Synallagmas den Urlaubsanspruch bereits in seinem Entstehen hindert, nicht ein vorübergehendes Leistungshindernis sein. Wird sie erbracht, entstehen im Verhältnis zu ihrem Umfang Urlaubsansprüche; wird sie nicht erbracht, entstehen auch keine Urlaubsansprüche, weil Unmöglichkeit vorliegt. Für Arbeitsunfähigkeitszeiten, Mutterschutzzeiten und andere urlaubsunschädliche Zeiten entfällt der Urlaubsanspruch jedoch, wie bereits oben dargelegt, gem. § 326 Abs. 2 BGB nicht.

Bei der Urlaubsgewährungspflicht nach Entstehen der Urlaubsansprüche sind jedoch vorübergehende Leistungshindernisse möglich. Das BAG verwendet hierfür weiterhin den Begriff des Erfüllungshindernisses. Da bei einem vorübergehenden Leistungshindernis davon ausgegangen wird, dass die Leistung irgendwann doch noch erbracht werden kann, liegt kein Fall der Unmöglichkeit vor, so dass § 275 BGB nur analog Anwendung findet.[828] Das BAG unterscheidet in den Fällen der vorübergehenden Unmöglichkeit zwischen dem Zeitpunkt vor Abgabe der Freistellungserklärung, also vor Konkretisierung, und nach Abgabe der Freistellungserklärung, indem es den Urlaubsanspruch wie eine Gattungsschuld behandelt. Nach Urlaubsgewährung in Form der Freistellungserklärung tritt Konkretisierung ein, so dass aus der Gattungsschuld gem. § 243 Abs. 2 BGB eine Stückschuld wird. Ab diesem Zeitpunkt geht die Gefahr des zufälligen Untergangs des Teils des festgelegten Urlaubsanspruchs auf den Arbeitnehmer über. Kann Urlaub zu diesem festgelegten Zeitpunkt nicht gewährt werden, wird der Arbeitgeber gem. § 275 Abs. 1 Alt. 2 BGB von seiner Urlaubsgewährungspflicht in diesem Umfang befreit. Da zudem der Grundsatz gilt, dass bei anderweitiger Freistellung kein Urlaub gewährt werden kann, ist u. a. zu prüfen, welchen Einfluss die Fälle der Arbeitsunfähigkeit, des Beschäftigungsverbots aufgrund von Mutterschutz, der Inanspruchnahme der Elternzeit und dem Bezug einer vorübergehenden Erwerbsminderungsrente auf die Urlaubsgewährungspflicht im deutschen Urlaubsrecht haben.

---

828 Staudinger/Löwisch/Caspers, BGB, Neubearb. 2009, § 275 Rn. 47.

a) Die Arbeitsunfähigkeit als vorübergehendes Leistungshindernis

Das BAG musste wegen der *Schulz-Hoff*-Entscheidung des EuGH insbesondere die rechtlichen Auswirkungen der Arbeitsunfähigkeit auf die Urlaubsansprüche überdenken. Soweit der Urlaubsanspruch noch nicht konkretisiert war, konnte der Urlaub nach Auffassung des BAG nicht während der Dauer der Erkrankung genommen werden und wäre daher wegen der angeblichen Befristung gem. § 7 Abs. 3 S. 1 BUrlG am Ende des Urlaubsjahres verfallen. Es handelte sich um einen Fall der vorübergehenden Unmöglichkeit, die jedoch wegen der anspruchserhaltenden Regelungen in § 7 Abs. 3 S. 2 BUrlG zu der Übertragung des Urlaubs in das Folgejahr führte. Da eine solche Regelung für die Befristung am 31.03. laut BAG nicht vorhanden war, ging der Urlaubsanspruch wegen der dann eintretenden rechtlichen Unmöglichkeit gem. § 275 Abs. 1 Alt. 2 BGB unter. Für den Fall der Konkretisierung hat das BAG die Auffassung vertreten, dass bei Erkrankung der Urlaubsanspruch durch die Ausnahmeregelung des § 9 BUrlG nicht gem. § 275 Abs. 1 Alt. 2 BGB unterging, sondern erhalten blieb bis die Befristung griff.[829]

Seine Auffassung der Auswirkungen der Arbeitsunfähigkeit hat das BAG nur bezüglich der Befristungsdauer geändert. Die Arbeitsunfähigkeit bleibt damit jedoch ein vorübergehendes Leistungshindernis. Urlaub kann in dieser Zeit wegen anderweitiger Freistellung nicht gewährt werden. Wie in Teil 2 unter B. III. 2. a) dargelegt, ist die Auffassung, dass während einer Arbeitsunfähigkeit Urlaub nicht gewährt werden darf, also ein vorübergehendes Leistungshindernis vorliegt, grundsätzlich unionsrechtskonform. Nimmt man aber mit dem BAG an, dass eine Befristung nach 15 Monaten greift, stellt sich die Frage, ob der Arbeitnehmer zur Vermeidung des Verlustes des Anspruchs vom Arbeitgeber verlangen kann, dass er trotz seiner Erkrankung Urlaub erhält, denn der EuGH hat ebenfalls in der Rechtssache *Schultz-Hoff* entschieden, dass einem Arbeitnehmer Urlaub während seiner Erkrankung gewährt werden kann, wenn er nichts dagegen hat.[830] Das Verwehren der Urlaubsansprüche durch den Arbeitgeber in Zeiten der Arbeitsunfähigkeit wäre dann unionsrechtswidrig. Während einer Arbeitsunfähigkeitszeit kann, soweit der Arbeitnehmer zustimmt, aus Sicht des EuGH Urlaub gewährt werden.[831] Insoweit ist anzunehmen, dass der EuGH die Urlaubsgewährung nur dann als unionsrechtlich nicht zulässig sieht, wenn die Freistellung anderweitig unionsrechtlich vorgeschrieben ist. Da es sich um Mindestvorschriften handelt, können der mitgliedstaatliche Normgeber und die Gerichte die Urlaubsgewährung dann während anderer Freistellungszeiten ausschließen, wenn der Arbeitnehmer die Möglichkeit hat, den Urlaub tatsächlich in Anspruch zu nehmen. Da nach Auffassung des BAG die Erfüllbarkeit des Urlaubsanspruchs befristet ist und auch bei langen Arbeitsunfähigkeitszeiten die Gewährung des Urlaubs wegen der Befris-

829 hierzu insgesamt ausführlich oben unter 1. Teil B. III. 1. b) bb) (1).

830 EuGH Urt. v. 20.01.2009 - C-350/06 und 520/06 *Schultz-Hoff*, Slg. 2009, I-179, Rn. 31.

831 EuGH Urt. v. 10.09.2009 - C-277/08 *Vincente Pereda*, Slg. 2009, I-8405, Rn. 25; EuGH Beschl. v. 21.02.2013 - C-194/12 *Maestre García*, ECLI:EU:C:2013:102, Rn. 21.

tung zum Entfallen des Anspruchs führt, ist fraglich, ob der vor den Ausfallzeiten erworbene Urlaub dann nicht auf Verlangen des Arbeitnehmers während der Arbeitsunfähigkeitszeiten oder auch während des Bezugs von Erwerbsminderungsrente gewährt werden muss. Dies würde bedeuten, dass der Arbeitgeber dann auf Urlaubsverlangen des Arbeitnehmers in solchen Zeiten im Umfang des zu gewährenden Urlaubs Urlaubsentgelt zahlen müsste, obwohl das Arbeitsverhältnis ruht. Geht man mit der hier vertreten Auffassung davon aus, dass es sich um einen bereits erarbeiteten Anspruch handelt, kann die Gegenleistung nicht ersatzlos entfallen, wenn man sie auch vor Fristablauf gewähren könnte.

Unionsrechtlich müsste also bei Annahme einer Befristung des Anspruchs die Urlaubsnahme während der Arbeitsunfähigkeit möglich sein.[832]

Soweit man keine Befristung annimmt, ist die Arbeitsunfähigkeit im deutschen Recht ein vorübergehendes Leistungshindernis, das den Anspruch nicht beeinflusst. Der Anspruch auf Urlaub geht deshalb nicht gem. § 275 Abs. 1 Alt. 2 BGB unter.

b) Mutterschutzzeiten als vorübergehende Leistungshindernisse

Mutterschutzzeiten sind unionsrechtlich im Urlaubsrecht wie Arbeitsunfähigkeitszeiten zu behandeln.[833] Sie sind daher ebenfalls vorübergehende Leistungshindernisse für die Urlaubsgewährungspflicht des Arbeitgebers. Urlaub kann in Zeiten der Beschäftigungsverbote nur dann gewährt werden, wenn der Arbeitgeber von der Arbeitnehmerin verlangen könnte, dass sie andere Tätigkeiten ausübt.[834] Nur dann besteht kein vorübergehendes Leistungshindernis.

Nach bisheriger Auffassung des BAG soll der Urlaubsanspruch nach erfolgter Freistellungserklärung gem. §§ 243 Abs. 2, 275 Abs. 1 Alt. 2 und 300 Abs. 2 BGB ersatzlos untergehen, wenn der festgelegte Zeitraum des Urlaubs in der Mutterschutzzeit liegt, da wie bei einer Gattungsschuld nach Konkretisierung die Leistungsgefahr auf den Arbeitnehmer übergegangen sei.[835] Dem kann nicht gefolgt werden. Hierin liegt zum einen ein Verstoß gegen Art. 23 der Charta vor, weil diese Regelung zu einer unmittelbaren Benachteiligung von Frauen führt, da sie wegen der Schwangerschaft Beschäftigungsverboten unterliegen. Zum anderen muss auch die Arbeitszeitrichtlinie im Zusammenhang mit Art. 9 Abs. 1 g der Diskriminierungsrichtlinie[836] sowie des Art. 11 Nr. 2 a Mutterschutzrichtlinie[837] dahingehend verstanden werden, dass ungeachtet einer bereits abgegebenen

832 A.A. nach Abschluss der Arbeit BAG Urt. v. 18.03.2014 -9 AZR 669/12-, ZTR 2014, 549 ff., Rn. 19.

833 siehe oben in diesem Teil unter D. I. 1.

834 siehe hierzu ausführlich m.w.N. oben unter 1. Teil B. III. 1. b) bb) (2).

835 siehe ausführlich oben unter 1. Teil B. III. 1. b) bb) (2).

836 Richtlinie 2006/54/EG des Europäischen Parlaments und des Rates v. 05.7.2006, ABl. Nr. L 204 S. 23.

837 Richtlinie 92/85/EWG des Rates v. 19.10.1992, ABl. Nr. L 348 S. 1.

Freistellungserklärung, Modalitäten der Mitgliedsstaaten über den Urlaub, die zum Erlöschen des Urlaubsanspruchs wegen Mutterschutzzeiten führen, nicht dem erforderlichen Schutzzweck des Urlaubs dienen. Der EuGH hat bereits entschieden, dass bei Zusammenfallen von zuvor festgelegten Betriebsurlaub und Mutterschutzzeiten, der Urlaub zu einem anderen Zeitpunkt gewährt werden muss und nicht entfallen kann.[838]

Zudem liegt ein Verstoß gegen § 2 Abs. 1 Nr. 2 AGG vor, so dass diese Auslegung des § 17 S. 2 MuSchG durch das BAG wegen Diskriminierung nicht möglich ist und aufgegeben werden muss. Ungeachtet einer vorhandenen Freistellungserklärung führen Mutterschutzzeiten aus den oben genannten Gründen nicht zum Erlöschen der bereits in der Mutterschutzzeit festgelegten Urlaubsansprüche. Dies kann bei unionsrechtskonformer Auslegung auch § 17 S. 2 MuSchG entnommen werden, der gerade nicht zwischen konkretisierten und nicht konkretisierten Urlaubsansprüchen unterscheidet. § 17 S. 2 MuSchG und § 11 MuSchG können insoweit als anspruchserhaltende Normen gesehen werden, die gerade auch bei Konkretisierung verhindern, dass der Urlaubsanspruch – wie das BAG meint – gem. §§ 243 Abs. 2, 275 Abs. 1 Alt. 2 und 300 Abs. 2 BGB nach den allgemeinen Vorschriften entfalle.

Mutterschutzzeiten lassen also im Vorhinein in der Mutterschutzzeit festgelegte Urlaubstage nicht entfallen.

Unionsrechtlich bestehen dann Bedenken hinsichtlich der Urlaubsgewährung bei anderweitiger Freistellung, wenn es sich um Freistellungen handelt, die wie die Mutterschutzzeiten einem anderen Zweck als dem der Arbeitszeitrichtlinie dienen. Wie oben in Teil 2 dargelegt, ist es während der Mutterschutzzeiten nicht möglich, Urlaub zu gewähren.

Geht man mit dem BAG davon aus, dass § 7 Abs. 3 S. 2 und 3 BUrlG eine Befristung enthalten, müsste diese wie auch bei der Erkrankung ebenfalls aus unionsrechtlichen Gründen in Mutterschutzzeiten nicht greifen. Fraglich ist dann, ob § 17 S. 2 MuSchG unter Berücksichtigung der Entscheidung des EuGH in der Rechtssache *KHS/Schulte* ausreichende Befristungsregelungen für den Übertragungszeitraum enthält. Diese sind z.B. in Fällen, in denen die Mutterschutzzeiten am Ende des Urlaubsjahres im Dezember enden, wegen der dann nur maximalen Übertragbarkeit von 12 Monaten in das nächste Jahr zu kurz. Diese Vorschrift ist nach dem Wortlaut in solchen Fällen nicht unionsrechtskonform. Die dortige Frist kann daher nicht zu einem Verfall führen.

Zeiten des Mutterschutzes sind, wenn der Arbeitgeber der werdenden Mutter keine anderweitige Beschäftigung zuweisen kann, vorübergehende Leistungshindernisse, die die Urlaubsgewährungspflicht des Arbeitgebers wegen vorübergehender Unmöglichkeit nach § 275 Abs. 1 Alt. 2 BGB analog nur zeitweise entfallen lassen. Sie führen nicht zum Anspruchsuntergang.

---

838 EuGH Urt. v. 18.03.2004 - C-342/01 *Merino Gomez*, Slg. 2004, S. I-02605, Rn. 33.

c) Elternzeiten als vorübergehende Leistungshindernisse

Elternzeiten sind Freistellungszeiten, in denen das Arbeitsverhältnis von Gesetzes wegen ruht, so dass während dieser Zeiten vorher erworbener Urlaub wegen suspendierter Hauptpflichten nicht gewährt werden kann. Elternzeiten sind also vorübergehende Leistungshindernisse für die Urlaubsgewährungspflicht und lassen gem. § 275 Abs. 1 Alt. 2 BGB analog die Urlaubsgewährungspflicht des Arbeitgebers vorübergehend entfallen. Da Elternurlaub einen anderen Zweck als der Erholungsurlaub erfüllt, ist diese Auffassung unionsrechtskonform. Urlaub kann in diesen Zeiten nicht gewährt werden.

Eine vom BAG angenommene Befristung kann in der Elternzeit ebenfalls nicht greifen, da dies unionsrechtswidrig wäre. Insoweit hat das BAG festgestellt, dass der bisher aus § 17 Abs. 2 u. 3 BEEG gezogene Umkehrschluss, dass außer in der besonders geregelten Elternzeit der Bestand des Urlaubs bei unverschuldeter Nichterbringung der Arbeitsleistung dennoch wegen der Befristung aus § 7 Abs. 3 BUrlG verfällt, aufgegeben werden muss.[839] § 17 Abs. 2 u. 3 BEEG sind daher wohl nach Auffassung des BAG keine Ausnahmen, sondern Bestätigungen der Arbeitszeitrichtlinie.

Es ist unerheblich, ob der Urlaub vorher festgelegt und damit konkretisiert worden ist oder nicht. Bereits konkretisierter Urlaub, der wegen einer Elternzeit nicht genommen werden konnte, muss nachträglich gewährt werden, da andernfalls ein Verstoß gegen § 5 Abs. 2 im Anhang der Richtlinie 2010/18/EU vorliegt. Ließe man Urlaubsansprüche, die bereits für die Elternzeit konkretisiert wurden, wegen der dann eintretenden Elternzeit verfallen, läge eine unzulässige Diskriminierung vor. Für den zuvor erworbenen und nicht bis zu Beginn der Elternzeit genommenen Urlaub besteht während der Elternzeit ein vorübergehendes Leistungshindernis, welches den Anspruch auf Urlaub vorübergehend gem. § 275 Abs. 1 Alt. 2 BGB analog entfallen lässt.

d) Erwerbsminderungszeiten als vorübergehende Leistungshindernisse

Erwerbsminderungszeiten sind Freistellungszeiten, in denen das Arbeitsverhältnis aufgrund einer ausdrücklichen oder konkludenten Vereinbarung ruht. Aufgrund des Ruhens liegt während des vorübergehenden Bezugs einer Erwerbsminderungsrente ein vorübergehendes Leistungshindernis für die Urlaubsgewährungspflicht vor, welches wegen des Vorliegens einer zeitweiligen Unmöglichkeit für diese Zeit diese Pflicht des Arbeitgebers gem. § 275 Abs. 1 Alt. 2 BGB analog vorübergehend entfallen lässt. Der vorher erworbene Urlaub kann nachträglich gewährt oder abgegolten werden, wenn das Arbeitsverhältnis entweder wegen dauerhafter Erwerbsminderung beendet wird oder wegen Weiterbeschäftigung wiederauflebt. Diese Ansprüche bleiben erhalten und sind nicht befristet, soweit nicht unionsrechtskonforme Befristungen geregelt sind. Soweit man mit dem

839 BAG Urt. v. 24.03.2009 -9 AZR 983/07-, AP Nr. 39 zu § 7 BUrlG, Rn. 63.

BAG das Vorliegen einer Befristung dieser Ansprüche von 15 Monaten befürwortet, dürfte es, wie die Ausführungen zur Arbeitsunfähigkeit gezeigt haben[840], auch während der vorübergehenden Erwerbsminderung dem Arbeitnehmer nicht verwehrt werden, zur Vermeidung des Verfalls der Urlaubsansprüche Urlaub zu erhalten.

Es kommt also für vorübergehende Leistungshindernisse hinsichtlich der Bewertung, ob ein tatsächliches Leistungshindernis für die Urlaubsgewährung vorliegt, darauf an, inwieweit die Ausfallzeit einem anderen Schutzzweck dient. Dient sie keinem anderen Schutzzweck und verlängert sie auch nicht aufgrund gesetzlicher Vorschriften die vom BAG angenommene Frist für die Erfüllbarkeit des Urlaubsanspruchs, muss dem Arbeitnehmer die Möglichkeit eingeräumt werden, den Urlaub dennoch gewährt zu bekommen. Wenn der Arbeitnehmer damit einverstanden ist, liegt kein vorübergehendes Leistungshindernis vor.

4. Verzug des Arbeitgebers und Ersatzurlaubsanspruch

Da das BAG weiterhin an der Auffassung festhält, das Bundesurlaubsgesetz enthalte immer ein Fristenregime, welches nur im Fall der Erkrankung anderen Regeln folge, wird konsequenterweise auch weiterhin an dem Konstrukt des Ersatzurlaubsanspruchs festgehalten.[841] Voraussetzung für diesen Ersatzanspruch ist weiterhin, dass der Arbeitnehmer den Arbeitgeber zuvor in Verzug gesetzt hat.[842] Hat der Arbeitnehmer also nach der Rechtsprechung des BAG den Arbeitgeber vergeblich vor Fristablauf zur Urlaubsgewährung angemahnt, befindet sich der Arbeitgeber gem. § 286 Abs. 1 BGB in Verzug. Wie bereits nach der „neuen" Rechtsprechung des BAG seit 1982 entsteht laut BAG bei Verzug des Arbeitgebers bezüglich der Urlaubsansprüche mit dem Untergang dieses Urlaubsanspruchs wegen der Befristung am 31.12. oder 31.03. ein Ersatzurlaubsanspruch „gem. §§ 280 Abs. 1, 283 S. 1, 286 Abs. 1 S. 1, 287 S. 2, 249 Abs. 1 BGB"[843]. Nach der Rechtsprechung des BAG ist

---

840 siehe oben in diesem Teil unter D. II. 3. a).

841 BAG Urt. v. 17.11.2009 -9 AZR 923/08-, AP Nr. 1 zu § 46 TVöD, Rn. 36; BAG Urt. v. 17.05.2011 -9 AZR 189/10-, AP Nr. 51 zu § 7 BUrlG, Rn. 40; BAG Urt. v. 17.05.2011 -9 AZR 197/10-, AP Nr. 1 zu § 17 BEEG, Rn. 10, 11 u. 14; BAG Urt. v. 20.04.2012 -9 AZR 504/10-, AP Nr. 58 zu § 7 BUrlG, Rn. 12; BAG Urt. v. 10.07.2012 -9 AZR 11/11-, juris Rn. 17; BAG Urt. v. 14.05.2013 -9 AZR 760/11-, DB 2013, 2155 f., Rn. 9/16; BAG Urt. v. 15.10.2013 -9 AZR 374/12-, NZA-RR 2014, 234 ff., Rn. 20 – 22; BAG Urt. v. 12.11.2013 -9 AZR 551/12-, NZA 2014, 383 f., Rn. 15.

842 BAG Urt. v. 13.12.2011 -9 AZR 420/10-, juris Rn. 40; BAG Urt. v. 06.08.2013 -9 AZR 956/11-, NZA 2014, 545 ff., Rn. 14.

843 BAG Urt. v. 17.05.2011 -9 AZR 189/10-, AP Nr. 51 zu § 7 BUrlG, Rn. 40; BAG Urt. v. 17.05.2011 -9 AZR 197/10-, AP Nr. 1 zu § 17 BEEG, Rn. 10, 11 u. 14; BAG Urt. v. 13.12.2011 -9 AZR 420/10-, juris Rn. 38; BAG Urt. v. 21.02.2012 -9 AZR 487/10-, AP Nr. 5 zu § 6 BUrlG, Rn. 9; BAG Urt. v. 10.07.2012 -9 AZR 11/11-, juris Rn. 17; BAG Urt. v. 14.05.2013 -9 AZR 760/11-, DB 2013, 2155 f., Rn. 8, wobei das BAG die Normkette nicht stringent einhält; LAG Düsseldorf Urt. v. 04.05.2011

der Klageabweisungsantrag des Arbeitgebers im Streit um Urlaub ernsthafte Erfüllungsverweigerung gem. § 286 Abs. 2 Nr. 3 BGB, die eine Mahnung entbehrlich macht.[844] Der Arbeitgeber kommt dann automatisch in Verzug. Die Erhebung der reinen Kündigungsschutzklage reicht indes nicht aus.[845]

Geht man mit der hier vertretenen Auffassung davon aus, dass der Urlaubsanspruch gesetzlich weder bei Vorliegen einer lang andauernden Arbeitsunfähigkeit noch sonst befristet ist, bedarf es der Konstruktion eines Ersatzurlaubsanspruchs nicht. Zudem kann, wie dargelegt, wegen der unzureichenden Umsetzung der Arbeitszeitrichtlinie keine Auslegung des § 7 Abs. 3 S. 2 und 3 BUrlG dahingehend erfolgen, dass es dem Arbeitnehmer obliegt, den Arbeitgeber mit der Urlaubsgewährung in Verzug setzen zu müssen.[846] Wie oben dargelegt, kann die Befristung dann unionsrechtskonform allenfalls als eine Regelung über die Leistungszeit interpretiert werden, die bei Nichteinhaltung automatisch gem. § 286 Abs. 2 Nr. 1 BGB zum Eintritt des Verzugs des Arbeitgebers führt. Der Anspruch des Arbeitnehmers auf Urlaub bleibt dann jedoch weiterhin erhalten. In diesem Fall ist die Konstruktion des Ersatzurlaubsanspruchs überflüssig.

Mangels vorliegender Befristung als Fall der Unmöglichkeit erlischt der Urlaubsanspruch nicht bei gleichzeitigem Verzug des Arbeitgebers.

5. *Ausschlussfristen*

Ausschlussfristen sind nach der bisherigen Rechtsprechung des BAG im Urlaubsrecht nicht zulässig, da die Dauer der Geltendmachung des Anspruchs zum Anspruch gehört und Ausschlussfristen, die den Urlaubsanspruch verfallen lassen, damit nicht kürzer sein dürfen als die gesetzlich vorgesehene Befristung.[847] Da

-12 Sa 1832/10-, LAGE § 7 BUrlG Nr. 49, Rn. 24, welches den Ersatzurlaub als dogmatische Merkwürdigkeit bezeichnet.

844 BAG Urt. v. 17.05.2011 -9 AZR 197/10-, AP Nr. 1 zu § 17 BEEG, Rn. 10, 11 u. 14; BAG Urt. v. 14.05.2013 -9 AZR 760/11-, DB 2013, 2155 f., Rn. 10; BAG Urt. v. 06.08.2013 -9 AZR 956/11-, NZA 2014, 545 ff., Rn. 17; krit. zu der Frage, dass eine Kündigungsschutzklage nicht den Arbeitgeber in Verzug setzt, wenn nicht gleichzeitig Urlaub verlangt wird: Becker, NZA-RR 2010, 337 (339 f) meint, dass der Arbeitgeber keinen Vorteil haben darf, wenn er unwirksame Kündigungen ausspricht, da eine Kündigung zunächst eine mit der Arbeitsunfähigkeit vergleichbare Unmöglichkeit der Urlaubsgewährung darstelle.

845 BAG Urt. v. 13.12.2011 -9 AZR 420/10-, juris Rn. 42 jedoch mit dem Hinweis in Rn. 46, dass der Senat offen lässt, ob er an dieser Rechtsprechung festhält; BAG Urt. v. 21.02.2012 -9 AZR 486/10-, AP Nr. 94 zu § 7 BUrlG Abgeltung, Rn. 24.

846 Kothe, FS Schwerdtner 2003, S. 99 (114); so auch nach Abschluss der Arbeit EuGH Urt. v. 12.06.2014 - C-118/13 *Bollacke*, ECLI:EU:C:2014: 1755, Rn. 27 ff.; LAG Berlin-Brandenburg Urt. v. 12.06.2014 -21 Sa 221/14-, LAGE § 7 BUrlG Abgeltung Nr. 43, Rn. 36 ff.

847 BAG Urt. v. 20.01.2009 -9 AZR 650/07-, juris Rn. 27, siehe hierzu ausführlich unter 1. Teil B. III. 1. c).

nach Ablauf dieser gesetzlichen Befristung Ausschlussfristen irrelevant sind, gibt es bezogen auf den Mindesturlaubsanspruch keinen Anwendungsbereich für Ausschlussfristen. Da das BAG weiterhin das von der Rechtsprechung entwickelte Fristenregime nur in geänderter Form anwendet, sind für das BAG weiterhin Ausschlussfristen auf Urlaubsansprüche nicht anwendbar.[848]

Geht man jedoch davon aus, dass das BUrlG keinerlei Befristung des Anspruchs enthält, dürften aus unionsrechtlicher Sicht auch Ausschlussfristen für den Urlaubsanspruch gelten[849], die jedoch wie ein Übertragungszeitraum dem Effektivitätsgrundsatz entsprechen und so bemessen sein müssen, dass sie den Erholungszweck des Urlaubs nicht gefährden. Wie im Fall *KHS/Schulte,* in dem eine Befristung des Urlaubs durch Tarifvertrag geregelt war, könnten Ausschlussfristen möglich sein, die z.B. bis zum Ablauf von 15 Monaten nach dem Urlaubsjahr laufen. Da Ausschlussfristen jedoch in der Regel an die Fälligkeit des Anspruchs anknüpfen, beginnen sie erst dann zu laufen, wenn Urlaub gewährt wird bzw. genommen werden kann, weil der Urlaubsanspruch erst dann fällig wird.[850] Damit sind aber Ausschlussfristen letztlich nicht geeignet, den Anspruch zu beschränken, da mit der Gewährung die Erfüllung eintritt und Ausschlussfristen für diesen Teil des fälligen Anspruchs nicht mehr greifen.[851] Sie könnten dann lediglich bezogen auf den Urlaubsentgeltanspruch anwendbar sein, der jedoch nach der hier vertretenen Theorie nur verbunden mit dem Freistellungsanspruch zur Erfüllung des Urlaubsanspruchs führt. Nach der Einheitstheorie wäre der Urlaubsanspruch daher zwar fällig, aber bei Nichtzahlung des Urlaubsentgelts nicht erfüllt und müsste dann innerhalb der Ausschlussfristen geltend gemacht werden. Es dürfte jedoch unionsrechtskonform sein, mit einer Ausschlussfrist einen Übertragungszeitraum zu schaffen, der mit Schluss des jeweiligen Urlaubsjahres zu laufen beginnt.

---

848 BAG Urt. v. 12.11.2013 -9 AZR 727/12-, juris Rn. 20; so auch Gaul/Bonanni/Ludwig, DB 2009, 1013 (1015); Geyer, ZTR 2009, 346 (353); Straube/Hilgenstock, ArbR 2010, 333 (333), Boecken/Jacobsen, ZTR 2011, 267 (274); Neumann/Fenski, BUrlG, 10. Aufl. 2011, § 13 BUrlG Rn. 70; a.A. Bauer/Arnold, NJW 2009, 631 (635); Gaul/Josten/Strauf, BB 2009, 497 (500); Picker, ZTR 2009, 230 (239); Liebscher, öAT 2010, III 4., Powietzka/Fallenstein, NZA 2010, 673 (678); Wank, FS Reuter, 921 (934), diese jeweils unter der Annahme, dass nach Genesung das Fristenregime des BUrlG keine Anwendung findet; sowie Sedlmeier, EuZA 2010, 88 (93 f.), der die Auffassung vertritt, Ausschlussfristen seien nicht nötig, da mit jedem Tag nach Genesung ein Tag auf Urlaub verfällt, da der Arbeitnehmer gehalten sei, den Urlaub unmittelbar danach zu nehmen; Picker, ZTR 2009, 230 (239).

849 Picker, ZTR 2009, 230 (239); Stenslik, DStR 2012, 659 (661.

850 LAG Düsseldorf Urt. v. 23.02.2012 -5 Sa 1370/11-, ZTR 2012, 350, Rn. 61 Kothe/Beetz, jurPR-ArbR 25/2009 Anm. 1 D zu BAG Urt. v. 24.03.2009 -9 AZR 983/07-; Liebscher, öAT 2010, 11 (13); a.A. Picker, ZTR 2009, 230 (239), der an das Ende des Jahres als Zeitpunkt anknüpfen will; Powietzka/Fallenstein, NZA 2010, 673 (678) die die Ausschlussfrist mit der Genesung beginnen lassen und die Ausschlussfrist für die Geltendmachung des übertragenen Urlaubs vertraglich vereinbaren will.

851 Polzer, Die Befristung des Urlaubsanspruchs auf das Kalenderjahr, 2011, 162.

Wegen § 13 Abs. 1 BUrlG darf eine Ausschlussfrist nicht arbeitsvertraglich geregelt werden. Allenfalls durch tarifvertragliche Ausschlussfristen kann der Anspruch also befristet werden.

Nach der hier vertretenen Auffassung, wonach der Urlaubsanspruch ein Einheitsanspruch ist, darf das Urlaubsentgelt entgegen der Auffassung des BAG[852] ebenfalls keiner kurzen Ausschlussfrist unterliegen. Sähe das BAG den Urlaubsanspruch ebenfalls als Einheitsanspruch, müsste es zu dem Ergebnis kommen, dass auch das Urlaubsentgelt keinen Ausschlussfristen unterliegen kann, weil dem Urlaubszweck auf eine finanziell unbekümmerte Erholung nicht gedient ist, wenn das Urlaubsentgelt nicht gezahlt wird.

Nach der bisherigen Rechtslage können Ausschlussfristen nicht zum Erlöschen des Urlaubsanspruchs führen.

III. Durchsetzbarkeit des Urlaubsanspruchs

Nachdem das BAG zunächst entschieden hatte, dass bei fortdauernder Erkrankung Urlaubsansprüche nicht der gesetzlichen Befristung unterliegen, kam die Frage auf, ob diese Ansprüche dennoch der Verjährung unterliegen oder die Geltendmachung rechtsmissbräuchlich sein kann.[853] Da das BAG nunmehr auch bei Vorliegen einer Arbeitsunfähigkeit annimmt, dass Urlaubsansprüche nach 15 Monaten gesetzlich verfallen, hat diese Frage nunmehr nur dann praktische Relevanz, wenn man, wie hier vertreten, entgegen der Auffassung des BAG davon ausgeht, dass das Gesetz keinerlei Befristung enthält. Es ist daher zu prüfen, ob der Einwand des Rechtsmissbrauchs unionsrechtlich möglich ist. Ferner ist zu untersuchen, ob die Anwendung von gesetzlichen Verjährungsvorschriften auf den Urlaubsanspruch unionsrechtlichen Bedenken unterliegt.

1. Einwand des Rechtsmissbrauches

Das BAG lässt den Einwand des Rechtsmissbrauchs gem. § 242 BGB bisher grundsätzlich zu.[854] Soweit die Ansammlung von Urlaubsansprüchen während der Dauer der Erkrankung nicht durch festgesetzte Fristen verhindert wird, weil diese nicht existieren, könnte sich der Arbeitgeber eventuell nach einer gewissen Dauer darauf berufen, dass die Geltendmachung des angesammelten Urlaubs rechtsmissbräuchlich ist, weil der Urlaubszweck nicht mehr erreicht werden könne. Das käme jedoch einer Befristung gleich. Der EuGH fordert jedoch eine genau gefasste Befristungsregelung, wenn der Anspruch befristet sein soll. Der allgemeine Einwand des Rechtsmissbrauchs entspräche diesen Vorgaben nicht. Die Zulassung dieses Einwandes wäre daher nicht unionsrechtskonform.

---

852 BAG Urt. v. 21.09.2010 -9 AZR 510/09-, AP Nr. 68 zu § 11 BUrlG, Rn. 30.

853 so auch Boecken/Jacobsen, ZTR 2011, 267 (272); Neumann/Fenski, BUrlG, 10. Aufl. 2011, § 13 BUrlG Rn. 78.

854 siehe oben 1. Teil B. IV.

2. Einrede der Verjährung

Das BAG kommt nach der Entscheidung vom 07.08.2012 nicht mehr zu einer Verjährungsprüfung, weil es seitdem auch die Ansprüche auf Urlaub bei lang andauernder Erkrankung bereits an einer 15-monatigen Befristung scheitern lässt.[855]

Da diese Auffassung zu der Befristung nach der bisherigen Gesetzeslage abzulehnen ist, ist zu prüfen, ob und wann Verjährungsvorschriften greifen können. Das LAG Düsseldorf hat bereits entschieden, dass auch bei Urlaubsansprüchen Verjährungsfristen greifen, die mit dem Schluss des Urlaubsjahres zu laufen beginnen.[856]

Unionsrechtlich müsste die Einrede der dreijährigen Verjährung gem. § 195 BGB möglich sein, soweit hierbei die tatsächliche Möglichkeit der Inanspruchnahme des Urlaubs nicht ausgeschlossen ist.[857] Zu prüfen wäre dann auch die bisher streitige Frage, ab wann die Verjährungsfrist des Urlaubsanspruchs zu laufen beginnt. *Boecken/Jacobsen* kommen unter Bezugnahme auf die Rechtsprechung des BGH zu dem Ergebnis, dass die Verjährung während der Dauer der Erkrankung zu Beginn des Urlaubsjahres gar nicht zu laufen beginnen kann, da der Anspruch bei einer vorübergehenden Unmöglichkeit nicht klagweise geltend gemacht werden könne.[858] Der BGH vertritt in dem zitierten Urteil die Auffassung, dass ein bei vorübergehender Unmöglichkeit nicht einklagbarer Anspruch i.S.d. § 199 Abs. 1 Nr. 1 BGB noch nicht entstanden ist, so dass Verjährungsfristen erst mit dem Wegfall der vorübergehenden Unmöglichkeit zu laufen beginnen. Übertragen auf den Urlaubsanspruch bedeutete dies, dass erst mit Wegfall der Erkrankung die vorübergehende Unmöglichkeit der Freistellung entfiele und erst dann Verjährungsfristen zu laufen begönnen.[859]

Für die Anwendung der Verjährungsvorschriften ab Ende des Urlaubsjahres bei andauernder Erkrankung könnte aber sprechen, dass der EuGH in der Rechtssache *KHS/Schulte* die Auffassung vertritt, dass der Urlaubszweck der Erholung von der geleisteten Arbeit dann nicht mehr realisiert werden kann, wenn zwischen dem Bezugszeitraum, also den Urlaubsjahr, in dem der Urlaub entstanden ist, und dem Zeitpunkt der Urlaubsnahme ein zu großer Zeitabstand liegt.[860] Dabei hat er eine 15-montige Frist ab Ende des Bezugszeitraumes für ausreichend gehalten, so dass

---

855 BAG Urt. v. 07.08.2012 -9 AZR 353/10-, AP Nr. 61 zu § 7 BUrlG.

856 LAG Düsseldorf, Urt. v. 18.08.2010 -12 Sa 650/10-, juris Rn 27, 35; LAG Düsseldorf Urt. v. 04.05.2011 -12 Sa 1832/10-, LAGE § 7 BUrlG Nr. 49, Rn. 55; Neumann/Fenski, BUrlG, 10. Aufl. 2011, § 13 BUrlG Rn. 78.

857 so auch Polzer, Die Befristung des Urlaubsanspruchs auf das Kalenderjahr, 2011, 168 sieht keinen Verstoß gegen Art. 7 der Arbeitszeitrichtlinie.

858 Boecken/Jacobsen, ZTR 2011, 267 (273), BGH Urt. v. 16.09.2010 - IX ZR 121/09, NZI 2010, 956 ff. (959); so wohl auch Geyer, ZTR 2009, 346 (354); Pulz, jurisPR-ArbR 6/2012 Anm. 3 C.

859 so auch Boecken/Jacobsen, ZTR 2011, 267 (273); Liebscher, öAT 2010, 11 (13): der Anspruch wird erst mit Genesung fällig; LAG Niedersachsen Urt. v. 16.09.2011 - 6 Sa 348/11-, juris Rn. 24; LAG Düsseldorf Urt. v. 23.02.2012 -5 Sa 1370/11-, ZTR 2012, 350, Rn. 58.

860 siehe hierzu oben ausführlich unter 2. Teil A. II. 2.

der Einwand der Verjährung nach drei Jahren erst Recht möglich sein muss. Die Zeitdauer bis zur Verjährung müsste dann wie ein Übertragungszeitraum lediglich dem Urlaubszweck entsprechen. Urlaubsansprüche, die der Arbeitnehmer ansammelt und die er wegen der Erkrankung nicht nehmen kann, könnten also nach der Rechtsprechung des EuGH der dreijährigen Verjährung unterliegen.[861] Die Verjährung würde mit dem Schluss des jeweiligen Urlaubsjahres zu laufen beginnen.[862] Ein Problem könnte jedoch in den Fällen bestehen, in denen jemand z.B. für drei Jahre in Elternzeit geht. In diesem Fall ist nach der Rechtsprechung des EuGH zu erwarten, dass diese Zeiten den Lauf der Verjährungsfrist hemmen.

E. Die rechtlichen Konsequenzen der Einordnung des Urlaubsanspruchs als Einheitsanspruch mit Entgeltcharakter in das arbeitsvertragliche Synallagma für das Entstehen, den Fortbestand und die Durchsetzbarkeit des Urlaubsabgeltungsanspruchs

Die unionsrechtskonforme Auslegung des BUrlG, wonach der Urlaubsanspruch ein synallagmatischer Einheitsanspruch mit Entgeltcharakter ist, und daher die Urlaubsgewährungspflicht in rechtlicher und wirtschaftlicher Abhängigkeit zur Arbeitsleistungspflicht steht, hat Einfluss auf die rechtliche Bewertung des Urlaubsabgeltungsanspruchs. Insbesondere ist davon auszugehen, dass sowohl die Freistellung als auch die Bezahlung abgegolten werden und beide aufgrund der erbrachten Arbeitsleistung erdient wurden.

Ebenfalls hat auf diese Rechtsfragen auch die Änderung der Rechtsprechung des BAG zum Abgeltungsanspruch Einfluss. Im Folgenden wird daher zunächst die Auswirkung der Aufgabe der Surrogatstheorie durch das BAG auf das Entstehen, das Erlöschen und die Durchsetzbarkeit des Abgeltungsanspruchs dargelegt. Danach wird erläutert, welchen Einfluss die oben aufgezeigte Neueinordnung des Urlaubsanspruchs unter Zugrundelegung der „neuen" Rechtsnatur hat.

I. Rechtsnatur des Urlaubsabgeltungsanspruchs – Aufgabe der Surrogatstheorie

Eine der wichtigsten Änderungen in der Rechtsprechung des BAG nach der *Schultz-Hoff*-Entscheidung ist die Aufgabe der Surrogatstheorie für den Urlaubsabgeltungsanspruch. Die nicht unumstrittene Surrogatstheorie des BAG wurde immer wieder

861 LAG Düsseldorf Urt. v. 04.05.2011 -12 Sa 1832/10-, LAGE § 7 BUrlG Nr. 49, Rn. 55 f.; a.A. LAG Niedersachsen Urt. v. 16.09.2011 -6 Sa 348/11-, juris Rn. 23; LAG Düsseldorf Urt. v. 07.07.2011 -5 Sa 416/11-, ZTR 2011, 730 f., Rn. 55 f.; Moderegger, ArbRB 2012, 54 (57).

862 Heilmann, AuR 2012, 234 (238).

insbesondere von der 12. Kammer des LAG Düsseldorf angegriffen.[863] In der Rechtsprechung und Literatur gab es nur vereinzelte und seit 1982 abnehmende Kritiken an der bis 2009 über 25jährigen Rechtsprechung des BAG.[864] Die Vorlage des LAG Düsseldorf in der Sache *Schultz-Hoff* wurde sogar als erfolgloses „letztes Aufbäumen der 12. Kammer des LAG Düsseldorf" beschrieben.[865]

Das LAG Düsseldorf setzte in dem Verfahren *Schultz-Hoff* zeitnah am 02.02.2009 konsequent das Ergebnis der Entscheidung des EuGH in dieser Sache um und stellte fest, dass die Erfüllung des Abgeltungsanspruchs nicht mehr davon abhängig gemacht werden kann, dass der Arbeitnehmer gesund ist.[866] Andere Landesarbeitsgerichte folgten.[867] Auch in der Literatur wurde aufgrund der *Schultz-Hoff*-Entscheidung darauf hingewiesen, dass man die Surrogatstheorie aufgeben müsse.[868] Der Neunte Senat des BAG hat jedoch zunächst nicht deutlich[869] -aber später klarstellend- mit seiner

---

863 LAG Düsseldorf Urteile v. 25.07.2007 -12 Sa 944/07-, LAGE § 7 BUrlG Abgeltung Nr. 21; 20.02.2002 -12 (8) Sa 56/02-, BB 2002, 1428 (Leitsatz 1); 17.06.1998 -12 Sa 520/98-, LAGE § 7 BUrlG Abgeltung Nr. 10 mit erheblicher Kritik an der Auslegung des BAG: „Die Kammer spricht deutsch. ... Ob der Kläger" nach Entstehung des Abgeltungsanspruches „krank wird, krank bleibt oder tot umfällt, ist unerheblich."; 30.08.1995 -12 Sa 833/95-, ZTR 1996, 29 (LS 1–2); 16.02.1995 -12 (13) Sa 1885/94-, ZTR 1995, 320, ; 15.09.1994 -12 Sa 1064/94-, ArbuR 1995, 32 (LS 1); 16.09.1993 -12 Sa 969/93-, LAGE § 7 BUrlG Übertragung Nr. 5; 05.09.1991 -12 Sa 672/91-, LAGE § 7 BUrlG Übertragung Nr. 3; 21.03.1991 -12 (3) Sa 1600/90-, LAGE § 7 AWbG NW Nr. 9; 13.06.1990 -12 Sa 631/90-, ArbuR 1990, 387 (LS 1–2); 20.09.1989 -12 Sa 945/89, LAGE § 7 BUrlG Übertragung Nr. 2.; zur Historie des Streits: Abele, RdA 2009, 312 (313).

864 Herlitzius, Der Urlaubsanspruch als schuldrechtlicher Anspruch im Arbeitsverhältnis, 2000, S. 205; Leege, Das Verhältnis von Urlaubs- und Urlaubsabgeltungsanspruch, 1996, S. 73; Rummel, NZA 1986, 383 ff.; Schäfer, NZA 1993, 204 ff.; LAG Niedersachsen Urt. v. 27.05.1987 -5 Sa 87/87-, LAGE § 7 BUrlG Nr. 18; LAG Köln Urt. v. 02.09.1987 -7 Sa 405/87-, Kurztext in juris; Rummel, DB 2010, 225(227) m.w.N; Kothe/Beetz, jurisPR-ArbR, 11/2009 Anm. 3 zu BAG Urt. v. 20.05.2008 -9 AZR 219/07-.

865 Glaser/Lüders, BB 2006, 2690 (2694).

866 LAG Düsseldorf, Urt. v. 02.02.2009 -12 Sa 486/06-, LAGE § 7 BUrlG Abgeltung Nr. 22, juris Rn. 86.

867 LAG Hamm Urt. v. 29.04.2009 -18 Sa 1594/08-, juris Rn. 36; ArbG Oberhausen Urt. v. 16.12.2009 -1 Ca 2212/09-, juris Rn. 26.

868 Rummel, AuR 2009, 160 (164), ders., DB 2010, 225 (227); Kohte/Beetz, jurPR-ArbR 11/2009 Anm. 3; Subatzus, DB 2009, 510 (512), der nur den Mindesturlaub nicht mehr als Surrogat sieht.

869 Grobys, NJW 2009, 2177 (2178); Kothe/Beetz, jurPR-ArbR 25/2009 Anm. 1C zu BAG Urt. v. 24.03.2009 -9 AZR 983/07-; Besgen, SAE 2010, 201 (202); Rummel, DB 2010, 225 (226); Wulfers, ZTR, 2010, 180 (182); a.A. Düwell, NZA Beil. 3/2011, 133 (140), der als mitentscheidender Richter meint, nur in der Literatur nicht verstanden worden zu sein.

Entscheidung am 23.04.2009 damit begonnen, die Surrogatstheorie aufzugeben.[870] Eine Notwendigkeit, den Surrogatscharakter des Abgeltungsanspruches vollständig aufzugeben, bestand nach erstem Anschein nicht, da die Befristung der Erfüllbarkeit des Urlaubsanspruchs zunächst nach der Rechtsprechung des EuGH nur beim Vorliegen einer Arbeitsunfähigkeit nicht greifen durfte. Das BAG hätte weiterhin die Auffassung vertreten können, dass für gesunde Arbeitnehmer das Fristenregime, wie beim bestehenden Arbeitsverhältnis auch nach dem Ausscheiden aus dem Arbeitsverhältnis auf den Abgeltungsanspruch anwendbar ist.[871] Mit der Entscheidung vom 19.06.2012 hat das BAG die Surrogatstheorie vollständig auch für gesunde Arbeitnehmer aufgegeben.[872]

Der Urlaubsabgeltungsanspruch ist seiner rechtlichen Natur nach daher nunmehr ein reiner Geldanspruch und nicht mehr Erfüllungssurrogat des Urlaubsanspruchs.[873] Eine genaue Begründung, warum die Surrogatstheorie aufgegeben werden muss, erfolgt durch das BAG nicht.[874] Es stellt lediglich fest, dass der Surrogatscharakter des Abgeltungsanspruchs nicht dem Wortlaut des § 7 Abs. 4 BUrlG zu entnehmen ist und auch eine andere Auslegung möglich ist.[875] In § 7 Abs. 3 und 4 BUrlG sind weder der Surrogatscharakter noch die Fristen ausdrücklich geregelt.[876] Als Begründung wird in der weiteren Rechtsprechung des BAG auf die Rechtsprechung des EuGH in der Rechtssache *Schultz-Hoff* verwiesen, die zwingender Anlass für die Aufgabe

870 BAG Urt. v. 24.03.2009 -9 AZR 983/07-, AP Nr. 39 zu § 7 BUrlG, juris Rn. 59; BAG Urt. v. 23.03.2010 -9 AZR 128/09-, AP Nr. 3 zu § 125 SGB IX, Rn. 70; BAG Urt. v. 04.05.2010 -9 AZR 183/09-, AP Nr. 49 zu § 7 BUrlG, Rn. 17 f., in dem die Klarstellung erfolgt, dass bereits das Urteil v. 24.03.2009 die Aufgabe der Surrogatstheorie enthielt.

871 so wohl Subatzus, DB 2009, 510 (512); Schrader, ArbR 2009, 55 (57); Schwarze, JA 2013, 66 (68).

872 BAG Urt. v. 19.06.2012 -9 AZR 652/10-, AP Nr. 95 zu § 7 BUrlG Abgeltung, Rn. 15; Schwarze, JA 2013, 66 (67); Stiebert/Pötters, NZA 2013, 1334 (1335); Schubert, RdA 2014, 9 (9).

873 BAG Urt. v. 19.06.2012 -9 AZR 652/10-, AP Nr. 95 zu § 7 BUrlG Abgeltung, Rn. 15; BAG Urt. v. 24.03.2009 -9 AZR 983/07-, AP Nr. 39 zu § 7 BUrlG, Rn. 59; BAG Urt. v. 23.03.2010 -9 AZR 128/09-, AP Nr. 3 zu § 125 SGB IX, Rn. 70; BAG Urt. v. 04.05.2010 -9 AZR 183/09-, AP Nr. 49 zu § 7 BUrlG, Rn. 17 f., in dem die Klarstellung erfolgt, dass bereits das Urteil v. 24.03.2009 die Aufgabe der Surrogatstheorie enthielt; Schwarze, JA 2013, 66 (68); Heilmann, Urlaubsrecht, 4. Aufl. 2014, § 7 Rn. 27 f., der aber von einem Surrogat als Ersatz im weiteren Sinne spricht.

874 Kamanabrou, SAE 2009, Urlaubsabgeltung 233 (234ff.), die die richtlinienkonforme Rechtsfortbildung zugunsten einer richtlinienkonformen Auslegung ablehnt.

875 BAG Urt. v. 24.03.2009 -9 AZR 983/07-, AP Nr. 39 zu § 7 BUrlG, Rn. 62 ff.; BAG Urt. v. 19.06.2012 -9 AZR 652/10-, AP Nr. 95 zu § 7 BUrlG Abgeltung, Rn. 21.

876 BAG Urt. v. 19.06.2012 -9 AZR 652/10-, AP Nr. 95 zu § 7 BUrlG Abgeltung, Rn. 21; Grobys, NJW 2009, 2177 (2178); krit. zu der Methode: Hermann-Strobelt, NordÖR 2009, 325 (327); Kamanabrou, SAE 2009, Urlaubsabgeltung 233 (234).

der Surrogatstheorie sei.[877] Danach setzt der Mindesturlaubsabgeltungsanspruch die Erfüllbarkeit des Urlaubsanspruchs nicht mehr voraus.[878] Der Abgeltungsanspruch „gleicht den Nachteil der fehlenden Erfüllbarkeit des Urlaubsanspruchs aus".[879] Eine Besserstellung des ausgeschiedenen kranken Arbeitnehmers gegenüber dem verbleibenden Arbeitnehmer liegt nach Auffassung des BAG nicht mehr vor.[880] Nur bei Mehrurlaubsansprüchen kann die Surrogatstheorie nach Auffassung des BAG weiterhin Anwendung finden, soweit eine Regelung hierzu vorliegt.[881]

Die Abgeltung des Urlaubsanspruchs ist nunmehr eine finanzielle „Entschädigung".[882] Diese „Entschädigung" wird durch das BAG in seiner weiteren Rechtsprechung als finanzielle Vergütung in Form eines „reinen Geldanspruchs" klassifiziert.[883] Er bildet nach der Beendigung des Arbeitsverhältnisses einen Teil des Vermögens des Arbeitnehmers[884]; es gibt keine rechtlichen Unterschiede zu anderen Geldansprüchen, die der Arbeitnehmer gegen den Arbeitgeber hat.[885] Entgegen der früheren Rechtsprechung kann der Arbeitnehmer nach Beendigung des Arbeitsverhältnisses sogar auf den Anspruch rechtswirksam verzichten.[886]

Ist der Abgeltungsanspruch aber nur eine Entschädigung in Geld, stellt sich die Frage, was entschädigt wird. Das BAG sieht in der Entschädigung nur eine

---

877 BAG Urt. v. 09.08.2011 -9 AZR 365/10-, AP Nr. 55 zu § 7 BUrlG, Rn. 20; BAG Urt. v. 09.08.2011 -9 AZR 475/10-, AP Nr. 56 zu § 7 BUrlG, Rn. 34; BAG Urt. v. 19.06.2012 -9 AZR 652/10-, AP Nr. 95 zu § 7 BUrlG Abgeltung, Rn. 18.

878 BAG Urt. v. 23.03.2010 -9 AZR 128/09-, AP Nr. 3 zu § 125 SGB IX, Rn. 70, 88; BAG Urt. v. 09.08.2011 -9 AZR 352/10-, juris, Rn. 13/21; BAG Urt. v. 09.08.2011 -9 AZR 365/10-, AP Nr. 55 zu § 7 BUrlG, Rn. 17; Dass die GA *Trestenjak* in ihren Schlussanträgen zu der Rechtssache *KHS/Schulte* den Begriff Surrogat verwendet, ist ein Missverständnis, was nicht zum Wiederaufleben der Surrogatstheorie führt: siehe hierzu ausführlich Düwell, DB 2011, 2492 ff. u. Bauer/v.Medem, NZA 2012, 113 (117).

879 BAG Urt. v. 23.03.2010 -9 AZR 128/09-, AP Nr. 3 zu § 125 SGB IX, Rn. 43.

880 BAG Urt. v. 19.06.2012 -9 AZR 652/10-, AP Nr. 95 zu § 7 BUrlG Abgeltung, Rn. 20; a.A. Schubert, RdA 2014, 9 (14), die meint, ein arbeitsunfähiger ausgeschiedener Arbeitnehmer könne keine Abgeltung erhalten.

881 BAG Urt. v. 22.05.2012 -9 AZR 618/10-, AP Nr. 59 zu § 7 BUrlG, Rn. 22.

882 BAG Urt. v. 23.03.2010 -9 AZR 128/09-, AP Nr. 3 zu § 125 SGB IX, Rn. 88; BAG Urt. v. 18.10.2011 -9 AZR 303/10-, AP Nr. 54 zu § 7 BUrlG, Rn. 17.

883 BAG Urt. v. 09.08.2011 -9 AZR 352/10-, juris, Rn. 20; BAG Urt. v. 09.08.2011 -9 AZR 365/10-, AP Nr. 55 zu § 7 BUrlG, Rn. 17/23; BAG Urt. v. 09.08.2011 -9 AZR 475/10-, AP Nr. 56 zu § 7 BUrlG, Rn. 34; BAG Urt. v. 19.06.2012 -9 AZR 652/10-, AP Nr. 95 zu § 7 BUrlG Abgeltung, Rn. 23; Kothe/Beetz, jurPR-ArbR 25/2009 Anm. 1 D zu BAG Urt. v. 24.03.2009 -9 AZR 983/07-; Schwarze, JA 2013, 66 (67 ff.).

884 BAG Urt. v. 14.05.2013 -9 AZR 844/11-, NZA 2013, 1098 ff., Rn.14.

885 BAG Urt. v. 14.05.2013 -9 AZR 844/11-, NZA 2013, 1098 ff., Rn.14.

886 BAG Urt. v. 14.05.2013 -9 AZR 844/11-, NZA 2013, 1098 ff., Rn.16; a.A. Schubert RdA 2014 9 (15).

Kapitalisierung der Freistellung[887], ohne dass hierbei die nichterfolgte Fortzahlung des Arbeitsentgeltes bei der Abgeltung berücksichtigt wird. Was folgt dann aber für den Anspruch auf Arbeitsentgelt für die Zeit der abzugeltenden Urlaubsdauer, der ebenfalls nicht erfüllt wurde?[888] Ist dieser Anspruch auf Arbeitsentgelt gar nicht entstanden, weil nicht freigestellt wurde?

Da der Urlaubsanspruch nach der hier vertretenen Auffassung ein Einheitsanspruch ist, treten bei der Abgeltung die soeben ausgeführten Probleme nicht auf. Abgegolten wird danach der Anspruch auf „bezahlte Freistellung" und damit nur ein Anspruch, was wiederum zu dem Einwand führt, dass die Trennung des BAG von Freistellung und Zahlung konstruiert und nicht praktikabel ist.

Mit dem Abgeltungsanspruch wird zudem gem. § 7 Abs. 4 BUrlG der Urlaubsanspruch als Gegenleistung für die bereits erbrachte Arbeitsleistung des Arbeitnehmers abgegolten. Aus diesem Grund ist § 7 Abs. 4 BUrlG ein gesetzlich geregelter Fall des allgemein gesetzlich geregelten Anspruchs des Arbeitnehmers aus §§ 275 Abs. 1 Alt. 2 BGB i.V.m. §§ 275 Abs. 4, 326 Abs. 4, 346 Abs. 2 Nr. 1 BGB, den er bei Beendigung des Arbeitsverhältnisses ohne die Regelung aus § 7 Abs. 4 BUrlG hätte. Letztere geht jedoch als lex specialis der allgemeinen Regelung vor.

Die Urlaubsabgeltungspflicht ist also eine gesetzlich geregelte Sekundärpflicht des Arbeitgebers, die dieser wegen der Befreiung von der aufgrund der Beendigung des Arbeitsverhältnisses nicht mehr zu erbringenden Urlaubsgewährungspflicht in Form einer finanziellen Vergütung gem. § 7 Abs. 4 BUrlG erfüllen muss.

Nachdem das BAG nach Aufgabe der Surrogatstheorie im August 2012 zu dem Ergebnis gekommen ist, dass die Befristung nach 15 Monaten auch für kranke Arbeitnehmer greift, stellt sich jedoch erneut die Frage, ob eine Ungleichbehandlung des kranken verbleibenden Arbeitnehmers gegenüber dem kranken ausgeschiedenen Arbeitnehmer vorliegt. Diese Frage ist bisher vom BAG nicht thematisiert worden. Sie zeigt jedoch wiederum, dass die nunmehr angenommene 15monatige Befristung des Urlaubsanspruchs bei Vorliegen einer Arbeitsunfähigkeit zu derselben Situation wie bei der früheren kurzen Befristung führt. Genau diese Situation hatte jedoch aufgrund des Vorwurfs der „Ungleichbehandlung" die Surrogatstheorie gerechtfertigt. Mit der hier vertretenen Auffassung, wonach im BUrlG keine Befristung geregelt ist, kommt es nicht zu dem vorliegenden Problem der Ungleichbehandlung.

II. Entstehen des Urlaubsabgeltungsanspruchs

Das BAG hält daran fest, dass eine Urlaubsabgeltung nur bei Beendigung des Arbeitsverhältnisses verlangt werden kann, da der Anspruch erst mit der Beendigung

887 BAG Urt. v. 23.03.2010 -9 AZR 128/09-, AP Nr. 3 zu § 125 SGB IX, Rn. 88; BAG Urt. v. 18.10.2011 -9 AZR 303/10-, AP Nr. 54 zu § 7 BUrlG, Rn. 17.

888 Eine unionsrechtliche Klärung ist durch den Vorlagebeschluss des LAG Hamm v. 14.02.2013 -16 Sa 1511/12-, juris Rn. 85, nach Abschluss der Arbeit durch den EuGH Urt. v. 12.06.2014 - C-118/13 *Bollacke*, ECLI:EU:C:2014:1755, erfolgt.

des Arbeitsverhältnisses entsteht.[889] Der Anspruch ist jedoch wegen der Aufgabe der Surrogatstheorie sofort fällig[890], jedoch nicht sofort zu verzinsen.[891] § 7 Abs. 4 BUrlG enthält keine Bestimmung der Leistungszeit gem. § 286 Abs. 2 Nr. 1 BGB.[892]

Der Abgeltungsanspruch entsteht nach der Auffassung des BAG auch nicht, wenn der Arbeitnehmer am 31.12. oder 31.03. ausscheidet, da mit Ende dieses Tages der Urlaubsanspruch untergeht und sich daher nicht in einen Abgeltungsanspruch umwandeln kann.[893] Ein Arbeitnehmer muss also am besten einen Tag vor Fristende ausscheiden, damit er seine Urlaubsansprüche und damit die Abgeltungsansprüche bei Beendigung erhält.

Diese Rechtsauffassung des BAG ist nicht haltbar. Der Abgeltungsanspruch ersetzt den durch Arbeitsleistung verdienten Urlaubsanspruch. Er ist eine Sanktion der Nichtgewährung des Urlaubs.[894] Der Arbeitgeber soll durch die Nichtgewährung keine Vorteile haben.[895] Der Zeitpunkt der Beendigung kann daher nicht für den Untergang dieser Gegenleistung relevant sein. Zudem ist an diesem Beispiel auch ersichtlich, dass die Befristung der Erfüllbarkeit des Urlaubsanspruchs nicht unionsrechtskonform ist. Kann der Arbeitnehmer seinen Urlaub bis zur Beendigung tatsächlich nicht nehmen, darf beim Zusammenfallen des Fristendes und des Vertragendes nicht der Urlaubsanspruch mit der Folge entfallen, dass kein Urlaubsabgeltungsanspruch entsteht. Diese Auffassung des BAG ist daher ebenfalls nicht unionsrechtskonform.

---

889 A.A. Schubert, RdA 2014 9 (14), welche die Auffassung vertritt, dass bei einem ausscheidenden erkrankten Arbeitnehmer der Anspruch erst entstehe, wenn dieser wieder gesund ist.

890 BAG Beschl. v. 11.10.2010 -9 AZN 418/10-, AP Nr. 75 zu § 72 a ArbGG 1979, Rn. 20; BAG Urt. v. 09.08.2011 -9 AZR 352/10-, juris Rn. 13; BAG Urt. v. 09.08.2011 -9 AZR 365/10-, AP Nr. 55 zu § 7 BUrlG, Rn. 18/21; BAG Urt. v. 09.08.2011 -9 AZR 475/10-, AP Nr. 56 zu § 7 BUrlG, Rn. 37; BAG Urt. v. 13.12.2011 -9 AZR 399/10-, AP Nr. 93 zu § 7 BUrlG Abgeltung, Rn. 18, 31; BAG Urt. v. 21.02.2012 -9 AZR 486/10-, AP Nr. 94 zu § 7 BUrlG Abgeltung, Rn. 22, 23; BAG Urt. v. 20.04.2012 -9 AZR 504/10-, AP Nr. 58 zu § 7 BUrlG, Rn. 12; BAG Urt. v. 12.03.2013 -9 AZR 292/11-, AP Nr. 5 zu § 26 TVöD, Rn. 16; differenzierend LAG Hamm Urt. v. 29.03.2012 -16 Sa 322/10- juris Rn. 74, wonach nur dann Fälligkeit gem. § 271 BGB eintritt, wenn es keine diese verdrängende Regelung gibt.

891 BAG Urt. v. 12.03.2013 -9 AZR 292/11-, AP Nr. 5 zu § 26 TVöD, Rn. 16; BAG Urt. v. 07.08.2012 -9 AZR 353/10-, AP Nr. 61 zu § 7 BUrlG, Rn. 45 unter Aufgabe der Rechtsprechung: BAG Beschl. v. 11.10.2010 -9 AZN 418/10-, AP Nr. 75 zu § 72 a ArbGG 1979, Rn. 20; BAG Urt. v. 09.08.2011 -9 AZR 475/10-, AP Nr. 56 zu § 7 BUrlG, Rn. 37; BAG Urt. v. 06.08.2013 -9 AZR 956/11-, NZA 2014, 545 ff., Rn. 22.

892 BAG Urt. v. 12.03.2013 -9 AZR 292/11-, AP Nr. 5 zu § 26 TVöD, Rn. 16; BAG Urt. v. 06.08.2013 -9 AZR 956/11-, NZA 2014, 545 ff., Rn. 22.

893 BAG Urt. v. 12.03.2013 -9 AZR 292/11-, AP Nr. 5 zu § 26 TVöD, Rn. 14.

894 Buschmann, AuR 2013, 362 (363).

895 Buschmann, AuR 2013, 362 (363).

Es ist umstritten, ob der Urlaubsabgeltungsanspruch auch entsteht, wenn der Arbeitnehmer stirbt und dadurch das Arbeitsverhältnis gem. § 613 BGB endet. Das BAG meint weiterhin, dass der Urlaubsabgeltungsanspruch nicht mit dem Tod des Arbeitnehmers gem. § 7 Abs. 4 BUrlG i.V.m. § 1922 Abs. 1 BGB entstehe, da er als nicht vermögenswerter reiner Freistellungsanspruch mit dem Tod unterginge.[896] Der Abgeltungsanspruch gem. § 7 Abs. 4 BUrlG setze voraus, dass der Arbeitnehmer noch lebt.[897] Da der Zweck des Gesundheitsschutzes sich nur im Arbeitnehmer selbst verwirklichen könne, widerspreche es dem Zweck der Arbeitszeitrichtlinie, wenn der Urlaubsabgeltungsanspruch den Erben verbliebe, in deren Person sich der Zweck nicht verwirklichen könne.[898]

Die nach der Rechtsprechung des BAG erforderliche Bindung des Entstehens des Abgeltungsanspruchs an den Erholungszweck ist unionsrechtlich nicht haltbar, da auch der EuGH den Abgeltungsanspruch nicht an den Urlaubszweck bindet.[899] Auch das BAG hat unter Ablehnung der Surrogatstheorie festgestellt, dass der Abgeltungsanspruch eine reine Geldforderung ist, die nicht mehr von der Erfüllbarkeit des Urlaubsanspruchs abhängig sein darf.[900] Insoweit stellt sich der Abgeltungsanspruch auch in seiner Entstehung als ein vom Urlaubszweck unabhängiger Anspruch dar.[901] Gegen die Bindung an den Erholungszweck spricht auch, dass z.B. bei Eintritt in den Ruhestand dieser positive Zweck des Urlaubs ebenfalls nicht mehr durch die Abgeltung erreicht werden kann. [902] Auch in der Rechtssache *Schultz-Hoff* hat der

---

896 BAG Urt. v. 20.09.2011 -9 AZR 416/10-, AP Nr. 92 zu § 7 BUrlG Abgeltung, Rn. 13, 18; BAG Urt. v. 12.03.2013 -9 AZR 532/11-, AP Nr. 99 zu § 7 BUrlG Abgeltung, Rn. 12; zust. Bauer/v. Medem, NZA 2012, 113 (117); Fischinger, Anm. AP BUrlG § 7 Abgeltung Nr. 92; Lipinski/Praß, BB 2012, 1867 (1868); krit. hierzu Grobys/Steinau-Steinrück, NJW-Spezial 2012, 82 (83); Bieder, AuR 2012, 239 (241); Buschmann, AuR 2013, 362 (365); Jesgarzewski, BB 2012, 1347 (1349); Höpfner, RdA 2013, 65 (70 f.).

897 BAG Urt. v. 20.09.2011 -9 AZR 416/10-, AP Nr. 92 zu § 7 BUrlG Abgeltung, Rn. 16.

898 BAG Urt. v. 20.09.2011 -9 AZR 416/10-, AP Nr. 92 zu § 7 BUrlG Abgeltung, Rn. 32; BAG; BAG Urt. v. 12.03.2013 -9 AZR 532/11-, AP Nr. 99 zu § 7 BUrlG Abgeltung, Rn. 13.

899 LAG Hamm Urt. v. 22.04.2010 -16 Sa 1502/09-, NZA 2011, 106 ff., Rn. 31; Kohte/Beetz, jurisPR-ArbR 25/2009, Anm. 1; Schipper/Polzer, NZA 2011, 80 (83); a.A. Fenski, DB. 2007, 686 (690) der wegen der Annahme eines Einheitsanspruches die Übertragung des Abgeltungsanspruches insgesamt nicht für möglich hält; Schubert RdA 2014, 9 (16).

900 BAG Urt. v. 09.08.2011 -9 AZR 352/10-, juris Rn. 20 m.w.N. auf die BAG-Rechtsprechung.

901 Schipper/Polzer, NZA 2011, 80 (83); LAG Hamm Urt. v. 22.04.2010 -16 Sa 1502/09-, NZA 2011, 106 ff., Rn. 31; Bieder, AuR 2012, 239 (241).

902 LAG Hamm Urt. v. 22.04.2010 -16 Sa 1502/09-, NZA 2011, 106 ff., Rn. 31, Kohte/Beetz, jurisPR-ArbR25/2009,Anm. 1;Schipper/Polzer,NZA2011,80(83);a.A.:Bauer/Arnold, NJW 2009, 631 (635).

EuGH trotz des Renteneintritts des Klägers einen Abgeltungsanspruch jedoch für möglich gehalten.[903]

Der Wortlaut des § 7 Abs. 4 BUrlG enthält zudem keine Differenzierung, wie das Arbeitsverhältnis beendet werden muss.[904] Der Abgeltungsanspruch entsteht daher nicht mit oder durch den Tod des Arbeitnehmers, sondern aufgrund der Beendigung des Arbeitsverhältnisses wegen des Versterbens des Arbeitnehmers.[905] Der Urlaubsabgeltungsanspruch ist daher ein im Werden begriffener Anspruch, der gem. § 1922 Abs. 1 BGB vererbbar ist, da er nicht höchstpersönlich ist.[906]

Die Rechtsauffassung des BAG, dass der Abgeltungsanspruch nicht aufgrund der Beendigung des Arbeitsverhältnisses infolge des Todes des Arbeitnehmers entstehen kann, führt zudem zu nicht nachvollziehbaren Ergebnissen: Ein Arbeitnehmer, dessen Arbeitsverhältnis um 24:00 Uhr endet und der um 0:01 Uhr des folgenden Tages verstirbt, hätte einen vererbbaren Abgeltungsanspruch während der eine Minute früher um 0:00 Uhr versterbende Arbeitnehmer keinen vererbbaren Abgeltungsanspruch hätte. Ein Arbeitnehmer, der sich im wahrsten Sinne des Wortes „totarbeitet", weil er z.B. wiederholt keinen Urlaub genommen hat und dessen Arbeitgeber entgegen der unionsrechtlichen Pflicht nichts für den Gesundheitsschutz unternimmt, würde ebenfalls keinen Abgeltungsanspruch vererben können, so dass es für einen Arbeitgeber finanziell günstiger wäre, den Arbeitnehmer nicht zur Urlaubsnahme anzuhalten. Das entspricht nicht dem Gesundheitsschutzzweck der Arbeitszeitrichtlinie.[907]

Es wäre auch unbillig, wenn bei Beendigung des Arbeitsverhältnisses durch Kündigung oder Beendigungsvereinbarung der Abgeltungsanspruch entsteht und damit unmittelbar vererbbar ist, jedoch der zeitliche Zusammenfall der Beendigung und des Erbfalls die Entstehung und damit die Vererblichkeit hindere.[908]

Der Abgeltungsanspruch ist wegen der unionsrechtlich zwingenden Auslegung des Urlaubsanspruchs als Einheitsanspruch die Abgeltung sowohl der nichterfolgten Freistellung als auch der nichterfolgten Zahlung des Urlaubsentgelts. Der Arbeitnehmer hat den Urlaubsanspruch durch seine Arbeitsleistung bereits „verdient". Zudem soll der Arbeitgeber aufgrund der Nichtgewährung keinen Vorteil

---

903 EuGH Urt. v. 20.01.2009 - C-350/06 und 520/06 *Schultz-Hoff*, Slg. 2009, I-179.

904 LAG Hamm Urt. v. 22.04.2010 -16 Sa 1502/09-, NZA 2011, 106 ff., juris Rn. 33; ArbG Potsdam Urt. v. 15.02.2011 -3 Ca 1512/10-, juris Rn. 20.

905 so auch bereits vor der Änderung der Rechtsprechung Friese, Urlaubsrecht, Rn. 489; Schipper/Polzer, NZA 2011, 80 (83); Jesgarzewski, BB 2012, 1347 (1348); Bieder, AuR 2012, 239 (243); ErfK/*Gallner*, 12. Aufl. 2012, § 7 BUrlG, Rn. 81; a.A. Heilmann, AuR 2012 234 (238); Bauer/Arnold, NJW 2009, 631 (635); ErfK/*Gallner*, 15 Aufl. 2015, § 7 Rn. 81; Lipinski/Praß, BB 2012, 1867 (1868); so auch nach Abschluss der Arbeit EuGH Urt. v. 12.06.2014 - C-118/13 *Bollacke*, ECLI:EU:C:2014:1755, Rn. 24 f.

906 LAG Hamm Urt. v. 22.04.2010 -16 Sa 1502/09-, NZA 2011, 106 ff., Rn. 33 f.

907 Buschmann, AuR 2013, 362 (365); Bieder, AuR 2012, 239 (243); Klenter, jurisPR-ArbR 23/2013 Anm. 2 C; so auch nach Abschluss der Arbeit EuGH Urt. v. 12.06.2014 – C-118/13 *Bollacke*, ECLI:EU:C:2014:1755, Rn. 24 f.

908 Bieder, AuR 2012, 239 (242).

haben, weswegen er die Abgeltung zu leisten hat.[909] Unter der unionsrechtlichen Annahme, dass die Urlaubsgewährungspflicht des Arbeitgebers aufgrund der geleisteten Arbeit des Arbeitnehmers entstanden ist, hat der Urlaubsanspruch auch entgegen der Auffassung des BAG einen Vermögenswert, der nicht durch den Tod des Arbeitnehmers untergehen kann, sondern wie alle Vermögenswerte gem. § 1922 Abs. 1 BGB vererblich sein muss.[910] Die Erben erlangen den vermögenswerten Urlaubsanspruch, der hinsichtlich der Freistellung wie bei einem Freizeitausgleichsanspruch bei Mehrarbeit nicht verwirklicht werden kann, jedoch bezogen auf die Zahlung des Urlaubsentgelts, zumindest bezüglich dieses Teils erfüllt werden kann.[911] Als Einheitsanspruch ist er im Ganzen abzugelten und geht auf die Erben über.[912]

Sollte der gesetzliche Abgeltungsanspruch aus § 7 Abs. 4 BUrlG tatsächlich so verstanden werden, dass im Zeitpunkt der Entstehung des Anspruchs der Arbeitnehmer noch leben muss, was stark an die aufgegebene Surrogatstheorie erinnert, müsste geprüft werden, ob eine gesetzliche Regelung den vermögenswerten Anspruch auf die Erben übergehen lässt. Da der zum Todeszeitpunkt nichterfüllte Urlaubsanspruch nach der hier vertretenen Auffassung eine Gegenleistung für die erbrachte Arbeitsleistung ist, hat der Arbeitnehmer im Rahmen dieses Gegenseitigkeitsverhältnisses seine Leistung hinsichtlich der bis zum Todeszeitpunkt erworbenen Urlaubsansprüche bereits erbracht. Durch den Tod endet das Arbeitsverhältnis und die bezahlte Freistellung ist dann nicht mehr möglich. Mit dem Abgeltungsanspruch wird in diesem Fall gem. §§ 275 Abs. 1 Alt. 2 BGB i.V.m. §§ 275 Abs. 4, 326 Abs. 4, 346 Abs. 2 Nr. 1 BGB die Gegenleistung für die bereits bis zum Tod erbrachte Arbeitsleistung des Arbeitnehmers abgegolten, weil durch den Tod ein Leistungshindernis eingetreten ist, welches den Arbeitgeber gem. § 275 Abs. 1 Alt. 2 BGB wegen Unmöglichkeit von seiner Urlaubsgewährungspflicht befreit. Ähnlich verhält es sich in den Fällen von positiven Arbeitszeitkonten des verstorbenen Arbeitnehmers oder dem „Störfall" in der Altersteilzeit. In den letztgenannten Fällen sieht der Neunte Senat des BAG kein Problem darin, dass das Arbeitszeitguthaben des Arbeitnehmers bei Eintritt seines Todes vor Beendigung der Freistellungsphase im Blockmodell vererblich ist. Die Erben können hierfür den Geldausgleich verlangen.[913] Gleiches gilt für positive Arbeitszeitkonten zum Zeitpunkt des Todes. Auch diese sind zum Zeitpunkt des Todes vererbbare Ansprüche.[914] Diese Situationen sind mit der des noch nicht gewährten Urlaubs zum Todeszeitpunkt vergleichbar, denn der Arbeitnehmer hat auch in diesen Fällen noch einen Anspruch auf

909 Buschmann, AuR 2013, 362 (363).

910 Jesgarzewski, BB 2012, 1347 (1348).

911 ähnlich Bieder, AuR 2012, 239 (242).

912 so auch nach Abschluss der Arbeit EuGH Urt. v. 12.06.2014 - C-118/13 *Bollacke*, ECLI:EU:C:2014:1755, Rn. 24 f.

913 BAG Urt. v. 14.10.2003 -9 AZR 146/03-, AP Nr. 9 zu § 3 ATG; BAG Urt. v. 18.11.2003 -9 AZR 270/03-, AP Nr. 1 zu § 12 ATG; BAG Urt. v. 16.03.2004, AP Nr. 8 zu § 1 TVG Altersteilzeit.

914 Schaub/*Vogelsang*, Arbeitsrecht-Handbuch, 16. Aufl. 2015, § 160 Rn. 48.

bezahlte Freistellung wegen bereits erbrachter Arbeitsleistung. Bei Einordnung des Urlaubsanspruchs in das Synallagma ist die Vererblichkeit des noch nicht erfüllten bezahlten Freistellungsanspruchs genauso möglich.[915] Die Beendigung als einzige Voraussetzung für das Entstehen des Urlaubsabgeltungsanspruchs ist also auch bei Beendigung durch Tod erfüllt.[916]

III. Erlöschen des Urlaubsabgeltungsanspruchs

Die Aufgabe der Surrogatstheorie durch das BAG hat auf die rechtlichen Fragen zum Erlöschen des Urlaubsabgeltungsanspruchs erheblichen Einfluss.[917] Insbesondere unterliegt der Abgeltungsanspruch dadurch nicht mehr den gleichen Regeln wie der Urlaubsanspruch, weil er eben nicht mehr „Surrogat" des Letzteren, sondern ein Geldanspruch ist. Es stellt sich die Frage, ob überhaupt dauerhafte oder vorübergehende Leistungshindernisse vorliegen können, da die Abgeltung als Geldschuld immer erbringbar ist. Der Arbeitgeber als Schuldner kann sich insoweit nicht wegen seiner finanziellen Leistungsunfähigkeit auf § 275 BGB berufen.[918] Er hat die Zahlungsunfähigkeit immer zu vertreten.[919] Auch auf die Frage der Anwendbarkeit von Ausschlussfristen wirkt sich die Aufgabe der Surrogatstheorie aus.

1. Erfüllung des Urlaubsabgeltungsanspruchs

Nach der Aufgabe der Surrogatstheorie ist der Abgeltungsanspruch mit seinem Entstehen sofort fällig.[920] Der Urlaubsabgeltungsanspruch erlischt gem. § 362 Abs. 1 BGB mit seiner Zahlung durch Erfüllung.

2. Dauerhafte Leistungshindernisse

Wie oben im 1. Teil unter B. III. 2. b) aa) dargestellt, sind zwei Fälle der Unmöglichkeit in der „neuen" Rechtsprechung des BAG diskutiert worden, die nach der Aufgabe der Surrogatstheorie neu zu bewerten sind. Der Eintritt des Todes des

---

915 a.A. Bauer/Arnold, NJW 2009, 631 (635).

916 Compensis, DB 1992, 888 (892); Schipper/Polzer, NZA 2011, 80 (81); Jesgarzewski, BB 2012, 1347 (1349).

917 Rummel, DB 2010, 225 (226 f.).

918 Schwarze, Das Recht der Leistungsstörungen, 2008, § 34 Rn. 39.

919 Palandt/*Grüneberg*, BGB, 74. Aufl. 2015, § 245 BGB Rn. 14 u. § 276 BGB Rn. 28; Schwarze, Das Recht der Leistungsstörungen, 2008, § 34 Rn. 39.

920 BAG Urt. v. 24.03.2009 -9 AZR 983/07-, AP Nr. 39 zu § 7 BUrlG, juris Rn. 59; BAG Urt. v. 23.03.2010 -9 AZR 128/09-, AP Nr. 3 zu § 125 SGB IX, Rn. 70/80; BAG Urt. v. 04.05.2010-9 AZR 183/09-, AP Nr. 49 zu § 7 BUrlG; BAG Urt. v. 09.08.2011 -9 AZR 352/10-, juris Rn. 20/21 m.w.N.; BAG Urt. v. 09.08.2011 -9 AZR 365/10-, AP Nr. 55 zu § 7 BUrlG, Rn. 17; BAG Urt. v. 09.08.2011 -9 AZR 475/10-, AP Nr. 56 zu § 7 BUrlG, Rn. 34; BAG Urt. v. 19.06.2012 -9 AZR 652/10-, AP Nr. 95 zu § 7 BUrlG Abgeltung, Rn. 15; so bereits zuvor Rummel, DB 2010, 225 (227).

Arbeitnehmers nach Entstehen des Abgeltungsanspruchs und die Befristung des Abgeltungsanspruchs.

a) Tod des Arbeitnehmers als dauerhaftes Leistungshindernis

Entgegen der bisher vom BAG vertretenen Auffassung dürfte der Tod des Arbeitnehmers den Abgeltungsanspruch nicht mehr untergehen lassen, da er als reiner Geldanspruch auch auf die Erben übergehen muss.[921] Das BAG hat diese Frage bisher bewusst offen gelassen.[922] Es hat jedoch betont, dass der Abgeltungsanspruch zum Vermögen des Arbeitnehmers gehört und den gleichen Regeln wie jeder andere Zahlungsanspruch des Arbeitnehmers unterliegt.[923] Der Arbeitnehmer kann sogar nach Beendigung des Arbeitsverhältnisses über diesen Anspruch verfügen, indem er aufgrund einer Abgeltungsklausel in einem Vergleich darauf verzichtet.[924] Er muss also vererblich sein.[925] Der Anspruch geht gem. § 1922 Abs. 1 BGB auf die Erben über.[926] Der Tod des Arbeitnehmers nach Beendigung des Arbeitsverhältnisses ist daher entgegen der früheren Auffassung des BAG kein Leistungshindernis, welches den Arbeitgeber wegen Unmöglichkeit von seiner Leistungspflicht gem. § 275 Abs. 1 Alt. 2 BGB befreit. Der Anspruch erlischt nicht wegen des Todes des Arbeitnehmers.

b) Befristung als dauerhaftes Leistungshindernis

Das Fristenregime des BUrlG ist durch die Aufgabe der Surrogatstheorie auf den Abgeltungsanspruch nicht mehr anwendbar.[927] Da der Abgeltungsanspruch damit sofort fällig und erfüllbar ist[928], kann er auch keiner Befristung mehr unterliegen.[929] Es tritt daher nicht mehr rechtliche Unmöglichkeit gem. § 275 Abs. 1 Alt. 2 BGB wegen § 7 Abs. 3 BUrlG ein.

---

921 Höpfner, RdA 2013, 65 (70).

922 BAG Urt. v. 20.09.2011 -9 AZR 416/10-, AP Nr. 92 zu § 7 BUrlG Abgeltung, Rn. 12.

923 BAG Urt. v. 14.05.2013 -9 AZR 844/11-, NZA 2013, 1098 ff., Rn. 14.

924 BAG Urt. v. 14.05.2013 -9 AZR 844/11-, NZA 2013, 1098 ff., Rn. 10.

925 AnwK/*Düwell*, 2. Aufl. 2010, § 7 BUrlG Rn. 141; ErfK/*Gallner*, 15. Aufl. 2015, § 7 BUrlG Rn. 81; Friese, Urlaubsrecht, Rn. 489; Lipinski/Praß, BB 2012, 1867 (1868), Stiebert/Pötters, NZA 2013, 1334 (1338); a.A. Bauer/Arnold, NJW 2009, 631 (635); Heilmann, AuR 2012, 234 (238); Neumann/Fenski, BUrlG, 10. Aufl. 2011, § 7 BUrlG Rn. 115; HWK/*Schinz*, 6. Aufl. 2014, § 7 BUrlG, Rn. 118.

926 siehe oben im 3. Teil A. II. 5. b) m.w.N. ; Friese, Urlaubsrecht, Rn. 489.

927 so nunmehr deutlich BAG Urt. v. 19.06.2012 -9 AZR 652/10-, AP Nr. 95 zu § 7 BUrlG Abgeltung.

928 BAG Urt. v. 23.03.2010 -9 AZR 128/09-, AP Nr. 3 zu § 125 SGB IX, Rn. 70/80; BAG Urt. v. 09.08.2011 -9 AZR 365/10-, AP Nr. 55 zu § 7 BUrlG, Rn. 17; BAG Urt. v. 09.08.2011 -9 AZR 475/10-, AP Nr. 56 zu § 7 BUrlG, Rn. 34; Düwell, DB 2011, 2492 (2493).

929 BAG Urt. v. 09.08.2011 -9 AZR 352/10- , juris Rn. 21; BAG Urt. v. 09.08.2011 -9 AZR 365/10-, AP Nr. 55 zu § 7 BUrlG, Rn. 18.

3. *Vorübergehende Leistungshindernisse*

Durch die Aufgabe der Surrogatstheorie gilt der Abgeltungsanspruch als sofort erfüllbarer Geldanspruch, so dass die früher als vorübergehende Leistungshindernisse geltenden Fälle der Arbeitsunfähigkeit und der Erwerbsminderung keine vorübergehenden Leistungshindernisse mehr sind. Die bisherige Differenzierung des BAG im Falle der Erwerbsminderung nach Beendigung des Arbeitsverhältnisses zwischen absoluter Erwerbsminderung und teilweiser Erwerbsminderung kann nach Aufgabe der Surrogatstheorie ebenfalls entfallen. Gleiches gilt für eventuell nach Beendigung des Arbeitsverhältnisses noch bestehende Beschäftigungsverbote nach dem MuSchG. Die Fälle sind dann analog der Arbeitsunfähigkeit zu bewerten, so dass trotz eines eventuell bestehenden Beschäftigungsverbotes der Abgeltungsanspruch erfüllbar ist.[930] Da Elternzeiten das Bestehen eines Arbeitsverhältnisses voraussetzen, sind diese Fälle für den Abgeltungsanspruch, der die Beendigung des Arbeitsverhältnisses voraussetzt, wie bisher, nicht relevant.

Nach Aufgabe der Surrogatstheorie kann es für den Abgeltungsanspruch keine vorübergehenden Leistungshindernisse mehr geben.

4. *Verzug des Arbeitgebers nach Beendigung des Arbeitsverhältnisses und der Ersatzabgeltungsanspruch*

Da der Abgeltungsanspruch nunmehr als Geldanspruch klassifiziert wird, der nicht mehr befristet ist, müsste konsequenter Weise kein Raum mehr für die Rechtsprechung des BAG sein, wonach der Arbeitnehmer einen Ersatzanspruch in Form eines Schadensersatzanspruchs erhält[931], wenn er den Abgeltungsanspruch rechtzeitig vor einer drohenden Verfristung geltend macht. Wegen des Wegfalls der Befristung muss daher kein Ersatzanspruch mehr konstruiert werden.

5. *Ausschlussfristen und Urlaubsabgeltungsanspruch*

Folge der Aufgabe der Surrogatstheorie ist nach Auffassung des BAG auch, dass nunmehr auf den Abgeltungsanspruch Ausschlussfristen anwendbar sind.[932] Der

---

930 vor Aufgabe der Surrogatstheorie: siehe oben 1. Teil B. III. 2. b) bb) (2).

931 siehe oben unter 1. Teil B. III. 2. b) cc).

932 BAG Urt. v. 09.08.2011 -9 AZR 365/10- AP Nr. 55 zu § 7 BUrlG, Rn. 16; BAG Urt. v. 09.08.2011 -9 AZR 475/10-, AP Nr. 56 zu § 7 BUrlG, Rn. 34; BAG Urt. v. 09.08.2011 -9 AZR 352/10-, juris Rn. 26; BAG Urt. v. 13.12.2011 -9 AZR 399/10-, AP Nr. 93 zu § 7 BUrlG Abgeltung, Rn. 15; BAG Urt. v. 19.06.2012 -9 AZR 652/10-, AP Nr. 95 zu § 7 BUrlG Abgeltung, Rn. 23–25; BAG Urt. v. 18.09.2012 -9 AZR 1/11-, AP Nr. 96 zu § 7 BUrlG Abgeltung, Rn. 28; BAG Urt. v. 14.05.2013 -9 AZR 844/11-, NZA 2013, 1098 ff., Rn. 14; BAG Urt. v. 10.12.2013 -9 AZR 494/12-, ZTR 2014, 238 f., Rn. 9/10; Gaul/Bonanni/ Ludwig, DB 2009, 1013 (1016); Bauer/Arnold, NJW 2009, 631 (635); Gaul/Josten/Strauf, BB 2009, 497 (500); Geyer, ZTR 2009, 346 (354); Kothe/Beetz, jurPR-ArbR 25/2009 Anm. 1 D zu BAG Urt. v. 24.03.2009 -9

Lauf der Ausschlussfrist für die Abgeltung beginnt erst ab Ende des Arbeitsverhältnisses mit der Fälligkeit des Anspruchs.[933] Er kann auch nicht vor seiner Entstehung geltend gemacht werden, wenn nicht ausreichend gewiss ist, ob das Arbeitsverhältnis zeitnah enden wird.[934]

§ 13 BUrlG steht der Anwendbarkeit der tarifvertraglichen oder arbeitsvertraglichen Ausschlussfristen auf den Abgeltungsanspruch auch nicht entgegen, da der Verfall dieses Geldanspruchs keinen Verstoß gegen die Unabdingbarkeit des Anspruchs auf Mindesturlaub begründet.[935] Insbesondere widerspricht die Anwendbarkeit von Ausschlussfristen nicht der Vorgabe des EuGH bezüglich der Urlaubsansprüche.[936] Ein Verstoß gegen die Arbeitszeitrichtlinie liegt nach Auffassung des BAG ebenfalls nicht vor, da Ausschlussfristen entgegen der früheren Auffassung, wonach die Dauer der Geltendmachung zum Anspruch gehörte, nunmehr nicht zum Inhalt des Anspruchs gehörten, sondern nur den Fortbestand eines bereits entstandenen Rechts betreffen.[937] Dabei gehörten auch nach Auffassung des EuGH Befristungen zu dem in die Regelungsbefugnisse der Mitgliedsstaaten fallenden Bereich.[938] Selbst eine

---

AZR 983/07-; Picker, ZTR 2009, 230 (239); Schrader ArbR 2009, 55 (56); Moderegger, ArbRB 2010, 276 (278); ders., ArbRB 2012, 54 (57); Boecken/Jacobsen, ZTR 2011, 267 (276); Stiebert/Pötters, NZA 2013, 1334 (1337); a.A. Junghans, AiB 2009, 183 (186); Besgen, SAE 2010, 201 (202); ders. FA 2010, 324 (325); Wulfers, ZTR, 2010, 180 (181).

933 BAG Urt. v. 17.11.2009 -9 AZR 745/08-, juris Rn. 46; BAG Urt. v. 13.12.2011 -9 AZR 399/10-, AP Nr. 93 zu § 7 BUrlG Abgeltung, Rn. 20; BAG Urt. v. 21.02.2012 -9 AZR 486/10-, AP Nr. 94 zu § 7 BUrlG Abgeltung, Rn. 22, 23; BAG Urt. v. 13.12.2011 -9 AZR 399/10-, AP Nr. 93 zu § 7 BUrlG Abgeltung, Rn. 15; BAG Urt. v. 19.06.2012 -9 AZR 652/10-, AP Nr. 95 zu § 7 BUrlG Abgeltung, Rn. 28; BAG Urt. v. 18.09.2012 - 9 AZR 1/11-, AP Nr. 96 zu § 7 BUrlG Abgeltung, Rn. 33; LAG Rheinland-Pfalz Urt. v. 26.06.2012 -3 Sa 2/12-, LAGE § 7 BUrlG Abgeltung Nr. 35, Rn. 55; Geyer, ZTR 2009, 346 (354); Benecke, RdA 2011, 241 (243); Gaul/Bonanni/Ludwig, DB 2009, 1013 (1014); Grobys, NJW 2009, 2177 (2178 f.); Moderegger, ArbRB 2012, 54 (57), der meint, dass bei einer zweistufigen Ausschlussfrist die zweite Stufe erst mit rechtskräftigem Abschluss des Bestandsschutzverfahrens zu laufen beginnt, so auch Oberthür, ArbRB 2013, 225 (227 f.).

934 BAG Urt. v. 18.09.2012 -9 AZR 1/11-, AP Nr. 96 zu § 7 BUrlG Abgeltung, Rn. 36.

935 BAG Urt. v. 09.08.2011 -9 AZR 365/10- AP Nr. 55 zu § 7 BUrlG, Rn. 14/22, gleiches gilt bei Ausschlussfristen aus AVR: BAG Urt. v. 09.08.2011 -9 AZR 475/10-, AP Nr. 56 zu § 7 BUrlG, Rn. 25; BAG Urt. v. 13.12.2011 -9 AZR 399/10-, AP Nr. 93 zu § 7 BUrlG Abgeltung, Rn. 18, 31; BAG Urt. v. 21.02.2012 -9 AZR 486/10-, AP Nr. 94 zu § 7 BUrlG Abgeltung, Rn. 22, 23; Boecken/Jacobsen, ZTR 2011, 267 (276); Pulz, jurisPR-ArbR 6/2012 Anm. 3 C; Schubert RdA 2014, 9 (14).

936 BAG Urt. v. 13.12.2011 -9 AZR 399/10-, AP Nr. 93 zu § 7 BUrlG Abgeltung, Rn. 22; BAG Urt. v. 10.12.2013 -9 AZR 494/12-, ZTR 2014, 238 f., Rn. 10.

937 BAG Urt. v. 09.08.2011 -9 AZR 365/10-, AP Nr. 55 zu § 7 BUrlG, Rn. 29.

938 BAG Urt. v. 09.08.2011 -9 AZR 365/10-, AP Nr. 55 zu § 7 BUrlG, Rn. 26; BAG Urt. v. 19.06.2012 -9 AZR 652/10-, AP Nr. 95 zu § 7 BUrlG Abgeltung, Rn. 24; Gaul/Bonanni/Ludwig, DB 2009, 1013, 1016.

zweimonatige Ausschlussfrist werde nach Auffassung des BAG dem Grundsätzen der Effektivität und der Äquivalenz gerecht.[939]

Damit können nunmehr Ausschlussfristen Urlaubsabgeltungsansprüche erlöschen lassen.[940] Die Frage der Länge der Ausschlussfristen ist dann, soweit sie arbeitsvertraglich vereinbart ist, nur noch eine Frage der AGB-Kontrolle.[941]

Da die Arbeitsunfähigkeit oder die Erwerbsminderung keine Hinderungsgründe für die Geltendmachung des Urlaubsabgeltungsanspruchs sind, muss dieser auch in diesen Fällen innerhalb der Ausschlussfristen geltend gemacht werden, sonst verfällt er.[942]

IV. Durchsetzbarkeit des Urlaubsabgeltungsanspruchs

Als reiner Geldanspruch muss der Urlaubsabgeltungsanspruch nach Aufgabe der Surrogatstheorie der Einrede der Verjährung unterliegen.[943] Abgeltungsansprüche unterliegen daher wie alle anderen Ansprüche aus dem Arbeitsverhältnis der drei jährigen Verjährung gem. § 195 BGB.[944] Die Verjährung beginnt dann gem. § 199 Abs. 1 Nr. 1 BGB mit dem Schluss des Jahres, in dem der Abgeltungsanspruch entsteht.[945]

---

939 BAG Urt. v. 21.02.2012 -9 AZR 486/10-, AP Nr. 94 zu § 7 BUrlG Abgeltung, Rn. 20; BAG Urt. v. 18.09.2012 -9 AZR 1/11-, AP Nr. 96 zu § 7 BUrlG Abgeltung, Rn. 28.

940 Höpfner, RdA 2013, 65 (68); Oberthür, ArbRB 2013, 225 (227 f.).

941 Fuhlrott, BB 2012, 904 (907).

942 BAG Urt. v. 09.08.2011 -9 AZR 352/10-, juris Rn. 21/26.

943 ErfK/*Gallner*, 15. Aufl. 2014, § 7 BUrlG Rn. 84; Boecken/Jacobsen, ZTR 2011, 267 (275 f.); LAG Düsseldorf Urt. v. 04.05.2011 -12 Sa 1832/10-, LAGE § 7 BUrlG Nr. 49, Rn. 56; Stiebert/Pötters, NZA 2013, 1334 (1337); Schubert RdA 2014, 9 (14).

944 so bereits LAG Düsseldorf Urt. v. 05.05.2010 -7 Sa 1571/09-, NZA-RR 2010, 568 ff., Rn. 48; Geyer, ZTR 2009, 346 (354); Picker, ZTR 2009, 230 (239); Besgen, FA 2010, 324 (325); für das Beamtenrecht Zeißig/v.Keitz, ZBR 2010, 119 (123); Abele, FA 2012, 8, (10); Pulz, jurisPR-ArbR 6/2012 Anm. 3 C; Höpfner, RdA 2013, 65 (68); Moderegger, ArbRB 2012, 54 (57), der meint, dass auch bei Abgeltungsansprüchen die Verjährungsfrist am Ende des jeweiligen Urlaubsjahres bereits zu laufen beginnt.

945 Pötters/Stiebert, NJW 2012, 1034 (1038).

4. Teil: Gesamtergebnis und Ausblick

A. Zusammenfassung der Ergebnisse

Mit der vorliegenden Arbeit wurde die Vereinbarkeit des deutschen Urlaubsrechts mit dem unionsrechtlichen Urlaubsregelungen bei Neueinordnung des Urlaubsanspruchs in das Schuldrecht untersucht. Dabei wurde von dem unionsrechtlichen Grundsatz ausgegangen, dass es sich bei dem Urlaubsanspruch um einen aus der Freistellung und der Zahlung des Urlaubsentgelts bestehenden Einheitsanspruch handelt. Gleichzeitig kann angenommen werden, dass der EuGH die Entstehung des Urlaubsanspruchs in Abhängigkeit zu der Erbringung der Arbeitsleistung sieht. Mit der Arbeit konnte dargelegt werden, dass man zweckmäßiger Weise, um gegenseitige rechtliche Missverständnisse zu vermeiden, auch im deutschen Urlaubsrecht von einem synallagmatischen Einheitsanspruch ausgehen sollte und kann. Das führt zudem zu einer besseren Vereinbarkeit beider Urlaubsrechte. Auch im deutschen Urlaubsrecht entstehen Urlaubsansprüche grundsätzlich nur, wenn der Arbeitnehmer auch seine Arbeitsleistung erbringt. Die Urlaubsgewährungspflicht ist eine Hauptpflicht, die in das arbeitsvertragliche Synallagma einzuordnen ist. Während der Urlaubsgewährung entfällt das Arbeitsentgelt. Dafür erhält der Arbeitnehmer das Urlaubsentgelt.

Ausgangspunkt dieser Untersuchung und Neueinordnung ist der Vergleich der Rechtsprechung des BAG zum BUrlG und der Rechtsprechung des EuGH zur Arbeitszeitrichtlinie und zu Art. 31 Abs. 2 der Charta. Beide „Urlaubsrechte" sind überwiegend durch Richterrecht geprägt. Sowohl der EuGH als auch das BAG waren und sind darum bemüht, die Nichterbringung von Arbeitsleistungen in das Urlaubsrecht einzuordnen. Für beide Richterrechte ist die Fehlzeit aufgrund von Arbeitsunfähigkeitszeiten der Ausgangspunkt für die Entwicklung der Rechtsprechung. Beide verfolgen das Ziel, dass Arbeitsunfähigkeitszeiten den Urlaubsanspruch weder in seinem Entstehen noch in seinem Fortbestand negativ beeinflussen. Die Vereinbarkeit der beiden Rechte scheitert an unterschiedlichen Grundannahmen.

Das BAG löst die Situation, indem es den Grundsatz aufstellt, dass für die Entstehung des Urlaubsanspruchs die Erbringung der Arbeitsleistung gar nicht erforderlich ist, sondern nur das Vorliegen eines Arbeitsvertrages. Der Erholungszweck des Urlaubs wegen erbrachter Arbeitsleistung wird weiterhin negiert. Daraus resultierend sieht es den Urlaubsanspruch auch nach der *Schultz-Hoff*-Entscheidung als reinen Freistellungsanspruch, der zu Beginn des Jahres in vollem Umfang entsteht und dessen Erfüllung lediglich eine Nebenpflicht im arbeitsvertraglichen Austauschverhältnis ist. Arbeitsunfähigkeitszeiten haben also damit auf das Entstehen des Urlaubsanspruchs keine Auswirkung. Bei langen Arbeitsunfähigkeitszeiten wird die drohende jährliche Kumulierung der Urlaubsansprüche aufgrund des urlaubsrechtlichen Fristenregimes durch Untergang der Ansprüche nach spätestens 15 Monaten verhindert. Die für den Urlaubsabgeltungsanspruch zuvor entwickelte Surrogatstheorie wurde nach der *Schultz-Hoff*-Entscheidung vollständig aufgegeben. Während diese vorher damit begründet wurde, dass man wegen der Befristung und dem damit einhergehenden Untergang des Anspruchs eine Ungleichbehandlung des ausgeschiedenen Arbeitsnehmers mit dem im Arbeitsverhältnis Verbleibenden verhindern wollte, wurde sie vom BAG nunmehr abgeschafft, weil keine Ungleichbehandlung vorliegt.

Der EuGH löst das Problem der Arbeitsunfähigkeitszeiten anders. Da die Mindesturlaubsansprüche dem Arbeitsschutz dienen, wird grundsätzlich nur der geschützt, der arbeitet, und zwar weil er arbeitet. Urlaub dient der Erholung von der geleisteten Arbeit und zur unbeschwerten Freizeitnahme. Wer nicht arbeitet, muss daher grundsätzlich nicht geschützt werden. Es gilt der Grundsatz „ohne Arbeit kein Urlaub". Eine Ausnahme besteht aber für Ausfallzeiten, die „unabhängig vom Willen des Arbeitnehmers" eintreten. Das sind für den EuGH solche Zeiten, die nicht planbar, also unvorhergesehen eintreten und nicht vom Arbeitnehmer beeinflussbar sind, wie z.B. Arbeitsunfähigkeitszeiten und Mutterschutzzeiten. Diese Zeiten sollen den Urlaubsanspruch nicht negativ beeinflussen, also nicht urlaubsschädlich sein. Zeiten, in denen der Arbeitnehmer von ihm beeinflusst, mit der Arbeit kürzer treten oder vorübergehend gar nicht arbeiten will, und die ihm zudem die Möglichkeit bieten, dennoch das Arbeitsverhältnis aufrecht zu erhalten, sind keine Arbeitsleistungsausfallzeiten, die „unabhängig vom Willen des Arbeitsnehmers" entstehen. Sie führen daher, wie z.B. Elternzeiten und Zeiten des Bezugs einer vorübergehenden Erwerbsminderung nicht zur Anrechnung als Arbeitszeit. Für diese Zeiten kann daher mangels Arbeitsleistung kein Urlaubsanspruch entstehen. Solche Ruhenszeiten sind daher mit einer Teilzeitbeschäftigung zu vergleichen. Der Anspruch auf Urlaub wird pro rata temporis angepasst. Im Gegensatz zum deutschen Urlaubsrecht ist der Urlaubsanspruch nach unionsrechtlichem Verständnis zudem ein Einheitsanspruch, der einen Vermögenswert darstellt und mit der Arbeitsleistung verdient wird.

Diese unterschiedlichen Ansätze zur Einordnung von Fehlzeiten führen zur Unvereinbarkeit beider Richterrechte. Zudem konnte mit der vorliegenden Arbeit dargelegt werden, dass die Einordnung des Urlaubsanspruchs in das Schuldrecht unter den oben aufgezeigten Grundannahmen des BAG zu rechtlich neuen Konstruktionen wie der inzwischen aufgegebenen Surrogatstheorie und dem Ersatzurlaubsanspruch sowie dem Ersatzurlaubsabgeltungsanspruch führen, die die Rechtsanwendung nicht vereinfacht, sondern erheblich verkompliziert. Das erheblich vom Richterrecht geprägte deutsche Urlaubsrecht ist mittlerweile derart kompliziert, dass es den eigentlichen Zweck, nämlich den Arbeitnehmer zu schützen, gar nicht mehr erreichen kann. Kein Arbeitnehmer kann ohne die Kenntnis der komplizierten Rechtsprechung aus dem BUrlG entnehmen, wann er welche Ansprüche auf Mindesturlaub hat und in welchen Fällen der Anspruch verfallen könnte. Der unionsrechtliche Schutzgedanke des Urlaubsrechts als Teil des Arbeitszeitrechts in der Arbeitszeitrichtlinie, die die Gesundheit und Sicherheit der Arbeitnehmer gewährleisten soll, wird durch diese Konstruktionen nicht erfüllt.

Anhand dieser Rechtskonstrukte konnte dargelegt werden, dass es dem BAG bisher nicht gelungen ist, eine konsequente und verständliche Einordnung des Urlaubs- und des Urlaubsabgeltungsanspruchs in das Schuldrecht vorzunehmen.

Vor allem die weitreichenden Ausnahmen und neuen Theorien, die zur Begründung dieser Dogmatik erforderlich waren, zeigen, dass der Urlaubsanspruch als nicht synallagmatischer Freistellungsanspruch nicht ohne Ausnahmen in das Schuldrechtssystem des BGB zu integrieren ist.

Mit Hilfe des Unionsrechts und der Rechtsprechung des EuGH sind neue Lösungsmöglichkeiten eröffnet worden, die die Rechtsprechung nutzen sollte, um eine neue Einordnung des Urlaubsanspruchs in das Schuldrecht des BGB vorzunehmen.

Die vorliegende Arbeit hat gezeigt, dass eine Definition des Urlaubsanspruchs als synallagmatischer Einheitsanspruch die Einordnung in das BGB dogmatisch vereinfacht, da auf keine Ausnahmen oder urlaubsrechtliche Konstruktionen zurückgegriffen werden muss. Die Gewährung des Urlaubs durch den Arbeitgeber lässt sich auf diese Weise als geldwerte Hauptpflicht in das arbeitsvertragliche Synallagma einordnen. Die Urlaubsgewährungspflicht steht im finalen Zusammenhang zur Arbeitsleistungspflicht. Auch die Zeiten der Nichterbringung der Arbeitsleistung können kraft urlaubsrechtlicher Bewertung als urlaubsunschädlich oder urlaubsschädlich über die Regelung des § 326 BGB eingeordnet werden.

I. Unionsrechtliche Vorgaben für den Urlaubsanspruch im deutschen Recht

Die Rechtssache *Schultz-Hoff* und die Folgeentscheidungen haben gezeigt, dass bei einer Neueinordnung des Urlaubs- und des Urlaubsabgeltungsanspruchs im BUrlG zunächst die unionsrechtlichen Vorgaben zu berücksichtigen sind, um dem nunmehr auch primärrechtlich in Art. 31 Abs. 2 der Charta geregelten Mindesturlaubsanspruch im deutschen Recht unionsrechtsfest zu gestalten. Der unionsrechtliche Begriff der Arbeitnehmereigenschaft, die unionsrechtliche Definition von Urlaub und die rechtliche Einordnung der Arbeitsunfähigkeit in diesem Zusammenhang sind die Grundlage für die rechtliche Neueinordnung des Urlaubsanspruchs in das deutsche Schuldrecht. Hierbei ist zudem der Schutzzweck der Arbeitszeitrichtlinie zu berücksichtigen.

Da der Mindesturlaubsanspruch als besonders bedeutsamer Grundsatz des Sozialrechts seit Dezember 2009 auch primärrechtlich in Art. 31. Abs. 2 der Charta geregelt ist und hierin ein subjektives Recht geregelt wurde, welches durch die Arbeitszeitrichtlinie ausreichend konkretisiert ist, entfaltet dieser Grundsatz eine Horizontalwirkung. Ist eine Auslegung des BUrlG nicht möglich, muss die jeweilige Vorschrift unangewendet bleiben.

Mit der Arbeit konnte aufgezeigt werden, dass die Arbeitszeitrichtlinie nicht ausreichend in das BUrlG umgesetzt wurde, da dem Arbeitgeber keine sanktionsbewehrte Pflicht auferlegt wird, Urlaub zu gewähren. Das die Arbeitszeitrichtlinie ebenfalls umsetzende Arbeitszeitgesetz enthält dagegen öffentlich-rechtliche Sanktionen bei Nichteinhaltung der Vorgaben.

1. *Das Fristenregime des BAG verstößt gegen das Gewaltenteilungsprinzip und das Unionsrecht*

Insbesondere die Annahme des BAG, der Urlaubsanspruch sei nach § 7 Abs. 3 BUrlG auf das Jahr bzw. den Übertragungszeitraum befristet und der Arbeitnehmer müsse sich selbst um seinen Urlaubsanspruch kümmern, führt dazu, dass derjenige Arbeitnehmer, der seine Rechte nicht kennt, seinen Urlaubsanspruch verliert. Das widerspricht dem unionsrechtlichen Schutzgedanken der Arbeitszeitrichtlinie. Die Annahme des BAG, der Urlaubsanspruch sei befristet und verfalle auch bei Arbeitsunfähigkeit nach 15 Monaten, verstößt zum einen gegen das Gewaltenteilungsprinzip und zum anderen gegen Unionsrecht.

Weder die Arbeitszeitrichtlinie und das Übereinkommen Nr. 132 der IAO noch das BUrlG enthalten eine unionsfeste Befristung des Mindesturlaubsanspruchs. Insbesondere die Regelung aus § 7 Abs. 3 S. 3 BUrlG scheitert an den unionsrechtlichen Vorgaben einer Verfallsregelung, nämlich an den nichtgewahrten Grundsätzen der Äquivalenz und der Effektivität. Zwar ist es unionsrechtlich möglich, bei einem ungestörten Verlauf des Arbeitsverhältnisses die Urlaubsnahme auf das Urlaubsjahr oder auf einen Übertragungszeitraum bis zum 31.03. des Folgejahres zu befristen, jedoch scheitert die bisherige Regelung an den formalen unionsrechtlichen Vorgaben einer Befristung, da sie nicht deutlich genug dem Gesetzestext zu entnehmen ist. Damit wird gleichzeitig der Arbeitsschutz des Arbeitnehmers unterlaufen, der ihm durch die Arbeitszeitrichtlinie gewährt werden soll. Die komplizierten juristischen Auslegungsnotwendigkeiten bei der Anwendung des § 7 Abs. 3 S. 3 BUrlG machen es dem juristisch nicht geschulten Arbeitnehmer unmöglich, seinen Urlaubsanspruch „sicher“ geltend zu machen. Eine Befristung bei einer Arbeitsunfähigkeit, wie sie bisher in § 7 Abs. 3 S. 3 BUrlG gesehen wurde, oder die Annahme eines befristeten Anspruchs ist unionsrechtlich nicht mehr möglich.

Die Auslegung des § 7 Abs. 3 S. 3 BUrlG durch das BAG dahingehend, in diesem Fall eine längere Befristung von 15 Monate anzunehmen, verstößt zudem gegen das Gewaltenteilungsprinzip aus Art. 2 Abs. 1 i.V.m. Art. 20 Abs. 2 S. 2 GG.

2. *Der Urlaubsanspruch als Einheitsanspruch*

Der EuGH sieht den Urlaubsanspruch und den Anspruch auf Zahlung des Urlaubsentgeltes als „zwei Aspekte eines einzigen Anspruchs“.[946] Diese untrennbaren Teile bilden also aus Sicht des EuGH einen Anspruch. Dabei geht der EuGH von dem Grundsatz aus, dass die Nichterbringung der Arbeitsleistung während des Urlaubs zum Verlust des Anspruchs auf Vergütung führt. Die Inanspruchnahme des Mindesterholungsurlaubs darf jedoch unionsrechtlich nicht dadurch behindert werden, dass der Arbeitnehmer während dieser Zeit finanzielle Nachteile wegen der Nichterbringung der Arbeitsleistung hat. Ein derartiges Vorgehen könnte einen

---

946 z.B. EuGH Urt. v. 20.01.2009 - C-350/06 *Schultz-Hoff*, Slg. 2009, I-179, Rn. 60.

Arbeitnehmer daran hindern, Urlaub zu nehmen. Aus diesem Grund enthält der Anspruch auf Erholungsurlaub nicht nur die Komponente der Freistellung, sondern auch gleichzeitig die Kompensationskomponente für den Wegfall der durch die Freistellung entfallenden Vergütung. Urlaub ist daher unionsrechtlich „bezahlte Freistellung" und nicht nur, wie das BAG annimmt, die reine Freistellung. Die Auffassung des BAG, das Urlaubsentgelt sei weiterzuzahlendes Arbeitsentgelt, ist daher unionsrechtlich nicht haltbar. Die daraus erwachsenden rechtlichen Konsequenzen, wie die Pfändbarkeit oder Abtretbarkeit des Arbeitsentgelts auch während des Urlaubs, ist nicht unionsrechtskonform. Der Mindesterholungsurlaubsanspruch aus der Arbeitszeitrichtlinie kann nicht erfüllt werden, wenn während der Freistellung ein Geldanspruch besteht, der den allgemeinen Regeln des Arbeitsentgeltes unterliegt. Allein die Gefahr einer Minimierung des Urlaubsentgeltes ist, unabhängig davon durch welche Rechtshandlung sie erfolgt, unionsrechtlich nicht zulässig, weil damit der Urlaubszweck nicht erreicht wird, sich finanziell unbeschwert zu entspannen.

Da jedoch der EuGH den Begriff des bezahlten Jahresurlaubs in der Arbeitszeitrichtlinie als Einheitsanspruch sieht, ist dieses Verständnis vom unionsrechtlichen Urlaubsanspruch maßgeblich für die richtlinienkonforme Umsetzung im deutschen Urlaubsrecht und seine Auslegung.

Die vorliegende Untersuchung hat gezeigt, dass es sinnvoll ist, den Urlaubsbegriff im deutschen Recht neu, und zwar als synallagmatischen Einheitsanspruch zu definieren, um Unionsrecht effektiv im Rahmen der unionsrechtskonformen Auslegung umsetzen zu können. Was im Sinne der Arbeitszeitrichtlinie und der Charta als Urlaub verstanden wird, ist letztlich entscheidend dafür, ob das BUrlG das Unionsrecht wirksam umgesetzt hat.

Der Urlaubsanspruch ergibt sich daher im deutschen Recht aus § 1 i.V.m. § 11 BUrlG. Damit ist auch das Urlaubsentgelt als Teil des Einheitsanspruchs auf Urlaub der tariflichen Öffnungsklausel aus § 13 BUrlG entzogen.

Der Urlaubsanspruch ist daher auch im deutschen Recht als Einheitsanspruch, bestehend aus Freistellung und Urlaubsentgelt, zu integrieren. Auch der Wortlaut der Vorschriften des BUrlG und deren Auslegung widersprechen der Annahme eines Einheitsanspruchs nicht.

II. Die Neueinordnung des Urlaubsanspruchs in das Schuldrecht

Die Einordnung des Urlaubsanspruchs als schuldrechtlicher Einheitsanspruch in das arbeitsvertragliche Synallagma als Hauptpflicht erleichtert die Vereinbarkeit mit dem Unionsrecht.

Bei kritischer Auseinandersetzung mit der Rechtsprechung des BAG nach 1982, insbesondere nach der *Schultz-Hoff*-Entscheidung und den dieser nachfolgenden und vorausgehenden EuGH-Entscheidungen, konnte in Teil 3 festgestellt werden, dass eine solche Neueinordnung möglich ist und die Vereinbarkeit mit dem Unionsrecht unter Aufrechterhaltung schuldrechtlicher Grundsätze ermöglicht.

1. Urlaubsgewährungspflicht als synallagmatische Hauptpflicht

Die Urlaubsgewährungspflicht ist eine synallagmatische Hauptpflicht im Arbeitsvertrag. Es gilt der Grundsatz: „ohne Arbeit kein Urlaub". Es muss von dem Grundsatz ausgegangen werden, dass Voraussetzung für die Entstehung des Urlaubsanspruchs die Erbringung der Arbeitsleistung ist. Der Urlaubsanspruch entsteht daher auch im deutschen Recht ratierlich Monat für Monat, je nachdem in welchem Umfang gearbeitet wurde bzw. gearbeitet werden muss. Fehlzeiten sind danach grundsätzlich Zeiten, für die kein Urlaubsanspruch entstehen kann. Da in diesen Zeiten die Arbeitsleistungspflicht gem. § 275 Abs. 1 Alt. 2 BGB entfällt, entfällt für diese Zeiten auch die Urlaubsgewährungspflicht gem. § 326 Abs. 1 BGB. Bei den jeweiligen Zeiten der Nichterbringung der Arbeitsleistung muss jedoch jeweils geprüft werden, ob deren Ursache in der Risikoverantwortlichkeit des Arbeitsgebers liegt oder sich dieser in Verzug befindet. In diesen Fällen bleibt der Anspruch auf Urlaubsgewährung gem. § 326 Abs. 2 BGB oder aufgrund spezialgesetzlich geregelten anspruchserhaltenden Normen bestehen. Hierzu gehören z.B. die Arbeitsunfähigkeit, Mutterschutzzeiten und Zeiten nur vorübergehender Verhinderungen des Arbeitnehmers im Sinne des § 616 BGB.

Elternzeiten, Pflegezeiten nach § 3 Abs. 1 Alt. 1 PflegeZG, vorübergehende Erwerbsminderungszeiten oder Zeiten des Sabbaticals gehören nicht zu diesen der Risikoverantwortlichkeit des Arbeitgebers zugewiesenen Ursachen des Arbeitsausfalls. Diese Zeiten sind im Urlaubsrecht also ein Leistungshindernis für die vom Arbeitnehmer zu erfüllende Arbeitsleistungspflicht und lassen den Anspruch des Arbeitgebers auf Arbeitsleistung gem. § 275 Abs. 1 Alt. 2 BGB entfallen. Gleichzeitig verliert der Arbeitnehmer für diese Zeiten auch seinen Urlaubsanspruch, da der Arbeitgeber von der Urlaubsgewährungspflicht gem. § 326 Abs. 1 BGB für diese Zeiten befreit wird.

2. Erlöschen des Urlaubsanspruchs

Sobald der Urlaubsanspruch jedoch entstanden ist, ist er als Einheitsanspruch ein vermögenswerter Anspruch, den sich der Arbeitnehmer mit seiner Arbeitsleistung „verdient" hat. Er kann daher nur ausnahmsweise nicht gewährt werden.

Aus diesem Grund sind z.B. Arbeitsunfähigkeitszeiten, Mutterschutzzeiten, Elternzeiten und Zeiten der vorübergehenden Erwerbsminderung laut BAG vorübergehende Erfüllungshindernisse, die nicht zum Wegfall des Anspruchs führen. Ihre Ursache liegt beim Arbeitnehmer. Dem Arbeitgeber ist es jedoch vorübergehend nicht möglich, seiner Urlaubsgewährungspflicht nachzukommen. Sie sind daher ein Fall der vorübergehenden Unmöglichkeit, die die Urlaubsgewährungspflicht des Arbeitgebers zeitweise gem. § 275 Abs. 1 Alt. 2 BGB analog entfallen lassen.

Im Übrigen kann der Einheitsanspruch durch Erfüllung im Wege der Freistellung und Zahlung des Urlaubsentgelts gem. § 362 Abs. 1 BGB erlöschen oder durch Leistungshindernisse, die zu einer Unmöglichkeit der Urlaubsgewährung führen, untergehen. Ein solches Leistungshindernis ist die Beendigung des Arbeitsverhältnisses.

Ist die Urlaubsgewährung aufgrund der Beendigung des Arbeitsverhältnisses nicht mehr möglich, entfällt die Urlaubsgewährungspflicht gem. § 275 Abs. 1 Alt. 2 BGB für den Arbeitgeber. Der Arbeitnehmer erhält dann mit der Beendigung gem. § 7 Abs. 4 BUrlG einen verschuldensunabhängigen Abgeltungsanspruch als Sekundäranspruch für die „bezahlte Freistellung“. Es wird also sowohl die Freistellung als auch das Urlaubsentgelt abgegolten. Da es sich bei dem Urlaubsanspruch als Einheitsanspruch um einen mit der Arbeitsleistung verdienten vermögenswerten Anspruch handelt, ist es für die Entstehung des Abgeltungsanspruchs aus § 7 Abs. 4 BUrlG unerheblich, ob das Arbeitsverhältnis aufgrund des Todes des Arbeitnehmers oder aufgrund anderer Umstände endet. Mit dem Tod vollziehen sich zwei rechtliche Vorgänge. Der Tod führt zum einen zur Beendigung des Arbeitsverhältnisses und damit zum Entstehen eines Urlaubsabgeltungsanspruchs, der ein reiner Geldanspruch ist; gleichzeitig geht dieser Anspruch im Wege der Universalsukzession auf die Erben gem. § 1922 Abs. 1 BGB über. Also wird letztlich nicht der Urlaubsanspruch vererbt, sondern der Abgeltungsanspruch als sekundärer Anspruch. Die Situation ist vergleichbar mit vor dem Tod aufgelaufenen Überstunden, die vertraglich nur mit Freizeitausgleich ausgeglichen werden können. Mit dem Tod des Arbeitnehmers erwerben die Erben einen Anspruch auf die Ausgleichsvergütung.

3. Keine Befristung des Anspruchs

Mit der vorliegenden Arbeit wurde nachgewiesen, dass die Befristung der Erfüllbarkeit des Urlaubsanspruchs, die vom BAG als weiterer Fall der Unmöglichkeit gesehen wird, nicht unionsrechtskonform ist. Es ist daher davon auszugehen, dass der Urlaubsanspruch im BUrlG weder auf das Jahr noch auf einen Übertragungszeitraum befristet ist.

4. Rechtliche Konsequenzen für den Urlaubsabgeltungsanspruch

Der Abgeltungsanspruch ersetzt den Einheitsanspruch auf Urlaub, wenn die Freistellung und die Zahlung von Urlaubsentgelt nicht mehr möglich sind. § 7 Abs. 4 BUrlG ist daher ein gesetzlich geregelter Sekundäranspruch für den Fall der Unmöglichkeit der Urlaubsnahme wegen Beendigung des Arbeitsverhältnisses. Der Abgeltungsanspruch ist nach Aufgabe der Surrogatstheorie nunmehr reiner Geldersatz für den wegen der Beendigung des Arbeitsverhältnisses nicht mehr möglichen Urlaubsanspruch. Damit wird dem klaren Wortlaut des § 7 Abs. 4 BUrlG entsprochen.

Konsequent wendet das BAG nun auch Ausschlussfristen auf diesen Anspruch an, der in der Regel mit der Beendigung des Arbeitsverhältnisses fällig wird.

Die vorliegende Arbeit hat aufgezeigt, dass das BAG eine Übertragbarkeit dieses Anspruchs verneinen muss, um den unionsrechtlichen Schutzgedanken, der auch dem Abgeltungsanspruch immanent ist, aufrecht zu erhalten, da eine Pfändung oder Abtretung zu Lebzeiten des ehemaligen Arbeitnehmers wegen Gefährdung des Urlaubszwecks unzulässig ist. Der Geldanspruch ist zu Lebzeiten des Arbeitnehmers zweckgebunden.

Gleichzeitig steht diese Zweckgebundenheit zu Lebzeiten jedoch einer Vererblichkeit nicht entgegen. Mit dem Tod des ehemaligen Arbeitnehmers kann der Zweck nicht mehr erreicht werden. Andererseits sollte ein Arbeitgeber keinen Vorteil daraus ziehen können, dass er während des Arbeitsverhältnisses Urlaub nicht gewährt, aber die Abgeltung wegen Eintritt des Todes nach Beendigung des Arbeitsverhältnisses nicht zahlen muss. Eine solche Praxis widerspricht ebenfalls dem unionsrechtlichen Schutzgedanken, der den Arbeitgeber dazu anhalten soll, Urlaub zu gewähren. Hinzu kommt der Gegenleistungscharakter des Urlaubsanspruchs. Der Arbeitnehmer hat sich den Urlaubsanspruch mit seiner Arbeitsleistung als Gegenleistung erarbeitet. Der Arbeitgeber hat also durch die Nichtgewährung des Urlaubs einen Vorteil in Form der bereits erbrachten Arbeitsleistung. Dieser Vorteil ist bei Beendigung finanziell abzugelten.

III. Durchsetzbarkeit der Urlaubs- und Urlaubsabgeltungsansprüche

Mit der vorliegenden Arbeit konnte ebenfalls aufgezeigt werden, dass die einzige zeitliche Begrenzung des Mindesturlaubsanspruchs bei nicht vorhandener anderweitiger Regelung in der unionsfesten Verjährungsregelung aus § 195 BGB liegt. Der Mindesturlaubsanspruch verjährt damit nach drei Jahren, wobei die Verjährungsfrist mit dem Schluss des jeweiligen Urlaubsjahres zu laufen beginnt.

Gleiches gilt für den Abgeltungsanspruch. Auch dieser unterliegt der dreijährigen Verjährungsfrist gem. § 195 BGB.

B. Ausblick: Konsequenzen für den Gesetzgeber und die Auslegung des BUrlG

Wie mit der vorliegenden Arbeit dargelegt wurde, muss der Urlaubsanspruch innerhalb der Rechtsprechung eine Neudefinition und eine Neueinordnung erfahren. Er ist ein schuldrechtlicher Einheitsanspruch, der sich synallagmatisch zur Arbeitsleistung verhält. Durch diese Neueinordnung wird die Vereinbarkeit mit dem Unionsrecht hergestellt.

Die nationale Rechtsprechung sollte daher das unionsrechtliche Urlaubsverständnis bei der eigenen Rechtsfindung berücksichtigen.

Die vorliegende Arbeit hat aber auch gezeigt, dass das BUrlG die Arbeitszeitrichtlinie bisher nur unzureichend umgesetzt hat. Das Gesetz ist lückenhaft oder widerspricht in Teilen der Arbeitszeitrichtlinie.

I. Umsetzung der Arbeitszeitrichtlinie

Um den unionsrechtlichen Schutzgedanken umzusetzen, muss das BUrlG wie das Arbeitszeitgesetz Sanktionen bereithalten, die dem Arbeitgeber auferlegt werden, wenn er seiner Urlaubsgewährungspflicht nicht nachkommt. Da auch der Arbeitnehmer der Urlaubsnahme zustimmen muss, ist eine Hinweispflicht des Arbeitgebers in das BUrlG aufzunehmen, wonach er auf die Anzahl der Urlaubstage und einen möglichen Verfall jeweils zu Beginn des Jahres schriftlich verständlich in jedem Arbeitsverhältnis hinweist. Erfüllt er diese Pflicht nicht, bleibt der Urlaubsanspruch bestehen und dem Arbeitgeber können öffentlich-rechtliche Sanktionen auferlegt werden. Es muss geregelt werden, dass sich zunächst der Arbeitgeber aktiv darum bemühen muss, Urlaub zu gewähren und den Nachweis darüber führt. Das betrifft die in der Praxis häufigen Fälle, in denen seitens des Arbeitgebers Urlaubsregelungen gar nicht erst in den Arbeitsvertrag aufgenommen werden, weil dieser meint, man müsse keinen Urlaub gewähren, wie z.B. bei geringfügigen Beschäftigungsverhältnissen und anderen Teilzeitarbeitsverhältnissen. Auch das bewusste Vorenthalten von Urlaubsansprüchen wäre dadurch nicht mehr möglich.

II. Regelungen für eine „unionsfeste" Befristung

Eine unionsrechtliche Befristung existiert nicht. Das BUrlG enthält ebenfalls keine Befristung. Da § 13 Abs. 1 BUrlG nur tarifliche Abweichungen vom BUrlG zulässt, können arbeitsvertragliche oder in Betriebsvereinbarungen geregelte Befristungen nicht wirksam vereinbart werden.

Insoweit obliegt es den Tarifvertragsparteien oder dem Gesetzgeber, eine Regelung zu finden die unionsrechtlich zulässig ist. Nach der EuGH-Rechtsprechung kommt es jedoch immer auf den Einzelfall an. Er stellt den Grundsatz auf, dass die Befristungsdauer den Bezugszeitraum deutlich übersteigen muss, bis der Urlaubszweck der Erholung von der geleisteten Arbeit nicht mehr erreichbar ist. Während er in der Rechtssache *KHS/Schulte* eine geregelte Frist von 15 Monaten genügen lässt, sieht er im Falle der Inanspruchnahme einer zweijährigen Elternzeit jedoch in der Rechtssache *Zentralbetriebsrat der Landeskrankenhäuser Tirol* den Erholungszweck nach sogar mehr als 24 Monaten als erreichbar an. Es gibt also keine starren unionsfesten Befristungen, an denen man sich orientieren kann. Die Mitgliedsstaaten müssen solche Befristungen selbst regeln. Ohne eine Regelung kann der Anspruch auf Urlaub im Krankheitsfall bis zum Ablauf der dreijährigen Verjährungsfrist, die jeweils am Ende des Urlaubsjahres zu laufen beginnt, kumuliert werden.

Es wäre auch praktikabler, die Ansammlung von Urlaubsansprüchen wegen Arbeitsunfähigkeit gesetzlich auf eine maximale Anzahl der sammelbaren Urlaubstage pro Jahr -in diesem Fall auf den Mindesturlaubsanspruch- zu beschränken. Mit der Festlegung einer maximalen Höhe könnte der Arbeitgeber zumindest sicher sein, was ihn maximal erwartet.

Die bessere Variante ist zudem, in die Arbeitszeitrichtlinie selbst eine Befristung oder Mindestzahl aufzunehmen.

In tatsächlicher Hinsicht ist es auch fraglich, ob ein Arbeitnehmer nach langer Zeit ohne Urlaub nicht gerade besonders erholungsbedürftig ist und daher der Erholungszweck dann durchaus erfüllbar ist. Von der Dauer zwischen dem Bezugszeitraum und dem Ende des Übertragungszeitraums kann man den Erholungszweck nicht justiziabel abhängig machen.

Es ist daher sinnvoller, wenn man basierend auf medizinischen Erkenntnissen, eine im Unionsrecht geregelte Kappung in der Menge der angesammelten Urlaubstage definiert, die einfacher zu ermitteln ist und mehr Rechtssicherheit bietet. Die Zeit, in der diese Ansammlung erfolgte, wäre dann unerheblich. Ohne messbare Vorgaben, wie die zeitliche Begrenzung gefunden werden kann, wenn sie denn nicht unionsrechtlich festgelegt wird, bleiben viele Fälle ergebnisoffen und werden die nationalen Gerichte und auch wiederum den EuGH beschäftigen. Die Frage, ab welchem Tag ein Arbeitgeber nicht mehr in der Lage ist, das Ansparen des Urlaubs bei Erkrankung seines Mitarbeiters finanziell abzusichern, ist genauso unjustiziabel wie die Frage, wann jemand wieder gesund wird und ob für ihn die Erfüllung des Erholungszweckes noch möglich ist.

Lediglich eine Klärung durch Änderung der Arbeitszeitrichtlinie, auf die sich alle Mitgliedsstaaten einigen müssten, kann die Fälle der unverschuldeten Nichtinanspruchnahme des Urlaubs langfristig zweckmäßig und praktikabel lösen.[947] Diese Änderung hat die Europäische Kommission am 21.12.2010 in der Mitteilung an das Europäische Parlament, den Rat, den Europäischen Wirtschafts- und Sozialausschuss und den Ausschuss der Regionen bereits in Form einer angemessenen Höchstgrenze, die nicht benannt wird, vorgeschlagen.[948]

III. Neue Regelungen im BUrlG

Infolge der hier vertretenen Auffassung, dass der Urlaubsanspruch ratierlich entsteht, kommt es aufgrund § 4 BurlG zumindest hinsichtlich der Entstehung des Urlaubsanspruchs nach Ende der Wartezeit zu widersprüchlichen Ergebnissen. § 4 BurlG kann zwar dem Wortlaut nach auf eine zeitliche Geltung lediglich im ersten Jahr der Beschäftigung reduziert werden, so dass man hinsichtlich der Folgejahre nicht davon ausgehen muss, dass der Urlaubsanspruch zu Beginn des Jahres in vollem Umfang entsteht. Dennoch würde entgegen der hier vertretenen Auffassung bereits ein Vollurlaubsanspruch im ersten Jahr bereits nach sechs Monaten entstehen, ohne dass hierfür in vollem Umfang die Arbeitsleistung erbracht werden muss. § 4 BUrlG müsste also nach der hier vertretenen Auffassung wie folgt geändert werden:

„Der Urlaubsanspruch entsteht monatlich in Höhe von 1/12 des Mindestjahresurlaubs im Umfang der erbrachten Arbeitsleistung. Dem Arbeitnehmer ist trotz noch nicht in diesem Umfang erbrachter Arbeitsleistung auch dann ein zusammenhängender Urlaub von zwei Wochen zu gewähren, wenn betriebliche Gründe dem nicht entgegenstehen.“

Mit einer solchen Regelung wäre gewährleistet, dass der Arbeitnehmer den Umfang von zwei Wochen auch vor Erbringung der Arbeitsleistung zum Beispiel zum

947 Kamanabrou, SAE 2009, Urlaubsanspruch, 121 (125).
948 Mitteilung der Kommission v. 21.12.2010 KOM (2010) 801 unter www.ec.europa.eu/social erhältlich.

Beginn eines neuen Jahres in Anspruch nehmen kann. Da auch dem Arbeitgeber daran liegen wird, die Urlaubsansprüche der Arbeitnehmer betriebswirtschaftlich sinnvoll auf das gesamte Jahr zu verteilen, bedarf es einer Regelung zu einer weitergehenden Vorleistungspflicht nicht.

Eine weitere Änderung müsste im BUrlG die Regelungen betreffen, die bisher zu undeutlich waren. Insbesondere Fälligkeitsregeln für den Urlaubsanspruch würden die Rechtsanwendung erleichtern und damit praktikabler für Befristungen, Ausschlussfristen oder Verjährungen machen.

Die übrigen Regelungen des BUrlG können unionsrechtskonform ausgelegt werden.

Der Schutz des unionsrechtlich garantierten Mindestjahresurlaubsanspruchs wird durch klare Regelungen im BUrlG besser gewährleistet, denn klare Regelungen ermöglichen es den Arbeitsvertragsparteien, ihre Ansprüche ohne Zuhilfenahme einer komplizierten Rechtsprechung zu verstehen und zu realisieren.

Literaturverzeichnis

Die Literatur entspricht dem Stand: 30.06.2015. Die Rechtsprechung und Aufsatzliteratur entsprechen dem Stand: 15.03.2014, soweit nicht nach Abgabe der Arbeit bestätigende Urteil unter Kennzeichnung aufgenommen wurden.

Abele, Roland: Geschwindigkeit ist keine Hexerei; Zur richtlinienkonformen Auslegung und Anpassung des deutschen Urlaubsrechts, RdA 2009, 312–318.

Abele, Roland: Übertragung von Urlaubsansprüchen bei krankheitsbedingter Arbeitsunfähigkeit, FA 2012, 8–11.

Amschler, Stephanie: Urlaubsabgeltung und Vertrauensschutz im Anschluss an die Schultz-Hoff-Entscheidung des Europäischen Gerichtshofes, EuZA 2011, 242–248

Arnold, Manfred/ Tillmanns Christoph: Bundesurlaubsgesetz, Kommentar, 3. Aufl., Freiburg 2014.

Bauckhage-Hoffer, Florian/ Buhr, Martina/ Roeder, Jan-Jacob: Aktuelle Entwicklung im deutschen Urlaubsrecht unter europarechtlichem Einfluss, BB 2011, 501–506.

Bauer, Jobst-Hubertus/ Arnold, Christian: EuGH kippt deutsches Urlaubsrecht, NJW 2009, 631–636.

Bauer, Jobst-Hubertus/ v. Medem, Andreas: Von Schultz-Hoff zu Schulte–der EuGH erweist sich als lernfähig, NZA 2012, 113–119.

Bayreuther, Frank: Übertragung von Urlaub bei längerer Arbeitsunfähigkeit nach dem KHS-Urteil des EuGH, DB 2011, 2848–2849.

Becker, Gunnar: Urlaub und Kündigungsschutzprozess, Plädoyer für eine Modifizierung der BAG-Rechtsprechung unter Berücksichtigung europarechtlicher Aspekte, NZA-RR 2010, 337–341.

Benecke, Martina: Urlaub und Urlaubsabgeltung, Besprechung des Urteils BAG v. 4.5.2010- 9 AZR 183/09, RdA 2011, 241–244.

Berscheid, Ernst-Dieter: Entstehung und Verfall von Urlaubsansprüchen bei Erwerbsunfähigkeit auf Zeit, jurisPR-ArbR 37/2010 Anm. 4.

Besgen, Nicolai: Urlaubsansprüche bei langandauernder Arbeitsunfähigkeit, SAE 2010, 201–203.

Besgen, Nicolai: Das „neue" Urlaubsrecht bei Krankheit, FA 2010, 324–326.

Bieder, Marcus: Die Vererblichkeit von Urlaubs- und Urlaubsabgeltungsansprüchen, AuR 2012 239–243.

Boecken, Winfried/ Jacobsen, Daniel C.: Rechtliche Folgen der Unverfallbarkeit von Urlaubs –(abgeltungs)ansprüchen bei krankheitsbedingter Arbeitsunfähigkeit, ZTR 2011, 267–277.

Boldt, Gerhard/ Röhsler, Waldemar: Mindesturlaubsgesetz für Arbeitnehmer, 2. Aufl., Köln 1968.

Boldt, Gerhard: Anm. z. BAG Urt. v. 28.01.1982 -6 AZR 571/79, AP Nr. 11 zu § 3 BUrlG Rechtsmißbrauch, Bl. 340–341.

—: Anm. z. LAG Köln, Urt. v. 21.02.1985 –10 Sa 960/84-, LAGE Nr. 1 zu § 3 BUrlG Rechtsmißbrauch.

—: Probleme des Urlaubsrechts aus der Sicht des Bundesarbeitsgerichts, ZfA 1971, 1–45.

Brinker, Ingo: Europarecht für die Allgemeinpraxis, AnwBl. 2010, 46–49.

Bross, Nikolaus: Kurzkommentar zum Urteil des BAG vom 24.03.2009 -9 AZR 983/07 in: BAG EWiR § 7 BUrlG , 1/09, 377–378.

Buchner, Herbert/ Becker, Ulrich: Mutterschutzgesetz und Bundeselterngeld- und Elternzeitgesetz, 8. Aufl., München 2008.

Bufalica, Andreas: Urlaubsansprüche als Kündigungsgrund? – Auswirkungen der „Schultz-Hoff“-Entscheidung auf die personenbedingte Kündigung bei Langzeiterkrankungen, ArbR 2010, 133–136.

Busch, Dörte: Keine Kürzung des Erholungsurlaubs in den ersten drei Monaten der Elternzeit, jurisPR-ArbR 23/2012 Anm. 2.

Buschmann, Rudolf: Urlaubsabgeltung bei Eintritt in den Ruhestand nach Krankheit, Anm. z. Urteil des EuGH v. 03.05.2012 -C-337/10 -, AuR 2012, 260–264.

—: Pflicht zur Urlaubsgewährung – Abgeltung bei Tod?, Anm. z. Vorlagebeschluss des LAG Hamm v. 14.02.2013 -16 Sa 1511/12-, AuR 2013, 362–346.

Compensis, Ulrike: Die Vererblichkeit von Sozialplanansprüchen und anderen Abfindungen, DB 1992, 888–893.

Conze, Peter: Zum Anspruch auf Urlaubsabgeltung bei Tarifbeschäftigten des öffentlichen Dienstes – unter besonderer Einbeziehung der aktuellen Rechtsprechung, öAT 2013, 111–114.

Dassau, Annette/ Wulfers, Diana Urlaub bei Erwerbsminderungsrente – das Urteil des BAG vom 7. August 2012 ZTR 2013, 3–8.

Dassau, Annette/ Wulfers, Diana: Urlaubsanspruch bei Wechsel von Vollzeit- in Teilzeitarbeit – die „Brandes“-Entscheidung des EuGH vom 13.Juni 2013, ZTR 2013, 476–478.

Dornbusch, Gregor/ Ahner, Lara: Urlaubsanspruch und Urlaubsabgeltung bei fortdauernder Arbeitsunfähigkeit des Arbeitnehmers, NZA 2009, 180–183.

Düwell, Franz Josef: Urlaubsrecht im Umbruch, NZA Beilage 3/2011, 133–141.

—: Abgeltung des Urlaubsanspruchs als Surrogat? – Ein Luxemburger Missverständnis!, DB 2011, 2492–2494.

—: Urlaub bei Erwerbsunfähigkeit, DB 2012, 1749–1751.

Eckstein, Martin: Zeitliche Begrenzung von Urlaubsansprüchen bei lang andauernder Arbeitsunfähigkeit, SAE 2010, 336–339.

—: BB Kommentar, „Der Arbeitgeber hat keine Pflicht, den Urlaub von sich aus zu festzusetzen“, BB 2013, 1216.

Emmerich, Volker: Das Recht der Leistungsstörungen, 3. Aufl., München 1991.

Emmerich, Volker: Das Recht der Leistungsstörungen, 6. Aufl., München 2005.

Eppinger, Christoph/ Frik, Roman: Bilanzierung von Urlaubsrückstellungen – Geltendmachung akkumulierter Ansprüche langzeiterkrankter Arbeitnehmer zeitlich begrenzt, DB 2012, 132–134.

Erfurter Kommentar: Müller-Glöge/Preis/Schmidt (Hrsg.) Erfurter Kommentar zum Arbeitsrecht,9. Aufl., München 2009, 10. Aufl., München 2010, 11. Aufl., München 2011, 12. Aufl., München 2012, 15. Aufl., München 2015.

Fenski, Martin: Urlaubsrecht im Umbruch, DB 2007, 686–691.

Fieberg, Christian: Urlaubsanspruch bei ruhendem Arbeitsverhältnis, NZA 2009, 929–935.

—: Urlaubsanspruch bei Übergang in Teilzeit – Neues aus Luxemburg, NZA 2010, 925–930.

—: Urlaubsanspruch im ruhenden Arbeitsverhältnis – causa nondum finita!, ZESAR 2013, 258–266.

Fischer, Ulrich: Urlaubsansprüche während des Annahmeverzugs nach unwirksamer Kündigung, FA 2012, 137–139.

Fischinger, Phillip S.: Anm. zu BAG Urt. v. 20.09.2011 -9 AZR 416/10, AP BUrlG § 7 Abgeltung Nr. 92.

Forst, Gerrit: Kurzkommentar zum Urteil des EuGH vom 15.01.2014 - C-176/12 in: EWiR 3/14, 93–94.

Franzen, Martin: Zeitliche Begrenzung der Urlaubsansprüche langzeiterkrankter Arbeitnehmer, NZA 2011, 1403–1405.

—: Die Rechtsprechung des Europäischen Gerichtshofs im Arbeitsrecht in den Jahren 2010 und 2011, EuZA 2012, 295–345.

Friese, Birgit: Urlaubsrecht, München 2003.

Fuchs, Maximilian: Europäisches Sozialrecht, Kommentar, 6. Aufl., Baden-Baden 2013.

Fuhlrott, Michael: Die einzelstaatliche Begrenzung des Übertragungszeitraums bei Arbeitsunfähigkeit ist zulässig, BB 2012, 61–62.

—: BAG: Die Anwendbarkeit tariflicher Ausschlussfristen auf den Urlaubsabgeltungsanspruch, BB 2012, 904–908.

Gallner, Inken: Im europäisch-deutschen Dreieck: Luxemburg, Karlsruhe, Erfurt – Geschichte einer Rezeption des Unionsrechts -, in Festschrift für Gerhard Etzel, zum 75. Geburtstag, Köln 2011, 155–172.

Gaul, Björn / Josten, Daniela / Strauf, Hendrik: EuGH: Urlaubsanspruch trotz Dauerkrankheit, BB 2009, 497–501.

Gaul, Björn /Bonanni, Andrea / Ludwig, Daniel: Urlaubsanspruch trotz Langzeiterkrankung – Handlungsbedarf für die betriebliche Praxis, DB 2009, 1013–1017.

Geyer, Markus: Übertragung und Abgeltung von Urlaub bei Krankheit: die Entscheidung des EuGH vom 20. Januar 2009 und des BAG vom 24. März 2009 in der Praxis der Anwender des TV-L und TVöD, ZTR 2009, 346–355.

Glaser, Regina/Lüders, Holger: § 7 BUrlG auf dem Prüfstand des EuGH, BB 2006, 2690–2694.

Grobys, Marcel: Urlaub und Krankheit – Die Karten sind neu gemischt!, NJW 2009, 2177–2179.

Grobys, Marcel / v. Steinau-Steinrück, Robert: Unbegrenztes Ansammeln bei Langzeiterkrankung – Erholungsurlaub I, NJW-Spezial 2012, 18.

—: Vererbbarkeit des Urlaubsanspruchs, NJW-Spezial 2012, 82–83.

—: Urlaubsanspruch bei Langzeiterkrankung, NJW-Spezial 2012, 712–713.

Hanau, Peter: Die europäische Grundrechtecharta- ein arbeitsrechtliches Paradies?, StudZR 2010, 333–341.

—: Die Europäische Grundrechtscharta – Schein und Wirklichkeit im Arbeitsrecht, NZA 2010, 1–6.

Hanau, Peter / Steinmeyer, Heinz-Dietrich/Wank, Rolf: Handbuch des europäischen Arbeits- und Sozialrechts, München 2002.

Heilmann, Joachim: Urlaubsrecht, Basiskommentar zum BUrlG und zu anderen urlaubsrechtlichen Vorschriften, 4. Aufl., Frankfurt 2014.

—: Übertragung, Abgeltung und Verfall von Urlaubsansprüchen oder ein Lehrstück für die Wirkung supranationalen Rechts, AuR 2012, 234–238.

HWK: Henssler, Martin/Willemsen, Heinz Josef, Kalb, Heinz-Jürgen (Hrsg.), Arbeitsrecht Kommentar, 6. Aufl., Köln 2014.

Herlitzius, Stephan: Der Urlaubsanspruch als schuldrechtlicher Anspruch im Arbeitsverhältnis, Nomos Universitätsschriften Recht Bd. 350, Baden-Baden 2000.

Höpfner, Clemens: Das deutsche Urlaubsrecht in Europa – Zwischen Vollharmonisierung und Koexistenz – Teil 1, RdA 2013, 16–28.

—: Das deutsche Urlaubsrecht in Europa–Zwischen Vollharmonisierung und Koexistenz – Teil 2, RdA 2013, 65–73.

—: Anmerkung zu BAG Urt. v. 07.08.2012 -9 AZR 353/10-, AP Nr. 61 zu § 7 BUrlG.

Huber, Peter: Auslegung und Anwendung der Charta der Grundrechte, NJW 2011, S. 2385–2390.

Hümmerich, Klaus / Boecken, Winfried / Düwell, Franz Josef: Anwaltkommentar Arbeitsrecht, Bd. 1 u. 2, 2. Aufl., Bonn 2010.

Jarass, Hans. D.: Charta der Grundrechte der Europäischen Union, 2. Aufl., München 2013.

Jesgarzewski, Tim: Keine Urlaubsabgeltung bei Tod des Arbeitnehmers, BB 2012, 1347–1349.

Junghans, Tino: Ab in die Sonne, AiB 2009, 183–186.

Kamanabrou, Sudabeh: Urlaubsabgeltung bei krankheitsbedingter Arbeitsunfähigkeit nach der Schultz-Hoff-Entscheidung des EuGH, SAE 2009, 233–238.

Kamanabrou, Sudabeh: Urlaubsanspruch nach Langzeiterkrankung–ein Gebot des Gemeinschaftsrechts?, SAE 2009, 121–127.

Klenter, Peter: Urlaubsabgeltung bei Tod des Arbeitnehmers, jurisPR-ArbR 23/2013 Anm. 2.

Klimpe-Auerbach, Wolf: Urlaubszeit als schönste Zeit des Jahres, Der Personalrat 2009, 180–184.

Kloppenburg, Thomas: Zeitliche Begrenzung des Urlaubsabgeltungsanspruchs bei langandauernder Arbeitsunfähigkeit, jurisPR-ArbR 18/2012, Anm. 5 zu EuGH Urt. v. 22.11.2011 -C-214/10.

Kock, Martin/ Heyde, Hannah: Urlaubsanspruch von Arbeitnehmern nach einem Wechsel von Vollzeit zu Teilzeit und umgekehrt, BB 2013, 2938–2942.

Kothe, Wolfgang: Urlaubsrechtliche Reminiszenzen und organisations-vertragliche Perspektiven, in Festschrift für Peter Schwerdtner zum 65. Geburtstag, Darmstadt 2003, 99–115.

Kohte, Wolfhard/ Beetz, Claudia: Urlaubsabgeltung bei zweiter Elternzeit, jurisPR-ArbR 11/2009, Anm. 3 zu BAG Urt. v. 20.05.2008 -9 AZR 219/07-.

Kohte, Wolfhard/ Beetz, Claudia: Neue Rechtsprechung des BAG zum Urlaubsrecht, jurisPR-ArbR 25/2009, Anm. 1 zu BAG Urt. v. 24.03.2009 -9 AZR 983/07-.

Krieger, Steffen/Arnold, Christian: Urlaub 1. + 2. Klasse- Das BAG folgt der Schultz-Hoff Entscheidung des EuGH, NZA 2009, 530–533.

Latzel, Clemens: Urlaub von Teilzeitbeschäftigten, EuZA 2014, 80–94.

Latzel, Clemens/ Streinz, Thomas: Das richtige Vorabentscheidungsersuchen, NJW 2013, 271–272.

Leege, Jan: Das Verhältnis von Urlaubs- und Urlaubsabgeltungsanspruch, Dissertation Potsdam 1996.

Leinemann, Wolfgang: Die Deformierung der Urlaubsabgeltung durch den Europäischen Gerichtshof, DB 2009, I.

Leinemann, Wolfgang/ Linck, Rüdiger: Urlaubsrecht, Kommentar, 2. Aufl., München 2001.

Liebscher, Christopher: Die neue Urlaubsrechtsprechung bei Arbeitsunfähigkeit, öAT 2010, 11–14.

Lipinski, Wolfgang/Praß, Anne: BAG: Erlöschen des Urlaubsanspruchs mit dem Tod des Arbeitnehmers – keine Umwandlung in einen Urlaubsabgeltungsanspruch, BB 2012, 1867–1868.

Maul-Sartori, Mathias: Urlaubsentgelt im Baugewerbe, jurisPR-ArbR 25/2010 Anm. 4 zu BAG Urt. v. 17.11.2009 -9 AZR 844/08-.

Meisel, Peter G./Sowka, Hans-Harald: Mutterschutz und Erziehungsurlaub, 4. Aufl. München 1995.

Moderegger, Christian: Urlaub ohne Grenzen, ArbRB 2010, 276–279.

—: Rolle rückwärts im Urlaubsrecht? Ein Update zur neuesten Urlaubsrechtsprechung des EuGH und BAG, ArbRB 2012, 54–57.

Neumann, Dirk/Fenski, Martin: Bundesurlaubsgesetz nebst allen anderen Urlaubsbestimmungen des Bundes und der Länder, Kommentar, 9. Aufl., München 2003, 10. Aufl. , München 2011.

Oberthür, Natalie: Urlaubsanspruch bei Langzeiterkrankung – Änderung der Rechtsprechung, ArbRB 2009, 150–153.

—: Der Verfall des Urlaubsabgeltungsanspruchs durch Ausschlussfristen, ArbRB 2013, 225–227.

Oertel, Carolin/ Chmel, Andreas: Verfällt der Urlaub bei Krankheit nun doch?, DB 2012, 460–462.

Palandt: Bürgerliches Gesetzbuch, 60. Aufl., München 2001,74. Aufl., München 2015.

Picker, Christian: Urlaubsanspruch trotz Dauererkrankung: Die Schultz-Hoff- Entscheidung des EuGH und ihre Folgen, ZTR 2009, 230–240.

Plüm, Joachim: Wohin im Urlaub?, NZA 2013, 11–18.

Pötters, Stephan/ Stiebert, Tom: Neuausrichtung des deutschen Urlaubsrechts – Wie weit reichen die Konsequenzen der Rechtsprechung des EuGH?, ZESAR 2012, 23–30.

—: Fallstricke im Urlaubsrecht – Weiterhin keine Rechtssicherheit für die Praxis, NJW 2012, 1034–1039.

Polzer, Nikolaus: Die Befristung des Urlaubsanspruchs auf das Kalenderjahr, Dissertation Mannheim 2011.

Powietzka, Arnim/ Fallenstein, Diana: Urlaubsklauseln in Arbeitsverträgen, NZA 2010, 673–679.

Powietzka, Arnim/ Christ, Florian: Urlaubsanspruch und Urlaubsentgelt bei Änderung der Arbeitszeit, NJW 2010, 3397–3400.

Pulz, Fabian: Urlaubs- und Urlaubsabgeltungsansprüche: Entstehen bei Ruhen des Arbeitsverhältnisses?, jurisPR-ArbR 45/2010 Anm. 3.

—: Anwendbarkeit tariflicher Ausschlussfristen auf den Urlaubsabgeltungsanspruch, jurisPR-ArbR 6/2012 Anm. 3.

Rambach, Peter/ Feldmann, Cornelia: Urlaub und Europa – eine unendliche Geschichte? Die neuen Anforderungen des EuGH bei Übergang von Vollzeit in Teilzeit und deren Auswirkungen auf das deutsche Urlaubsrecht, ZTR 2010, 561–567.

Reiter, Christian: Vererbung arbeitsvertraglicher Ansprüche, BB 2006, 42–48.

Riesenhuber, Karl: Europäisches Arbeitsrecht, Heidelberg 2009.

Ritter, Thomas: Neue Werteordnung für die Gesetzesauslegung durch den Lissabon-Vertrag, NJW 2010, 1110–1114.

Roetteken, Torsten: Beschränkung der Urlaubsabgeltung auf den unionsrechtlichen Mindesturlaub, jurisPR-ArbR 22/2013 Anm. 4 zu BVerwG Urt. v. 31.01.2013, 2 C 10/12.

Rudolf, Beate: Die neue europäische Grundrechtsarchitektur-Auftrag für Anwälte, AnwBl 2011, 153–158.

Rudkowski, Lena: Erfurt locuta, causa non finita: Die gemeinschaftsrechtlichen Grenzen bei der tarifvertraglichen Regelung des Urlaubsentgelts, SAE 2011, 1–6.

—: Erlöschen des wegen Arbeitsunfähigkeit nicht ausgeübten Anspruchs auf Mindestjahresurlaub nach Ablauf einer in der nationalen Regelung gesetzten Frist, EuZA 2012, 381–390.

—: Zur Umrechnung des Urlaubsanspruchs bei Kurzarbeit, EuZA 2013, 260–267.

Rummel, Hans Georg: Konsequenzen aus der EuGH-Entscheidung Schultz-Hoff für die Urlaubsrechtsprechung in Deutschland, AuR 2009, 160–164.

—: Die Urlaubsrechtsprechung des BAG nach der EuGH-Entscheidung Schultz-Hoff – Plädoyer für eine Neuorientierung-, DB 2010, 225–227.

—: Arbeitsunfähigkeit und Urlaubsabgeltung, NZA 1986, 383–385.

Schaub: Arbeitsrechts-Handbuch, München, 16. Aufl. 2015.

Schäfer, Horst: Urlaubsabgeltung bei fortbestehender Arbeitsunfähigkeit, NZA 1993, 204–208.

Schiefer, Bernd/ Brasse, Ernst-Peter: Verfallbarkeit wegen Krankheit nicht genommenen Urlaubs-Richtungswechsel?, DB 2011, 1976–1979.

Schinz, Reinhard: Zeitliche Begrenzung des Urlaubsabgeltungsanspruchs bei lang andauernder Arbeitsunfähigkeit –EGRL 88/2003, Urteilsbesprechung des Urt. des EuGH v. 22.11.2011–Rs. C-214/10, RdA 2012, 181–185.

Schipper, Jan/ Polzer, Nikolaus: Die Vererblichkeit des Urlaubsabgeltungsanspruchs – Die Rechtsprechung im Wandel, NZA 2011, 80–83.

Schmitt-Rolfes, Günter: Die schönste Zeit des Jahres, AuA 2010, 265.

Schrader, Peter: Der EuGH und das deutsche Urlaubsrecht – Folgen für die Abgeltung, Übertragung und Vergütung des Urlaubsanspruches, ArbR 2009, 55–57.

Schroeder, Werner: Grundkurs Europarecht, München, 3. Aufl. 2013.

Schubert, Claudia: Der Erholungsurlaub zwischen Arbeitsschutz und Entgelt, NZA 2013, 1105–1112.

—: Der Urlaubsabgeltungsanspruch nach dem Abschied von der Surrogationsthese, RdA 2014, 9–16.

Schubert, Jens M.: Der Beschluss des EuGH in Sachen Brandes (C-415/12) – ein Lehrstück des unionalen Arbeitsrechts, RdA 2013, 370–378.

Schwarze, Roland: Das Recht der Leistungsstörungen, Berlin 2008.

—: Anspruch auf Abgeltung des Urlaubs, JA 2013, 66–68.

Sedlmeier, Johannes: Urlaubsabgeltung ohne Grenzen?, EuZA 2010, 88–99.

Seifert, Achim: Zur Horizontalwirkung sozialer Grundrechte, EuZA 2013, 299–311.

Staudinger: Kommentar zum Bürgerlichen Gesetzbuch, Buch 2 – Recht der Schuldverhältnisse, §§ 255–304, Berlin 2009, §§ 315–326, Berlin 2009, §§ 613a–619a, Berlin 2011.

Stenslik, Bastian-Peter: Begrenzung der Urlaubsübertragung bei Dauererkrankung, DStR 2012, 659–662.

Stiebert, Tom/ Imani, Shirin: Magische Vermehrung von Urlaubsansprüchen?, NZA 2013, 1338–1341.

—: Vorlagen an den EuGH, Anm. zur Vorlage des Arbeitsgerichts Nienburg v. 13.09.2012 (Brandes), ZESAR 2013, 164–168.

Stiebert, Tom/ Pötters, Stephan: Wirksamkeit einer tariflichen Verfallklausel für Urlaubs- ansprüche langzeiterkrankter Arbeitnehmer, Anm. z. EuGH Urt. v. 22.11.2011 -C214/10, EuZW 2011, 960–962.

—: Der schleichende Tod der Surrogatstheorie, NZA 2013, 1334–1339.

Straube, Gunnar/ Hilgenstock, Christopher: Jeder Urlaub ist eine kleine Kündigung – Schultz-Hoff in der Praxis, ArbR 2010 333–335.

Subatzus, Volker: Übertragung von Urlaubsansprüchen bei Arbeitsunfähigkeit, DB 2009, 510–512.

Suttner, Susanna/ Deeg, Oliver: Die Zuweisung von Urlaub im Rahmen der ordentlichen Kündigung, ArbR 2011, 630–632.

Thüsing, Gregor: Europäisches Arbeitsrecht, 2. Aufl. München 2011.

—: Das deutsche Urlaubsrecht in Luxemburger Rechtsfortbildung, FA 2009, 65 (Editorial).

Vondung, Julie: Grundrechtsschutz gegen die Europäische Union vor dem Europäischen Gerichtshof für Menschenrechte, AnwBl 2011, 331–336.

Wank, Rolf: Der EuGH und das Urlaubsrecht, Festschrift für Dieter Reuter zum 70. Geburtstag am 16. Oktober 2010, Berlin/New York 2010, 921–936.

Wicht, Susanne: Urlaub im ruhenden Arbeitsverhältnis, BB 2012, 1349–1353.

Willemsen, Heinz Josef: Europäisches Grundrecht auf „Rundum"-Schutz von Arbeitsverhältnissen?, AnwBl 2010, 610.

Willemsen, Heinz Josef/ Sagan, Adam: Die Auswirkungen der europäischen Grundrechtscharta auf das deutsche Arbeitsrecht, NZA 2011, 258–262.

Wulfers, Diana: Urlaubsabgeltung und tarifliche Ausschlussfrist, Anmerkung zum Urteil des ArbG Regensburg vom 4.2.2010, 8 Ca 1022/09, ZTR 2010, 180–183.

Zeißig, Rolf/ v. Keitz, Kostja: Anspruch auf Abgeltung nicht genommenen Erholungsurlaubs für in den Ruhestand versetzte Beamte, ZBR 2010, 119–123.

Schriften zum Recht der Arbeit

Herausgegeben von Olaf Deinert / Rüdiger Krause

Das Arbeitsrecht regelt die Bedingungen, unter denen durch Kooperation von Arbeitgebern und Arbeitnehmern wirtschaftliche Werte geschaffen und die daraus entstehenden Erträge verteilt werden. Dabei muss sich das Arbeitsrecht in einem immer stärkeren Maße den Herausforderungen einer globalisierten Ökonomie einerseits und sich ständig verändernden gesellschaftlichen Anschauungen andererseits stellen. Das Arbeitsrecht nimmt daher eine zentrale Rolle in der Struktur moderner Industrie- und Dienstleistungsgesellschaften ein. Kein anderes Rechtsgebiet steht deshalb so stark im Spannungsfeld der politischen und sozialen Kräfte sowie zugleich im Blickpunkt der Öffentlichkeit. Die Reihe „Schriften zum Recht der Arbeit" soll die wissenschaftliche Auseinandersetzung mit dem Arbeitsrecht und dem betrieblichen Sozialrecht fördern, indem sie einen Rahmen für einschlägige Publikationen schafft. Sie vereint vorwiegend Dissertationen zu diesen Themen, die mit mindestens „cum laude" bewertet worden sind.

Manuskriptvorschläge sind in Papierform an die Herausgeber zu richten: Professor Dr. Olaf Deinert / Professor Dr. Rüdiger Krause, Institut für Arbeitsrecht, Georg-August-Universität Göttingen, Platz der Göttinger Sieben 5, 37073 Göttingen.

Band 1 Elisa Maria Wolf: Druckkündigungen mit diskriminierendem Hintergrund. 2012.

Band 2 Daniel Hader: Die Differenzierung nach der Gewerkschaftsmitgliedschaft durch Vereinbarung. 2012.

Band 3 Nils Seibert: Die Begründung und Beendigung von Arbeitsverhältnissen und Arbeitsverträgen. 2012.

Band 4 Maximilian Federhofer: Europäisches Tarifrecht? Zum Verhältnis von Grundfreiheiten und Grundrechten im Hinblick auf nationale Sachverhalte mit Tarifbezug. 2013.

Band 5 Sara Günther: Arbeitsrechtlicher Antidiskriminierungsschutz und Diversity Management. AGG - Pflicht und Chance zugleich. 2013.

Band 6 Jun Zhu: Die Mankohaftung im Arbeitsverhältnis nach der Schuldrechtsmodernisierung. 2013.

Band 7 Philip Owschimikow: Datenscreening zwischen Compliance-Aufgabe und Arbeitnehmerdatenschutz. Zugleich eine Bewertung des Regierungsentwurfs eines Gesetzes zur Regelung des Beschäftigtendatenschutzes. 2014.

Band 8 Jennifer Rasche: Arbeitnehmerweiterbildung. Gesetzlicher Rahmen und kollektive Gestaltungsmöglichkeiten. 2014.

Band 9 Nicola Jakobi: Flexibilisierungen des Arbeitsverhältnisses im Arbeitnehmerinteresse. Eine rechtsdogmatische und rechtspolitische Untersuchung des Rechts der Arbeitszeiten auf die Vereinbarkeit von Familie und Beruf. 2014.

Band 10 Christiane Radtke: Externer Sachverstand im Betriebsverfassungsrecht. Sachverständige und Berater für Betriebsrat, Gesamtbetriebsrat, Konzernbetriebsrat, Wirtschaftsausschuss und Wahlvorstand. 2014.

Band 11 Michael Au: Das Übergangsmandat der Arbeitnehmervertretungen. 2014.

Band 12 Manfred Walser: Einfluss der Rechtsordnung auf die Tarifbindung der Arbeitgeberseite. 2015.

Band 13 Natascha Ziemek: Der Urlaubsanspruch als synallagmatischer Einheitsanspruch. Die Einordnung des Urlaubs- und Urlaubsabgeltungsanspruchs in das arbeitsvertragliche Synallagma unter Berücksichtigung des unionsrechtlichen Urlaubsbegriffs nach der Rechtsprechung des EuGH. 2016.

www.peterlang.com

www.ingramcontent.com/pod-product-compliance
Ingram Content Group UK Ltd.
Pitfield, Milton Keynes, MK11 3LW, UK
UKHW041119041026
8980IPUK00024B/22

9 783631 668818